A CONCISE HISTORY OF THEATRE

연극, 즐거운 역사

Jim Patterson, Tim Donahue 지음 | 신일수, 김지명 옮김

Σ 시그마프레스

연극, 즐거운 역사

발행일 | 2016년 12월 28일 1쇄 발행

지은이 | Jim Patterson, Tim Donahue
옮긴이 | 신일수, 김지명
발행인 | 강학경
발행처 | ㈜시그마프레스
디자인 | 김미숙
편 집 | 문수진

등록번호 | 제10-2642호
주소 | 서울시 영등포구 양평로 22길 21 선유도코오롱디지털타워 A401~403호
전자우편 | sigma@spress.co.kr
홈페이지 | http://www.sigmapress.co.kr
전화 | (02)323-4845, (02)2062-5184~8
팩스 | (02)323-4197

ISBN | 978-89-6866-865-4

A Concise History of Theatre

＊ 책값은 책 뒤표지에 있습니다.

이 도서의 국립중앙도서관 출판예정도서목록(CIP)은 서지정보유통지원시스템 홈페이지(http://seoji.nl.go.kr)와 국가자료공동목록시스템(http://www.nl.go.kr/kolisnet)에서 이용하실 수 있습니다.(CIP제어번호 : CIP2016031265)

5 이탈리아 르네상스

6 영국과 스페인의 황금시대

7 신고전주의 : 프랑스의 융성과 영국의 쇠퇴

8 멜로드라마와 상업주의의 상승 : 1750~1900년

9 낭만주의와 사실주의 : 1750~1900년

10 아프리카 연극

11 상업주의에 대한 반응 : 1900~1950년

12 뮤지컬 연극

13 절충주의 : 1950년부터의 미국 연극

14 1950년대 이후 유럽 연극

15 1800년대 이후 아시아의 연극

16 연극의 국제화

2012년 이맘 때『연극, 즐거운 예술』의 번역본을 냈다. 여러 날, 여러 해를 끌어서 ㈜시그마프레스 분들이 지쳐갈 무렵 펴냈던 기억을 이번에도 되풀이하게 되었다. (역사는 되풀이된다?) 특히 이번 번역작업은 광주에 소재한 국립아시아문화전당에서 근무한 기간(2013-2015년)을 포함하고 있다. 2015년 9월 개관페스티벌과 10월 로버트 윌슨의 〈해변의 아인슈타인〉으로 고되고 힘든 와중에 이 번역작업이 함께 이뤄졌기에 개인적으로 더욱 값지다. 아시아의 예술가들을 만나고 지금은 고전이 된 최고 수준의 공연작품을 접한 시간이 이 책을 채우는 여러 지역과 시대의 연극 현상들과 겹쳐지면서 번역기간이 또 다른 성장기가 되었다.

여기 언급된 여러 나라의 공연환경에 실제로 접할 수 있는 기회가 많았기에 번역자로서는 행운이었다. 현장 언어를 가져오려고 노력했고 보다 실감나는 번역을 하고자 공을 들였다. 나도 공연계에 종사한 지 20년이 되어간다. 첫발을 디뎠던 그때와 지금 공연환경에 많은 변화가 있다. 무엇보다 확연히 달라진 공연제작환경 속에서 한때 나의 머릿속에 늘 자리 잡았던 미래의 연극에 대한 의문과 호기심이 사라진 지 오래다. 일이 되어 버렸나. 그래서 번역하는 동안 과거의 역사를 들여다보면서 그동안 놓치고 있던, 혹은 잊고 있던 연극에 대한 사랑을 되찾을 수 있었다.

번역은 내가 정한 주제에 대해 내가 생각하는 바나 조사한 바를 원하는 방식으로 쓰는 게 아니다. 누군가가 값진 시간을 들여 쓴 소중한 글을 옮기는 작업이다. 독자들은 나를 통하여 글쓴이들을 만나고 그들의 이야기를 듣게 되니 번역자로서의 책임이 창작 못지않게 막중하다. 다행히 이 책은『연극, 즐거운 예술』과 같은 저자가 썼기에 그 의도와 목표를 보다 쉽게 이해할 수 있었다. 많은 예시와 시각적 자료는 이 책에서도 유지되고 있고 책의 내용을 더욱 풍부하게 해주고 있다.

역사는 축적된 시간과 공간이요, 압축된 시간과 공간이다. 나는 현재 국립현대무용단에서 제작기술감독으로 일하고 있다. 이 단체는 올해로 창단 6년을 맞이했다. 다른 국립단체와 비교했을 때 축적된 시간이 짧다. 그래서 신규 프로젝트를 내놓고 여러 프로그램을 만들고 레퍼토리를 개발하며 새로운 역사를 쌓고 있다. 동시에 국립현대무용단의 정체성을 확립하고자 관통하는 하나의 비전을 세우고 있다. 이 책도 기원전부터 현재까지 축적된 연극의 양상을 시대별, 지역별로 고찰하며 연극의 국제화라는 마지막 장에서 연극의 현상들을 압축하여 전망하고 있다.

요즘 어수선한 시국 가운데 이 책의 번역을 마치게 되었다. 아무리 역사가의 시각이 역사를 편집하고 재조명한다고는 하지만, 실제 일어난 역사적인 사건에 대해서 불합리하고 엉뚱한 해석과 처리를 가하는 지금의 현실에서 이 책의 저자가 보여주는 객관적이고 공정한 시각은 그 주제를 막론하고 역사를 서술하는 자세가 어떠해야 하는지를 보여주고 있다. 연극은 다양한 현상의 종합이다. 한 편의 연극에는 다양한 작업 영역, 다양한 분야, 다양한 재료, 다양한 사람이 관여하기에 한 편, 한 편이 훌륭한 역사를 이룬다. 이들을 시대적으로, 지역적으로 조망하면서 역사적으로 아우르는 저자의 종합적인 능력 덕분에 우리들은 그동안 연극사에서 만나기 힘들었던 아시아, 아프리카 연극까지도 들여다볼 수 있다.

보통 연극사는 고대 그리스부터 오늘날까지의 서양연극사(연극이라는 개념 자체가 서양에서 나왔고, 연극 역사가도 서양 남성에 한정되었기에 그들의 시각이 반영된 결과)가 일반적이었고 기껏해야 중국, 일본 연극으로 동양연극을 채우는 정도였다. 이 책에도 언급되어 있듯이 생사의 문제가 절실한 중동이나 아프리카의 연극은 자료도 없었고 다루어지지 않았다. 그럼에도 불구하고 이 책은 별도의 장으로 아시아, 아프리카의 연극 상황을 조금이라도 알려주려 하고 있다. 단지 구색을 맞추기 위함이 아니라 몇 안 되는 정보라도 널리 나누기 위함이라는 저자의 따뜻한 마음이 담겨 있다. 언젠가 우리나라의 연극이 유럽의 연극들처럼 별도의 장으로 마련되는 때가 오기를 소망해본다.

번역을 도와준 정혜민, 정민경, 이순양
㈜시그마프레스 여러분
연극의 길에서 길잡이가 되어 주시는 신일수 선생님과 노승희 연출님
늘 나를 지지해주는 소중한 가족들
그리고 사랑하는 남편 정상호에게
감사의 말을 전하고 싶다.

2016년 12월
김지명

이 책은 세계에서 가장 유력한 연극적 전통을 선별하여 문화적으로 다양한 관점에서 소개한다. 이 책의 일차 목표는 연극을 부흥시킨 사회에 연극을 자리매김하는 것이다. 물론 이름이나 날짜도 중요하지만, 이러한 사실들은 특정 사회의 문화 안에서 이름과 날짜가 갖는 중요성보다는 덜 중요하다. 이 책은 학생들이 지난 3,000년 동안 연극을 품었던 사건과 장소와 사람들을 이해하도록 돕기 위해서 컬러로 디자인되었다. 신중하게 선택된 그림들과 더불어 이 책의 명확하고 논리적인 자료는 학생들의 관심을 끌 것이다. 각 이미지들에 대한 설명은 본문을 명확하고 풍부하게 하는 강의도구가 될 것이다.

특집기사

2개의 관련 글이 각 장을 보충한다.

연극은 연극이다 는 중요한 연극 이야기에 중심을 두고 왜 중요한지, 극작가의 전기적 정보 등을 다룬다. 이 특집기사는 학생들에게 한 편의 연극에 대한 일반적인 감각을 주기 위해 마련되었다. 희곡을 읽는 대신으로 마련된 기획이 아니므로 교육자는 반드시 과제로 부과해야 한다. 그럼에도 이 기획은 학생에게 특정 시대의 연극문학을 소개할 것이다.

우리가 어떻게 아는가 는 연극사에 대해서 우리가 어떻게 아는가 혹은 알지 못하는가를 기술하는 설명을 통해 원래의 기록과 유물에 집중한다. 이는 연극역사가들의 작업과 파편적인 증거에서 도출된 결론이라는 임시방편적인 속성으로 학생들을 인도할 것이다. 이 별도의 글은 연극역사에 관한 사실을 가르치려는 것이 아니라 연극역사란 시간과 함께 변하는 살아있는 학문임을 알게 하는 데 그 목적이 있다. 새로운 증거가 나와 새로운 이론을 뒷받침하고 성립시키는 한 계속 변화할 것임을 암시한다.

이 책은 학생들이 소재를 완벽하게 이해할 수 있도록 5개의 추가적인 특집을 포함하고 있다.

- **학습목표**는 각 장 첫머리에서 학생들이 해당 장을 읽으면서 취해야 할 중요한 사항들을 환기할 수 있게 한다.
- **중심용어**는 각 장 말미에서 학생들에게 중요하고 시험에 나올 법한 개념들을 환기시킨다. 용어는 간단한 복습의 기능도 수행한다.

- 시대 구분은 거의 매 장 끝에 '**본문 요약**'이라는 제목으로 연극 역사의 이해를 돕기 위해 수직적인 순서에 따라 주요 사건들을 재빨리 훑어볼 수 있게 한다. 시대 구분의 왼쪽 부분은 해당 시대의 역사적인 사건들을 나열하면서 그 배경을 알려준다. 이는 연극사를 통상적인 역사상의 날짜와 연결해준다.

- **삽화와 사진**은 학생들이 중요한 장소와 사건을 머릿속에 그려볼 수 있도록 도와준다. 엄선된 삽화, 판화, 사진은 약 2,500년에 걸친 연극에 관한 시각적인 기록이 된다. 이 책은 시각자료가 풍부하다.

도입 : 여러 시대와 장소의 연극

이 책은 광범위하면서도 핵심적인 세계연극사를 담고 있다. 연극을 사랑하는 사람들은— 사랑에 빠진 사람들이 모두 그러하듯—자신이 사랑하는 대상과의 보다 깊고 의미 있는 관계를 원한다. 연극사 연구는 연극이라는 예술과 매혹적인 관계를 맺기 위한 하나의 접근방식이다. 이 책은 시간과 장소를 관통하는 일종의 백스테이지 투어다. 과거의 공연을 되살릴 수는 없으나 그 기술, 형식, 참가자, 후원자, 그리고 문화적인 영향 등을 묘사하고 있다.

현재 속의 과거

2009년 여름, 저명한 정부보조극단인 영국 왕립국립극장(Royal National Theatre, NT)은 장 라신(Jean Racine)의 〈페드르 *Phèdre*〉를 런던 무대에 올렸다. 이 공연을 위한 대본은 1677년 장 라신이 쓴 프랑스 시극을 현재의 영어로 개작한 것이었다. 고대 그리스 신화에

왕립국립극장

영국 왕립국립극장에서 라신의 〈페드르〉를 영어로 제작한 공연에서 각각 페드르와 이폴리트로 분한 헬렌 미렌과 도미닉 쿠퍼. 이 두 인물은 외견상 뚜렷하게 대조된다. 쿠퍼는 민소매 속옷을 입고 작업화에 수염이 살짝 자라 오히려 현대적으로 보이는 반면, 미렌은 '시대를 알 수 없는' 가운을 걸치고 있다. 인물의 나이 차가 캐스팅을 통해 극명하게 드러나고 있다.

바탕을 둔 이 극의 줄거리는 그 골자만 보면 현재의 TV 드라마나 자기 자신의 얘기를 털어놓는 오후의 토크쇼에 버금갈 만큼 선정적이다—남편인 국왕이 멀리 떠나 있는 동안, 페드르는 의붓아들인 이폴리트(Hippolyte)를 향한 열정적인 사랑을 느낀다. 남편이 돌아오자 자신의 사랑을 누설한 사실이 두려워진 페드르는 이폴리트가 자신을 강간했다고 고한다. 그다음은 관련된 모든 사람들의 죽음으로 끝난다.

그리스 극작가 에우리피데스(Euripides)는 기원전 428년에 그리스 신화에 바탕을 둔 〈이폴리트 *Hippolytus*〉라는 제목의 희곡을 썼다. 로마의 극작가 세네카(Seneca)는 기원후 첫해에 에우리피데스의 희곡을 보다 길고 문학적인 비극으로 개작하여 〈파이드라 *Phaedra*〉라는 제목을 붙였다. 라신의 〈페드르〉는 프랑스 신고전주의 시대에 탄생한다. 그는 가장 앞선 실행자였다. 20세기 미국의 극작가 유진 오닐(Eugene O'Neill)은 남북전쟁 이후 뉴잉글랜드를 배경으로 한 〈느릅나무 밑의 욕망 *Desire under the Elms*〉(1925)을 쓸때 페드르의 이야기를 사용했다. 라신의 버전을 개작해서 올리기 훨씬 전에 이미 페드르의 이야기는 계속 연극예술가들의 관심대상이었다.

NT 공연에서는 국제적으로 유명한 헬렌 미렌(Helen Mirren)이 페드르 역을 맡았다. 평생에 걸친 무대작업 이외에도 미렌은 영화와 TV에도 출연했다. 아카데미를 수상했고 네 차례에 걸쳐 길드어워드의 영화배우상(Screen Actors Guild Awards)과 영국 영화 · TV 예술상(British Academy of Film and Television Arts Awards), 세 번의 골든글로브, 그리고 네 번의 에미상을 수상했다. 페드르라는 역할은 그런 수준의 여배우가 맡아야 했고, 그런 여배우를 끌어당기는 매력이 있었다.

〈페드르〉는 NT의 예술감독이자 연극, 영화 프로덕션의 연출가 니콜라스 하이트너

(Nicholas Hytner)가 연출했다. 그의 뮤지컬 〈미스 사이공 *Miss Saigon*〉과 〈회전목마 *Carousel*〉는 런던, 뉴욕 등 전 세계에서 오랫동안 상업적인 흥행을 거두었다. 또한 그가 NT 무대에서 연출한 두 작품 〈조지 왕의 광기 *The Madness of King George*〉와 〈히스토리 보이즈 *The History Boys*〉의 세계적인 성공으로 같은 제목의 영화를 감독하기까지 하였다.

미렌의 〈페드르〉 NT 공연은 나중에 그리스의 에피다우루스 야외극장에서 국가가 지원하는 문화행사인 아테네 · 에피다우루스 페스티벌 작품으로 두 차례 공연되었다. 에피다우루스극장은 기원전 4세기까지 거슬러 올라가며 현재까지 15,000명의 관객을 수용할 수 있는 객석구조이다.

〈페드르〉의 재공연은 수백 년간 지속되는 연극의 힘을 보여주는 강력한 증거이다. 1600년대 후반 고대 그리스 신화에 기초하여 에우리피데스와 세네카의 해석을 거친 프랑스 연극은 많은 사랑을 받는 국제적인 연극행위가 된다. 최근 연극사에서 이러한 일화는 우리가 이해하고 있는 연극예술의 몇몇 기본적인 진실을 입증한다. 연극은 겉으로는 영원해 보이는 살아 있는 관객

Liz Lauren

느릅나무 밑의 욕망
유진 오닐은 페드르 신화에 근거해 〈느릅나무 밑의 욕망〉을 썼다. 사진은 시카고 굿맨극장에서 초연 후 2009년 브로드웨이 공연의 한 장면이다. 페드르 역을 칼라 구기노(Carla Gugino)가, 이폴리트 역을 파블로 쉬레이버(Pablo Schreiber)가 맡았다.

앞에 선 살아 있는 배우의 호소력을 담고 있다. 비영리 혹은 국가보조연극은 오늘날 서양의 문화생활에 대단히 중요하다. 연극의 이야기는 그 세계 너머로 관심을 유발한다. 다른 시대와 언어의 이야기는 박물관 전시품이 아니라 살아 있는 드라마로서 오늘날의 관객에게 되돌아와 그들을 떨리게 한다. 그러나 이 단독공연과 연극의 힘에는 한 가지 더 고유한 점이 있다.

NT는 〈페드르〉의 영역을 런던과 그리스로 확장했다. 2009년 6월 25일 관객이 있는 상태의 NT 무대에서 〈페드르〉는 편집 없이 고화질 위성송신을 통해 전 세계 80개 극장으

로 생방송되었다. 다음 며칠간 추가적으로 200여 개 지역들이 미편집 공연을 보여주었다. 그 프로젝트는 첫 24시간 동안 24,000명이, 궁극적으로는 전 세계 48,000명이 본, 그야말로 대성공이었다. 〈페드르〉의 방송본은 연극에서는 이례적이다. 물론 기술의 힘이 컸지만, 연극이라고 간단히 정의될 만한 연극의 요소는 거의 갖추고 있었던 것이다. 이 세계적인 사건은 지속성을 지닌 연극, 위대한 연기, 동시대 무대공연물의 호소력을 드러내고 있다.

비범한 공연물에 대한 설명은 연극사를 연구하는 많은 이유를 보기 위한 시선에 그 무대를 고정한다. 부분적으로는 연극이 어떻게 더 큰 문화에 관계하는지, 변화 동력이 연극과 그 너머에서 어떻게 작용하는지를 이해하는 것이 중요하다. 연극사는 오늘날의 사람과 연극 관행들이 다른 시대와 장소와 어떻게 다르고 또 얼마나 닮아 있는지를 드러낸다. 마지막으로 연극사를 알게 됨으로써 관객에게나 연극을 하는 사람들에게나 오늘날 연극 경험은 한층 매혹적이 될 것이다.

연극 : 정의

연극(theatre)은 오락이며 예술이다. 이 시대에 연극은 상업적인 영리사업으로서나 공공의 이익에 봉사하는 비영리사업으로서나 비즈니스이기도 하다. 연극에 대한 사랑으로 조직된 아마추어 연극도 있다. 연극은 여러 미디어 가운데 하나이며, 공연예술의 하나이고, 스토리텔링에 대한 접근이다. 연극의 속성을 공유하는 다른 행위들이 있기에 정의는 불가피하다.

우선 **연극**이라는 용어는 예술 그 자체이다. 음악과 춤을 담고 있는 공연예술의 일종인 것이다. 게다가 **연극**이라는 단어는 공연되는 대본(〈페드르〉), 예술이 공연되는 건물이나 공간(영국 왕립국립극장), 공연하는 사람들의 경제적 조직(아테네 · 에피다우루스 페스티벌)을 가리킨다. 이 책이 극장 건물, 희곡, 뮤지컬, 극단 조직 등을 다루고 있지만, 그 중심은 공연예술로서 연극의 역사에 있다. 연극은 다음의 특성에 의해서 다른 유사 연극들과 구별될 수 있다.

- 연극에는 흔히 배우라 지칭되는 공연자가 있고 그들 자신이 아닌 인물을 구현한다.
- 연극에는 '연극공연은 이야기를 말한다'는 의미로서의 구조가 있다. 스토리텔링은 세계문화유산의 일부이다. 일반적으로 스토리텔링은 3인칭의 이야기고 연극은 1인칭이다.

- 연극은 덧없다. 살아 있는 배우들이 공연을 위해 모인 살아 있는 관객 앞에서 공연을 한다. 아무리 수년 동안 같은 극장에서 같은 작품이 공연되고 있다 해도 이전 혹은 이후와 완벽하게 일치하는 공연은 없다.
- 연극은 덧없다는 이유에서 즉각적이다. 현재에만 있다. 배우와 관객은 같은 공간과 시간을 공유한다.
- 연극은 보통 협업이다. 다수의 개인, 시각예술가, 배우, 무용수, 연주자들이 연극 공연을 위해 만들어진 특별한 공간에서 연극이 생길 수 있도록 함께 한다.

비록 이 정의가 오페라나 발레 등을 포함하기는 하지만, 이 책에서 이러한 공연예술을 모두 다룰 수는 없다. 서구문화에서 오페라와 발레는 고유의 역사를 갖고 있으며 그에 관한 책이 이들을 다룬다.

　일부 연극학자들은 여기에서 제시하는 정의가 너무 제한적이라 여기고 또 그게 맞는 말일 수 있다. 사실 다른 많은 문화용어를 정의하기 위한 논의들처럼 연극을 정의하는 문제에도 상당한 전문적인 논의가 필요하다. 연극에 대한 풍성한 논의와 보다 광범위한 정의는 일반 전공자들을 위한 이 압축적인 교과서 이후의 폭넓은 고급 연극사나 이론서에서 다루어질 것이다.

언어와 그에 따른 문제

연극이라는 말의 역사는 유럽에 기원을 두지 않은 공연 형태를 염두에 둘 때 몇 가지 문제를 제기한다. 연극의 어원은 '보는 장소'를 뜻하는 그리스어 테아트론(theatron)이다. 그리스 시대 이후 이 말은 여러 유럽 언어로 옮겨졌는데 모두 비슷하게 들린다—테아트로(teatro), 테아터(teater), 테아테리(teatteri), 테아트리스(teātris). 고대 그리스어는 영어의 드라마(drama), 비극(tragedy), 희극(comedy)의

예배는 연극이 아니다
예배는 관객과 유사한 회합, 배우와 유사한 예배 집도자, 무대와 유사한 단상이 있어서 연극과 비슷하지만 예배는 제의라고 명명된다.

어원이기도 하다. 연극이라는 단어가 서양이 아닌 다른 문화권에 적용될 때, 그러한 문화의 고유한 관행은 수백 년 동안 유럽과 다른 서양세계에서 중단되긴 했지만 상당히 일관성 있는 의미를 갖고 사용된 서양의 용어와 중첩된다. 종종 연극이라는 단어는 고대 그리스의 전통을 계승하지 않은 공연예술에 적용할 때는 들어맞지 않기도 하다.

이러한 문화들은 서양과 접촉하기 전에는 연극을 갖고 있지 않았다는 주장이 대안이다. 그런 주장은 너무 많은 예술에서 너무 많은 것을 간과한다. 따라서 이 책은 연극에 대한 서양의 정의를 서양문화에만 엄격하게 적용하고자 하며 다른 문화권에 적용할 때는 다른 문화의 연극과 유사 연극적 관행들로부터 배울 게 많다는 점을 이해하기에 그 정의를 자유롭게 하고자 한다.

아시아나 아프리카의 학자가 쓴 연극에 관한 책이라면 이 정의의 문제는 반대 상황이 되었을 것이다. 연극, 무용, 오페라를 구분하는 서양의 방식은 복잡한 예술형식의 발전과 이해를 규제하는 독단적인 제약으로 비친다.

서양의 연극과 세계 연극 사이의 구분은 20세기 후반과 21세기 들어 보다 희미해졌다. 아시아와 아프리카의 연극은 온갖 종류의 서양문화, 주로 TV와 영화, 그리고 연극의 쓰나미로 재형성되었다. 아시아와 아프리카의 문화는 다양한 정도로까지 서양의 연극적(theatrical) 양식들을 실험하거나 채택하거나 수정해 오고 있다. 특히 미국에서 기원한 장르로 널리 받아들여지고 있는 뮤지컬은 상당한 재정적 비용을 지원할 만큼 부유한 모든 문화에서 성장하고 있다. 서양의 연극은 아시아와 아프리카 연극의 몇몇 장르와 테크닉을 채택하고 있다. 세계화를 다룬 마지막 장은 이 현상에 초점을 맞춘다.

유사 연극행위

관객을 대신하여 신도석에 앉은 사람들, 일종의 무대와 같은 설교단, 극단처럼 수행원과 합창단을 거느린 주교, 무대장치에 준하는 제단과 종교적인 그림들을 보면 기독교회의 예배는 연극과 유사하다. 그러나 교회의 예배는 연극이 아니요, 다른 종교적인 의식들도 연극이 아니다. 축구경기는 관객이 있는 오락이며 때로 거금이 오가는 비즈니스지만 원형극장의 연극은 아니다. 축구선수들은 카메라와 마이크를 향해 다소 인위적인 페르소나를 투사하지만 그렇다고 다른 인물을 연기하는 것은 아니다.

제의

다수의 문화권에서 다양한 제의(ritual)와 의식은 연극을 연상시키는 요소, 예컨대 가면,

의상, 무용, 음악, 텍스트를 공유한다. 제의는 중요한 반복 요소를 지닌다.

- **참석한 사람들 사이의 공동체적 유대감**　제의에서 동일시의 요소는 '공동체'이다. 서양연극에서 동일시의 요소는 '예술'이다.
- **관객과 행위자 사이의 불명확한 구분**　제의에서 참석자들은 행위에 동참기도 한다. 서양연극에서 관객은 전형적으로 다른 사람들이 수행하는 행위를 보고 듣는다.
- **분산된 초점**　제의는 넓은 공간에서 펼쳐지는데, 관객은 없을 수도 있고 가끔 벌어지는 일을 흘깃거리는 사람들이 있을 뿐이기도 하다. 서양연극은 관객이 일어나는 일에 집중하도록 배치된 한 장소에서 펼쳐진다.
- **거의 없는 '무대장치'(지역에 대한 시각적 단서)**　제의에서는 행위의식을 치르는 곳이 아닌 다른 지역을 재창조하려는 어떤 시도도 하지 않는다. 서양연극은 극장이 아닌 다른 장소를 재현하고 관객들이 알아볼 수 있도록 한다.
- **기능적이고 문화적인 목적**　가장 중요하게, 제의의 목표는 치료, 경배, 애도 등이다.

연극? 연극적? 유사 연극?

배우들? 아마도. 의상? 그렇다. 분장? 그렇다. 연극적? 그렇다. 유사 연극? 그렇다. 그러나 이 장에서 정의된 그런 '연극'인가? 아마도 아니다. 시카고에서 우산을 들고 이상한 의상을 입은 거리공연자가 사진을 찍으려면 2달러를 내야 한다고 관객에게 알려주고 있다. 진흙같은 아도브 흙을 뒤집어쓴 채 앉아 있는 부부가 깡통에 동전 떨어지는 소리가 들릴 때마다 천천히 자세를 바꾼다. 이 인물들이 나름의 숨겨진 이야기를 갖고 있다 해도 연극과 비슷한 구조에서 작동하고 있는 것 같진 않다.

어떤 제의는 신앙체계 안에서 특수한 행동을 수행한다. 서양연극은 전혀 다른 종류의 목표, 예컨대 교육, 오락, 수익 등을 목표로 한다.

때로 연극이 목적을 갖지만 기능적이지는 않다는 점에 주목해야 한다. 즉 연극은 가르치거나 전도하거나 행동을 고치거나 사람들이 행동하도록 이끌기를 원한다. 연극이 이러한 목적을 갖는다 하더라도 공연이 그 목적을 달성하는 것은 매우 드물다. 사실 연극 관람은 자발적이면서도 돈이 드는 일이라 더더욱 드물다. 특정 작가나 제작물의 목적을 이미 공유하는 사람들도 극히 소수가 실제로 공연을 관람할 것이다.

이와 대조적으로, 제의는 기능적이다. 예를 들어 기독교의 세례는 여러 종파에게는 사후 천국에 가기 위한 선결요건이다. 여러 문화권에서 매장식은 사후 더 나은 삶을 위해 죽은 사람들을 준비시킨다. 제의가 기능적이라 할 때 그저 바라거나 설득을 한다는 의미가 아니다. 제의는 실제로 뭔가를 성취한다. 믿지 않는 사람들에게 제의는 기능적이라기보다는 중요한 의미를 갖는 듯 보이지만 믿는 사람들에게 제의는 실질적인 영향을 끼친다.

유사 연극적 형식

연극과 명확한 관계가 있는 고유의 형식들은 학자들의 많은 관심을 받았다. 그중 중요하면서도 재현적인 형식들은 다음과 같다.

- **스토리텔링** : 종종 음악과 마임을 동반한다.
- **문화 전달** : 구술을 통한 지식의 전승. 이는 단순하지만 숙련이 필요한 새와 동물의 팬터마임에서부터 팬터마임, 노래, 춤을 통한 전통의 정교한 가르침까지 매우 다양하다.
- **무용**
- **인형극**

(일부 해설자들은 이 목록에 영화와 TV를 추가하지만 이 두 매체에서 관객과 공연은 공간과 시간에서 제거된다.)

몇 가지 예를 통해 유사 연극의 형식이 서양과 아시아, 아프리카 문화권의 연극사에서 중요한 선례이기에 이 책에서는 그들 중 일부를 **유사 연극적**(paratheatrical) 관행으로 살펴보고자 한다.

역사적 증거, 관심, 생략

우리는 역사적 기록의 증거가 강력하거나 희미한 곳에는 관심이 없다. 간략한 역사에서는 적합한 구절의 사용에 주목한다.

- ~라고 한다
- 학자들이 가정하기로
- 전설에 따르면
- 우리는 상상한다

위의 표현은 명확한 진술을 만들기에 충분한 증거가 없음을 의미한다. 역사가 단지 가정이라면 그렇게 얘기하고 진행해야 한다. 그러나 한정어들에 주의하라. 가정에는 잘못된 점이 없다. 특히 학자가 가정을 가설로 바꾸고 당면한 문제에 찬성하거나 반대하기 위해 증거를 구성할 때 더욱 그렇다. 역사가 전진하는 방식이다. 그런데 가정 자체만으로는 증거가 될 수 없다.

변덕, 숨겨진 의사, 진술되지 않은 추측도 연극사를 포함하여 역사에 영향을 끼친다. 다음 부분을 읽어감에 따라 여러분은 어디를 왜 강조하고 또 어디를 왜 생략하는지 주목해야 한다. 모든 역사에서 한 분야의 증거 부족과 다른 분야의 과잉 증거는 얼마나 많이 기록되는지에 상당한 영향을 끼친다는 점을 기억해야 한다. 시간은 이상한 편집자라서 사고, 전쟁, 고의적인 삭제, 무시 등을 통해서 만일 있다면 치명적인 정보는 유실됨을 또한 기억해야 한다. 예를 들어 고대 그리스 희극의 100명도 넘는 극작가의 이름이 알려져 있다. 일부가 여기저기 있지만 완성작으로 남아 있는 40편 가운데 11편의 고대 그리스 희극은 모두 아리스토파네스가 썼다고 알려져 있다. 그 결과, 고대 그리스 희극을 논할 때 아리스토파네스의 작품 이외에 다른 희곡은 언급되지 않는다. 시간의 변덕이 고대 그리스 희극에 남겨둔 것이다. 역사 기록에 나타난 또 다른 생략의 예가 있다―사하라 이남 아프리카와 북아메리카의 토착민들은 본질적으로 알파벳이 없었고 유럽인이 등장하기 전에는 문자가 없었다. 남아 있는 이야기는 입에서 귀로 세대를 통해 전해지는 구술전통이며, 이는 연극이나 유사 연극적 행위들이 옛날 이 지역에 존재했음을 암시한다.

'역사를 쓰는 것은 승자들이다'라는 역사가들의 오랜 격언이 있다. 더욱이 아주 최근까지도 **대부분의 민족**은 연극사는 물론 역사에서 다루어지지 않았다. 왜냐하면 연극사도 그 주제를 역사를 쓰는 사람들이 취했기 때문이다―그들은 교육을 받은 유럽의 백인 남성들로, 재력이 있고 권력의 중심에 가까이 있었다. 승자들은 역사를 쓸 뿐 아니라 최근까지 부와 권력을 가진 주로 백인들만이 역사가 열거하고 분석하는 기록을 제거하는 수단을 가지고 있었다.

다수의 역사가들은 예술이 권력의 중심을 입증한다고 주장한다. 연극이라는 예술과 사회정치적 권력이 어떻게 동행하다가 서로 분리되고 서로를 유효화하거나 강화하거나 몇몇 경우에는 충돌하면서 서로에게 보이지 않게 되었는지를 배우는 것이 연극의 과거를 연구하는 것보다 더 중요하다. 이러한 관계를 이해해야 연극사가 어떻게 **역사**인지를 이해할 수 있다.

구성

이 책은 주제 소개를 의도하는 간략한 연극사이기에 세부사항을 생략하고 때로 훨씬 길고 포괄적인 책이었다면 주의를 기울일 만한 분야 전체를 생략하는 선택을 해야 했다. 우리의 목표는 독자로서, 학생으로서, 관객으로서 이후의 연극 경험에 정보를 줄 연극사의 중심 구조를 전달하는 것이다. 의식적인 생략은 연구와 토론, 논쟁의 주제가 되었다. 마지막으로 우리는 연극사에 대한 완벽한 시놉시스는 없음을 고백한다. 우리의 시놉시스가 있다.

이 간략한 역사는 시간적, 지리적 구성을 중첩시킨다. 어쩔 수 없이 역사 연구를 간단하게 만드는 깔끔한 구분이 현실적으로 불가능하다. 예를 들어 유럽의 르네상스는 다른 시대, 다른 장소에서 한 세기 이상의 기간 동안 일어났다. 마찬가지로 비유럽 연극도 서양연극의 시간표와는 전혀 다른 나름의 시간표에 따라 발전해 왔다. 그리하여 연극사를 고찰하는 과정에서 시간의 중첩이라든가 양식의 귀환 등이 있다. 우리는 역사적 이야기를 시공간적으로 구성할 때 지나치게 세밀하게 되면 주제를 따르고 이해하기가 더 어렵다고 생각한다. 예를 들어 아시아 연극을 다룬 두 번째 장은 1800년에 시작해서 현재까지를 망라한다. 왜냐하면 20세기에는 아시아의 연극이 서사극이나 부조리극처럼 지배적인 서양연극의 양식을 취하고 있어 서양의 20세기 연극을 다루는 장들 전에 이 장을 배치하면 혼란스러울 것 같았기 때문이다. 반면, 1800년대로 갑자기 되돌아가는 것도 이상적이지는 않다. 세 번째 대안은 아시아 연극에 관한 장들을 잘게 쪼개서 후반부에 배치하는 것이다. 우리는 아시아 연극을 두 장에 걸쳐 다루었고 이를 엄격한 시간의 순서를 따르지 않고 배치했다. 그래서 이 간략한 연극사는 대체적으로는 시간적, 지리적으로 구성되어 있지만 순전히 그렇다고는 볼 수 없다.

　　서곡과 같은 이 도입부와 더불어 이 책은 연극의 역사적인 기록이 시작하는 곳, 기원전 5세기 고대 아테네에서 시작한다.

중심용어

중심용어는 본문에서 굵은 활자로 표시되어 있다. 아래 목록을 참고하여 이해도를 측정하라. 인명은 찾아보기에 나와 있다.

연극	연극적
유사 연극적	제의

CHAPTER

그리스 연극

배경

희곡(대본)과 연극(공연)에 관한 맨 처음 기록은 그리스 아테네에서 비롯하며 기원전 6세기로 거슬러 올라간다. 100년 안에 아테네의 드라마는 이후 비적할 상대가 없을 만큼 최고조에 달한다. 그 결과, 오늘날 사람들이 그리스 연극에 대해 이야기할 때 기원전 5세기 아테네 공연을 가리킨다.

왜 드라마와 연극이 거기에서 시작했고 그 시대 다른 문명에서는 나타나지 않았는지는 불가사의지만 고대세계에서 아테네의 지리적 위치는 몇 가지 이점을 가졌다.

　뉴욕 주의 절반 크기인 반도국 그리스는 수많은 협만과 항구, 인접한 섬들로 세계에서 가장 긴 해안선 중 하나를 형성하고 있다. 그 지리적 조건으로 기원전 6세기(500년대)에는 페니키아에 이어 지중해의 상업국으로 자리 잡았다. 도자기, 올리브유, 와인, 노예를 수출하며 그리스는 이미 번성하고 있던 진보된 문명국이었던 이집트, 중국, 인도, 페르시아(오늘날의 이란) 등 북아프리카와 동방으로부터 온갖 품목들을 들여왔다. 사실 그리스는 당시 문명세계의 서방 끝에서 무역의 십자로 역할을 했다.

　그러나 '그리스'라 말하면 통일국가가 아니었기에 잘못된 표현이다. 오히려 이 반도에는 이른바 폴리스(polis)라는 개별적인 도시국가가 형성되었고 도심과 외곽지역으로 구성되었으며, 거주자들은 같은 언어의 방언을 썼고 대개 같은 신을 숭배했다. 각각의 폴리스는 화폐를 발행했고 군대가 있었으며 은을 채굴하고 배를 만드는 등의 일을 했다. 코린트, 스파르타, 테베 등 주요 도시국가가 있었다. 기원전 5세기(400년대) 무렵 아테네가 문화적인 선두이자 무역의 거인으로 등장하고 이탈리아, 시실리, 프랑스, 스페인에 식민지를 두었다. 식민지라는 말이 암시하듯 그 당시 서유럽은 문화적으로 침체되어 있었다. 그리고 아테네는 현대의 기준에서 보면 뉴욕 유티카(Utica) 정도 크기에 인구 10만 명의 작은 도시였다.

　아테네 연극과 드라마의 황금시대인 기원전 5세기 아테네는 이미 세계 최초로 민주주

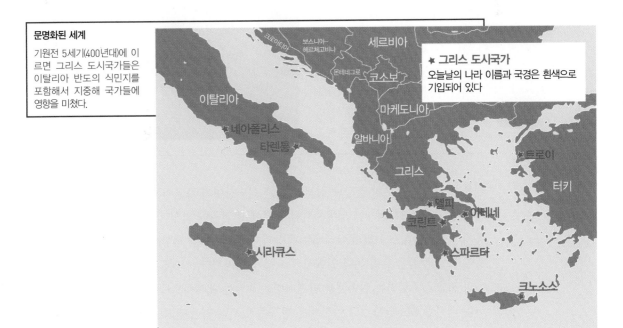

문명화된 세계

기원전 5세기(400년대)에 이르면 그리스 도시국가들은 이탈리아 반도의 식민지를 포함해서 지중해 국가들에 영향을 미쳤다.

★ **그리스 도시국가**
오늘날의 나라 이름과 국경은 흰색으로 기입되어 있다

우리가 어떻게 아는가

그리스 화병에 그려진 그림

학자들은 1836년 이탈리아에서 이 꽃병을 발견했다. 일부 학자들은 이것이 그리스에서 전해지는 고대연극에 대한 가장 중요한 그림 자료라고 주장한다. 크레이터(krater)라는 명칭의 형태로 만들어진 화병은 기원전 400년경 제작된 것으로 에우리피데스의 〈바쿠스의 여신도들 The Bacchae〉이 아테네에서 최초로 공연된 시기이다. 그림에서 보면 사티로스극(satyr play)을 성공적으로 공연한 후에 축하를 하는 '무대 뒤(backstage)'가 묘사되어 있다. 코러스와 당시 유명한 음악가 프로노모스(Pronomos)가 보인다. 그래서 이 화병을 프로노모스 화병이라 부르기도 한다. 디오니소스와 두 배우도 그려져 있다. 사티로스극의 코러스는 양털로 된 삿, 말총, 인조 성기를 하고 있으며 들창코 가면을 썼

다. 화병의 어느 부분에는 근접 비율로 두 배우가 그려져 있는데 오른편의 배우는 분명 전통적인 사자 가죽과 지팡이를 든 헤라클레스이다. 배우들은 각자의 가면을 들고 있다.

가면은 헬레니즘 시대처럼 거대하거나 왜곡

된 가면이 아니다. 대신 그들은 뻣뻣한 리넨이나 얇은 모양가죽 등 가벼운 소재로 만들어진 것 같다. 그려져 있는 가면들은 눈과 입을 위해 뚫린 구멍을 제외하고 머리 전체를 덮을 것 같다. 미국고전연구학회(American School of Classical Studies)가 아크로폴리스 근처에서 발굴한 다른 증거는 고대 그리스 가면에 대한 이해를 돕는다.

의를 수립했고 정부의 결정과 정책에 대한 시민참여의 표본이 되었다. 그러나 여성들은 아테네 거주민 3분의 1인 노예들처럼 정부에 발언권이 없었다. 기원전 5세기의 위대한 통치자 페리클레스 치하의 아테네는 동상과 건축물, 예술, 철학을 만들었고 2,000년 이상 동안 그 우수함은 유럽 문화 안에서 중요하게 여겨졌다. 그때도 마찬가지로 아테네는 자음과 모음을 포함하는 알파벳을 발전시켰는데 이는 체계적으로 일관성 있게 화술을 재현하는 역사상 최초였다. (그 이전에는 철자는 있지만 자음과 모음은 없는 언어들이었다.)

알파벳은 지속적인 소통을 위해 필수적이었고 연극이 포함하는 단어들에 의지하는 문화의 발전을 지속시켰다.

아테네인들은 문명적 성취에 대단한 자부심을 가졌다. 문화를 기념하고, 상품 교환을 용이하게 하며, 다양한 신들에게 공양하기 위해 아테네는 매년 수많은 공공 페스티벌을 후원했다. 이 페스티벌 가운데 세 가지는 각각 디오니소스 신에게 헌신했다. 왜 이집트, 페르시아, 중국, 인도가 아니라 아테네가 드라마의 탄생지가 되었을까? 몇 가지 이론이 있지만 확실히는 알 수 없다.

연극의 기원에 관한 이론

그리스 드라마의 기원에 대한 정보를 도출할 만한 문서로 된 증거는 없다. 예외가 있다면 아리스토텔레스의 『시학 *Poetics*』인데, 이 역시 기원에 대한 고대의 증거로는 의심스러운 부분이 많다.

아리스토텔레스의 이론

가장 초기의 설명은 아리스토텔레스의 〈시학〉으로 기원전 355년에 써졌다. 그는 "비극은 디시램브(dithyrambs) 작가들에 의해서, 희극은 남근찬가 작가들에 의해서 제작되었다."고 주장했다. 디시램브는 코러스가 공연한 합창시가이다. 남근찬가는 남성의 성적 능력을 찬양하는 제의인데 부분만 남아 있어서 그 정확한 성격은 알 수 없다. 감질나지만, 아리스토텔레스의 설명은 도움이 안 된다. 그의 설명으로부터는 어떤 종류의 디시램브나 남근찬가를 염두에 두고 있는지, 작가들이 전자를 비극으로, 후자를 희극으로 어떻게, 왜 바꾸었는지 알 수 없다. 더욱이 아리스토텔레스는 최초의 연극공연에 대한 기록이 있은 지 200년 뒤에 이 글을 썼기에 그가 어디에서 정보를 얻었는지 알 길이 없다.

제의론

연극의 기원에 관해서 아마도 완전히 정확하지는 않지만 가장 인기있는 관점은 제의론일 것이다. 즉 그리스 연극이 디오니소스 신에게 바치는 종교적 의식에서 진화했다는 주장이다. 이 이론은 설득력을 가지고 있다. 연극이 처음에 그리스에서는 종교적인 축제 또는 당시 그리스에서 포도주와 다산(多産)과 결합된 디오니소스 신에게 바치는 축제에서만 나타났다. 물론 약점도 있다. 실제로 현전하는 그리스 비극 중 디오니소스를 주인공으로 하는 작품이나 디오니소스와 관련된 주신숭배를 보여주는 작품은 없다. 오히려 그리

아이스킬로스의 〈아가멤논〉

1968년 거스리극장(Guthrie Theatre)에서 〈오레스테이아〉 3부작을 〈아트레우스의 집 *The House of Atreus*〉이라는 제목으로 다소 축약해서 제작했다. 타냐 모이세이비치가 디자인한 가면은 배우의 발음이 뭉개지지 않도록 입 부분은 열려 있었다. 타이론 거스리(Tyrone Guthrie)가 연출한 이 작품은 로스앤젤레스와 뉴욕의 여러 도시를 순회했다.

스 비극은 진지하고 위엄 있다. 저명한 학자들은 대개 제의적인 요소가 비극에서 종종 발견된다는 사실은 인정하면서도 연극이 어떤 통합적인, 불가항력적 방식으로 종교적 의식에서 '진화'했다는 생각에는 반대한다.

위인론

몇몇 학자들은 비극과 희극이 인간의 천재성이 만들어 낸 창의적인 활동이라고 주장한다. 그런 학자들은 예술이 생물체처럼 진화하거나 우연히 일어나는 게 아니라고 주장하면서 천부적인 인간의 혁명적인 발명품으로서 연극의 기원을 찾는다. 이 관점에 따르면, 예술가가 아테네 사회에 이미 존재하고 있던 요소들을 종합해서 연극이라고 하는 새로운 형식으로 만들었다. 스토리텔링, 음악, 춤이 이미 그리스 사회에 존재하고 있었고 사용 가능했다는 점에서 설득력을 갖는다. 그러나 인간의 천재성이란 신비하기에 연극의 기원을 설명하기에는 상당 부분이 수수께끼로 남는다는 점에서 설득력이 없다.

스토리텔링 이론

일부 학자들은 그리스 연극이 스토리텔링에서 발전했다고 주장한다. 즉 이야기꾼들이 자연스럽게 온갖 인물들을 보여주고 그에 적합한 목소리와 움직임을 사용함으로써 이야기의 일부를 정교하게 만들게 되었다고 추측한다. 여기서부터 서너 명의 사람들이 이야기에 참여하는 짧은 단계가 있을 것이다. 그리고 이 '이야기하기'로부터 연극이 발생했다는 것이다. 명백히 연극에서의 연기와 배우의 역할을 강조하는 이 이론은 호메로스(Homer)의 〈일리아드 *Iliad*〉, 〈오디세이 *Odyssey*〉와 같은 작품을 대중 앞에서 공연할 만큼 아테네인들이 서사시를 노래하고 이야기하는 풍부하고 오랜 전통을 가지고 있다는 점에서 그럴듯하다. 그러나 그리스 연극에서 코러스가 차지한 독보적인 위치를 설명할 수 없다는 약점이 있다.

춤이론

다른 이론가들은 화술보다는 움직임이 연극의 핵심이라고 제안한다. 무용수들이 처음에는 동물과 인간의 신체적 행동을 모방했다는 개념이다. 무용수들이 적절한 동물 가죽이나 의복을 입게 되면서 동물이나 인간을 구현할 수 있었다. 그러한 구현에 몇몇 무용수가 동참하고 소리와 말을 추가하면서 연극이 탄생했다. 이 이론은 모든 그리스 연극에 존재하는 춤추는 코러스라든가 일부 희극작품(예 : 〈새 *The Birds*〉, 〈개구리 *The Frogs*〉)의 동물 코러스를 잘 설명해주고 있다. 그러나 역시 코러스가 제작의 핵심 부분이라면 왜 그리스 연극이 코러스의 역할을 강조하지 않는지를 설명하지 못하고 있다. 또한 우리가 아는 최초의 그리스 연극에서부터 시작한 배우와 코러스의 분리도 설명이 안 된다.

기원에 관한 불확실성

사실 그리스 연극의 기원은 아무도 모른다. 기원에 관한 논의는 연극 자체의 본질에 대한 논의와 다름없다. 인류학자들에게 연극의 본질은 제의기에 그들은 제의론에 찬성한다. 인류학자들은 제의를 다음과 같이 인용한다.

- 중요한 동물들이 돌아오기를 주술적으로 유도하면서 남자들이 버펄로 가죽을 걸치고 방울, 채찍 등을 들고 버펄로 흉내를 내며 춤을 추는 아메리카 맨던 인디언 종족의 버펄로 댄스
- 특정 신에게 공헌하는 다수의 주요 페스티벌에서 종교를 드러내는 이로쿼이(북아

버펄로 댄스

노스다코타에 살고 있는 아메리카 원주민인 맨던족은 매년 신에게 이듬해에도 행운을 기원하는 춤을 추었다. 북소리에 맞추어 행해지는 제의에는 일종의 가면 역할을 하는 머리장식과 버펄로 가죽 의상이 사용되었다.

메리카 원주민)의 가면회(False Face Society)는 치료를 돕는 신화 속의 곱추를 형상화하기 위해 정교한 가면을 쓴 주술인들의 모임이다.

- 이집트 오시리스(Osiris) 제의는 오시리스 신의 죽음과 구원을 형상화하는데, 때로 헬레니즘 시대 이집트를 여행한 사람이 나중에 설명한 내용에 따르면 모의전투가 피를 부르기도 했다고 한다.

세계연극을 접하고 인간의 의미를 가득 담은 형식을 만나는 예술가들에게 예술가의 창작만이 그 시작을 설명할 수 있기에 그들은 위인론을 지지한다. 연극이 배우와 더불어 시작했다고 믿는 사람들에게는 이야기꾼 이론이 효과가 가장 크다. 그리스 연극의 본질이 코러스에 있다고 보는 사람들에게는 춤이론이 설득력이 있다.

수용되는 이론은 종종 오늘날 그리스 연극을 변형하고 무대화하는 데 있어서 현실적인 결과와 관계가 있다. 제의론을 선호하는 연출가는 향을 피운다든가, 주문을 거는 등 비극에 제의적인 요소를 삽입하려 하는 반면, 위인론을 선호하는 연출가는 그 대신 인물의 개성을 살릴 것이다. 춤이론을 선호하는 연출가는 노래하고 춤추는 부분을 보강하면서 코러스를 중심에 두고자 한다. 스토리텔링 이론을 따르는 연출가는 합창곡과 코러스를 줄이고 배우들을 더 강조하려고 한다.

그리스 연극의 특질

앞의 논의에서 우리는 그리스 연극의 중요한 특질을 발견했다. 그 특질은 현재 서양의 연극관습과 비교하면 이상하게 보인다. 그리스 연극은 현대연극과 달랐다.

그리스 종교와 밀접한 관련

'다신교'의 형식인 그리스 종교는 사적이기도 했고(일상생활의 일부로 가정의 중심이 된), 특정 신에게 공헌하는 다수의 주요 페스티벌에서 종교를 드러냄으로써 공적이기도 했다. 기독교나 유대교, 이슬람교와 달리 그리스 종교는 성경이나 코란과 같은 경전에 의지하지 않았기에 종교적인 표현은 다양한 형태를 취했다. 그리스 연극이 종교적인 이유로 공연되었다고 해도 제의라는 형이상학적인 목적을 갖지는 않았다.

페스티벌이라는 특별한 때에 공연

황금시대 연극은 아테네에서만 나타나는데 지금까지 알려진 바로는 3개의 디오니소스 페스티벌이 있다—시티(혹은 대) 디오니시아, 전원의 디오니시아, 레나이아가 그것이다.

합창

배우들과 더불어 그리스 연극을 공연하려면 코러스(chorus)가 필요했다. 똑같은 옷을 입고 똑같은 가면을 쓰고 함께 움직이고 노래하고 대사를 하는 남자들이었다. 코러스는 중요한 방식으로 그리스 연극에 영향을 끼쳤다. 의상, 노래, 춤이 공연에 볼거리를 더해주었다. 코러스는 대사를 하고 음송하고 노래를 부르면서 춤을 추었기 때문에 그 리듬이 시각적·청각적으로 극의 분위기 변화를 보여주었다. 아마도 그중에서 가장 중요한 것은 일부 연극에서 합창단이 배우들처럼 정보를 제공하고 발견을 하고 결정을 내리고 실행하는 등 사건에 직접 참여하는 것이었다.

　코러스는 여러 연극적 관행에도 영향을 미쳤다. 연극이 시작한 직후 코러스가 공연 공간에 등장했고 끝날 때까지 계속 남아 있었기 때문에 그 존재는 극장의 물리적인 배치이며 극 행위로 간주되었다. 그들이 움직일 수 있을 만큼 넓은 공간이 필요했다. 그 존재는 정당화되어야 했고 인물들이 비밀을 공유할 때마다 충성을 보여주었다. 코러스의 음성적, 시각적 힘이 대단해서 배우들은 코러스의 영향에 압도당하지 않기 위해서 공연 양식을 조절했을 것이다.

모두 남자

배우, 극작가, 시의 후원자들 모두 남자였다.

경쟁

극작가들은 극작 부문의 상을 받기 위해 경쟁했고 배우들은 공연 부문의 상을 받기 위해 경쟁했다. 경쟁의 공평성을 확보하기 위해 누가 경쟁하는지, 누가 판정을 내리는지, 누가 이겼는지에 다양한 규칙이 적용되었다.

　도시국가가 선택받은 부유한 시민들과 협력하여 연극을 제작했다. (여자들은 시민으로 간주되지 않았다.) 대 디오니시아(Great Dionysia)에서는 세 명의 비극작가들이 매년 상을 놓고 경쟁했다. 작가들은 제각각 세 편의 비극(반드시 서로 연관된 삼부작일 필요는 없었다)과 한 편의 사티로스극(satyr play, 비극에 이어지며 때로 비극을 조롱하는 짤막한 희극)을 제출했다. 비극작가의 작업을 위해 하루가 배정되었다. 그리하여 아홉 편의 비극과 세 편의 사티로스극이 대 디오니시아에서 매년 공연되었다. 레나이아(Lenaia)에서는 매년 네 편의 비극이 경쟁했는데 모두 서로 다른 극작가의 작품이었다. 두 페스티벌에서 다섯 명의 희극작가가 단 하루 동안 상을 놓고 경쟁을 벌였다.

아리스토파네스의 〈리시스트라타〉

'리시스트라타 프로젝트 : 최초의 전 세계적인 연극적 반대 선언(The Lysistrata Project: The First-Ever Worldwide Theatrical Act of Dissent)' 이라크와 아프가니스탄 전쟁 종식을 부추기고자 한 전 세계 평화행위는 2003년 3월 3일에 세계 60개 국에서 1,000회 이상 공연되었다. 사진은 사우스캐롤라이나대학교 재학생들의 공연 모습이다.

상업적 활동이 아님

경쟁자들이 선정된 방식은 알려져 있지 않지만 일단 선정되면 작가들은 코러스에 의해 발생하는 비용을 감당할 책임을 진 부유한 시민 후원자와 짝을 맺었다. 이들 시민 후원자들은 경쟁의 결과에 중대한 영향을 미칠 수 있었다. 전설에 따르면, 소포클레스의 〈오이디푸스 왕 *Oedipus Rex*〉은 후원자가 너무 구두쇠여서 적합한 공연물을 만들 자금을 대지 않는 바람에 경쟁에서 패했지만, 아이스킬로스의 〈유메니데스 *Eumenides*〉는 후원자의 아낌없는 후원의 결과 코러스를 처음 보고 임신한 여자가 유산할 정도로 의상과 가면이 워낙 화려하고 위협적이었다고 전해진다. 현대에는 〈오이디푸스 왕〉이 서양예술사를 통틀어 가장 위대한 희곡의 하나로 널리 인정받고 있다.

대부분의 후원자들은 당근과 채찍을 모두 사용해야 했지만 자신의 책임을 진지하게 받아들였다. 당근─코러스 후원은 부유한 시민의 의무이다. 드라마에 자금을 대도록 요청받지 않는 사람은 군함을 만들거나 그와 유사한 중요한 일에 자금을 제공하도록 요청받았다. 성공적인 공연을 올린 사람들은 상당한 갈채를 받았다. 채찍─코러스를 지지하기에 충분하지 않은 자금을 댄 부유한 시민은 다른 시민의 도전을 받을 수 있었다. 도전자가 이기면 그와 앞으로의 후원자가 재산의 일부를 교환해야 했다.

심사위원을 선정하는 방식은 교묘하고 복잡했다. 폴리스의 모든 주요 조직들이 대표되고 신들이 마지막 결정에 어떤 발언권을 가지고 있음을 보장하도록 고안되었다. 우선, 10개의 조직에서 각각 한 사람의 이름을 거명하여 자격 있는 시민들의 이름을 각 정치단위 안에서 추린다. 이 열 명의 시민 중 다섯 명만 실제로 투표권이 있지만, 결국 5개의 투표권으로 승자를 결정하는 것은 신들이다. 심사위원으로서 일하는 것은 시민의 의무요, 명예였다.

공연을 참관하는 관객 구성원들은 연극을 보고 들을 뿐 아니라 누가 경쟁에서 이겼는지를 알 수 있었다. 이런 이유로, 그리스 극장에 가는 일은 연극과 희곡의 요소뿐만 아니라 오래 계속되는 운동경기의 성격도 있었다.

희곡과 극작가

그리스 극장을 위해 쓰진 수천 편의 희곡 중에서 46편이 완전하게 보전되어 있고 다수는 일부만 전해지고 있다. 대부분은 기원전 5세기 아테네의 네 작가의 작품이다—아이스킬로스(7편), 소포클레스(7편), 에우리피데스(18편), 아리스토파네스(11편). 이 네 작가는 세계에서 가장 위대한 희곡을 썼다—오늘날에도 여전히 그 강력한 효과가 관객에게 발휘되는 작품들, 셰익스피어와 라신, 유진 오닐, 월레 소잉카(Wole Soyinka)에 이르는 작가들에게 이야기의 원천을 제공하는 작품들, 인간의 행동 유형('오이디푸스 콤플렉스', '프로메테우스적 투쟁')을 증명하는 이름들이 된 작품들.

테스피스

다섯 번째 이름으로 극작가이자 배우였던 테스피스(Thespis)가 중요하다. 물론 그런 사람은 결코 존재하지 않았을지 모르지만 말이다. 반은 전설적인 인물인 테스피스는 배우 한 명과 코러스가 등장하는 비극을 썼다고 추정된다. 테스피스는 그의 삶과 작업에 대한 자료가 단편적이었고 기껏해야 그가 살았다고 진술되는 시대로부터 약 2세기 후에 기록되었기 때문에 반은 전설이라고 일컬어진다. 테스피스의 작품은 남아 있지 않다. 남아 있었다면, 그의 존재에 대한 의문은 다소 해소되었을 것이다. 일부 학자들은 테스피스의 작품들이 일련의 독백이었다고 추정한다. 한 명의 배우와 코러스로는 장면에 새로운 정보를 소개할 기회, 상황에 변화를 제공할 기회가 극히 제한되었다. 그런 식으로는 무대에서 사건을 이끌기 어려웠고, 결국 서로 마주보고 연기하는 두 명의 인물이 필요했다.

남성 전용 공연

거스리극장의 〈아트레우스의 집〉 공연에서는 모든 여자 역할에 남자 배우가 캐스팅되었다. 클리템네스트라(Clytemnestra)가 궁전 앞에 등장한다. 배우는 키 높이 신발을 신고 패딩을 댄 의상을 입고 큰 장갑에 머리장식을 하여 겉으로 보기에 조각상 같은 모습을 띤다. 의상이 고대 아테네의 상황을 정확하게 반영하지는 않더라도 매우 연극적이다.

아이스킬로스

아이스킬로스(Aeschylus, 기원전 525?-기원전 456)는 두 번째 배우를 도입하여 극 안에 변화가 생기도록 허용했다. 두 번째 배우를 통해 두 인물 간의 갈등을 만들 수 있었지만, 아이스킬로스는 고립되어 제어할 수 없는 힘이 불러일으키는 우주의 공포에 직면한 고독한 영웅을 묘사하는 경향이 있었다. 그런 웅장한 비극 개념이 있었기에 아이스킬로스는 웅장한 규모가 필요했고 그래서 종종 같은 날 공연되는 세 편의 희곡이 단일한 주제로 묶인 3부작을 썼다. 그의 3부작 중 하나인 〈오레스테이아 *Oresteia*〉(기원전 458)-〈아가멤논 *Agamemnon*〉, 〈제주를 바치는 여인들 *Choëphoroe*〉, 〈유메니데스〉로 구성-는 몇몇 단일 희곡과 더불어 온전한 상태로 보전되었다-〈페르시아인 *Persians*〉, 〈테베를 공격한 7장군 *Seven against Thebes*〉, 〈탄원하는 여인들 *The Suppliants*〉, 〈프로메테우스 *Prometheus*〉. 〈프로메테우스〉가 아이스킬로스의 작품인지 다른 미지의 작가가 쓴 작품인지에 대해서는 학자들 사이에 의견이 분분하다.

현전하는 대본은 모두 아이스킬로스를 높이 사는 특징인 영웅적이고 엄격한 인물, 강력한 플롯, 고귀한 문체를 보여준다. 대체적인 분위기는 고대의 논평가가 잘 요약해 두었다-"아이스킬로스에게서 다양한 유형의 예술적인 처리를 발견할 수 있지만 눈물을 자아내는 그런 감상은 찾아봤자 헛수고다."

소포클레스

소포클레스(Sophocles, 기원전 496?-기원전 406)는 세 번째 배우를 추가하였고 장면 그림과 의상을 변화시킨 것으로 유명하다. 우주적 질서에 직면한 고독한 영웅을 그렸던 아이스킬로스와 달리 소포클레스는 그 질서 안에서 인간의 자리를 탐색한 희곡을 썼다. 소포클레스 작품 주인공의 비극은 전형적으로 불완전한 지식이나 상반되는 주장에 기반해서 취해진 결정이나 행동으로부터 비롯한다. 주인공의 성격에 나타난 다양한 측면은 사악함이나 어리석음뿐만 아니라 인간성이 야기한 재앙을 끌어내기 위해서 비일상적인 상황과 결합한다.

소포클레스 연극에서 코러스의 역할은 여전히 중요하지만, 아이스킬로스처럼 중심은 아니다. 오히려 소포클레스의 개성적인 인물들은 보다 복잡하고 개인적인 습성을 보이

연극은 연극이다

소포클레스의 〈오이디푸스 왕〉, 기원전 427년

'테베의 연극'으로 일컬어지는 세 편의 희곡 묶음인 〈오이디푸스 왕〉은 현재까지 최고의 희곡으로 여겨진다. 이 테베의 연극에 속하는 다른 두 희곡은 〈안티고네 *Antigone*〉와 〈콜로누스의 오이디푸스 *Oedipus at Colonus*〉이다. (이 세 편은 3부작으로 만들어지지 않았다.) 소포클레스는 100편이 넘는 희곡을 썼다고 전해지지만 7편만 남아 있다.

작품 줄거리 테베의 왕 오이디푸스는 도시를 사로잡은 전염병으로부터 살려달라는 시민들(코러스)의 호소를 듣는다. 오이디푸스는 이미 자신의 매형인 크레온을 보내어 델포이 신전의 신탁을 듣고 오게 한다. 크레온은 돌아와서 도시가 선왕 라이오스를 살해한 자를 추방해야 한다는 신탁을 전한다. 오이디푸스는 '진실을 밝히고' 도시를 구하겠다고 맹세한다.

그는 맹인 예언자 테이레시아스를 소환해 그의 의견을 묻는다. 테이레시아스는 머뭇거리지만 압박감을 느끼며 '당신이 바로 그 자'라고 말한다. 이에 화가 난 오이디푸스가 테이레시아스에게 그와 크레온이 자신을 밀어내기 위해 꾸민 짓이라고 한다. 늙은 예언자는 '자식의 형제이자 아비이며 부인의 아들이며 어머니의 남편인 자'라고 오이디푸스에게 경고한다.

오이디푸스는 다시 크레온에게 분노한다. 그의 부인이자 선왕 라이오스의 미망인 이오카스테는 그에게 오래된 예언을 들려준다—라이오스는 그의 자식에 의해 죽임을 당할 것이다. 그녀가 라이오스 왕을 묘사

하자 오이디푸스는 몸을 떤다. 그는 어릴 때 델포이를 방문한 적이 있는데 그때 아버지를 죽이고 어머니와 동침한다는 예언을 들었고 그래서 어린 시절 고향인 코린트를 떠났다고 말한다. 그는 나중에 교차로에서 누군가를 죽였다는 사실도 털어놓는다.

코린트에서 코린트의 왕이요, 오이디푸스의 아버지인 폴리부스가 죽었다는 소식을 전하러 사자가 온다. 오이디푸스는 안도한다. 그러나 폴리부스는 오이디푸스의 친부가 아니며 젊은 시절 어느 목동에게서 아기를 받았는데 아기의 복사뼈에 구멍이 뚫려 있었기에 '퉁퉁 부어오른 발'이라는 뜻의 오이디푸스라는 이름을 붙였다고 전한다.

이오카스테는 오이디푸스에게 더 이상 진실을 파헤치지 말라고 애원한다. 라이오스가 공격당할 때의 생존자인 어느 노인이 끌려온다. 그는 아기 오이디푸스를 사자에게 준 목동이었다. 이제 오이디푸스에게 내몰리자 그는 오이디푸스가 라이오스와 이오카스테의 자식이었는데 신탁에서 그가 친부를 죽일 거라고 했기 때문에 숲에 버려져야 했으나 대신 그를 다른 사람에게 주었다고 말한다.

오이디푸스는 진실을 본다—그는 전염병의 원인이며 아버지의 살인자요, 어머니의 남편이다. 이오카스테는 자살한다.

오이디푸스는 이오카스테의 보석에 박힌 핀으로 자신의 눈을 찌른다. 그는 도시에서 추방시켜 달라고 애원한다.

며 더 많은 결정을 내리는 경향이 있다. 그 결과 소포클레스 비극에서 코러스가 아닌 배우들이 극의 리듬을 통제한다. 아이스킬로스와 달리 소포클레스는 비극을 수용하기 위한 3부작을 필요로 하지 않았다. 그의 희곡은 개별적인 작품이었다. 그가 썼다고 전해지는 100여 편의 희곡 중에서 〈오이디푸스 왕〉은 비평가들로부터 최고의 작품으로 인정받고 있다. 그 외 여섯 편의 희곡 〈아이아스 *Ajax*〉, 〈엘렉트라 *Electra*〉, 〈트라키스의 여인들 *Trachiniae*〉, 〈필록테테스 *Philoctetes*〉, 〈안티고네〉가 있고, 〈콜로누스의 오이디푸스〉, 〈오이디푸스 왕〉, 〈엘렉트라〉, 〈안티고네〉는 서구 문화권에서 번역되어 매일 정기적으로 공연되고 있다.

에우리피데스

에우리피데스(Euripides, 기원전 480-기원전 407)는 살아 있는 동안 논쟁의 대상이었고 사후 높은 평가를 받게 되었다. 아테네가 제국주의와 팽창주의 정책을 채택했을 때 성장한 에우리피데스는 평화주의자요, 비일상적이고 혼란스러운 질문을 해대는 정치적인 해충이 되었다. 지성인들은 그를 존경했다. 예를 들어 그 시대의 현자였던 소크라테스는 에우리피데스의 비극을 보기 위해서만 오직 극장에 갔고 소포클레스는 에우리피데스가 죽었다는 소식을 듣고 코러스에게 모두 검은색 옷을 입혔다고 한다.

아이스킬로스와 소포클레스의 희곡과 비교하면, 에우리피데스의 희곡은 덜 숭고하고 훨씬 사실적이다. 그의 인물들은 웅장하지 않고 인간적이다. 그들의 문제는 우주적이지 않고 세속적이다. 에우리피데스는 인간관계를 탐색하고 사회적 행위의 지혜에 관한 질문을 던진다―전쟁의 목적, 여성의 지위, 인간의 잔혹성의 이유. 〈트로이

Matt Orton

에우리피데스의 〈바쿠스의 여신도들〉
〈바쿠스의 여신도들〉의 주인공 펜테우스(Pentheus)가 디오니소스의 재촉에 여장을 했다. 사진에서 그는 디오니소스의 가장 중요한 수행원인 여사제(maenads) 합창단과 마주했다. 이후 여사제 합창단은 펜테우스의 몸을 갈기갈기 찢는다. 사진은 몬타발로(Montavalo)대학교의 공연

의 여인들 *Trojan Women*〉(기원전 415년)이 그 예다. 연극은 트로이 전쟁이 결정된 후 시작한다. 트로이에서 살아남은 여인들은 자신의 아들이 살해당했음을 알게 된다. 자신의 운명을 지배자인 그리스의 처분에 맡기고 노예가 될지 첩이 될지 기다린다. 헬레네와 메넬라오스는 재회한다. 그녀를 죽이기로 맹세했음에도 불구하고 그는 헬레네의 미모에 사로잡혀 그녀를 되찾는다. 그녀의 납치가 전쟁의 원인이었고 양편 모두 손실이었다. 〈트로이의 여인들〉은 여성들과 아이들이 치러야 하는 심각한 인간적인 비용을 표현하기 위해 오늘날에도 자주 공연되고 있다.

에우리피데스의 인습타파적인 관점은 극의 기교에도 변화를 가져왔다. 아이스킬로스와 소포클레스의 희곡에 공통적인 철학적인 탐구 대신 에우리피데스는 빠른 역전, 계략, 이후 **멜로드라마**라고 불리는 장르와 연결되는 특징인 낭만적이고 감상적인 사건들로 채웠다. 에우리피데스는 멜로드라마의 아버지라고 불리기도 한다. (이에 대해서는 8장에서 다루도록 한다.) 나아가 그는 극의 방해꾼으로까지 코러스의 역할을 축소시켰다. 코러스의 역할은 쇠퇴했고 주제는 보다 개인적으로, 언어는 시적이기보다 대화체가 되었다. 에우리피데스가 그리스 비극에 들여온 많은 변화들은 그가 살았던 시대에는 무시당했지만 이후 헬레니즘 시대에 표준적인 극적 관행이 되었다.

에우리피데스는 90편가량의 희곡을 썼지만 17편의 비극과 사티로스극 1편이 남아 있다. 지난 100년간 가장 많이 재공연된 희곡으로 〈이폴리트〉, 〈탄원하는 여인들 *The Suppliants*〉, 〈엘렉트라〉, 〈트로이의 여인들〉, 〈바쿠스의 여신도들〉, 그리고 〈메데이아 *Medea*〉가 있다.

아리스토파네스와 구희극

희극은 비극보다 50년 뒤진 기원전 486년 대 디오니시아에 도입되었다. 페스티벌은 아테네 문화를 보여주는 국제적인 전시장이었고 외국의 고위 성직자들이 자주 찾았기 때문에 희극은 이 페스티벌에 어울리지 않는 것처럼 보였다. 희극의 진정한 고향은 겨울 페스티벌인 레나이아였다. 아테네인들만 참석할 수 있었던 이 페스티벌에서 기원전 442년 희극 경연이 개최되었다. 이 두 페스티벌에서 희극작가들 다섯 명의 경쟁에 하루가 온전히 할애되었다.

현전하는 11편의 희극은 모두 아리스토파네스(Aristophanes, 기원전 448?-380년)의 작품이다. 고전주의 시대 희극으로 아리스토파네스 이외의 작품은 남아 있지 않다. [고대 아테네 이후 헬레니즘 시대 희극작가로 메난드로스(Menander)가 있다.] 따라서 고전주의 시대 희극에 관한 정보는 이 희극들에서만 얻을 수 있다. 물론 아리스토파네스가 전형적인 것과 거리가 멀고 그의 작품에서 도출되는 결론은 모든 고대 그리스 희극에 보편적으로 적용되기 어렵다.

두 편의 희곡이 정확히 같지는 않더라도 현재 전해지는 작품들은 **구희극**(old comedy), 즉 고전주의 시대 아테네의 정치희극에 맞게 정해진 구조를 취한다.

- 프롤로그로 구성된 전반부. 여기서 엉뚱한 생각을 밝히고 그 생각을 채택할지 말지의 논쟁이 이어진 후 이 '행복한 생각'을 실행에 옮기려는 결심으로 끝난다. [일례로, 아리스토파네스의 〈새〉(기원전 414년)에서 그 행복한 생각이란 하늘에 도시를 건설하자는 것이다.]
- 극적 환영을 깨고 코러스 또는 코러스 대표가 관객에게 직접 하는 대사
- 행복한 생각이 효과가 있음을 보여주는 우스꽝스러운 일화들과 합창곡으로 구성된 후반부

행복한 생각은 구희극의 핵심이다—엉뚱하지만 환상적이다. 사회적, 정치적 풍자를 담고 있다. 구희극은 거칠고 무례하며 외설적이기까지 하고, 살아 있는 개개인들과 동일시하거나 풍자할 수 있다. 〈새〉에서 하늘에 도시를 건설하자는 것은 지상의 혼잡에서 벗어나려는 시도이다. 행복한 생각은 그 제목에 어울리는 코러스의 화려한 의상과 움직임을 가능하게 한다. 아리스토파네스는 40편의 희곡을 썼다고 전해진다. 현재까지 남아 있는 11편에는 종종 공연되고 있는 〈리시스트라타 *Lysistrata*〉와 〈개구리〉, 〈기사〉, 〈여자들의 축제 *The Thesmophoriazusae*〉가 포함된다. 현대에 가장 자주 공연되는 작품은 바로 〈리시스트라타〉다. 이 작품은 남자들이 전쟁을 그만둘 때까지 성관계를 맺지 않겠다는 행복한 생각을 담은 반전연극으로 여겨지고 있다.

극장 건물과 관행

현전하는 거의 모든 그리스 희곡이 기원전 5세기(400년대)의 작품이지만 현재 남아 있는 그리스 극장은 그 이후에, 일부는 훨씬 이후에 지어졌다. 그 결과는 확실하지 않다—극장 건축이나 공연 관행에 관해 알고 있는 시기의 희곡은 거의 알지 못하고 있다. 반면, 희곡에 관해 상당히 알려진 시기의 극장 건축은 알려진 바가 거의 없다. 5세기 이후의 극장은 석조건축에 반영구적이었기에 이 극장 건축의 예가 현재의 우리에게 전해지고 있다. 이후의 희곡이 남아 있지 않은 이유는 단지 역사적인 불운이라고 생각하면 되겠다.

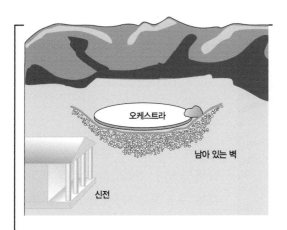

기원전 400년대의 극장

초기 디오니소스 극장을 추측하여 재구성해보았다(왼쪽). 관객석과 오케스트라, 바위언덕, 신전이 보인다. 몇백 년에 걸친 '보수' 과정을 거쳐 오늘날 남아 있는 아크로폴리스의 극장(오른쪽)이다.

그리스에서 테아트론(theatron)은 '보는 장소' 혹은 '관중의 자리'를 의미했다. 최초의 아테네 극장은 분명 시장에 있었지만 곧 도시 외곽으로 이동했다. 거기에서 아테네 최초의 중요한 극장인 디오니소스 극장이 아크로폴리스 아래 언덕에 위치했다. 관객은 원형의 공연공간[오케스트라(orchestral)] 주위의 언덕에 앉았다. 객석과 연기구역을 구분하는 통로가 있었고 이것이 등·퇴장로[파로도이(parodoi)]가 되었다. (오늘날 오케스트라는 그리스 시대 의미를 반영하듯 가장 낮은 객석을 가리킨다.) 이러한 배열-언덕, 오케스트라, 파로도이-은 모든 그리스 극장의 기본이었다. 그 당시의 극장에서 오케스트라는 원형이거나 직사각형이었다.

5세기 중반 무대배경[스케네(skene)-'텐트' 또는 '부스']이 관객 맞은편 오케스트라의 한쪽 끝에 더해졌다. 스케네의 존재는 현전하는 희곡에서의 무대화 방식을 추론할 수 있다. 그 원형은 알려진 바가 없다. 처음에는 천이나 천막이었지만 이후 목재로 지어졌고 수 세기 후에야 돌로 만들어졌다. 목재든 석재든 이 배경이 가청성을 높여 주었다. 아테네 극장을 정면무대(facade stage)-관객이 삼면 혹은 이면으로 호를 그리며 배치되고 배우들은 비재현적인 건축물의 정면 앞에서 공연하는 전통적인 형태-라 부르는 것도 그 이유다. 장면이 변해도 배경의 정면은 변하지 않는다. 그 공간에서 공연되는 모든 희곡을 받쳐 준다.

헬레니즘 극장 건물

몇몇 헬레니즘 극장의 돌 유적들을 보고 학자들은 전형적인 헬레니즘 극장이 여기 그림과 비슷한 모습이었으리라고 추측한다.

관객

야외극장의 관객은 날씨에 좌우될 수밖에 없었다. 관객들은 방석과 햇빛가리개, 우산 등을 사용했을 것이다. 일부 학자들이 추정하는 바에 따르면 아테네의 언덕은 약 14,000명을 수용했고 자연광이었기에 관객은 배우들만큼이나 잘 보였다. 극장은 여성과 노예를 포함한 모두에게 개방되어 있었지만 그 정확한 계층 구성은 알려지지 않고 있다. 기록에 따르면 때로 통제가 되지 않았다고 한다.

연기

아테네 비극경연의 최초 승자는 본인의 작품(기원전 534년)에서 연기한 테스피스로 추정되고 있다. 그리하여 테스피안(thespian)이라는 용어가 여전히 배우를 가리키고 있다. 극작과 마찬가지로 연기도 고대 그리스 시대에는 경쟁적인 활동이었고 규칙이 지배했다. 예를 들어 모든 배우는 남성이었다. 대규모의 엑스트라가 등장했다고는 해도 대사하는 배우의 수는 비극에는 세 명, 희극에는 다섯 명만 허용되었다. 주연배우 또는 주동인물 (protagonist)만이 유일하게 수상자격이 있었고 주연배우와 극작가는 제비뽑기로 연결되었기 때문에 누가 최고의 역을 맡을지라든가 어느 극작가가 최고의 배우를 기용할 수 있을지는 정치보다는 운이었다. 두 번째, 세 번째 배우는 극작가가 선택할 수 있었던 것 같고 주동인물은 상담을 통했다. 배우가 세 명뿐이었기에 여덟 명 혹은 그 이상의 등장인물이 나오는 희곡에서는 1인 다역이 반드시 필요했다. 주인공이 극도로 어려운 역할이라면 1인 1역만 하고 제2, 제3의 배우가 2~3개의 역할을 맡았을 것이다. 1인 다역, 가면착용, 남자배우의 기용으로 미루어보건대 그리스의 연기 양식은 사실적이지 않고 보다 양식적이었으리라 짐작된다. 다시 말해서 연기는 그 **자체로서** 진실하고 믿음을 주더라도 실생활에의 충실성보다는 극 행위에의 충실성이 더 중요했다. 객석의 크기와 물리적인 배열을

고려해볼 때, 음성적 힘과 음성적 융통성은 배우의 수상에 가장 큰 영향을 미치는 자산이었다. 후원자들이나 코러스와 마찬가지로 배우들도 시민의 의무로서 공연에 임했다. 코러스는 그들이 코러스를 하는 동안 일을 하지 못한 시간에 대해 보상을 받았지만, 배우는 급여를 받는 직업배우가 아니었다.

무대배경과 기계장치

스케네는 핵심적인 배경장치였다. 다른 지역을 암시하기 위해서 그 외양을 바꿨는지 여부는 알 수 없다. 즉 오늘날의 의미로 작품의 무대장치가 있었는지 알지 못한다. 오늘날의 평판 같은 장치 요소의 작화를 위한 평면장치가 있었고 이를 피나케(pinake)라 불렀다는 것은 알고 있지만 어디서 어떻게 사용되었는지는 알지 못한다.

특수효과에 사용된 2개의 기계장치는 잘 알려져 있다.

- 에키클레마(eccyclema)는 움직이는 덧마루로 스케네 밖으로 구르거나 회전해서 무대 밖에서 벌어진 일의 결과를 보여주었다. 아이스킬로스의 〈아가멤논〉에서는 살해당한 아가멤논의 시체가 '드러나고' 〈유메니데스〉에서는 복수의 여신들이 처음에 자면서 등장하는데 이 덧마루가 굴러 관객의 시야에 들어온다.
- 메카네(mechane, machine)는 크레인의 일종으로 사람이나 사물이 날아다닐 수 있도록 해 주었다. 아리스토파네스의 〈구름 *The Clouds*〉에서 등장인물인 소크라테스는 대사를 하는 동안 공연 공간 위를 떠다닌다. 에우리피데스의 〈메데이아〉에서는 메데이아가 쫓아오는 사람들을 피하기 위해 날아서 도망친다. 사실 에우리피데스는 종종 비극의 끝부분에서 등장인물들의 문제를 해결하기 위해 신들이 날아서 내려오도록 했다. 훨씬 이후에 로마의 한 비평가는 너무 명백하게 설정된 연극의 결말을 라틴어로 데우스 엑스 마키나(*deus ex machina*) 또는 '기계장치를 타고 내려온 신'이라 칭했다. 이 표현은 오늘날에도 여전히 사용되는데 연극, 영화, 소설에서 우연적이고 억지스러운 플롯을 가리킨다.

소품은 무수히 많았고 희곡을 통해 제단, 무덤, 들 것, 마차, 지팡이, 검이 비극에 사용되었음을 알 수 있다. 희극은 가구와 음식, 곤봉 등을 요구했다.

의상과 가면

그리스 연극에서는 한 명의 배우가 여러 가지 역할을 맡았기 때문에 의상과 가면은 매우 중요했다. 의상과 가면을 통해서 관객은 재빨리 확실하게 배우가 분하는 극중 인물을 동일시할 수 있었다. 어떤 의미로 가면과 의상은 인물의 표시였다. 코러스에는 다른 원칙이 적용되었다. 코러스의 목표는 개개의 구성원들을 하나의 집단으로 보이도록 하는 것이었기에 코러스의 의상과 가면은 비슷했다. 역사학자들이 한때 비극 인물들의 전형적인 의상에 대해 논쟁을 벌였지만 지금은 대부분 일반적인 아테네 의복을 변형한 의상이었을 것이라는 점에 동의한다. 비극에서는 그런 의상이 일상복보다 더 우아했을 것이고 희극에서는 우스꽝스럽게 보이도록 – 잘 맞지 않고 과장되는 등 – 변형되었을 테지만 기본적인 모습은 알아볼 수 있었다.

희곡을 참고해보면 관객 구성원들이 의상의 형태를 통해서 인물의 특성을 알아볼 수 있었음을 알 수 있다.

- 민족 : 일부 의상은 그리스인과 외국인을 구분해 주었다.
- 성별 : 남성과 여성은 멀리서도 구분되었다.
- 사회적 역할 : 군대의 영웅, 하인, 목동 등은 시각적으로 분간할 수 있었다.

희극의 경우 어떤 남자 역할의 의상은 크기가 과장된 남자의 성기를 특징으로 하였다. 의상의 색 역시 기호였다—우선 두 가지만 예를 들면, 애도하는 인물은 검은색으로, 유난히 나약한 남자 역할은 노란색으로 표시되었다.

배우든, 코러스든 공연자는 모두 가면을 착용했다. 얼굴을 전부 가리는 가면이었고 고정된 표정뿐만 아니라 고유의 머리모양도 갖추었다. 기원전 5세기에는 비극의 가면은 자연스러워 보인 반면, 희극의 가면은 웃음을 유발하기 위해서 왜곡된 표정을 담고 있었다. 배우들에게 가면은 인물의 개성과 빠른 변형이 목표였고 코러스의 가면은 집단의 유사성이나 소속감을 강조했다. 때때로 희극적인 가면이 살아 있는 사람들의 얼굴과 닮아 있기도 했는데, 관객들이 희극배우들이 착용한 가면이 자기네 얼굴을 흉내 내고 있음을 알게 하기 위해서 객석에서 일어나 주변을 둘러보았다는 소크라테스의 설명에서 짐작할 수 있는 사실이다.

헬레니즘 시대

기원전 5세기 말 아테네는 그리스의 폴리스 사이에서 차지한 우위권을 잃게 된다. 아테네가 쇠퇴한 원인 중 일부는 치명적인 전염병이었다. 오늘날 우리는 무역강국으로서 아테네가 쥐가 서식하며 화물을 통해 항구에 들어온 벼룩이나 이가 옮기는 전염병에 쉽게 노출되었음을 알고 있다. 아테네는 문화적으로는 거의 두드러지지 않는 군국주의국가인 스파르타에 패배했다. 스파르타의 영향으로 일종의 검열제도가 도입되었고 이는 즉각적으로 그리스 구희극의 정치적인 풍자를 유화하며 소위 중기 희극(middle comedy)이라 명명되는 대체할 만한 희극을 내놓았다. 기원전 4세기 말(300년대)에 이르면 마케도니아의 필립 2세와 알렉산더 대제(기원전 356-323년)로 유명한 그의 아들이 스파르타를 제외한 모든 그리스의 폴리스를 지배하며 중앙집권적인 단일정부의 지배 아래 둔다.

알렉산더 대제는 이후 그리스에 인접한 국가들, 남쪽으로는 이집트, 동쪽으로는 인도와 오늘날의 아프가니스탄, 파키스탄에 이르는 진보된 문명국을 정복하였다. 이집트의 알렉산드리아를 수도로 삼은 그는 오늘날 헬레니즘 시대라 일컬어지는 짧은 시간에 세계에서 가장 위대한 제국을 통치했다. ['그리스인(Greek)'이라는 말은 반도에 사는 사람들이라는 라틴어에서 유래한다. 그들은 자신과 자신의 언어를 그리스어를 모르는 사람들에게는 '헬레네(Hellenes)'로 발음되는 Ἕλληνες라 불렀고, 그래서 그 시대가 헬레니즘 시대(Hellenistic period)로 명명된다.] 알렉산더와 그의 군대가 육지를 정복할 때마다 그리스의 문화를 이식했다. 그리스 연극의 원본은 알렉산드리아에 있는 알렉산더의 서고로 옮겨졌다. 서고는 아리스토텔레스 사후에 그의 전집을 구매했다. 미래 학자들에게는 애석하게도, 그 서고는 기원전 48년 화재로 유실되었다.

헬레니즘 시대 그리스의 문화는 아테네의 문화와는 달랐다. 다양한 폴리스의 개성은 줄어들고 이집트를 중심으로 한 범세계적인 문화가 그 자리를 대신했다. 아테네의 민주주의와 위대한 드라마와 신 중심의 세계는 사라졌다. 보편 정부, 보편 문명, 보편 종교가

헬레니즘 시대의 그리스

300년대 알렉산더 대제의 정복은 그리스의 영향을 확장시켰을 뿐 아니라 아테네로부터 권력의 이동을 선도했다. 그리스 전역에 극장이 지어졌고 연기는 직업으로 변했다.

추세였다. 제국의 무게중심은 알렉산더 정복지의 서쪽 가장자리에 위치한 그리스 반도에서 종교적, 철학적 체계가 이미 고도로 발전한 동쪽으로 옮겨졌다. 무역이 농업과 앞을 다투며 주목을 받게 되면서 도시가 발전했다. 100년 안에 헬레니즘 시대의 세계에는 20만 명 이상의 인구를 가진 도시가 400개를 넘었는데, 이는 기원전 5세기 황금시대 아테네의 2배 크기였다.

변형된 그리스 연극과 극장들

연극은 그리스 전역에서 공연되기 시작했다. 다시 말해서 아테네뿐만 아니라 헬레네 지역을 포함하며, 디오니소스 제전 동안은 물론, 특별한 군대행사나 시민행사에서도 공연되었다. 사티로스극은 사라졌다. 비극은 인기가 떨어졌다. 분명 에우리피데스의 희곡을 표본으로 한 비극은 코러스의 비중을 줄이고 감상성, 사실주의, 멜로드라마를 강조했다. 오늘날에는 오직 그 일부만 남아 있다. 기원전 5세기의 비극은 계속 재공연되며 관객을 감동시키는 힘을 입증했다. 희극은 여전히 인기가 있었지만 정치적인 통렬함과 형식적 구조를 포기했다. 오늘날 헬레니즘 희극이라 불리는 신희극(new comedy)은 내용과 상관없는 합창곡이 중간중간 삽입되는 일련의 에피소드로 구성된 중산층 가정의 이야기를 담고 있다. 사랑, 돈, 가족과 같은 주제들을 택했고 오래전 잃어버린 자식과 행복한 재회를 포함하는 음모를 담고 있었다. 그들은 오늘날 TV의 시추에이션 코미디와 비슷하다. 일부분만 많이 남아 있을 뿐 메난드로스의 〈잔소리꾼 *The Grouch*〉이 유일하게 온전한 신희극이다.

배우들은 여전히 남성으로만 구성되었다. 그들은 직업배우들로서 디오니소스의 예술

에피다우루스의 극장

4세기 초 객석은 사진에서 보듯이 2개의 문을 통해 스케네와 연결되었다. 일부 학자들은 극이 시작하면 코러스뿐 아니라 관객도 이 문을 통해 입장했다고 믿는다. 이 시기 그리스 극장이 잘 보존된 예가 에피다우루스에 있는데 사진은 아리스토파네스의 〈기사〉 공연을 위한 장치를 보여준다.

가들이라는 이름의 공연조합으로 자신들을 조직화했다. 연극에서의 변화들(그리고 극장 건물, 의상 관습, 가면의 변화)을 통해 연기 양식이 비극에서는 보다 웅장하고 화려하며 형식적으로 변했고 희극에서는 과장이 덜하고 절제되었으며 재현적으로 변했다고 추론할 수 있다.

극장 건물도 변했다. 거대한 석조극장들이 그리스 반도와 정복된 지역에 세워졌고 공통적인 특징을 보였다.

- 2층으로 된 스케네
- 스케네에 접한 길고 좁고 높은 무대. 보통 양끝에는 계단이나 경사로가 있었고 때로 스케네를 통한 등·퇴장로가 있었다.
- 이전처럼 오케스트라가 있었으나 그 사용은 불확실하다.

불행히도 우리는 헬레니즘 시대 극장에서 연극이 어떻게 무대화되었는지 알지 못한다. 배우들이 무대에 있었는가? 아니면 오케스트라에 있었는가? 또는 이 두 공간을 번갈아가면서? 그렇다면 코러스는 어디에 위치했는가?

의상과 가면도 바뀌었다. 비극에서는 크기가 크고 웅장해지는 경향을 보였다. 황금시대 가면에 대한 제한된 정보에 기초하더라도 황금시대의 가면과 달리 헬레니즘 시대 비극에 사용된 가면은 진부하고 틀에 박힌 친숙한 가면이었는데, 온코스(onkos)라는 높은 머리장식과 과장되고 때로 왜곡된 눈과 입이 달려 있었다. 비극에 사용된 신발은 이전의 부드러운 슬리퍼가 아니라 코투르누스(cothurnus)라는 이름의 바닥이 높은 부츠였다. 이러한 변화는 배우의 신체적 외양을 확대해 주어 잘 보이게 해 주었다. 당연히 연기 양식

우리가 어떻게 아는가

메난드로스와 〈잔소리꾼〉

헬레니즘 시대 그리스의 새로운 텍스트와 텍스트의 파편들은 중심에서 벗어난 은신처에서 계속 출현했다. 그리스의 극작가 메난드로스는 기원전 4세기 후반부터 100편이 넘는 희극을 썼다고 알려져 있다. 20세기 이전까지는 존재하지 않았다. 그의 저작물이라 할 만한 것은 모두 다른 작가들에 의해 인용된 부분들뿐이었다. 지난 100년간 이루어진 발견을 통해서 실제로 메난드로스의 모든 연극이 알려지게 되었다. 플롯을 추측하기에 충분한 양의 작품도 5편 있다. 발견을 연대기 순으로 보면 시간과 기술이 탐정이야기에서 역할을 맡게 된 방식에 관한 흥미진진한 이야기를 들을

수 있다.

1907년에 4세기로 거슬러 올라가는 메난드로스의 카이로 코덱스(Cairo Codex)라는 파피루스가 발견되었다. 이 기록은 4편의 메난드로스 희곡 텍스트의 일부를 제공했다.

1952년 가장 중요한 연극인 〈잔소리꾼〉과 다른 두 편의 중요한 부분들이 오늘날 보드메르(Bodmer) 파피루스로 알려진 기록물 모음에서 발견되었다. 이 숨겨진 기록물은 7세기 혹은 그 이전에 이르는데 침략자로부터 저작물을 보호하기 위해 점토단지에 보관되어 있었다.

1960년대 후반에는 다른 연극의 일부가 미라 관을 채우기 위해 사용된 파피루스에서 나타났다. 한 사람의 포장재가 한 역사가의 보물이 된 것이다.

최근에는 2003년에 메난드로스 연극 2편의 상당 부분이 바티칸 박물관 소장품 양피지 필사본에서 발견되었다. 필사본은 양피지 글씨를 지우고 다시 쓸 수 있는 기록물이다. 양피지는 염소나 양의 가죽으로 만들어졌고 매우 비쌌다. 886년 기독교 설교 텍스트가 원래 4세기 양피지에 써진 그리스 희극에 덧씌워 써졌다. 특수 카메라와 컴퓨터 패턴인식기 덕분에 전문가들이 삭제된 부분을 읽을 수 있었다. 이 발견으로 학자들은 〈잔소리꾼〉의 텍스트와 메난드로스 작품의 부분들을 추려내었다.

양피지 필사본의 발견을 통해 보다 많은 그리스의 텍스트들이 이미 우리들의 서고와 박물관에 있을 수도 있고 기술의 진보와 더불어 발견되리라는 희망을 품게 한다.

보드메르 파피루스

1952년 마틴 보드메르가 구입한 22장 파피루스 중 하나. 원래 이집트에서 발견된 이 파피루스에는 메난드로스의 희곡 3편이 담겨 있다.

도 그에 맞게 바뀌었다. 희극의 가면은 일상적인 것에서부터 기괴한 것에 이르기까지 범위가 다양했으며, 그 시대의 희극에서 반복적으로 나타나기 시작한 유형적인 인물들에 어울렸다.

사실상, 헬레니즘 시대의 연극은 다음의 세 가지를 제외하고 연극역사가들에게 그다지 중요하지 않다.

- 아리스토텔레스 이론의 선포(15세기 초 재발견되었을 때)
- 헬레니즘 시대 극장과 연극의 실제가 기원전 5세기 아테네의 극장과 연극의 실제를 재현했다는 잘못된 추론
- 희곡, 극장 건물, 연극의 실제가 로마 연극에 끼친 큰 영향

아리스토텔레스의 시학

이 기간 동안 연극 자체보다 훨씬 큰 영향을 끼친 것은 바로 아리스토텔레스의 연극이론인 『시학 *Poetics*』으로서 헬레니즘 시대 초(기원전 335년)에 써졌다. 비극의 형식에 이론적인 정의를 제공한 아리스토텔레스는 다음의 주요 지점에 대해서 이후 2,000년간 극이론의 경계를 마련해 주었다.

- 비극은 '일정한 크기를 지닌 진지하고 완결된 행위'를 모방한다.
- 비극은 '예술적인 장식을 지닌' 언어로 표현된다.
- 비극은 '서술이 아닌 행위의 형식'을 취한다.
- 비극은 '연민과 공포의 카타르시스'를 유발한다. 마지막 단어는 '순화' 또는 '정화'를 뜻한다.

아리스토텔레스가 정의한 의미는 끝없는 논쟁을 불러일으켰다. 특히 카타르시스에 관한 구절은 일부 학자들이 관객의 반응에 관한 내용으로 믿고 있는 바(도처에서 아리스토텔레스가 관객에 대해 얘기하려는 의도가 없다고 말했음에도 불구하고)와 달리 또 다른 학자들은 연극의 이야기 안에 담긴 감정을 가리킨다고 믿고 있기 때문이다.

이후 아리스토텔레스는 연극을 구성하는 여섯 가지 부분, 이른바 연극의 구성요소(elements of drama)를 정의하고 논한다. 다음은 아리스토텔레스가 붙인 연극, 특히 비극에 붙인 주석의 일부이다.

- 플롯 : 아리스토텔레스에게는 플롯이 가장 중요했다. 때문에 그는 가장 세밀하게

플롯을 논했다—전체성(인과관계로 연결된 처음, 중간, 끝), 통일성(어느 하나가 제거되면 전체가 흐트러진다), 플롯의 **재료**(주동인물의 진정한 변화를 의미하는 고통, 발견, 역전), **형태**[복잡성, 클라이맥스, 나중에 프랑스어에서 유래한 해결이라는 뜻의 **대단원**(denouement)을 이루는 클라이맥스 이후의 사건들].

- 인물 : 아리스토텔레스에 따르면, 비극의 주요인물 혹은 주동인물은 비극적 결함(hamartia)에 의해 자신의 추락을 맞이하는 위대한 인간이 최상이다.
- 사상 : 극에 함축된 생각들. 코러스나 등장인물이 말하는 사상과 추론.
- 언어 : 연극의 언어는 분명하고 흥미를 유발해야 한다.
- 음악 : 음악 반주에 맞춰 노래하고 춤추는 합창 시. 코러스는 비극의 일부로 다루어져야 하며 그 효과를 증대해야 한다.
- 볼거리(장경) : 볼거리는 시인보다는 무대기계와 관련되어 있다고 아리스토텔레스는 말한다. 다시 말해 극이 관객들에게 효과가 있으려면 질적인 면에서 볼거리가 극에 어울려야 한다.

이 여섯 가지의 순서는 그 순서가 플롯을 최우선으로 하면서 관계의 정확한 본질을 암시하기 때문에 중요하다.

여섯 가지 구성요소는 연극의 부분들이 각각 놓이는 상자가 아니다. 오히려 시스템의 일부이며 상호 긴밀하게 연결된 그물망이라 어느 하나가 변하면 나머지 전부에도 영향을 미친다. 예를 들어 플롯은 거기에 등장하는 인물 성격을 제어하고 이 인물 성격은 연극에 가능한 사상을 제어하는 식이다. 아리스토텔레스의 이론이 희극이나 다른 혼합된 형식을 다루지 않음을 주목하라.

『시학』은 여러 사상으로 가득 차 있고 번역이 지극히 어렵기 때문에, 그 사상들은 지나치게 복잡하고 집중되어 있기 때문에 그 의미는 수 세기 동안 논란을 불러일으켰다. 확실히 『시학』은 그 견해의 전부 혹은 일부를 수용하든 거부하든 간에 극이론에 대한 논쟁이 진행되는 발판이다.

마임

정부의 지원을 받는 페스티벌 극장과 더불어 또 다른 형태의 연극적 활동인 마임(mime)이 존재했다. 이는 공연자와 공연 형식을 모두 지칭한다. 인기가 있었고 전문적이었으며 평판이 그다지 좋지 않았다는 점을 제외하고 마임에 대해 알려진 바는 거의 없다. 마임 공연단에는 여자들도 소속되어 있었고 배우들은 분명 맨발로 공연한 것으로 보인다. 마임은 정부가 보조하는 페스티벌에서 공연할 수 없었다. 이 사실은 마임에 관한 기록이 왜 거의 전해지고 있지 않은지를 설명해준다. 남아 있는 희박한 증거를 통해서 마임은 모방 춤이나 노래, 묘기, 짐승이나 새 흉내, 축하연 등 여러 특별한 경우에서의 짧은 연극(스킷?)과 유사 연극적인 여흥으로 공연되었음을 알 수 있다.

헬레니즘 시대의 문학도 거의 알려지지 않았기에 서양연극 제작자들은 이전의 고전주의 시대의 극문학에 매혹되었다. 그러나 헬레니즘 시대는 그리스의 예술과 문화를 먼 대륙에 전파하고 문명화된 서양 국가들이 본받을 표본으로 확립했다. 로마가 그리스의 표본을 수용했을 때, 그 표본은 헬레니즘 시대의 것이었다.

로마로의 이동

알렉산더 대제 사후 그의 헬레니즘 제국은 곧 붕괴되었다. 공화정 이전의 약 100년간 그

그리스 마임
화병에 그려진 정교한 그림은 이탈리아의 그리스 식민지에서 공연된 마임의 한 장면이다. 여러 남성 희극인물의 상징인 확대된 성기를 단 희극적인 나체의 모습은 타이즈와 패딩 의상으로 완성되었다.

리스는 로마의 영향권 안에 있었다. 로마의 극장이 그리스 영토에 건설되었고 헬레니즘 극장이 로마의 극장을 본떠 개조되기 시작하면서 오늘날 우리가 그리스-로마 극장이라고 부르는 합성물을 만들어냈다. 알렉산더 통치와 로마 중심주의 사이의 전이 기간은 간혹 그리스-로마 시대(Graeco-Roman period)라고 언급된다.

기록에 따르면 연극공연이 헬레니즘 시대의 그리스에서도 여전히 이루어지고 있었음에도 불구하고, 문화적인 영향의 중심은 분명 로마를 향해 서쪽으로 이동했다.

중심용어

중심용어는 본문에서 굵은 활자로 표시되어 있다. 아래 목록을 참고하여 이해도를 측정하라. 인명은 찾아보기에 나와 있다.

구희극	그리스-로마 시대
대단원	대 디오니시아
마임	메카네
사티로스극	스케네
시학	신희극
에키클레마	연극의 구성요소
오케스트라	온코스
정면무대	주동인물
중기 희극	코러스
코투르누스	피나케
헬레니즘 시대	

본문 요약

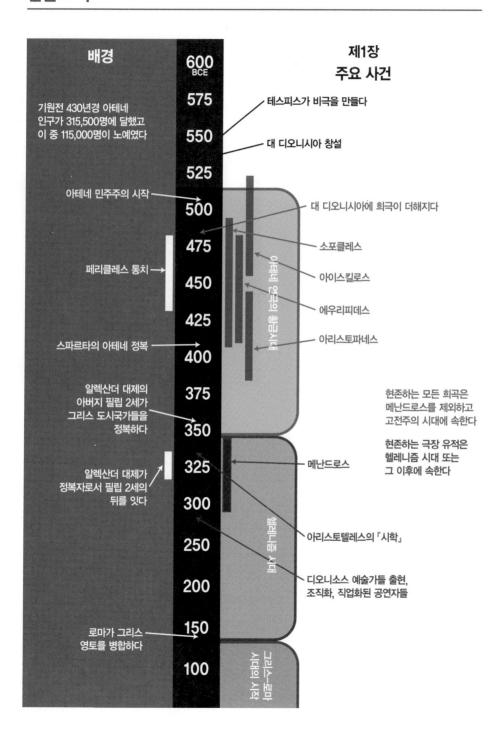

배경	600 BCE

**제1장
주요 사건**

기원전 430년경 아테네
인구가 315,500명에 달했고
이 중 115,000명이 노예였다

575 — 테스피스가 비극을 만들다

550 — 대 디오니시아 창설

525

아테네 민주주의 시작 —
500 — 대 디오니시아에 희극이 더해지다

475 — 소포클레스

페리클레스 통치 →
450 — 아이스킬로스

425 — 에우리피데스

아테네 연극의 황금시대

스파르타의 아테네 정복 —
400 — 아리스토파네스

알렉산더 대제의
아버지 필립 2세가
그리스 도시국가들을
정복하다
375

350

현존하는 모든 희곡은
메난드로스를 제외하고
고전주의 시대에 속한다

알렉산더 대제가
정복자로서 필립 2세의
뒤를 잇다
325 — 메난드로스

현존하는 극장 유적은
헬레니즘 시대 또는
그 이후에 속한다

300

250 — 아리스토텔레스의 『시학』

헬레니즘 시대

200 — 디오니소스 예술가들 출현,
조직화, 직업화된 공연자들

로마가 그리스
영토를 병합하다
150

100

로마의 그리스
지배 시대

로마의 연극
기원전 240년~기원후 550년

배경

로마의 연극은 두 시기로 나뉘는데, 대체로 공화정과 제정이라는 로마의 통치방식이 변한 시기와 일치한다. 이 두 시기 모두 로마인들은 과거의 그리스와 헬레니즘 문화를 숭배하고 모방했다.

이탈리아 반도의 민족은 자기충족적인 목동과 농부들로서 시민들이 자신을 대표하고 정부를 형성하는 사람들을 뽑는 체계인 공화정을 수립했다. 로마 민족으로 조직되기 이전에 예술, 문학, 철학에는 비교적 관심이 적었던 이탈리아 반도의 민족들은 그 대신 실용적인 활동에서 우수성을 보였고 뛰어난 농업학자, 군사, 기술자, 건축가, 수사학자가 되었다. 그들은 또한 다른 문화권으로부터 실용적인 사상을 채택하고 로마의 취향과 필요에 맞게 개조하는 데 있어 재능을 지녔다. 그들의 종교는 다신교였고 다수의 로마 신들은 그리스 신들에 필적했다—예를 들어 바쿠스는 디오니소스에, 주피터는 제우스에 상응

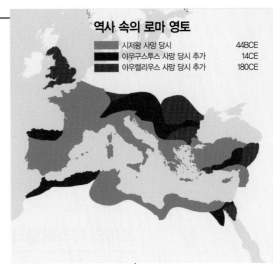

역사 속의 로마 영토

시저왕 사망 당시	44BCE
아우구스투스 사망 당시 추가	14CE
아우렐리우스 사망 당시 추가	180CE

로마

아테네의 황금시대 동안(기원전 400년대) 로마는 이탈리아 반도에 위치한 작은 도시에 불과했다. 북으로는 에트루리아에게, 남으로는 그리스 식민지들에도 밀렸다. 그러나 그리스의 헬레니즘 시대 동안 뚜렷하게 구별되는 로마의 문화가 이탈리아에 등장했다. 기원후 그리스 문화를 능가했고 제정 기간에 계속 번성했다.

한다. 고대 그리스처럼 로마의 종교는 중심경전에 의지하지 않고 지역마다 가문마다 종교적인 규율이 매우 다양했다.

　로마의 도시가 그 지역의 수많은 마을 가운데 하나였던 아테네 연극의 황금시대 이전에조차 그리스문화는 이탈리아 반도 일부 지역에 영향을 미쳤다. 나중에 알렉산더 대제가 동방에 그리스제국을 세우고 있는 중에도 명백한 로마의 문화가 제휴하기 시작했다. 우선 로마는 이탈리아 반도를 거의 통일했고 해군을 창설했으며 이후 '로마의 호수'로 여겨진 지중해 주위의 다른 대륙으로 확장하기 시작했다. 알렉산더의 헬레니즘 제국이 분열될 무렵 로마가 그 틈을 메우기 위해 이동했다.

　서력기원이 시작하기 전 약 100년 동안 로마의 공화정은 황제가 지배하는 제정에 밀려났다. 그 과정은 몇 가지 단계로 일어났으며 로마 공화정 안에서의 내전에 대한 응답이었던 것 같다. 바로 이 시기에 로마가 대륙의 여러 지역을 정복하기 시작했다. 300년 안에 로마제국은 북으로는 영국, 그리고 동으로는 아프리카와 중동 일부 지역을 거쳐 시리아까지 그 세력을 확장했다. 이렇게 팽창한 제국은 동쪽으로부터 고급 품목을 수입하고 대량생산된 유용한 물건들을 수출하며 무역에 힘썼다. 그들은 가는 곳마다 언어, 종교, 조직, 기술, 문화를 전파했다. 넓은 도로와 향상된 수로, 강력한 공무원, 영구적인 군사계급을 장려했다. 전쟁과 무역으로 고무된 여행은 일종의 사해동포주의를 장려했다.

연극과 희곡이 로마 페스티벌의 주요 프로그램으로서 첫 번째 기록된 것은 바로 기원전 240년경 로마 공화정이다. 이 시기에는 로마와 북아프리카 카르타고 사이의 포에니 전쟁(Punic Wars)의 결과로 로마가 헬레니즘 문명과 처음으로 지속적인 접촉을 하게 되었다. 유감스럽게도 그리스 연극 연구 때와 똑같은 중요한 문제가 로마 연극 연구에도 존재한다―우리가 로마 연극에 대해 알고 있는 시기(기원후 직전의 몇 년간)의 극장에 관해서는 대부분 나무로 지어져서 현재 남아 있지 않기에 거의 알려진 바가 없다. 반대로 극장에 대해서 잘 알 수 있는 시기(기원후)의 연극이 어떠했는지는 알 수가 없다.

로마의 페스티벌과 공화정의 연극

이탈리아 반도의 북부와 남부에서 유사 연극적인 오락(춤, 마술, 마임과 팬터마임)이 독립적으로 발전했음에도 불구하고 로마의 연극과 극장의 실제는 주로 헬레니즘 시대 그리스를 재생했다. 루디(ludi)라는 이름의 로마 페스티벌은 묘기와 줄타기 등의 활동이 대중의 관심을 사기 위해 연극과 직접 경쟁했다는 점에서 그리스의 페스티벌과 달랐다. 처음에는 루디에서 공연되는 연극이 1편 있었지만, 시간이 지나면서 연극의 수가 꾸준히 증가했다. 루디의 극장들은 모두에게 개방된 무료 페스티벌이었고 10,000~15,000명 사이의 관객을 수용할 수 있었다. 로마 연극에서 극작가들이나 배우들 사이에 공식적인 경쟁은 없었다. 연기하는 극단들은 전문배우들로 이루어졌고 지역의 페스티벌 운영자들이 이들을 고용했다. 두 가지 측면에서 로마 연극은 고대 아테네의 연극이 아닌 헬레니즘 시대의 연극을 되풀이했다.

비극과 희극, 주로 희극

공연을 목적으로 한 로마의 비극은 전해지지 않고 있다. 그러나 남아 있는 일부분들만 보더라도 로마의 비극이 헬레니즘 시대의 비극과 흡사하다는 점을 알 수 있다. 어떤 연극은 배우들이 그리스 의상을 입는 등 상류층 그리스인을 보여주었고 또 어떤 연극은 로마의 의복을 걸친 로마의 상류층을 보여주었다. 로마인들은 아테네 비극이 강조한 철학이나 신학에는 깊은 관심이 부족했기 때문에 로마에서 비극은 전혀 인기가 없었다. 기원후 로마 후기의 문학적인 비극은 남아 있지만 공연을 목적으로 집필되지 않았다. 오히려 집이나 사교적인 모임에서 읽기 위한 용도였다. 이처럼 희곡의 형식이지만 무대화를 의도하지 않은 문학작품을 의미하는 '서재극(closet drama)'은 세네카를 다룬 장에서 논하기로 한다.

희극은 훨씬 인기가 있었고 비극처럼 그리스인에 관한 희극과 로마인에 관한 희극 두 가지 유형으로 구분된다. 두 경우 모두 인물들은 중하류 계급이며 그에 맞는 의상을 착용했다. 다수의 제목, 극의 일부, 희극작가의 이름과 더불어 27편의 희극이 온전하게 현재까지 남아 있는데, 모두 기원전 2세기(100년대)에 플라우투스와 테렌스가 쓴 작품이다. 둘 다 그리스의 신희극에서 이야기와 접근법을 끌어왔다. 사실 인물들은 대개 아테네의 중산층으로 묘사되어 있다. 둘 다 코러스는 사용하지 않았다. 그리스의 신희극처럼 플라우투스와 테렌스의 로마 희극은 우스꽝스러운 상황에 처한 유형적 인물을 사용했다. 확연하게 비슷하지만 두 작가는 중요한 면에서 전혀 달랐기에 로마 희극의 지평을 넓혀 주었다.

플라우투스

두 작가 중 연장자인 플라우투스(Plautus, 기원전 254–184년)는 극작가였을 뿐 아니라 배

마르셀루스극장(왼쪽)은 기원전 17년 로마 시대에 지어진 석조극장 가운데 하나다. 1700년대 후반의 조각을 보면 당시 극장의 어디가 남아 있는지 알 수 있다. 현재 그 위치는 인기있는 여행지다. 1750년대에 그려진 로마극장 단면도는 중립적인 배경의 높임무대를 보여준다. 객석은 무대와 연결되어 단일구조를 이룬다. 로마의 극장은 그리스 극장처럼 언덕에 세워지지 않았다.

연극은 연극이다

플라우투스의 〈메나에크무스 형제〉

플라우투스의 〈메나에크무스 형제〉는 가장 자주 공연되는 로마의 희극이다. 또한 다른 여러 작품의 모티프가 되어 주기도 하는데 가장 유명한 작품은 셰익스피어의 〈실수연발 *Comedy of Errors*〉과 두 편의 미국 뮤지컬 〈시라큐스에서 온 형제 *The Boys from Syracuse*〉와 〈포럼으로 가는 길에 생긴 우스운 일 *A Funny Thing Happened on the Way to the Forum*〉(이 작품은 플라우투스의 다른 희극에서도 소재를 가져왔다)이다. 이 희극의 매력은 소극(笑劇, farce)적인 줄거리와 강력한 시각적 개그, 주인을 능가하는 꾀 많은 하인이라든가 주인공의 호의에 의지해서 사는 식객들, 고급 창녀와 연인 사이를 왔다 갔다 하는 매춘부와 잔소리 심한 아내 등 친숙한 희극적 인물들에서 비롯된다.

작품 줄거리 시라큐스에서 온 사업가가 일란성 쌍둥이 중 동생 메나에크무스(Menaechmus)를 데리고 사업상의 여행을 떠났다가 사람이 많은 곳에서 잃어버리고 만다. 결국 아무 소득 없이 홀로 집으로 돌아온 아버지는 슬픔을 이기지 못하고 죽는다. 할아버지가 잃어버린 형제를 기리기 위해 남아 있는 쌍둥이의 이름을 메나에크무스로 바꾼다. 이 두 번째 메나에크무스가 어른이 되어 하인을 데리고 오래전 잃어버린 형제를 찾아 나선다. 사건이 시작하기 전에 서막에서 이 배경이 소개된다.

수년간 찾아다닌 끝에 메나에크무스 2는 에피다무스라는 도시에 도착하는데, 여기에서 바로 메나에크무스 1이 부유하지만 싸움 잘하는 부인과 살고 있었다. 아내와 또 한바탕 싸우고 난 후에 메나에크무스 1은 연인인 에로티움(Erotium)에게 줄 옷을 훔쳐서 집을 나온다. 메나에크무스 1은 자신의 선물을 주며 파티를 열라고 하고는 식객과 함께 일을 보러 나간다. 이리하여 무대에는 이중적인 혼동의 분위기가 형성된다.

에로티움은 메나에크무스 2를 보고는 앉아서 (메나에크무스 1을 위해) 자신이 준비한 음식을 먹으라고 주장한다. 메나에크무스 2가 먹고 있는 동안 에로티움은 (전에 메나에크무스 1이 준 선물인) 팔찌를 보석상에게 가져가 달라고 부탁한다. 그는 행복하게 응한다. 그 사이 메나에크무스 1과 헤어진 식객이 돌아오는 길에 메나에크무스 2가 팔찌를 가지고 파티를 떠나는 모습을 본다. 혼자 음식을 먹은 메나에크무스에게 화가 난 식객은 그 부인을 찾아가 에로티움에게 준 선물에 대해 고자질한다. 그래서 메나에크무스 1이 돌아왔을 땐 그 부인은 흥분상태였고 연인인 에로티움은 그를

〈허풍선이 *Miles Glorius*〉

〈허풍선이(또는 허풍 심한 병사)〉와 같은 희곡을 포함해, 최소 7편의 플라우투스 희곡이 1962년 뮤지컬 〈포럼으로 가는 일에 생긴 우스운 일〉에 편입되었다. 사진은 버지니아코먼웰스대학교의 〈포럼〉 공연 중 한 등장인물이다.

(계속)

연극은 연극이다 플라우투스의 〈메나에크무스 형제〉

쫓아내고 문을 걸어 잠근다. 그가 떠났을 때 마침 메나에크무스 2가 옷과 팔찌를 들고 돌아온다. 화가 난 부인이 그를 공격하고 그가 제정신이 아니라며 그를 묶어서 의사에게 보낸다. 메나에크무스 2는 무슨 영문인지 몰라 어리둥절하다. 멋지게 차려진 음식을 먹고 그 보답으로 부탁을 들어주었을 뿐인데 공격을 당하고 미쳤다는 소리를 들었기 때문이다.

메나에크무스 2의 하인을 통해 마침내 이 착각과 오해가 풀리고 메나에크무스는 2는 풀려난다. 메나에크무스 1은 자신이 가진 모든 것(부인을 포함해서)을 팔고 시라큐스로 돌아가겠다고 한다.

우이기도 했다. 100편이 넘는 작품을 썼다고 전해지며 그중 21편이 남아 있다. 일부 평론가들은 현전하는 작품의 수가 많다는 것이 그의 인기를 입증한다고 주장한다. 아마도 배우로서의 경험이 문학적인 특성에 반대되는 연극적인 특성을 설명해 줄지 모른다. 플라우투스의 희극은 다음과 같은 특징이 있다.

- 느슨하게 연결된 일화들
- 육체적인 개그와 말장난
- 행동과 모습 모두 익살스러운 인물들
- 극적 환영을 깨고 관객에게 직접 하는 대사

그의 여러 희곡 중에서 〈허풍쟁이 무인 *The Braggart Warrior*〉, 〈메나에크무스 형제 *The Menaechmi*〉, 〈암피트리온 *Amphitryon*〉은 셰익스피어, 몰리에르를 비롯한 여러 작가가 차용해서 사용했다.

테렌스

테렌스(Terence, 기원전 185?-159년)의 희극들은 플라우투스의 희극보다 세련되다. 그의 연극은 우아하지만 그만큼 소란스럽거나 자유롭지 못하다. 테렌스의 희극은 다음과 같은 특징이 있다.

- 2~3편의 그리스 '신희극'을 고도로 복잡하고 극적인 단일한 사건으로 결합한 플롯
- 극 행위의 일부가 아닌 독립적인 프롤로그. 테렌스의 프롤로그는 극이론의 문제를 논하거나 관객이 공손하게 행동하도록 격려하고 비평가의 공격으로부터 극작가를 보호한다.
- 플라우투스 희극의 삽화적 특성을 벗어나서 인과관계를 따르며 신중하게 짜인 사

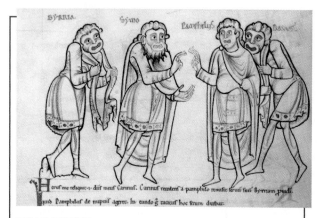

테렌스의 등장인물들

테렌스의 〈안드리아 Andria〉를 공연하는 네 명의 희극배우들이다. 이 그림은 후기 로마의 그림모음으로부터 중세 필사본에 남아 있다. 중앙의 아버지 시모(Simo)와 아들 팜필루스(Pamphilus)가 중매결혼 일로 맞서고 있다. 아들의 모사꾼 하인 다보스(Davos)가 오른쪽 끝에서 충고를 하고 있다.

건들

- 플라우투스보다 관습적이고 인간적이기에 공감을 사는 인물들

플라우투스의 작품이 오늘날 때때로 공연되고 있는 반면 테렌스의 작품은 거의 공연되지 않는다는 점을 알면 테렌스와 플라우투스를 구분하는 데 도움이 될 것이다. 그러나 테렌스는 중세 시대에 라틴어와 라틴어법을 가르치는 수단으로 학교에서 사용되었다. 플라우투스가 관객을 즐겁게 해 주었다면, 테렌스는 학자들의 관심을 끌었다.

로마에서는 희극이 비극보다 항상 인기가 있었지만, 그 인기는 테렌스 사후 50년 안에 기울었다. 그리하여, 최초의 석조극장이 세워질 무렵(기원전 55년)에 이르면 로마 비극과 희극의 전성기가 끝나고 유사 연극적인 오락물이 대신하게 된다.

3편의 중요 텍스트

세 작가의 작품이 후기인 로마제국 시기 이래로 전해지고 있는데, 고대 로마 연극에는 그다지 영향을 미치지 못했으나 로마 몰락 이후 연극에 중요한 영향을 끼쳤다. 기원후로의 전환기 무렵에 써진 2편의 매뉴얼은 극장과 연극에 특히 중요하다. 왜냐하면 그들이 이탈리아 르네상스(1400년대)에 재발견되었을 때 극장을 어떻게 지을 것인지, 희곡을 어떻게 쓸 것인지에 관한 충고가 실제에 적용되었기 때문이다. 서양의 연극은 여전히 르네상스 시대의 영향 아래 놓여 있기에 이 3편의 텍스트가 미친 영향을 통해서 로마의 과거는 현재에도 살아 있다.

비트루비우스

로마의 건축가 비트루비우스(Vitruvius, 기원전 70?-15?)는 도시를 어떻게 설계할 것인지에 관해서 10권의 『건축서 De Architectura』를 썼다. 기원전 25년 무렵에 쓴 이 방대한 작업의 일부에서 그는 극장을 짓고 거기에 어울리는 무대배경장치를 만드는 방법에 대한

지침을 적고 있다. 그림은 없고 모호한 설명으로 이루어져 있어서 이 책은 르네상스 시대의 디자이너들이 쉽게, 그리고 나쁜 방향으로 오역했다. 맞는 방식으로든 틀린 방식으로든 비트루비우스는 후대의 건축가들에게 대단한 영향을 미쳤다.

호라티우스

로마의 시인 호라티우스(Horace, 기원전 65-8년)는 자신의 『시론 *Ars Poetica*』에서 좋은 희곡을 쓰는 방법을 묘사했다. 르네상스 시대에 이 책은 표면적으로는 서로 닮은 아리스토텔레스의 『시학』보다 훨씬 더 큰 영향력을 발휘했다. 호라티우스와 아리스토텔레스는 출신지와 배경이 달랐고 시대는 더욱 달랐다. 이 두 책은 대략 300년의 시간차를 두고 쓰였다. 『시론』은 기원전 18년에, 아리스토텔레스의 『시학』은 기원전 335년에 쓰였다. 아리스토텔레스와 달리 비극의 형태에 관해 철학적 탐구를 한 호라티우스의 『시론』은 희곡을 쓰고자 하는 사람들을 겨냥한 실용적인 지침서이다. 그 결과 이 책은 다음과 같은 점들을 제안하며, 『시학』보다 훨씬 규범적이다.

- 비극과 희극을 엄격하게 구분하는 것이 중요하다.
- 행위의 일치를 이루기 위한 수단으로서 시간과 장소의 일치가 필요하다.
- 연극이 관객의 감성에 호소하고 즐거움을 줄 뿐만 아니라 관객을 교화해야 한다.
- 무섭거나 믿을 수 없는 사건이 아니라면 사건을 이야기하는 것이 아니라 보여주어야 한다.

『시론』은 로마의 연극에 즉각적인 효과를 발휘하지는 못했다. 비트루비우스의 경우처럼 그 중요성은 훨씬 후대인 르네상스 시대 이론과 연극에 강력한 영향을 미치면서 비롯된다.

세네카

세 번째 중요한 텍스트는 정말로 텍스트 모음이다. 로마의 비극과 희극이 기원후 100년까지 대중극장에서 공연되지 않았더라도 읽는 연극은 개인적인 축하연에서 확실하게 행해졌다. 10편의 그러한 문학적인 비극 – 서재극(closet drama) – 이 오늘까지 전해지는데 그중 9편을 기원후가 시작된 직후 세네카(Seneca, 기원전 4년-기원후 65년)가 썼다. 세네카의 주제는 〈아가멤논〉, 〈오이디푸스〉, 〈메데이아〉, 〈파이드라〉 등의 제목에서 보이듯 그리스 작품과 동일성을 보였다.

세네카의 희곡은 5개의 특징을 보였다.

- 사건과 통합되지 않는 코러스. 때문에 합창곡은 연극을 부분으로 나누며 일반적으로 5개 부분을 나누기 위해 4곡을 부른다.
- 몰락을 가져오는 단 하나의 지배적인 욕망에 사로잡힌 주인공
- 사신, 절친한 친구, 유령 등의 주변인물
- 길게 늘어진 묘사적이고 웅변적인 글과 인간의 조건에 대한 간결한 진술[라틴어로 센텐시아(sententiae)라 부름], 정교하게 균형 잡힌 대화 등 수사학적이며 유형적인 인물을 강조하는 언어
- 폭력과 피가 난무하는 장면들

세네카 비극의 중요성은 문학적 탁월함이나 동시대 로마 관객에게서 차지하는 위치에 있지 않고, 언어적으로나 물리적으로 이전의 그리스 비극보다 접근하기 쉬웠기 때문에 세네카의 작품을 발견하고 번역하고 복제한 후대의 작가들에게 미친 기념비적인 영향에 있다. 세네카의 희곡이 오늘날에는 거의 공연되지 않고 있지만 여전히 중요하다. 비트루비우스와 호라티우스의 저작들처럼 세네카의 희곡은 르네상스 시대의 작가들에게 심오한 영향을 끼쳤다. 세네카의 비극은 르네상스 시대 작가들에게 알려진 최초의 연극이었고 그들은 자신의 비극을 쓸 때 세네카를 모범으로 삼아 따르고자 했다.

극장 건물, 무대장치, 의상, 가면

로마의 극장들은 그리스 시대와 마찬가지로 정면무대였다. 알려진 바로는 그 기본 배열은 동일했다—배경건물, 통로, 오케스트라. 현재는 남아 있지 않은 로마 초기의 극장들이 현재 남아 있는 후기의 석조극장들과 유사하리라 추측하기는 하지만 로마의 극장은 몇 가지 점에서 헬레니즘 극장과 달랐다.

- 언덕이 아닌 평지에 건축되었고 경사진 경기장식 객석 구조를 갖추었다.
- 오케스트라는 원형 혹은 직사각형이 아닌 반원형이었다.
- 길고 깊은 무대는 양끝이 건물 구조 자체로 막혀 있었고 무대는 돌출되어 객석과 이어져 있었다. 극장은 하나의 통합된 건물이었다.
- 최초로 프론트 커튼을 사용했다. 커튼은 오늘날처럼 무대 위로 올라가는 것이 아니라 무대 아래로 떨어졌다.

그리스에서처럼 로마 극장의 정면(facade)은 배경의 역할을 했다. 비극에서 정면의 문들

아프리카의 로마극장
북아프리카 튀니지에 위치한 로마 극장은 부분적으로 복원되었어도, 3층 구조와 기둥과 벽감의 고도로 정교한 정면무대를 보여주고 있다.

은 궁전이나 다른 공공 건물로 통하는 분리된 출입구를 재현했고, 무대 바닥은 건물 앞의 터를 재현했다. 희극에서 문은 각각의 집으로 통하는 출입구들로서 무대는 그 앞의 길거리를 재현했다. 회전하면서 작화된 무대배경을 보여주는 삼면무대장치인 페리악토이(periaktoi)가 사용되었다. 기록에 따르면 2개의 페리악토이가 무대 양 끝에 있었다고 한다. 이들이 앞면 전체를 가릴 수 없었기 때문에 이 페리악토이는 사실주의적인 방식으로 어떤 장소를 그려내는 것이 아니라 관객에게 위치에 대한 정보를 제공하는 역할을 했을 뿐임에 틀림없다. 고대의 기록에 따르면, 초기의 목조극장에는 볼거리가 상당히 많았다.

　그리스에서와 마찬가지로 희극과 비극의 모든 배우는 가면을 착용했고 그 가면들은 비극 가면의 높은 머리장식(온코스)과 왜곡된 눈과 입과 희극의 다소 사실적인 가면부터 희극적으로 왜곡된 가면에 이르기까지 헬레니즘 시대 그리스의 가면과 유사했다. 의상의 관습 또한 헬레니즘 시대의 관습에 근원을 두었으며 배우들은 비극이나 희극의 종류에 의지해 그리스나 로마의 의복을 착용했다.

　기원후로 접어들어 로마는 대규모 석조극장을 건축했고, 그 최초의 극장을 이탈리아 반도에, 이후 제국 전체로 지어 나갔다. 그 유적이 리비아, 터키 등지에 여전히 남아 있다. 알려진 극장은 120개 이상이다. 5개 극장은 아프리카 대륙에 있고 북단 끝은 오늘날 독일에 있다. 극장 터는 규모나 배치가 모두 다르다. 몇몇 극장은 전문가만이 해독할 수 있는 흔적뿐이고, 또 다른 극장들은 완벽한 상태여서 오늘날에도 연극이나 음악 공연에 사용되고 있다. 로마인들은 헬레니즘 시대의 석조극장들을 개조함으로써 미래 연극사학자들의 탐구를 훨씬 복잡하게 했다. 석조극장들은 이전의 목조극장들보다 아마도 더 장식적이었을 것이다. 오늘날에는 코러스보다 관객들이 사용하는 장면 배경과 객석을 분리하는 통로가 채워져 있어 건물은 그리스 극장의 두 부분과 달리 단일한 건축단위를 형성하게 된다. 앞면은 조각과 세공과 기둥으로 장식되었다. 지붕은 무대 일부를 가릴 만큼 확장되어 정교한 앞면을 보호하는 동시에 가청성을 향상시켰다. 관객의 안락함이 최우선이었기에 햇빛과 비로부터 보호하기 위해 차양을 쳤다. 그리고 적어도 한 극장에서는 원시적인 형태로나마 산꼭대기에서 내려오는 얼음 위로 바람을 일으키는 커다란 날개가 달린 원시적인 에어컨 시스템을 갖추었다.

유사 연극적 오락물

기원후의 극장들로 비극과 희극을 대체하는 새로운 오락물이 유입되었다. 독창적인 이탈리아 소극인 아텔란 소극(Atellan farce)이 그 발생 지역을 넘어 한동안 인기를 얻었다. 그로테스크한 가면을 쓴 네 명의 인물이 특징이다. 무언의 공연자(입이 막힌 가면을 쓴)가 공연하는 독무인 팬터마임(pantomime)은 희극적이었지만 종종 진지하기도 했다. 우리는 진지한 팬터마임이 비극이 떠난 빈자리를 채웠다고 상상한다.

가장 큰 인기는 마임이 누렸다. 마임은 그리스 마임(이 단어는 형식과 공연자 모두를 지칭한다)은 비록 그리스의 축제에서는 결코 공연된 적이 없다 해도 긴 역사를 가졌기에 그리스에서 유래했을 것이다. 그리스에서 마임은 중요치 않아 보였지만, 로마의 마임은 제국 시기 동안 대단히 인기가 높아서 다른 연극 형식을 무대에서 몰아냈다.

몇 가지 마임의 특질이 중요하다.

- 마임은 여성 공연자를 포함했는데 이는 그리스나 로마에서 유일한 연극적 오락물이었다.
- 마임의 공연자들은 보통 가면을 쓰지 않았기에 그 얼굴의 표정이 드러났다. 사실 마임 공연자들은 표정 때문에 성공을 거두었다—아주 잘생긴 외양이든, 특이하게 그로테스크하든, 추하든.
- 마임은 희극적이기도 진지하기도, 단순하기도 화려하기도 했지만, 그 형식이 무엇이든 동시대의 삶을 다루었다.

마임은 제국 시기 동안 로마에서 가장 대중적이면서 동시에 가장 악명 높은 연극적 오락물이 되었다. 여성 마임배우들은 입는 것이나 행동에 유행을 주도했다. 그중 한 사람이 황제와 결혼한 테오도라(Theodora)였다. 또 어떤 사람은 유명 영화배우와 똑같았다. 이런 인기에도 불구하고 제대로 된 마임 대본은 오늘날 남아 있지 않다. 아마도 시트콤 대본과 비슷했기에 서고를 지킨 사람들에게는 그리 큰 가치를 지니지 않았으리라 추측할 수 있다. (현대의 마임 – 무언극의, 얼굴을 하얗게 칠한 거리 광대 – 과 대사가 있는 로마의 마임을 혼동해서는 안 된다. 같은 말이지만 과거와 현재의 의미가 다르다.)

기독교의 연극 반대

처음에 로마제국은 이미 로마의 영토에서 발생하여 번성하고 있던 신흥종교인 기독교의 도전에 직면했다. 로마는 접촉하는 문화권의 신들을 습관적으로 채택했다. 예를 들어 서기 79년 화산폭발로 파묻힌 폼페이의 유적에는 제우스(Jupiter), 헤라(Juno), 아테네(Minerva)를 모시는 일반적인 사원과 이집트의 여신 이시스(Isis, 고대 이집트의 풍요의 여신)를 모시는 작고 유지가 잘된 사원도 있었다. 그러나 기독교도들은 자신들의 신이 로마의 신전에 흡수되기를 거부했다. 사실 그들은 오직 그들의 신만이 경배의 대상이 되어야 한다고 주장했고 그런 엄격함은 종교적 열정보다 전통에 더 의지한 문화권에서 환영받지 못했다. (같은 이유로 유대교도 흡수를 거부하고 로마의 박해를 당해야 했다.) 기독교에 대한 로마의 저항은 궁극적으로 콘스탄틴 대제가 신교로 개종함으로써 역전되었다. 그는 서기 313년 밀라노칙령을 발표하여 제국 전체에 기독교인의 종교적 관용을 선포했다.

　기독교의 연극 반대는 로마의 희극이나 비극을 향한 것이 아니었다. 비극과 희극은 기원 후에는 공공장소에서 공연되지 않았기 때문에 기독교도들은 이를 본 적도 없었고 알지도 못했다. 그 반대는 마임을 향한 것이었다. 일부 마임은 공연에 성과 폭력을 끌어들였고 상당수 마임이 기독교를 조롱했기 때문에 기독교 작가들과 신봉자들이 그 시대의 연극, 다시 말해서 마임과 팬터마임을 ─ 헛되이 ─ 추방하려고 했던 것이다. 초기 로마제국으로 거슬러 올라가는 과거 연극과 교회의 혐오는 현재에도 희미하게나마 발견되고 있다.

　무절제함이 특징인 유사 연극적 오락물은 마임만이 아니었다. 마차경주, 검투시합, 동물싸움, 모의 해상전투 모두 똑같이 인기가 있었는데, 여기서는 폭력과 죽음(다수의 경우 가상 폭력과 죽음 대신 실제 폭력과 죽음)이 기대와 박수갈채를 받았다. 이런 오락물은 원형경기장(amphitheatre, 로마

가장 오래된 구조
2012년 여름 콘서트를 준비 중인 이탈리아 베로나의 로마 콜로세움

의 콜로세움이 대표적인 예)과 서커스(CircusCircus Maximus)와 같은 특수한 건물에서 공연되었음에도 불구하고 극장들도 그런 행위에 적합했기에 연극을 금지시키려 했던 사람들의 논란을 부채질했다. 마임이 이 다른 공연 형식들과 직접적으로 경쟁해야 했기에 거칠 수밖에 없었다. 또한 마임이 로마의 대중극장에서 비극과 희극을 대신했다는 사실이 로마인들과 그들의 문화에 대한 단서를 제공한다.

제국의 붕괴

서기 300년 초 로마제국은 너무 방대해지고 다루기 힘들어져서 효과적으로 통치하기가

우리가 어떻게 아는가

평범한 로마 시내에서의 연극

베수비오 산(Mount Vesuvius)은 서기 79년 8월 25일 화산 폭발하여 2개의 작은 로마 도시를 화산재와 돌로 뒤덮었다. 헤르쿨라네움(Herculaneum) 시와 그보다 좀 더 큰 도시가 폼페이(Pompeii)였다. 17세기 이후 폼페이 시가 발굴되었다. 화산재와 돌은 뜨거웠지만 용암만큼 뜨겁지는 않았기에 도시의 상당 부분이 재 밑에 남아 있었다. 도굴꾼들이 훔쳐 가고 제2차 세계대전이 있었지만 많은 유물들이 그 자리에 있었다. 예술작품, 가정용품, 춘화, 벽에 그려진 광고, 낙서, 검게 탄 빵 덩어리가 남았다. 죽은 사람들의 의복이 발견되었지만 시신은 오래전에 사라지고 화산재로 윤곽만 있었다. 3차원 입체 주형은 사람과 말과 애완견을 포함했다. 기원후 첫 세기 어느 특정한 날의 어떤 도시에 대한 풍성한 정보가 있는 셈이다. 그러나 폼페이는 발굴된 유물에도 불구하고 로마 연극에 대해서는 거의 알려주는 바가 없다.

폼페이는 6,400~30,000명으로 추산되는 인구를 가진 작은 도시였고 여러 측면에서 평범한 장소였다. 두 곳의 극장 구조물을 수용했는데, 하나는 5,000명을 수용할 수 있는 야외극장이었고 다른 하나는 20,000명을 수용하는 덮개가 있는 음악당(odeon)이었다. 폼페이의 가옥을 장식한 모자이크와 벽화는 간혹 연극 공연의 모습을 보여주기도 한다. 어느 집은 극작가 메난

폼페이의 모자이크에서 발견된 비극 인물의 과장된 가면

(계속)

우리가 어떻게 아는가　평범한 로마 시내에서의 연극

이 극장은 수년 동안 여러 변화를 겪었지만 기원은 헬레니즘 시대로 거슬러 올라간다.

드로스가 새겨진 초상화를 보유하고 있다. 또 어떤 집의 모자이크에서는 메난드로스 희극의 두 장면을 볼수 있다. 그림에 나온 배우들은 모두 가면을 쓰고 있다. 또 다른 집의 그림은 에우리피데스 작품의 장면을 재현하고 있다. 어떤 모자이크에서는 사티로스극에서 배우들이 무대에 등장할 준비를 하는 모습을 볼 수 있다. 배우들은 의상의 일부를 입고 나중에 쓰기 위해 탁자에 가면을 올려놓고 있다. 이런 모습들은 모두 그리스와 헬레니즘 시대의 연극이며 적어도 화산 폭발이 있기 3세기 전임을 주목하라.

이런 그림이나 물리적인 기록이 있음에도 불구하고 폼페이가 2개 극장에서 어떤 공연을 했는지에 대해 확실한 증거는 없다. 어떤 학자들은 아텔란 소극처럼 토착희극이나 플라우투스와 테렌스의 로마 희극이 무대화되었거나 다 같이 한꺼번에 공연되었을 것이라고 추측한다. 마임, 팬터마임, 또는 다른 유사 연극적인 표현의 인기를 증명하는 증거가 조금 있다. 다른 학자들은 덮개가 있는 극장은 공연용이 아니고 시민들의 회합장소였다고 믿고 있다.

폼페이 벽채는 그라피티(낙서)와 정치적인 선전이나 오락용의 작화된 광고를 전시하고 있다. 콜로세움

에서 벌어질 5일간의 검투시합과 야생동물 사냥을 홍보하는 광고는 몇몇 벽채에서 발견된다. 연극 광고는 남아 있지 않다. 벽에 써진 광고나 낙서를 제외하고 글은 거의 찾아볼 수 없다. 밀랍판에 써진 글들은 주로 재정에 관한 것으로 세금기록이나 대부계약이다.

화산 폭발 전에 폼페이의 연극대본이 있었다 해도 발견된 것은 하나도 없다. 양피지나 파피루스는 비쌌고 문학은 화산 폭발을 피해 달아난 사람들이 가져갔을 것이다. 자신의 역할을 암기해서 알고 있거나 옆 동네로 이동할 때 대본도 가져간 순회극단의 공연뿐이었을 것이다.

폼페이의 연극에 대한 증거는 연극사의 원천이 가지는 덧없는 속성이라는 축소된 설명이다. 역사학자들은 첫 세기 로마의 도시가 연극에 대해서는 알고 있었다고 증언하지만 그들이 어떤 연극을 보았을지에 대해서는 확신하지 못한다.

기원전 2세기로 추정되는 폼페이에서 발굴된 모자이크. 가면을 쓴 세명의 배우-연주자가 왼쪽은 더블플루트를 불고, 중앙은 심벌을, 오른쪽은 탬버린을 친다. 가면을 쓰지 않은 젊은이가 보고 있다. 메난드로스 작품 〈귀신들린 사람들 The Possessed〉의 한 장면으로 여겨지는 이 모자이크는 나폴리 고고학 박물관이 보유하고 있는 여러 연극적 유물과 더불어 폼페이가 연극을 수용한 도시였음을 시사한다.

어려웠다. 그래서 2개의 행정단위로 분열되었는데 그 수도로 로마를 주장하는 서방과 콘스탄틴 황제가 새로이 건립한 도시인 콘스탄티노플(현재의 터키 이스탄불)의 지배를 받는 동방이 그것이었다. 콘스탄틴은 476년 이 새로운 수도로 옮겨오면서 로마 인구의 다수를 함께 이동시켜 제국의 무게중심이 동쪽으로 기울게 했다. 그 결과 권력과 문화적인 영향에 있어서 이동이 있었다. 콘스탄티노플은 점점 강력해지며 동쪽을 향했다. 로마는 이제 훨씬 작은 도시로서 문명화된 세계의 서방 변두리에 위치하게 되었다.

6세기(500년대) 중엽 서로마제국은 붕괴하기 시작하는데 도로와 관개수로 체계는 무너지고, 무역은 산발적으로 이루어졌으며 안전도 파괴되었다. 서유럽에 남아 있는 조직은 주로 로마의 교황으로 결속된 교회와 종교 사원의 조직망을 통한 기독교회에서 비롯되었으나 서로마제국의 중심은 추락했다.

동로마(비잔틴)제국과 연극

반면, 콘스탄티노플과 동로마제국은 번성했다. 자신을 로마인으로 여긴 시민들은 한동안 라틴어로 말했고 마차 경주와 연극을 즐겼다. 아울러 라벤나(Ravenna, 오늘날의 이탈리아에 위치) 등의 이탈리아 위성도시와 무역을 했는데 점점 동방 국가들과의 무역이 위주가 되었다. 동로마인들은 곧 공식적인 문서에는 그리스어를 사용했고 교황보다 정부와 더욱 밀접하게 연결된 오늘날의 그리스정교회인 기독교 교회를 설립했다. 그리고 점차

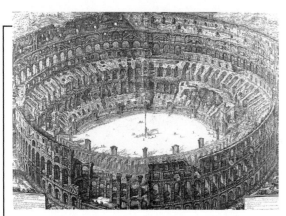 

로마의 오락물

로마제국 시기에는 동물 싸움이나 마차용 말, 해상전투 등 정교한 오락물들이 큰 인기를 모았고 전통연극은 문화생활의 중심에서 쫓겨났다. 왼쪽의 그림은 이 그림이 그려진 1750년대 로마에 있던 콜로세움의 모습이다. 오른쪽은 로마식 건물에서 벌어지는 모의해상전투를 17세기에 가상으로 그린 그림이다.

보다 동양적인 문화 요소들을 채택했다. 나중에 비잔틴(Byzantine, 콘스탄티노플이 대신
하게 된 비잔티움의 초기 도시를 본뜬)이라 불리게 된 이 제국은 무역이 번성했고 군대는
성공을 거두었으며 연극을 포함해서 고도로 발달된 문화를 지녔다.

　콘스탄티노플은 서로마와의 접촉을 완전히 버리지는 않았다. 지속적으로 선물을 보내
고 외교관을 두었으며 동로마의 지배가문이 서로마의 가문과 혼인하도록 했다. 그럼에
도 주요 관심은 동쪽으로 향했다. 이 부유한 비잔틴문화는 1,000년간 이어졌다. 13세기
(1200년대) 서로마의 십자군으로 약화된 비잔틴제국은 결국 15세기(1453년) 이슬람(투르
크족)에 정복당하고, 이때 이전의 서로마제국(유럽)이 중세 동안 번성해 위대한 르네상스
를 열게 된다.

　동방의 교회는 연극을 포함한 오락에 반대하는 설교를 했지만 그들을 금지시키는 데
성공하지 못했다. 전문 연예인들이 교회로부터 파문당했지만, 오락행위는 왕실의 페스티
벌에서 베풀어졌다고 알려져 있다. 때로 황제는 대경기장에서 경주를 축복해 주었다. 서
양 연극의 역사에서 가장 중요한 것은, 비잔틴의 황제가 비극과 희극을 포함해서 고대 그

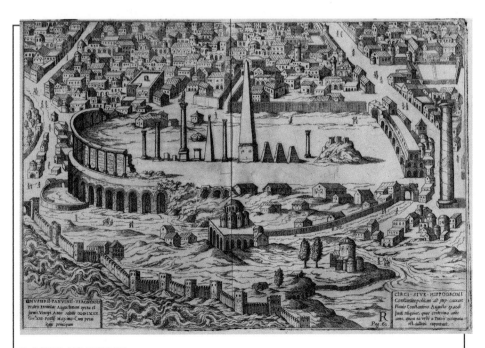

로마 양식을 이은 비잔틴제국
콘스탄티노플에 있던 로마식 경기장의 유적을 보여주는 17세기 판화. 말경주와 초대형 오락물을 수용할 수
있었다.

리스의 텍스트를 보존했고, 그 결과 궁극적으로 다른 그리스 기록물과 더불어 유럽의 르네상스를 가속화하는 데 도움을 주었다는 점이다. 1450년대 무슬림이 콘스탄티노플을 정복하면서 연극은 이슬람 지배 아래 우상숭배라는 죄악으로 억압당했다. 그러나 오락과 관련된 건물들은 로마의 멸망 전부터 동로마제국과 서로마제국에 남아 있었고 여러 지역에서 극장들과 콜로세움과 히포드롬(말경기장)의 돌 유적이 존재하고 있다.

　비잔틴연극은 두세 가지 이유로 오늘날 서양에는 그다지 잘 알려져 있지 않다. 그 기록이 남아 있는 언어는 서양학자들이 능숙하지 못한 언어다. 그리고 그 기록이라는 것의 대부분이 1980년대 말까지 소위 철의 장벽 뒤에 있었기 때문에 접근불가였다. 구소련의 몰락과 러시아와 미국의 정치적인 재결합으로 인해 보다 많은 정보가 이제 이용 가능한 상태가 되어 가고 있다. 최근의 학계에서는 비잔틴 연극이 다음을 포함한다고 암시한다.

- 마임의 지속
- 대중 앞에서의 공연 없이 문학으로만 남아 있었을 그리스 비극에 대한 관심
- 공연 및 공연에 대한 개념을 소아시아와 현재의 우크라이나에 수출함

서양의 로마 연극은 서유럽의 르네상스라는 유산을 남겼고 분명치 않은 기록에도 불구하고 비잔틴 연극을 갖게 되었다. 비잔틴 연극이 이탈리아 대중연극과 유럽의 중세연극 모두에 영향을 끼쳤다는 감질나는 암시가 있다.

중심용어

중심용어는 본문에서 굵은 활자로 표시되어 있다. 아래 목록을 참고하여 이해도를 측정하라. 인명은 찾아보기에 나와 있다.

루디	서재극
서커스	아텔란 소극
원형극장	팬터마임
페리악토이	

본문 요약

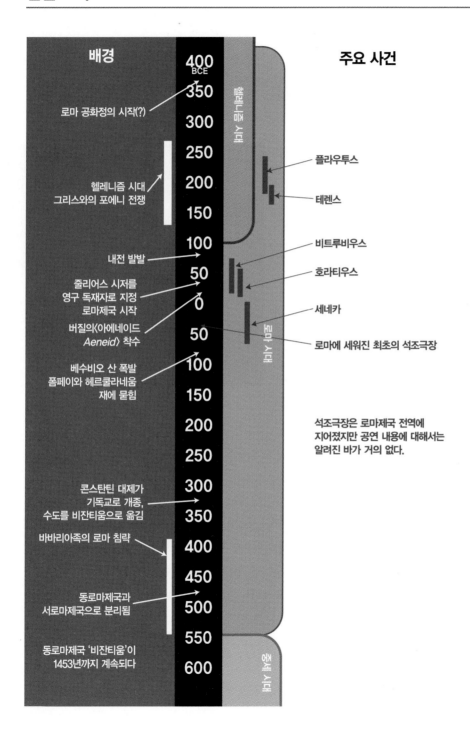

배경

로마 공화정의 시작(?)

헬레니즘 시대
그리스와의 포에니 전쟁

내전 발발

줄리어스 시저를
영구 독재자로 지정
로마제국 시작
버질의〈아에네이드
Aeneid〉착수

베수비오 산 폭발
폼페이와 헤르쿨라네움
재에 묻힘

콘스탄틴 대제가
기독교로 개종,
수도를 비잔티움으로 옮김

바바리아족의 로마 침략

동로마제국과
서로마제국으로 분리됨

동로마제국 '비잔티움'이
1453년까지 계속되다

400 BCE
350
300
250
200
150
100
50
0
50
100
150
200
250
300
350
400
450
500
550
600

헬레니즘 시대

로마 시대

중세 시대

주요 사건

플라우투스

테렌스

비트루비우스

호라티우스

세네카

로마에 세워진 최초의 석조극장

석조극장은 로마제국 전역에
지어졌지만 공연 내용에 대해서는
알려진 바가 거의 없다.

CHAPTER

아시아의 초기 연극
기원전 200년~기원후 1800년

이 장을 마치면 여러분은

- 인도, 중국, 일본의 초기 연극 발달사를 추적할 수 있다.
- 초기 아시아 연극이 종교와 연관된 방식을 논할 수 있다.
- 산스크리트 연극을 묘사할 수 있다.
- 나티야샤스트라의 중요성을 논할 수 있다.
- 곤곡 오페라를 설명할 수 있다.
- 노 연극의 특징을 설명할 수 있다.
- 노 무대를 묘사할 수 있다.
- 가부키의 본질적인 특징을 묘사할 수 있다.
- 교겐 공연의 특징을 설명할 수 있다.

배경

기록언어와 도시와 지속성 있는 문화를 가진 최초의 문명은 아시아에서 시작되었다. 중국은 기원전 17세기(1600년대)로 추정되는 봉건사회의 문자기록을 남겼다. 지중해 근방에서 인도의 일부 지역에 이르는 서아시아 지역인 메소포타미아는 기원전 3,000년경부터 기원전 536년 바빌론이 몰락하기까지 오늘날 문명의 요람이라 불리는 것들을 수용했다. 아시아라는 단어는 고대 그리스어에서 유래하는데, 페르시아제국을 제외하고는 그리스인들에게 미지의 상태였던 지중해 동쪽의 모든 민족을 의미한다. 아시아의 모든 지역이 다양한 크기의 봉건정권으로 쪼개졌고 이들은 때로 힘을 합치기도 하고 때로 이웃민족의 지배를 받기도 했다.

일곱 대륙의 하나인 아시아는 지구상에 존재하는 육지 면적의 30%를 차지한다. 현재

인구의 60%가 아시아에 거주한다. 아시아는 인도, 중국, 일본과 동남아시아 국가들을 포함한다. 또한 중동 지역을 아우르는데 이스라엘, 레바논, 요르단, 이란, 이라크, 사우디아라비아 반도의 국가들과 아프가니스탄, 투르크메니스탄, 인접국가들, 터키와 러시아 동부, 시베리아의 넓은 지역에 걸쳐 있다.

　아시아의 연극은 종교조직에서 발전했다. 왜냐하면 종교적인 질서가 배움의 자리였고 종교 경전이 공연에 적합한 이야기를 제공했으며 사제나 성직자들이 공연을 사람들을 계몽하기 위한, 종교의 이념을 선전하는 수단으로 보았기 때문이다.

　이슬람 지역은 전형적으로 연극을 발전시키지 않았다. 보통 코란에서 우상숭배를 금지했고 이를 이슬람 대부분 지역에서는 예술에 종사하는 사람들의 재현으로 해석했기 때문에 연극이 금지되었다. 평면적으로 연결된 인형을 장막 뒤에서 막대로 조종하는 그림자 인형극 공연은 이슬람 국가에서 억압되지 않았다. 그림자 인형극에서는 관객이 그림자만 볼 수 있고 어떤 인간으로도 인격화하지 않았다고 여겼다. 그림자 인형극은 이슬람국가

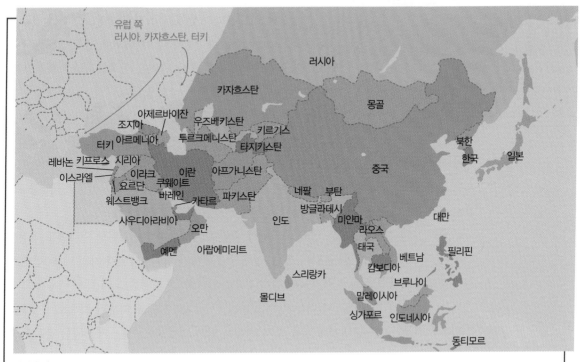

아시아 지도
대륙의 대부분이 강을 사이에 두고 분리되었지만 아시아 국경 지역들은 육지다. 아시아는 오늘날 통상적으로 중동이라 불리는 국가들과 터키를 아우른다.

그림자 인형극

현재 그림자 인형극은 전 세계 10여 개국에서 발견되는데, 특히 인간 배우가 허용되지 않는 이슬람국가에서 흔하다. 그림자 인형은 팔다리에 관절이 있다. 몸통은 조종자가 움직인다.

를 포함해서 아시아 여러 지역에서 여전히 볼 수 있다.

초기 아시아 지역의 짧은 연극사에서 서로 다른 통치 제도와 다양한 지역적 토착 전통은 뒤섞이고 생략되기도 했다. 아시아에서 광범위한 공연예술의 예로 700~800가지의 다양한 연극 또는 유사 연극의 형태가 오랫동안 존재했었다고 추정된다. 이 장에서는 기원전 200년부터 서기 1800년대까지의 인도, 중국, 일본 연극을 소개한다.

인도

인도의 부속대륙(오늘날 인도, 파키스탄, 방글라데시를 포함하여)은 기원전 6세기(500년대) 이후 다양한 크기의 여러 왕국으로 나뉘었고 지역 분쟁으로 인해 국경이 수시로 변했다. 인도는 이 지역민들과 정체성을 공유하는 정도에 이르기까지 힌두교의 지배와 종교언어인 산스크리트어(Sanskrit)에 기반했다. 수 세기에 걸쳐 인도의 통치자들은 부속대륙의 중요 지역을 정복했지만 오랫동안 영토는 통일된 체제 아래 있지 않았다.

인도의 부속대륙은 연극 제작의 오랜 역사를 갖는다. 남아 있는 가장 오래된 연극대본의 일부는 서기 1세기까지 거슬러 올라가며 이것으로도 학자들이 인도 연극이 기원전 2세기경에 시작했다고 믿을 만큼 충분한 전문성을 보인다. 이 연극은 사용언어를 따서 산스크리트 연극(Sanskrit drama)이라 부르며, 종교의식과 궁정생활에 연관된 연극이었다.

그리스 연극에 적용되는 연극의 기원에 관한 모든 가설이 통상 인도 연극에도 적용되어 왔다. 또 다른 가능한 근원이 있다. 알렉산더 대제가 기원전 4세기(기원전 300년대)에 북인도에 이르렀고 일부 학자들이 산스크리트 연극이 그 기원을 그리스 연극에 두고 있다는 주장을 펼쳤다. 알렉산더는 가는 곳마다 그리스의 전통을 퍼트린 것으로 유명하고 아마도 연극단체도 군대에게 힘을 주기 위해서 함께 다녔을 것이다. 제시되는 증거는 매우 적다.

나티야샤스트라

현존하는 산스크리트 극장이나 유적은 없다. 아울러 당시의 연극이 그려진 그림도 전혀 남아 있지 않다. 그러나 나티야샤스트라(Natyasastra)라는 영어로 '연극학'이라 번역되는 제목의 책이 남아 있다. 기원전 200년과 기원후 200년 사이에 씌어진 이 책은 연극의 구성, 극장 건축, 악보, 춤의 형식 등을 매우 상세하게 묘사하고 있다. 음악과 춤은 연극의 필수요소다. 분장, 의상, 연기, 연출이 개별적으로 상세하게 다루어지고 있다. 배우가 택해야 할 13가지의 머리 위치와 36가지의 시선을 특화하고 있다. 코나 뺨, 아랫입술, 턱, 입, 목뿐만 아니라 눈, 눈꺼풀, 눈썹의 움직임을 통해서 감정이 소통된다고 말한다. 이 책은 자세, 손의 움직임, 팔다리의 움직임도 기술하고 있다.

『나티야샤스트라』에 따르면 산스크리트 연극은 힌두교 창작의 신인 브라만(Brahma)이 창안했는데, 그는 "드라마란 모두에게 교훈을 주어야 한다… 슬픔과 고통, 과로로 괴로워하는 불행한 사람들에게 구원이 되어야 한다"고 선언했다. 산스크리트 연극은 10세기(900년대)까지도 계속 공연되었고 여전히 오늘날 극 구조나 분장과 의상, 움직임의 양식을 포함해서 인도의 지역 민속극에 영향을 주고 있다.

『나티야샤스트라』는 극장 공간에 세 가지 형태를 부여한다—사각형, 직사각형, 삼각형. 그러나 주로 관객을 위한 공간과 배우를 위한 공간인 2개의 사각형으로 분할되는 직사각형 형태에 집중한다.

『나티야샤스트라』의 기본 전제는 힌두교의 원리와 궤를 같이 한다—다양성을 통해 표현되는 통일된 세계, 그리하여 미학적인 측면에서 무용, 노래, 시 등 다양한 형태의 예술이 공연을 통해서 수용적인 관객에게 공감과 이해를 불러일으키는 형식으로 통합된다. 보는 사람은 즙 혹은 정수를 의미하는 라사(rasa)를 경험하는데, 이는 작품의 지배적인 정서적 주제이다. 9개의 라사가 있는데, 사랑, 분노, 웃음, 혐오, 영웅적 분위기, 동정, 공포, 놀람, 평화가 그것이다.『나티야샤스트라』는 다음과 같은 귀중한 연극적 증거를 제공한다.

- 남자와 여자 공연자를 모두 갖추고 순회공연을 한 직업극단
- 무대에 등장한 연주자들의 반주에 맞춘 노래와 춤을 포함하는 공연

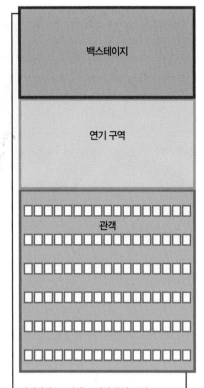

나티야샤스트라에 그려진 극장 도면

산스크리트 연극을 위한 직사각형 극장은 여러 면에서 서양의 프로시니엄 극장을 닮았다. 나티야샤스트라에 나타난 치수로 관객이 200~500명 정도였다고 짐작할 수 있다.

카타칼리 공연자

인도 무용극은 복잡한 의상을 입고 빈틈없이 얼굴에 칠을 한 배우들이 힌두 신인 라마와 크리슈나 이야기를 들려준다. 사진은 인도 남부 카타칼리 무용극의 전통의상을 입은 배우다. 일부 학자들은 카타칼리가 산스크리트 연극의 직계후손이라고 믿고 있다.

- 높임무대와 약 200~500명의 관객을 수용할 수 있는 객석으로 이루어져 있고 목재와 석조로 지어진 영구 실내 극장
- 브라만의 엘리트 계급에만 산스크리트 연극 관람을 허용한 엄격한 카스트 제도
- 산스크리트 연극은 특정 언어를 사용하지만 낮은 계급이나 희극적 인물들은 산스크리트어가 아닌 지역 언어로 말했다.

　최소 1,000편의 산스크리트 연극이 써졌지만 현존하는 대본은 50~60편에 불과하다. 가장 높이 평가되는 희곡은 신화를 낭만적으로 짜깁기한 〈샤쿤탈라 *Shakuntala*〉로서, 중간에 희극적인 장면이 담긴 초현실적이고 시적이며 진지한 연극이다. 〈되찾은 반지 *The Recovered Ring*〉라는 부제가 달린 이 작품은 전체 7막과 적어도 23명의 인물이 거론되는 서막으로 구성되어 있다.

　아무도 산스크리트 연극이 쇠퇴하고 9~10세기에 사라진 이유를 확실히 알지 못한다. 결국 연극이나 힌두문화에 무관심한 이슬람 정권인 무굴제국의 지배 아래 들어가게 된 중앙아시아의 잇단 인도 침략과 관계가 있을지 모른다.

인도의 민속극 전통

인도는 10세기(900년대) 혹은 훨씬 이전으로 거슬러 올라가는 광범위한 민속극 전통을 지니고 있다. 민속극 전통은 지역 언어를 쓰고 매우 다양하며 각각의 지리적 지역에 특화되어 있다. 한 인도연극학자는 "인도에서 공연은… 약사가나(yakṣagāna), 라스 리라(rās līlā), 테루꾸뚜(terukkuttu), 카비투 나타캄(cavittu nāṭakam) 등 장르적 특성이 있는 이름들이 끝없이 나오는데, 모두 그런 이름을 갖게 된 역사와 이유를 갖고 있다"고 기술하고 있다. 현대의 서양식 연극을 제외하고 심지어 오늘날에도 인도인들은 연극이라 칭해지는 행사에는 참석하지 않지만 그들의 고유한 민속극 장르에는 참석한다. 민속공연은 사원에서만 진행되는 힌두교 예배에서 엄격하게 확장된 무용극, 무수한 공간에서 공연되는 공공 작업에 이르기까지 다양하다. 일부 전통은 엄격하게 전문적이다. 공연자들은 광범위한 훈련과 도제 과정을 경험해야 한다. 다른 전통은 거의 비전문적이다. 둘 모두 과장된

연극은 연극이다

샤쿤탈라

가장 유명한 산스크리트 연극인 샤쿤탈라는 생몰연대가 미상인 극작가 칼리다사(Kalidasa)가 4~6세기 사이로 추정되는 시기에 썼다. 다수의 산스크리트 연극처럼 이야기는 거의 200만 단어로 이루어진 힌두교 종교시 〈마하바라타 Mahabharata〉에서 차용한다.

샤쿤탈라는 무대감독과 여배우의 대사인 프롤로그 축사로 시작한다.

> 무대감독 : 아가씨, 의상을 갖추셨으면 앞으로 나오시지요.
> 여배우 : 여기 왔어요. 명령만 내리세요. 뭐가 더 필요할까요?
> 무대감독 : 여기 오신 분들은 대부분 세련된 분들이세요. '샤쿤탈라의 깨달음'이라는 칼리다사의 신작을 대표해야 합니다. 배우분들 모두 최선을 다해 주소서.

이 대화는 산스크리트 연극이 환영을 주기보다 제시적임을 보여준다. 모든 장면에 시각, 청각, 후각에 대한 인물의 심오한 반응을 표현하는 노래와 시가 삽입된다.

작품 줄거리　두시얀타(Dusyanta) 왕은 마차를 타고 사슴을 쫓고 있다.

두 명의 수행자가 사슴은 근처 성역에 속해 있으니 잡아서는 안 된다고 말한다. 수행자는 왕을 성자의 은신처로 초대하며 성자는 없지만 그 딸인 샤쿤탈라가 왕을 극진히 모실 것이라고 한다. 들어서자마자, 왕은 성스러운 나무에 물을 주고 있는 샤쿤탈라를 보고 그녀의 아름다움에 사로잡힌다. 왕과 수줍음 많은 샤쿤탈라 사이의 낭만적인 사랑이야기가 시작되고 여기에 신들이 개입하고 저주와 물고기 배에서 찾게 되는 잃어버린 반지가 포함된다.

왕은 혼란스럽다. 그의 상담자들은 왕의 문제가 상사병임을 알아채고 왕을 그 은신처로 돌려보낸다. 이와 비슷하게, 샤쿤탈라의 시녀들도 그녀의 상사병을 눈치채고는 왕과 샤쿤탈라를 남겨둔다. 둘은 서로의 욕망을 얘기하고 키스한다.

왕은 궁으로 돌아온다. 그동안 보이지 않는 손님이 은둔처에서 환대받지 못한 것에 화가 나 주문을 건다―왕은 샤쿤탈라를 잊을 것이며 왕의 이름이 새겨진 반지를 봐야만 기억해낼 것이다. 이를 알지 못하는 샤쿤탈라와 그녀의 시녀들은 결혼식을 준비하고 숲의 요정들이 부르는 합창을 들으며 궁으로 여행을 떠난다. 궁에서 왕은 주문대로 그녀를 알아보지 못하지만 임신한 상태임을 알게 된다.

샤쿤탈라는 약혼했다고 주장하지만 왕은 아무것도 기억하지 못한다. 마법의 반지를 보여주려고 했다가 여행 중에 머리 위로 물을 떠서 뿌릴 때 반지가 빠져 잃어버렸음을 깨닫는다. 보이지 않는 방문객이 던진 주문을 알지 못한 채 샤쿤탈라는 '이 배신자에게 속았다'고 말한다. 샤쿤탈라의 친구들이 그녀를 이끌며 왕의 영지에서 벗어나자 한 줄기 광선 속으로 사라졌다고 보고한다.

희극적 인물인 낚시꾼이 왕의 이름이 새겨진 반지를 팔려고 하다가 체포된다. 그는 물고기 뱃속에서 반지를 발견했다고 맹세한다. 반지를 보자마자 왕의 기억이 전부 되살아난다. 왕은 이전에 그가 행한 미덕에 대해 선물로 받은 천둥의 신이 이끄는 마차를 타고 구름 위를 여행한다. 진정으로 신앙심 있는 사람의 은신처로 알려진 신비한 장소에서 멈춘다.

왕은 자신을 닮은 제멋대로인 당당한 어린아이를 본다. 왕은 이 아이가 자신의 아들이며 그 어미가 샤쿤탈라임을 깨닫는다. 천둥의 신이 나타나 샤쿤탈라가 여신의 딸이며 그들의 아들이 세상을 지배할 것임을 알려준다. 신은 왕과 샤쿤탈라와 그들의 아들을 신의 마차에 태워 왕궁으로 돌려 보낸다. 천둥의 신이 이 모든 이야기를 끌어온 것이다.

우리가 어떻게 아는가

〈샤쿤탈라〉 최초 번역본

1789년 판 〈샤쿤탈라〉는 영어로 번역, 출판된 산스크리트어 최초의 완결된 작품이었다. 이후 70년에 걸쳐 독일어, 프랑스어, 이탈리아어, 네덜란드어, 덴마크어, 스웨덴어, 폴란드어로 번역되었고 러시아어로는 부분 번역되었다.

이 작품은 문학적 중요성을 넘어서 큰 영향을 끼쳤다. 인도 문화의 가치에 대한 유럽 식자층의 견해를 바꾸었다. 물질적인 부를 위해서만 중요하게 여겨진 땅에서 위대한 문학적 걸작이 발견되었다. 〈샤쿤탈라〉는 이제 마음껏 탐구할 수 있는 현존하는 인도 고대문학의 작은 조각이 되었다.

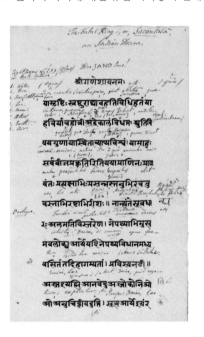

최초의 번역자는 문학인이 아니었다. 영국의 법학자 윌리엄 존스 경(Sir William Jones)이 콜카타의 대법원으로 발령받았다. 그는 여러 언어에 능통했고 (모두 합하면 28가지 언어라고 한다), 페르시아어 번역물을 이미 출판했다. 그는 인도에서의 정의실현을 위해서 법과 정의에 관한 힌두어 책을 번역하기 위해서 산스크리트어를 공부했다. 그는 여러 산스크리트어 사전을 수집했다. 영국에서 '희곡'이라 부르는 것과 유사한 산스크리트어 작품이 있음을 알고 그 가운데 최고의 작품이 무엇인지 물었고 〈샤쿤탈라〉를 알게 되었다.

우선 그는 산스크리트어를 그 구조에 있어서 서로 비슷하다고 여긴 라틴어로 번역했다. 그런 뒤 라틴어를 영어로 번역했다. 왼쪽 사진은 그가 번역작업을 한 부분인데 가장자리에 주석이 담겨 있다.

존스의 19세기 말 번역은 보다 정확한 이후의 번역으로 대체되었지만 존스는 호기심 때문에 그 뜻을 거의 알 수 없었던 언어로 써진 고대의 최고 희곡을 읽고 인도와 힌두교를 향한 유럽인들의 태도에 혁명을 일으킨 장본인이었다.

분장이나 가면, 현란한 색과 모양의 의상을 포함한다. 대영제국의 지배기간 동안(19세기 중반부터 20세기 중반까지) 이러한 민속극 전통 일부는 쇠퇴했다. 1947년 영국으로부터 독립한 이래로 민속극 전통은 새로운 인기를 경험했다.

중국

중국은 그리스나 로마의 도시국가와 유사하게 다양한 크기의 왕국으로 구성되었지만 기원전 206년부터 기원후 220년까지 한나라 왕조가 통일시켰다. 한나라 통치자들은 공통된 언어를 확립했고 실크로드를 통해서 서양과 교류했다. 실크로드는 극동의 무역국들로부터 인도를 통해서 지중해 국가들에 이르는 무수한 교역로를 지칭하기 위해 현대에 붙여진 이름이다. 분리된 지배의 세기 이후 중국은 다시 7세기(600년대)에 통일되었다. 1271년경부터 1368년까지 몽고의 지도자 쿠빌라이 칸(Kublai Khan)이 중국을 지배했다. 칸 이후 명, 청 왕조가 차례로 20세기까지 오늘날 중국의 일부, 대부분, 혹은 전부를 지배했다.

유사 연극의 시작

종교와 결합한 유사 연극적 공연들은 중국에서 기원전 18세기(1700년대)까지 거슬러 가는 오랜 전통을 가지고 있다. 궁중의 오락은 스토리텔링의 무용과 광대놀음, 음악공연의 요소를 포함하고 있다. 기원전 2세기(100년대)경 시작한 '뽈치기 놀이'는 발전하여 동물끼리 혹은 사람과 동물과의 싸움으로 변했다. 궁정에서 시작한 이런 여러 유사 연극적 오락은 시장으로 퍼져 나갔다.

당나라 시대인 8세기(700년대)경, 황제는 가수나 무용수, 다른 유사 연극적 공연자들을 훈련시킬 '배의 정원'이라는 학교를 창설했다. 오늘날까지도 중국의 배우들은 '배의 정원의 학생'이라고도 불린다.

음악과 춤 또는 양식화된 동작으로 가정사를 다룬 슬랩스틱 코미디는 송나라 때인 10~13세기(900~1299년)로 기록되고 있다. 남성과 여성 모두 공연했는데, 배우로서는 여성이 보다 일반적이었고 때로 남성의 역할까지 맡았다. 대략 이 시기에 불교가 인도에서 중국으로 실크로드를 따라 전파되었다. 인도는 양방향으로 무역의 요지였고, 중국의 연극이 인도 연극의 영향을 많이 받았다고 전해진다.

결국 남방연극과 북방연극 두 가지 형태의 음악극이 중국에 출현했는데 모두 노래와 춤, 대사를 결합했다. 연극은 모든 계층의 사람들이 관람했다. 현존하는 가장 오래된 중국 연극대본은 이 시기의 것이고 최초의 극장 건물도 이 시기(10~13세기)에 지어졌다. 이 시기의 극장은 남아 있지 않지만 높임무대를 삼면에서 감싸는 담장이라는 식으로 당시의 저작물에서 묘사되고 있다.

중국 연극은 다른 형식의 오락거리와 더불어 연극에 제공된 일정 유흥구역 안에만 있

연극은 연극이다

리싱다오의 〈백묵원〉

원나라(1259~1368년)의 잡극(雜劇)인 〈백묵원 *Chalk Circle*〉은 몇 가지 눈에 띄는 특징이 있다. 잡극은 4막과 짧은 브리지로 구성되어 있고, 이 브리지는 때로 프롤로그로, 때로 막 사이의 전환으로 사용되었다. 여러 노래가 있는데 각 막에서 한 명의 인물만 노래를 한다. 인물들은 특히 처음 등장할 때 자기 자신에 대해 자신의 과거와 계획들 등 관객에게 직접 대사를 한다.

작품 줄거리 칭(Ch'ing) 부인의 아들은 어머니에게 그의 누이가 매춘이라는 '치욕스러운 직업'을 통해서 집안일을 도와 왔다고 하면서 성을 낸다. 칭 부인은 아들에게 일하면서 집안에 보탬이 된다면 기쁘겠다고 대답한다. 아들은 가족을 떠나면서 노래한다.

딸인 하이탕(Hai-t'ang)은 부자인 마천싱(Ma Chun-shing)과 결혼하는 것이 낫겠다며 어머니와 싸운다. 마천싱은 하이탕을 너무 사랑한 나머지 그녀를 매춘부로 놔둘 수 없다. 마천싱은 나중에 칭 부인에게 딸과의 결혼을 허락해 달라고 말한다. 그는 어머니에게 많은 선물을 주고 항상 돕는다. 그리고 하이탕이 마천싱에게 아들을 낳아 준다면 둘째 부인이라 해도 하이탕을 첫 번째 부인처럼 대우하겠다고 말한다. 모두 동의한다. 혼자 남은 칭 부인은 행복하다고 말하며 그녀의 이모와 자매들에게 좋은 소식을 전하러 급히 달려간다.

5년이 지나고 하이탕은 아들을 낳는다. 첫 번째 부인인 마 부인은 이를 달가워하지 않는다. 자신의 지위가 내려가는 것도 못마땅하다. 그녀는 자신의 연인인 차오(Ch-ao)라는 이름의 법정 서기관에게 독을 만들어 오라고 한다.

헐벗고 굶주린 채 돌아온 하이탕의 동생이 누이에게 도와달라고 간청한다. 하이탕은 모두 남편의 것이기에 도와줄 수 없다고 거절한다. 이를 엿들은 마 부인이 하이탕을 꾀어 동생을 도와주면 마천싱이 잘했다며 새 것을 사줄 테니 보석과 옷을 주라고 설득한다. 하이탕은 그 말을 따른다. 동생이 앞으로 더 나은 사람이 되겠다고 맹세하고 떠난다. 마천싱이 돌아왔을 때 마 부인은 하이탕이 숨겨둔 연인에게 잃어버린 귀중품을 주었다고 거짓말한다. 마천싱이 이 거짓말을 믿고 하이탕을 때린다. 지친 마천싱이 죽을 가져오라고 했고 마 부인이 죽에 독을 섞는다. 마천싱은 이것을 마시고 죽는다.

마 부인은 하이탕에게 아들을 두고 떠나라고 한다. 만일 아이를 고집한다면 마 부인이 그녀를 살인자로 고발하고 법정에서 자기 아들이라고 증언하겠다고 한다. 하이탕은 아들을 포기하지 못한다.

마 부인은 법정 서기관인 자신의 연인과 공모하여 증인을 매수하고 하이탕을 고발하고 하이탕은 판관 호위대에게 매질을 당한다.

하이탕은 심판을 받기 위해 대법원으로 호출된다. 마 부인이 호송 중인 하이탕을 죽이기 위해 호위대를 매수하려는데 이때 하이탕의 동생이 나타난다. 그는 지금 대법원에서 존경받는 서기관이다. 동생의 보호를 받으며 하이탕은 안전하게 대법원에 도착한다.

하이탕의 소송을 들을 준비가 된 법원책임관은 하급법원으로부터 모든 피고인과 증인들을 소환했다. 하이탕은 동생의 도움으로 자신을 변론한다. 재판관은 진실을 시험하기로 결정한다. 그는 바닥에 백묵원을 그리고 다섯 살 난 아이를 그 원 안에 둔다. 진짜 엄마만 원 밖으로 아이를 끌어낼 수 있다. 첫 번째 시도에서 마 부인은 아이를 잡고 끌어내리고 한다. 하이탕은 아무 시도도 하지 않는다. 두 번째도 같은 결과가 나온다. 재판관은 하이탕을 매질하려고 하지만 그녀는 자신이 낳아 기른 아이를 향한 애정을 말한다. "재판관님, 제가 제 아들의 팔을 잡아끌거나 어린 살을 멍들게 해야 한다면 차라리 원 밖으로 끌어내는 대신 죽는 게 낫겠나이다." 하이탕의 고백에서 진실을 발견한 심판관은 그녀를 석방하고 마 부인과 진짜 엄마를 거짓 고발하도록 도운 모든 사람을 체포한다.

었다. 예를 들어 12세기 초(1100~1150년) 가장 큰 유흥 지역은 허난 지역의 수도인 카이펑으로 최소 50개의 극장이 있었다.

곤곡 오페라

남방과 북방의 두 지역 연극 양식은 1500년대 중반 100년 이상 동안 국가적으로 중요한 장르인 곤곡 오페라(昆曲, Kunqu opera)로 결합되었다. 곤곡 이야기는 보통 낭만적이고 음악은 감상적이었다. 대부분의 등장인물들이 만다린어로 대사를 하는 데 반해, 희극적 인물들은 지역 방언을 쓴다. 신분이 높은 인물과 낮은 인물 사이의 언어를 혼합하는 측면에서 곤곡은 산스크리트 연극과 유사하다. 곤곡은 선율이 있고 섬세하며 우울하기도 한 음악적 특질 때문에 '고상한 연극'으로 불리게 되었다.

곤곡은 우선적으로 식자층의 오락이었다. 종교인이나 정부관료가 극단을 후원했고 지방을 다닐 때마다 극단을 대동했다.

이 시기 가장 인기를 얻은 연극은 1598년 써진 〈모란정 *The Peony Pavilion*〉이었다. [이해를 돕자면, 셰익스피어의 〈헨리 4세 *Henry IV*〉 1부, 2부와 〈사랑의 헛수고 *Much Ado about Nothing*〉가 1598년과 1599년 초연되었다.] 작품을 온전히 공연하면 약 18시간이 걸린다. 관객은 공연 중에 자유로이 출입했고 특별히 좋아하는 장면이나 노래에 사람들이 모여들었다. 1999년 뉴욕 링컨센터 페스티벌에서 이 작품이 온전하게 공연되었는데 며칠이 걸렸다. 이후 이 공연은 해외로 순회했다. 2010년에 1시간으로 압축된 버전이 상하이에서 공연되었다.

일본

일본은 중국과 한국에 인접한 태평양 연안의 6,000개가 넘는 섬으로 이루어진 군도이다.

연극은 연극이다

〈모란정〉

1598년 상하이 인근에서 발전한 〈모란정〉은 총 18시간 길이의 55장면으로 이루어진 곤곡으로 때로 며칠에 걸쳐 공연된다. 중심 이야기는 꿈으로 시작해서 죽음을 정복하면서 끝나는 로맨스이다. 일부 시는 당시로서는 상당히 선정적으로 보인다. 또한 중국의 군대 역사에 관한 광범위한 하부플롯이 있다. 이 오페라는 종종 〈영혼의 회귀 *The Return of the Soul*〉라는 제목이 달리기도 한다. 왜냐하면 여자주인공이 마지막 장면에서 구원받기 때문이다. 〈모란정〉은 사랑으로 초자연적인 장애를 극복하는 낭만적인 이야기라는 점에서 〈샤쿤탈라〉와 공통점을 지닌다.

작품 줄거리 열여섯 살 난 소녀 두 리니앙(Du Liniang)이 정원을 걷다가 잠이 든다. 꿈속에서 정원의 젊은 학자 리우 멍메이(Liu Mengmei)를 만난다. 그는 버드나무 가지를 들고 정원의 명소인 모란정을 지나고 있었다.

그들이 사랑에 빠져 모란정에서 관계를 갖게 되자 꽃의 요정들이 춤을 추며 관객이 볼 수 없도록 숨겨준다. 잠에서 깬 소녀는 꿈속 사랑에 사로잡힌 나머지 건강이 나빠진다. 그녀를 치료하려는 시도들의 희극적인 장면들과 부모가 근심하는 엄숙한 장면이 교차한다. 결국 그녀는 죽는다.

하계의 지배자가 그녀에게 "언제 꿈 때문에 죽었느냐?"라고 묻는다. 그녀의 이야기를 듣고 그녀를 되살려 리우 멍메이를 찾을 수 있도록 한다. 그 사이 실제 리우 멍메이는 두 리니앙의 초상화를 보고 그녀에게 사랑을 느낀다. 그는 잠들고 꿈속에서 리니앙과 열정적인 재회를 한다. 그의 꿈에서 소녀가 그의 사랑을 시험한다. 그녀를 다시 살려내려면 그녀의 시체를 파내야 한다. 리우 멍메이는 처음에는 그 생각을 거부하지만 울퉁불퉁 거북이(Scabby Turtle)라는 인물이 파내는 걸 도와주는 희극적인 막간극이 이어진다. 무덤을 열자 두 리니앙이 다시 살아난다.

두 리니앙의 아버지는 그녀가 다시 살아난 이야기를 믿지 않고 리우 멍메이를 무덤 도굴꾼으로 여기고 감옥에 가둔다. 딸이 되돌아왔으나 그녀의 아버지는 믿지 않는다. 그러나 황제가 모두를 용서하고 둘을 결혼시키라고 선언한다. 연극은 사랑의 힘이 모든 역경을 물리친다는 찬가로 끝난다. 꽃의 요정들이 나타나 행복한 결말을 축하한다.

2008년, 3일 9시간으로 축약된 형태로 런던에서 공연된 〈모란정〉

정치적·문화적으로 일본의 역사는 다른 문화권의 영향을 심하게 받은 시기와 엄격하게 고립된 시기가 교차한다. 역사적으로 중국, 한국, 인도의 문화가 일본 예술에 큰 영향을 끼쳤지만, 일본은 그 씨앗들을 독특한 표현으로 발전시켰다.

유사 연극의 시작

8세기(700년대) 이전 일본 예술에 관한 기록은 거의 남아 있지 않다. 부가쿠(Bugaku)라는 이름의 가면무가 대략 6~8세기 사이 아시아 대륙에서 유입되었고 지금도 여전히 국가적 행사에서 공연되고 있다. 12세기 초 무렵, '원숭이 음악'이라는 뜻의 사루가쿠(sarugaku)라는 서커스와 흡사한 재래 오락물을 불교 승려가 교리 전파의 수단으로 변형시켰다. (가르침을 위한 연극에 대한 강조는 비록 문화적인 교류는 없었던 것처럼 보이지만 로마 시대 호라티우스와 인도의 『나티야샤스트라』의 위치를 반복한다. 가르침의 수단으로서 연극은 4장에서 다룰 중세 유럽 종교극 발전의 근거이다.) 공연 관객의 규모가 커지자 승려들이 다른 승려들을 고용해서 공연하게 했다. 이런 직업공연자들의 조합이 12~13세기 사이에 발전했다.

노 연극

사루가쿠는 14세기에 노(Noh) 연극의 발전궤도를 밟았다. 노는 현재도 공연되고 있는 가장 오래된 중요 공연 형태이다. 시적이며 엄격한 노는 선불교의 연극적 표현이다. 그 창안자들은 부자지간이었던 카나미(Kanami, 1333-1384)와 제아미(Zeami, 1363-1444)이며, 모두 절에 소속된 직업배우였다. 그들은 현전하는 200편 이상의 노 대본 중 다수를 썼으며 일정한 엄격한 특징을 가진 작업체계를 수립했다. 제아미는 노 연극 이론에 대한 논문을 쓰기도 했다.

노 연극은 주인공(시테, shite)과 부수적 인물(와키, waki) 간의 상호작용에 좌우되는 3부 구조[조(jo), 하(ha), 규(kyu)]를 취하고 있다. 모두 신, 남성, 여성, 광인, 악마라는 다섯 가지 주제 가운데 하나를 다룬다. 노 공연은 각 주제를 그 순서대로 다룬 다섯 편의 연극으로 이루어진다.

각 플롯의 형태는 대체로 동일하다—첫 번째 부분(조)은 부수적 인물이 자신을 소개하고 무대 위 기둥으로 상징화된 목적지로 여행한다. 주인공이 등장하자 두 인물은 주인공의 관심사와 그 장소에 있는 이유가 명확해질 때까지 질문과 대답을 주고받는다. 두 번째 부분(하)에서는 주인공이 그 관심사와 연결된 춤을 표현으로든, 이야기로든, 상징으로든 공연한다. 세 번째 부분(규)에서 주인공이 앞의 두 부분을 통해 생겨난 새로운 자아로 등장해 연극을 마무리한다. 노 연극의 막 사이사이에 교겐(Kyogen)이 공연되는데 이는 사루가쿠에서 파생된 짧고 우스꽝스러운 공연물이다.

　노의 플롯은 단순하다. 지나친 도입부는 행위가 아닌 과거 사건의 결과에 관련있는 형식에 자연스럽다. 주인공들은 대개 고통 받는 인물들(명예가 실추된 무사, 미친 여자, 죄의식에 사로잡힌 수도사들)인데 마지막 부분에서 그들의 모습은 서양인들에게는 축귀 또는 변환으로 보일 만큼 달라진다. 선불교의 깊은 영향으로 인해 노의 이념은 이성적이지

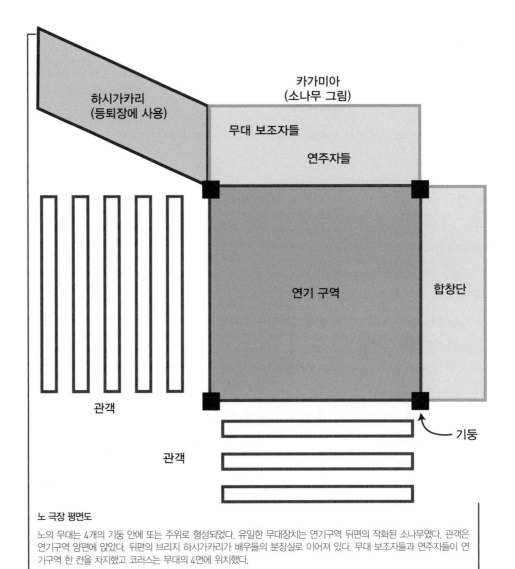

노 극장 평면도
노의 무대는 4개의 기둥 안에 또는 주위로 형성되었다. 유일한 무대장치는 연기구역 뒤편의 작화된 소나무였다. 관객은 연기구역 양편에 앉았다. 뒤편의 브리지 하시가카리가 배우들의 분장실로 이어져 있다. 무대 보조자들과 연주자들이 연기구역 한 켠을 차지했고 코러스는 무대의 4면에 위치했다.

않고 직관적이다. 불교의 주요 교리는 인간의 고통이 물리적인 세계가 불교 원리에 따르면 환영에 불과함에도 이를 현실로 받아들이기 때문에 비롯된다는 것이다. 노에서 주인공은 세속적인 현상으로부터 영원한 실재로 정신적인 도약을 하며 변형된다. 주인공이 물질적인 세계는 환상임을 이해하고 영원한 세계라는 숨겨진 실재와 직면하면서 연극은 끝이 난다.

노의 무대화 기술　노의 무대화는 상징적이고 고도로 양식화되어 있다. 모든 등장이 무대 한쪽의 **하시가카리**(hashigakari)라고 하는 객석보다 높은 통로를 따라 이루어지고 공연은 작은 높임 무대에서 펼쳐진다. 뒤편에는 소나무가 작화된 벽이 있다. 소나무의 의미는 사라졌고 많은 학구적 유추의 주제가 되고 있다. 나라의 카스가 신사(Kasuga Shrine)의 소나무를 상징한다는 것 혹은 과거 노 공연에 사용된 자연적인 뒷배경을 상징한다는 두 가지 추론이 일반적이다. 무대 위에 위치한 연주자들(세 명의 타악연주자와 한 명의 피리주자)과 합창단은 엄숙한 옷을 입고 가면을 쓰지 않았으며, 매우 의도적인 공연의 흐름을 확립하도록 도움을 주었다. 의상은 정교하며 일부 인물들의 가면을 포함하지만 무대장치는 없고 소수의 상징적인 소품만 있다.

공연자들은 모두 남성이며 여성의 역할에 대해서도 남성의 목소리를 감추지 않는다. 원래 노 의상은 인물에게 어울리는 길거리 의복을 반영했지만 16세기 말 의상은 정교하고 고도로 양식화되고 과장되었다. 몇몇 인물은 진흙, 천, 종이, 나무로 만들어진 가면을 착용했다. 무대 보조자들은 항상 관객의 눈에 띈다는 점을 제외하고는 서양 연극에서의 무대일손과 같은 일을 한다. 배우가 소품을 필요로 할 때 보조자들은 관객이 다 보는 앞에서 이를 전달한다.

무용은 노뿐 아니라 일본 연극에 기본적인 요소이며 중국이 아닌 인도 연극과 공유하는 습성이다. 사실상 일본의 연극은 특별한 훈련을 요하는 난해한 움직임 형식과 결합하면서 분명 무용으로부터 혹은 무용과 더불어 발전했다.

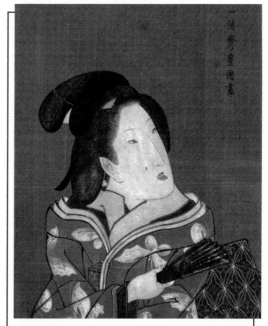

가부키 배우, 1852년
선명한 색채로 가부키 배우가 그려진 목판화는 19세기에 대단히 인기 있었다. 원본이 워낙 비싸고 수집가들의 손에 있기에 요즘에도 복사본이 만들어지고 있다. 배우의 유난히 하얀 분장에 주목하라.

가부키 극장, 1740년
'연극의 한 장면'이라는 제목의 목판화는 에도 시대 가부키 극장을 그리고 있다. 극적인 등퇴장을 위해 사용된 객석을 가로지르는 긴 통로인 하나미치가 선명하게 보인다.

가부키

노는 귀족계급의 전유물이었지만 가부키(Kabuki)는 대중오락으로 발전했다. 일반적으로 1603년 공식적인 공연물로 기록되고 있는 이 연극은 급속도로 성장했다. 1616년경에는 7개의 가부키 극장이 있었다. 처음에는 여성들이 가부키를 공연했지만 곧바로 너무 위험하다고 여겨졌다. 여성 공연자들을 소년 배우들이 대신하게 되었으나 똑같은 염려를 샀다. 1650년경부터 가부키는 남성들만 공연하게 되었다. 적합성의 문제 때문에 가부키는 복잡하게 양식화되고 매력적인 연기법을 발전시켰다.

가부키는 궁극적으로 다양한 오락물로 발전해 왔으며 전형적으로 가부키 무대 전용으로 만들어진 대본과 분라쿠(Bunraku)라는 인형극 대본을 응용한 희극과 무용극으로 구성되어 있다. 그 완성된 형태에서 가부키는 길이가 길고 기승전결이 완벽한 사건들이 다수의 막으로 나뉘어 여러 인물과 장면 가운데 펼쳐진다. 가부키 공연은 12시간이나 지속되기도 했다. 이야기는 출처가 다양하고 영웅적이고 낭만적인 주제를 다루었다. 지배적인 관습은 환각주의였지만 가부키는 양식화의 방식으로 동시대 일본인들의 삶, 즉 17세기

극장 지구의 개막공연
1700년대 후반의 목판화는 일본 에도 시대 개막공연을 보러 가는 사람들을 보여준다. 이 당시 연극은 일본의 대중 오락물이었고
이 지구에서는 2개 극장이 경쟁하고 있었다.

일본인의 삶을 직접적으로 모방하였다.

가부키 무대는 2개의 높임무대가 무대 뒤에서 객석을 관통해 큰 높임무대에 이르는 세 번째 통로로 연결된다. 배우들은 객석을 관통해서 길고 조용하지만 감정을 실어 퇴장하는 특성으로 인해 유명해졌다. 무대는 바닥문과 프론트 커튼을 포함하는 특수한 무대장치가 특징이었다. (1750년경 이후에는 세계 최초로 회전무대까지 사용되었다.) 의상은 복잡하고 아름다웠으며 화려했다. 히키누키(hikinuki)라는 일부 의상은 한 번의 동작으로 완벽하게 바뀔 수 있도록 만들어졌다. 예를 들어 여인이 서 있던 곳에서 돌면 갑옷을 입은 남성이 나타난다. 분장은 정교했지만 본질적으로 환각을 주었다. 몇몇 배우들은 여성적인 역할 전문이 되었는데 세부적인 부분까지 꼼꼼하게 챙기면서 가부키를 고급예술의 반열에 올렸다. 가부키 연기는 오랜 연구와 실습을 요구하는 직업이었고 역할은 대물림되었다. 사실 화려한 무대장치와 의상에도 불구하고 가부키는 무엇보다 배우의 예술이었고 가장 위대한 배우들은 그림이나 건물처럼 국보가 되었다.

오늘날에도 가부키는 공연되고 있지만 전체를 다 공연하지 않는다. 관람료는 비싸고 관객 대부분은 관광객들이다.

중심용어

중심용어는 본문에서 굵은 활자로 표시되어 있다. 아래 목록을 참고하여 이해도를 측정하라. 인명은 찾아보기에 나와 있다.

가부키	곤곡 오페라
교겐	나티야샤스트라
노	라사
사루가쿠	산스크리트 연극
하시가카리	히키누키

본문 요약

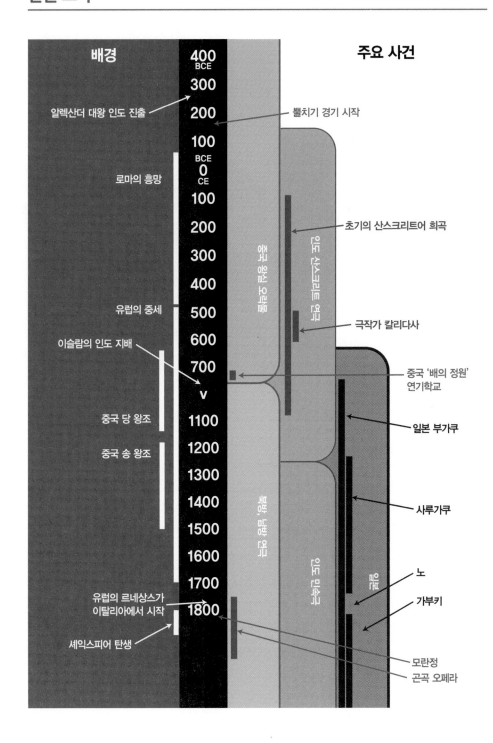

배경

주요 사건

- 알렉산더 대왕 인도 진출
- 뽈치기 경기 시작
- 로마의 흥망
- 초기의 산스크리트어 희곡
- 유럽의 중세
- 극작가 칼리다사
- 이슬람의 인도 지배
- 중국 '배의 정원' 연기학교
- 중국 당 왕조
- 일본 부가쿠
- 중국 송 왕조
- 사루가쿠
- 노
- 유럽의 르네상스가 이탈리아에서 시작
- 가부키
- 셰익스피어 탄생
- 모란정
- 곤곡 오페라

400 BCE
300
200
100 BCE
0 CE
100
200
300
400
500
600
700
v
1100
1200
1300
1400
1500
1600
1700
1800

유럽의 중세

배경

서기 500년대 이후에도 콘스탄티노플은 계속해서 무역과 문명의 중심이었다. 점점 로마의 영향을 벗고 보다 관료적으로 변한 비잔틴제국은 고도로 발전된 문명 속에서 한편으로는 사치에, 다른 한편으로는 시장과 물물을 위해 서양보다는 동양에 관심을 기울였다.

반면, 서유럽은 4세기 이후 점점 혼란에 빠졌고 6세기 붕괴 이후 로마는 정치적 계승자가 아니었다. 이탈리아 반도의 일부 도시국가들은 콘스탄티노플이나 다른 문화권과의 강력한 무역관계를 유지하면서 대체적인 쇠퇴를 피했다. 그러나 서유럽은 이전에 유럽을 통합시킨 여러 요인이 약해지거나 해체되면서 계속 분열되었다. 로마의 관개수로체계는 황폐해졌고 운송과 통신은 처음엔 문젯거리가 되었다가 이윽고 불가능한 상태가 되었다.

힘의 원리로 대체되면서 법률은 무시되었고 질서는 무너졌다. 해적단이나 도적떼들이 부유해졌고 지배자들이나 영주들에게 도전할 만큼 영향력이 있었다. 정부의 도움이 없었기에 화폐제도는 실패했고 성가신 장애물들로 인해 물물교환은 교역의 근간이 되었다. 이런 무질서 속에서 다른 종류의 유럽이 출현했다. 다른 언어, 전통, 문화를 가진 유럽, 즉 파편화되고 국부적이며 로마가 제공한 서로 관계있는 사회문화적 조직을 상실한 유럽이 그것이다.

지배적인 사회조직은 봉건제였고 그 속에서 사회 기반은 도시가 아닌 장원이었다. 그 속에 살고 있는 사람들에게 안전을 보장해 주는 자급자족적인 농업단위가 장원이다. 장원에서는 농노들이 영주 혹은 영지의 주인에게 절대적인 충성을 바쳤다. 농노는 땅을 경작했고 그 속에 살고 있는 사람들의 안전을 지키기 위해 싸우는 영주의 보호에 대한 보답으로 장원을 지켰다. 농노들이 그들의 영주에게 충성을 바친 것과 마찬가지로 영주는 유사시에 군대를 조직하기 위해 그들을 소환하는 그들보다 막강한 계급에 충성을 바쳤다. 영주들의 이동은 불규칙적이었는데, 이는 유럽 내 통일에 대항했다는 사실을 드러낸다.

반면, 교회는 예배가 지역 언어가 아닌 라틴어로 행해졌기에 결속력이 약했다. 교황은 교회 전체를 이끌었다. 사제, 특히 수사는 중심 교회들 사이를 돌아다녔다. 사회조직과

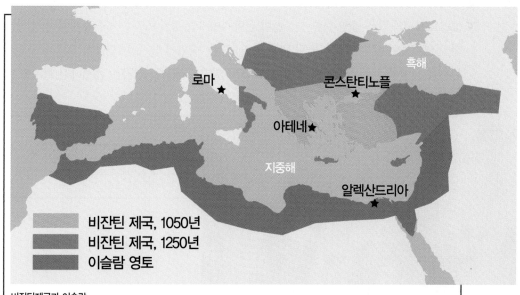

비잔틴제국과 이슬람

서유럽이 분열되는 동안 동로마제국은 콘스탄티노플을 중심으로 유럽 및 아시아와 무역하며 번성했다. 7세기 이후 이슬람이 중동과 아프리카 북쪽 지역, 스페인 남부를 지배했다.

마찬가지로 교회조직도 계급제였고 사제들은 주교에게, 주교들은 대주교에게, 대주교들은 추기경에게, 그리고 추기경은 교황에게 보고했다. 이런 계급구조는 그렇지 않았다면 혼란스러웠을 세계에서 비교적 질서 있는 교회의 통치를 확고히 해 주었고 그 가르침은 교회의 잠재적인 힘의 원천이 되었다.

봉건주의와 교회의 힘의 계급구조는 본질적으로 피라미드 구조였다—맨 위에 한 사람, 그 아래 비교적 적은 수의 사람들, 그리고 마지막 피라미드의 받침 부분에는 땅을 경작하고 그들 위에 있는 사람들에게 생활에 필요한 물품들을 제공하는 가장 다수의 농민들이 있었다. 중세 농민의 삶은 노동과 무지와 결핍의 삶이었다. 농민 위의 사람들의 삶은 다양했다. 이전의 역사학자들은 유럽의 이 시기를 두 위대한 시대, 즉 5세기 중엽에 막을 내린 로마와 15세기 중반에 시작한 '재생'의 르네상스 사이의 한 기간으로 보았다. 그리하여 그들은 이를 중간 시대(Middle Ages) 혹은 중세(medieval)라 불렀다.

초기 중세연극과 극장 : 476~1200년

수년 동안 역사가들은 476년 로마의 몰락 이후 살아남은 연극이나 극장은 없다고 믿었지만, 오늘날 비잔틴제국에서 연극이 계속되었고 직업연극인의 후예들이 이탈리아, 프랑스, 독일을 떠돌아 다녔다고 여겨지고 있다. 모방자(mimi), 배우(histriones), 광대(ioculatores)와 같은 공연 관련 자료들이 산발적이지만 정기적으로 서구 중세에 퍼져 있지만 공연자들이 실제 연극-공 던지기, 텀블링, 춤, 줄타기 등 유사 연극적 오락과 구별되는-을 공연한 수준은 알려지지 않고 있다. 공연과 구별되는 연극은 존재하긴 했지만 미

교회극

유럽의 중세 시기에 연극은 교회 안에서, 교회 앞에서, 마을의 중심부에서 공연되었다. 사진은 1980년대 초 영국 요크의 성 마리아 수도원 유적에서 공연 중인 순환극의 한 장면이다.

약했다.

독일의 로스비타와 영국의 에텔월드 주교

10세기(900년대) 말 무렵 거의 동시에 일어난 두 가지 사건에 의해 서유럽에 연극이 다시 나타났다. 그중 전자는 로스비타(Hroswitha)의 희곡들로서 로마 연극과의 연결지점을 명확하게 보여준다. 후자는 에텔월드(Ethelwold)의 예배극 설명서로서 로마 가톨릭 교회가 예배 의식의 일환으로 소품과 같은 연극을 무대화했음을 보여준다.

로스비타 이 종교적인 지도자요, 귀족 여인은 오늘날 독일의 간더스하임(Gandersheim)이라는 지역 근처의 베네딕트 수녀원 소속이었다. 그녀는 라틴어로 6편의 희곡을 썼는데 (950년) 이는 로마제국 초기 이후 현존하는 가장 오래된 희곡이다. 테렌스의 희곡에 기반을 둔 로스비타의 작품들은 '성녀들의 순결'을 찬양하며 수도원과 궁정에서 공연되었던 듯하다. 로스비타는 다음 세 가지 면에서 중요하다.

- 최초의 여성 극작가
- 최초의 로마 이후 극작가
- 로마와 중세의 지적 일관성을 증명

명확하진 않은 이유에서 로스비타의 공적은 그 당시에는 큰 영향을 주지 못했다. 그러나 연극적 기반이 거의 없는 상태에서 로스비타의 작품들이 수도원 밖으로 퍼져 나갔다고 상상하기는 어렵다. 고전적인 양식의 희곡은 또 다른 연극의 흐름, 즉 10세기에 출현한 교회극에 의해 퇴색되었다.

영국 윈체스터의 주교 에텔월드 이 주교는 975년『일치 수도 규칙서 *Regularis Concordia*』를 발간했다. 무엇보다 부활절 예배의 일부분이 어떻게 공연되었는지를 상세하게 묘사했다. 에텔월드 이전에 약 100년 동안 교회는 예배 형식을 다듬고 정교하게 만들었다. 음악, 의복, 미술, 건축과 예배극(liturgy, 제의, 공공 숭배)은 훨씬 더 장식적으로 바뀌었다. 예배극은 연극과 유사한 요소를 가졌으며 대본이 있었다. 아울러 교회 복식의 형태로 의상과 소품, 향유 등이 있었다. 제의의 '공연자들'은 관객과 유사한 모임 앞에서 높은 단상에 올랐다. 그러나 예배극은 제의지 연극이 아니다. 중세 초기에 등장한 예배극의 하나는 현존하는 텍스트를 삽입한 성구(trope)이다. 부활절 성구는 부름과 응답의 형식으로 성가대가 번갈아 가며 불렀고 'Quem quaeritis in sepulchro, o christocole'이라고 시작했다. 번역하면 이 성구의 전문은 다음과 같다.

우리가 어떻게 아는가

〈퀴엠 퀴에리티스〉 미사를 위한 에텔월드 주교의 무대연출

에텔월드의 무대연출은 한두 줄 추가된 네 줄의 대사를 연극의 모든 요소를 담은 촌극으로 바꾸었다. 수사들은 자신이 아닌 다른 사람인 척하는 인물형상화, 의상, 소품, 배우들에게 주는 무대지시(연극적인 '비즈니스')와 움직임('동선')이 담겨 있다.

『일치 수도 규칙서』는 부분적으로 연출한다—"네 명의 수사들이 예배의 일부에서처럼 등장한다. 천사를 상징하는 전통적인 소품인 종려나무 잎을 든 수사가 아무도 모르게 무덤가에 도착해서 조용히 앉는다. 이윽고 남아 있는 세 수사가 모두 긴 망토를 입고 향유를 들고 뭔가를 찾듯이 천천히 뒤따른다." 이 수사들은 관(무덤) 앞에서 천사를 흉내 낸다. 그 당시 불가타 성서(Vulgate Bible) 중 베드로 복음에서 말한 대로 세 명의 여인이 예수의 시체에 기름을 붓기 위해 다가온다.

네 명의 수사가 퀴엠 퀴에리티스보다 조금 정교한 대사와 노래를 한다. 예수가 승천했다는 천사의 가르침으로 끝난다. "세 명의 수사는 성가대를 돌아보며 '할렐루야! 주가 부활하셨다!'라고 천사들에게 말하라." 에텔월드가 지시하길, 천사는 관을 열려고 한다. 그 안에는 예수의 시신을 감쌌던 천만 있다.

주는 무덤에서 부활하셨다.
우리를 위해 십자가에 매달리신 분
(그들에게 제단에 천을 가져다 놓으라고 지시한다.
노래가 끝나고 성직자들의 우두머리인 원장이 죽음을 물리친 주의 승리를 함께 기뻐하며 일어서서 노래한다.)
우리는 당신을 찬양합니다.
(시작하면 일제히 종소리가 울린다.)

이것이 로마제국 볼락 이후 현존하는 아주 짧은 연극용 대본 가운데 하나이다. 이 예배의식에 대한 묘사에서 규칙서는 일부 사제들이 무지한 사람들과 새로운 신자들에게 힘을 주기 위해서 이 관습을 도입했다고 기록한다. 이는 초기 중세연극의 목적이라고 여겨지는 바를 입증한다. 라틴어를 모르는 사람들이 그렇지 않았더라면 거의 이해하지 못했을 것을 알게 해 주는 활동사진이었다.

11세기 오늘날 독일에 속한 밤베르크(Bamberg)에서 발견된 필사본 그림. 천사가 세 명의 마리아에게 예수가 부활한 후 텅 빈 무덤을 보여주고 있다. 에텔월드 주교의 무대지문을 나타내는 그림은 아니지만 지금은 성서에 들어 있지 않은 복음 이야기가 당시에 인기가 많았음을 암시한다.

천사 : 크리스찬이여 무덤에서 누구를 찾느뇨?

세 명의 마리아 : 십자가에 못 박히신 나자렛의 예수, 천상의 신이십니다.

천사 : 그분은 여기 계시지 않도다. 예언대로 부활하셨다.

　　　가서 그분이 무덤에서 부활하셨음을 알려라.

퀴엠 퀴에리티스는 교회에서 여전히 사용되고 있다. 바로 이 성구에 영국 국교회 예배극을 묘사하는 교본이 된 에텔월드의 규칙서에서 무대연출이 추가되었다. 이 기록물은 대사에 무대연출뿐 아니라 의상과 소품을 첨가함으로써 연극의 핵심을 공고히 하고 있다.

　에텔월드의 대본(로스비타의 대본보다 많지 않지만)은 이 시기 연극의 상당한 특징을 이루었고 중세 유럽 연극에서 작용한 세 가지 무대화 관습을 알려준다. 중세 무대화는

- **동시적이었다** : 몇 개의 다른 장소가 공연 공간에 동시에 제시되었다. 그리하여 동시무대(simultaneous staging)라 일컬어진다. 장소는 환각을 불러일으키지 않았다. 그러한 배치는 두 가지 다른 공간을 구체화한다는 뜻이다. 특정 장소를 묘사하는 작은 배경장면[맨션(mansion)이라는 이름을 갖게 된다]과 중립적이고 일반적인 공연공간[플라테아(platea)라고 칭해진다]이 그것이다.
- 상징적이었다 : 공연이 뜻하는 바가 의미가 쉽게 소통되는 상징을 가진 의상과 소품을 통해 관객에게 전달되었다. 환각을 추구하지 않았다. 예를 들어 맨션 가운데 동물의 입은 지옥을 의미했고 회전하는 지구는 천국을 의미했다.
- 환경적이었다 : 공연을 목적으로 지어진 특정 구조물이 아닌 사용 가능한 공간에서 공연이 이루어졌다.

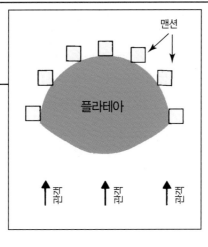

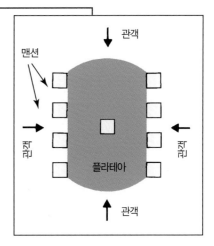

동시무대

중세 무대는 2개의 공간, 즉 불특정 연기구역(플라테아)과 플라테아 안이나 주위로 동시에 배치된 몇몇 특정 지역(맨션)을 사용했다.

로스비타의 연극이 이후 계승자가 없었지만, 10세기부터 16세기에 이르기까지 퀘엠 퀘에리티스(Quem Quaeritis)와 같은 연극이 수도원이나 성당에서 예배의 일환으로 공연되었다. 그래서 전례극(liturgical drama)이라 부르게 된 것이다. 그런 연극은 대사보다는 노래 위주로 당시 교회의 언어인 라틴어로 되어 있었기에 라틴음악극(Latin music drama)이라고도 부른다. 수도승, 사제, 성가대, 때로 여행 중인 학자들, 학생들, 그리고 드물게 수녀들이 공연을 했다. 당시 배우들은 수녀원을 제외하고는 거의 언제나 남자였다.

이 짧은 퀘엠 퀘에리티스에서 비롯된 라틴음악극은 길이와 복잡성에 따라 다양한 연극으로 꽃을 피웠다. 주제는 대부분 성서를 바탕으로 성탄절과 부활절을 둘러싼 사건들을 이용했다. 세 명의 마리아가 무덤을 찾아온 일, 동방박사의 여행, 헤로데 왕의 분노 등이 그러하다. 또 다른 라틴음악극은 동정녀 마리아의 삶이나 라자로의 부활, 사자 굴에 갇힌 다니엘 등 다양한 이야기를 묘사했다. 거의 모두 진지했지만, 바보제나 소년 사제들의 축일과 같은 페스티벌에서는 평소의 위엄이 사라지고 상당히 짓궂은 장난이 그 자리를 대신했다. 라틴음악극은 16세기(1500년대)까지 교회에서 활발히 공연되었고 수백 년간 다른 유형의 연극들과 중복되었다.

교회 안에서의 공연

교회 안에서 공연된 연극은 교회가 제작을 맡았다. 배우들은 여자 성직자들이 공연한 수녀원을 제외하고 남자 성직자들이었다. 의상은 교회 복장에 기초했다. 열쇠는 성 베드로를, 두건은 여자를, 날개나 종려나무 가지는 천사를 의미했다. 지갑과 막대는 여행자를 뜻했다.

무대화는 당시 존재하는 교회 건축물에 좌우되었다. 예를 들어 성가대는 천국을, 지하실은 지옥을, 제단은 예수의 무덤을 대신했다. 정교한 연극에서는 특별한 맨션이 지어졌는데 어떤 건 작게 또 어떤 건 몇 사람이 안에 숨을 수 있을 만큼 컸다. 특수효과는 물체나 배우를 공연 공간 안팎으로 들어올리는 기계장치를 필요로 했다. 예를 들어 천사와 비둘기들이 날아다니고 예수님이 천상으로 올라간다든가 세 명의 왕이 아기 예수의 말구유로 안내하는 별을 따라온다.

초기의 관객들이 수도원에 거주하는 사람들뿐이었지만, 연극이 수도원뿐 아니라 성당 등에서 공연되기 시작하자 일반 관객이 관람했다.

중세 후기 문화와 연극 : 1200~1550년

중세 문화 안에서 몇 가지 변화가 1200년경 연합하기 시작했다. 인구는 빠르게 증가했다. 수도원과 장원 주변의 도시가 무역의 중심으로서 물품 등을 제공하며 성장했다. 도시는 제3의 삶의 방식을 허용했는데, 이는 농노나 지주가 아닌 무역인 또는 전문가로서 다시 말하면 중간계층이었다. 증가하는 무역은 도시의 발전을 부추겼고 물길을 따라 운반된 물건들이 육지로 옮겨지는 곳에 많은 도시가 형성되었다. 육로가 매우 험난했기에 수로를 선호했다. 옥스퍼드(Oxford)나 케임브리지(Cambridge)라는 지명은 여기서 유래한다. ('퍼드'는 건널 수 있을 만큼 좁은 강이나 개천을 뜻한다.) 콘스탄티노플에 살고 있는 사람들을 포함한 이슬람인에 대항한 몇 차례의 십자군으로 새로운 선박 건설이 장려되고 새로운 해상로를 개척하고 새로운 무역항과 시장을 건설하자 무역이 다시 팽창했다. 모두 향상된 해상 안내서와 나침반 발명의 도움을 받았다.

상업이론이 바뀌었다. 초기 중세 이론은 신학에 기반했다. 지금은 과도한 이자를 뜻하지만 당시만 해도 모든 임대에 대한 이자를 뜻한 고리대금은 비난을 받았다. 상인들은 사회의 이익을 위해 일한다고 여겨졌다. 이익은 일종의 기생이었다. 그 이상은 안 되었다. 상인들은 독점을 형성하기 시작했다. 정당한 대가보다 최대이익이 목표가 되었다. 은행이라든가 동업 등 현대의 상업구조가 나타난 것이다. 상인들과 무역업자들이 봉건제 밖에서 살았기 때문에 지주에게서 도망치려는 농노들에게 피난처를 제공함으로써 봉건제를 서서히 무너뜨렸다. 도시는 먼 거리에 사는 사람들이 장터에 오도록 도와주었고 무역이 용이해졌다. 그리하여 도시와 상업은 직접적으로 장원이나 농업경제와 사회 주도권을

현대에 제작된 중세 연극

1951년부터 요크 신비극이 영국 요크에서 제작되었다. 요크의 성 마거릿 교회의 국립중세음악원에서 정기적으로 제작하고 있다. 사진은 〈노아와 대홍수 *Noah and the Flood*〉로, 단일 장소나 패전트 왜건에서 공연이 이루어진다.

다투었다. 유럽 신생 도시에서 중산층의 성장은 중세 피라미드 구조를 붕괴시켰다.

거의 동시에 교회의 지배와 신앙에 있어서의 독점에 균열이 생겨났다. 마르틴 루터(Martin Luther)는 가장 직접적인 위협이 되었다(1521년). 종교와 일상생활의 분리가 시작되었다.

종교가 교회 중심에서 벗어나자 왕에의 의존도가 커졌다. 봉건제와 교회의 권위가 쇠퇴하고 도시와 초기 국가주의가 출현함으로써 이 시대는 새로운 문화로 형태를 바꾸기 시작했다. 1200년경 서유럽은 중세 문화와 1550년 르네상스로 연합한 새로운 문화 사이의 전환기에 있었다. (르네상스는 약 100년 정도를 앞서서 이탈리아에서 시작했다.)

교회 밖의 종교극

1200년 이후 중세 연극은 몇 가지 방법으로 이러한 문화적 변화를 반영했다. 라틴음악극과는 다음과 같은 면에서 다르다.

- 교회 안에서가 아니라 밖에서 공연했다.
- 노래보다는 대사 위주였다.
- 라틴어가 아닌 지역 언어(프랑스어, 영어, 독일어 등)를 사용했다.
- 수도사나 사제가 아니라 일반 사람들이 배우 역할을 했다.
- 이야기와 주제는 성서에 국한되지 않고 훨씬 광범위했다.
- 교회력에 따라 1년 내내 분산되기보다 봄이나 여름, 특히 14세기에 확립된 새로운 성체축일에 공연이 밀집되는 경향을 보였다. 이는 성체극(Corpus Christi plays)이라고 알려지게 되었다.

이러한 변화들 중에서 가장 중요한 변화는 세계 공통어인 라틴어에서 다양한 지역어로의 변화였다. 왜냐하면 이 변화를 통해서 연극과 극장의 미래에 중요한 두 가지 일이 일어났기 때문이다. 즉 몇몇 국민연극의 시작과 잠재 관객 및 주제의 확장이 그것이다.

연극은 항상 성서적이지는 않았지만 당연히 종교적인 상태를 유지했으며, 일반적으로 다음과 같이 구분된다.

- 신비극(mystery plays) : 예수의 행적(예 : 〈제2목자극 *The Second Shepherd's Play*〉)과 구약의 이야기(예 : 〈노아 *Noah*〉)
- 수난극(passion plays) : 예수 그리스도의 수난과 죽음과 부활

- 기적극(miracle plays) : 역사적 혹은 신화적 성자들의 삶
- 도덕극(morality plays) : 구원받기 위한 노력 등 교훈적인 일화들(예 : 〈에브리맨 *Everyman*〉

주제나 형식에 있어서 달랐지만 몇 가지 특징을 공유한다. 첫째, 이 연극들은 교회에 대한 믿음과 교리를 가르치고 강화하고자 한다. 둘째, 멜로드라마나 신곡(divine comedies)으로 조직화되었다. 즉 연극의 윤리체계가 명확하다. 선은 보상받고 악은 처벌받는다. 셋째, 행위의 동인은 신이며 신의 계획이다. 이는 소포클레스의 연극에서 동인이 인간의 선택에 집중했던 것과 다르다. 현대의 독자들에게 이 연극들은 삽화적으로 보이는데, 사건들은 서로 무관하고 시간과 장소의 연결이 설명되지 않으며 희극적인 것과 진지한 것의 혼합이 신경을 거스른다.

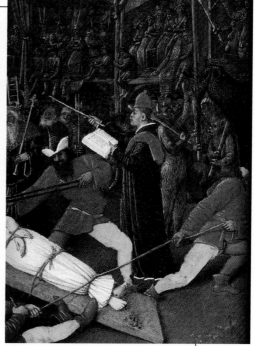

공연 중인 성자극

학자들은 책과 지휘봉을 들고 있는 중앙의 인물이 위층의 악사들에게 큐를 주기 위해 등장한 시크릿의 대가라 믿고 있다. 〈성 아폴로니아의 순교 *The Martyrdom of St. Appolonia*〉라는 중세 필사본에 장 푸케(Jean Fouquet)가 그린 미니어처 중 하나인 이 판화는 1460년대 중반으로 거슬러 올라간다. 악사들과 다른 공연자들이 위치한 스캐폴드 아래로 관객들이 에워싸고 있음에 주목하라. 파란 가운을 입은 시크릿의 대가와 오른쪽으로 지옥의 입이 뚜렷하게 보인다.

연극은 연극이다

〈제2목자극〉, 작자 미상

영국 웨이크필드에서는 1576년부터 중세 후기 동안 매년 성서에 바탕을 둔 32편의 단막 신비극을 공연했다. 그 완성된 형태로는 웨이크필드 순환극 대본 1편이 캘리포니아 헌팅턴 도서관(Huntington Library)에 보관되어 있다. 이 필사본은 15세기(1400년대)에 만들어졌지만 각각의 대본은 오랜 기간에 걸쳐, 아마도 한두 세기에 걸쳐서 완성되었으리라 여겨진다.

32편 가운데 친숙한 이야기를 새롭게 조명하고 유머가 있으며 사회에 대한 논평을 가하고 있다는 측면에서 〈제2목자극〉이 최고로 꼽힌다. 작자 미상으로 제2목자극인 이유는 웨이크필드 순환극 안에 2편의 목자극이 있기 때문이다. 본질적으로 제2목자극은 들판에서 양을 치는 목동 이야기를 변형한 것이다. 천사가 나타나 예수의 탄생을 알리며 평범한 목동들에게 별을 따라 베들레헴의 말구유를 찾아가라고 재촉한다.

작품 줄거리 밤이 되자 세 명의 목동이 날씨와 가난한 자신들의 운명을 한탄한다. 목동들은 의문스러운 어떤 인물인 마크(Mak)를 만난다. 목동들이 잠들자 마크는 양 1마리를 훔쳐 달아난다. 마크는 자신의 허름한 오두막에서 잔소리 심한 부인 질(Gil)과 목동이 찾으러 왔을 때 양을 들키지 않을 계략을 꾸민다. 그녀는 요람의 아기처럼 양을 감싼다. 목동들이 와서 양을 찾지만 없다.

떠나는 길에 목동들은 태어난 아기에게 선물을 하지 않음을 깨닫는다. 아기에게 줄 동전을 갖고 되돌아왔다가 잃어버린 양을 본다. 한 목동이 "아기에게 뽀뽀해야지… 이게 뭐지? 코가 무척 기네"라고 말한다. 마크와 질은 아이에게 모반이 있다고 주장한다. 목동들은 믿지 않는다. 마크와 질은 아기가 요정의 마법에 걸렸다고 변명한다. '아기'를 자세히 보다가 목동들은 자신들이 양의 귀에 달아두었던 표지를 발견한다. 목동들이 마크에게 더 심하게 할 수도 있었지만 마크의 온몸에 멍이 들고 목동들의 근육도 아플 때까지 그를 모포에 싸서 때려서 벌을 주었다.

목동들이 마크와 질의 오두막을 떠나자 천사가 나타나 아름다운 목소리로 "일어나라 착한 목동들아. 지금 그분이 태어나셨다"고 노래한다. 목동들이 즐거운 노래를 부르며 별을 따라 마리아와 아기 예수가 있는 곳에 당도하여 3개의 선물(체리, 새, 공)을 준다.

창의성과 뒤섞여 있지만 총체적인 이 희극은 목동의 이야기를 비슷한 다른 이야기들과 우아한 방식으로 구별짓는 놀라운 작자 미상의 작품이다. 아기처럼 변장시킨 요람의 양은 말구유에서 잠든 목자 아기 예수를 희극적으로 비유하고 있다. 목동의 선물은 동방박사의 선물을 연상시킨다. 붉은 체리는 십자가의 피를, 새는 비둘기로 표현되는 성령을, 미니어처 천체인 공은 아이의 지배를 상징한다.

사실 그러한 특성들은 중세의 관점을 표현했다. 연극은 죄의 유혹과 힘, 신의 권력과 자비, 회개하지 않는 죄인을 기다리는 처벌을 제시했다. 그들은 모든 사람이 자신의 죄를 회개하고 고백하고 속죄하도록 요구했다.

역사란 인간에 대한 신의 위대한 가르침이었기에 신의 계획을 표현한 연극은 천지창조부터 최후의 심판에 이르기까지 인간의 역사 전부나 다름없었다. 신의 계획을 조명하

연극은 연극이다

〈에브리맨〉 작자 미상, 1490년

400년의 시간을 사이에 두고 1900년에 재발견된 대중적인 도덕극 〈에브리맨 *Everyman*〉은 아주 단순한 구조다. 에브리맨이 죽음의 부름을 받고 저승길을 떠난다. 이 길을 함께 갈 친구를 찾는다. 한 명을 제외한 모두가 그를 버린다. 등장인물은 지식, 미, 힘 등 추상적인 속성을 의인화하고 있다. 〈에브리맨〉은 추상적인 개념들이 인물로 표현되는 우화다. 극의 구조는 인과관계로 조직된 사건이 아니라 일련의 삽화들로 이루어져 있다. 현재 〈에브리맨〉은 가장 자주 공연되는 중세극이다.

1500년대 중반 작품인 〈에브리맨〉 판본에 실린 목판화는 에브리맨(왼쪽)과 죽음을 보여준다.

작품 줄거리 신이 죽음을 보내어 에브리맨을 소환한다. 에브리맨은 '확실한 벌'을 받아야 한다. 죽음이 '긴 여행을 가야 한다'는 소식을 전하자 에브리맨은 준비가 안 되었다며 울부짖는다. 에브리맨은 죽음에게 뇌물을 써서 여행을 가긴 하겠지만 함께 갈 친구를 찾게 해달라고 조른다.

에브리맨에게는 동료애(Fellowship), 혈연(Kindred and Cousin), 선행(Goods) 등 함께 가자고 부탁할 만한 여러 친구가 있지만 에브리맨이 무슨 요구를 하는지 알고는 모두 떠난다.

선행은 '땅을 짚고' 말을 한다. 자신은 너무 연약해서 걸을 수 없기 때문에 갈 수가 없다. 그래서 누이인 지식(Knowledge)을 부른다. 지식은 "에브리맨, 너와 함께 가겠다. 너의 안내자가 되어 주겠다"고 말한다.

지식은 그를 회개(Confession)에게 데려간다. 회개한 후에 에브리맨은 참회의 뜻으로 자신을 채찍질한다. 선행은 이제 일어나서 걸을 수 있다.

지식은 에브리맨에게 '슬픔의 옷'을 주고 세속의 옷 대신 입으라고 한다. 에브리맨에게 오감(Five Wits)과 미(Beauty), 힘(Strength), 분별(Discretion)을 부르라고 한다. 모두 세례를 받고 에브리맨의 무덤까지 여행을 한다. 무덤 앞에서 미는 함께 들어가기를 거부한다. 힘, 분별, 오감이 차례로 그를 버린다. 그러나 선행은 무덤가에 남아 있다. 그들은 함께 기도하고 에브리맨은 홀로 무덤으로 들어간다.

천사가 나타나 그의 속죄는 '크리스털처럼 깨끗하다'고 말하자 박사(유식한 사람)가 극을 설명하는 짧막한 연설을 한다.

고 신의 계획을 유효하고 흥미롭게 하는 사건의 조합과 인물의 병치, 유연한 시간과 공간은 적합한 드라마였다. 이런 역사를 보여준 1400년대와 1500년대의 위대한 연극들은 순

요크 신비극

48편의 연작이 1475년 버전에 포함되어 있다. 작품은 예수의 고난, 십자가형, 구원을 다룬다. 사진은 오늘날 요크의 성 마리아 수도원 안과 주위에서 공연된 작품의 한 장면이다.

환극(cycle plays) 또는 보편극(cosmic dramas)이라고 불렸는데 어떤 극은 시작부터 끝까지 공연하려면 며칠 혹은 몇 주가 걸리기도 했다. 순환극은 서로 다른 길이의 수많은 연극과 다양한 성서적 주제로 이루어져 있었다. 현존하는 대본은 순환극 한 편이 22~40개에 이르는 대본의 수를 보여준다.

그런 연극이 왜 교회 밖 건물에서 행해지게 되었는지는 끝없는 논란이 되고 있다. 젊은 사람들이 경솔하게 대주교나 주교, 수도원장 등 고위 성직자들을 흉내 내는 바보제 등에서 연극을 남용했기 때문에 교회 밖으로 쫓겨났다고 생각하는 사람이 있다. 그런가 하면 연극이 야외에 등장하게 된 것은 더 많은 공간과 자유를 위한 연극과 관객의 변화된 욕구를 반영한다고 주장한다. 도시의 세력이 커지면서 새로운 지위를 표현하는 수단으로서 연극이나 공공의 공연에 주의를 기울였을 것이라는 주장이 더 그럴듯하다. 연극 제작은 이웃 지역으로부터 온 관객이라는 형태로 도시에 새로운 사업이 되었다. 유복한 도시가 존재하기 전에는 유일한 공연 장소는 교회나 지주의 장원이었다. 발전 이유가 무엇이든 교회 밖 종교극의 기록은 1200년경에 나타나 1350년경에 일반화되었다.

교회 밖에서의 종교극 공연

이 시기에도 교회에서는 라틴음악극을 계속 제작했지만, 다른 유형의 종교극은 그 나름의 제작방식을 가지고 있었다. 시 공무원들이 제작을 맡거나 제작을 위한 특별위원회가 조직되기도 했다. 노동조직인 길드(guild)와 종교조직인 신도회(confracternity)가 맡을 경우엔 시의 보호를 받았다. 길드는 단일직업의 장인들로 구성되었고 무역조합과 표준체계, 무역의 방식을 유지하는 비밀결사의 혼합체로 작동했다.

길드는 종종 특별한 기술에 기반하거나 연극의 주제와 관련된 한 집단에서 한 편의 연극을 제작하라는 요청을 받곤 했다. 크기는 반 정도였겠지만 실제 배가 필요한 노아의 연극은 선박주조 길드의 몫이었다. 재정적 투자와 전통 때문에 연극은 수년간 같은 길드에 머물렀다. 연극과 행렬이 도시의 부를 보여주었듯이 개별 연극과 소품은 길드의 부유한 정도를 보여주었다.

　연극 속의 역할은 지역민 남성들에게만 개방되어 있었고(프랑스에서는 간혹 여자들이 공연했다) 보통 보상을 받지 않고 공연했다. 일차적으로 아마추어 방식이었기에 공연의 질은 상당히 천차만별이었고 연기 수준을 높이려는 시도에서 1450년 이후 많은 도시에서는 전문적인 '계약배우'들을 고용하여 주인공을 맡으면서 다른 배우들을 지도하도록 했다. 돈을 받은 배우는 드물었지만 후에 세속극의 직업배우들처럼 사회적으로 바람직하지 않다고 멸시당하지는 않았다.

　중세 연기 교본은 남아 있지 않다. 학자들은 의상처럼 연기도 상징적이었다고 믿는다. 현대의 사실주의적인 작업에서 발견되는 배우들의 '내면' 작업이나 인물 '심리' 없이 크고 상징적인 터치로 인물 성격을 축소시켰을 것이다. 야외무대에서 아마추어 배우들이 듣고 이해하는 문제들을 어떻게 풀어 나갔는지는 알려져 있지 않다. 그 당시의 그림들을 통해 손에 책을 들고 배우들 사이에 서 있는 프롬퍼터나 연출가를 볼 수 있다. 이 전문가는 문자 그대로 동작이나 목소리를 바꾸는 큐를 주었을 것이다.

　어떤 연극이나 역할은 캐리커처라는 확고한 기술을 활용한 풍자적이고 희극적인 연극 전통을 암시한다. 지방을 떠도는 배우들이 저급한 희극을 강화했고 이후 셰익스피어 시대 연극에서 광대의 전성기를 구가하는 기술과 전통을 계승시켰다.

고정무대와 이동무대

교회 밖에서 종교극의 무대화는 두 가지 주요 형식을 취했는데 여전히 상징과 환경, 동시성의 전통은 남아 있었다—고정무대와 이동무대로서 이동무대는 스페인과 영국에서 널리 활용되었다.

스캐폴드　고정무대에서 주로 야외 어디든 가능한 공간(귀족 저택의 뜰이나 시청 광장, 로마 원형경기장의 유적 등)에 맨션 혹은 스캐폴드(scaffolds)가 지어졌다. 스캐폴드는 크기와 구조, 사용방식에서 다 달랐다. 어떤 스캐폴드는 높이가 있었고 작은 무대를 닮았지만 반드시 무대로 사용되지는 않았다. 어떤 스캐폴드는 작은 집이나 왕좌 또는 그냥 나무였다. 그들은 특정 장소를 상징했을 뿐 완벽한 무대장치가 아니었다. 공간에 따라서 맨션은

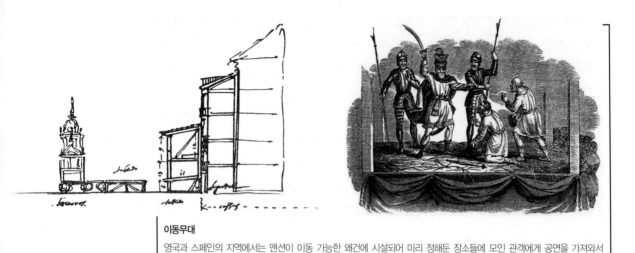

이동무대

영국과 스페인의 지역에서는 맨션이 이동 가능한 왜건에 시설되어 미리 정해둔 장소들에 모인 관객에게 공연을 가져와서 보여주는 형식을 취했다. 왼쪽은 객석 앞에 놓인 스페인 패전트 왜건 스케치(17세기)다. 오른쪽은 1560년경으로 추정되는 패전트 왜건 판화다.

원형으로, 일직선으로, 삼각형으로 배열되었고 플라테아(맨션 앞의 불특정 공간)와 관객 공간은 그에 따라 설정되었다. 각각의 배열은 다양했지만 보통 가장 장식이 많은 맨션이었던 천국과 지옥은 관습상 서로 반대편에 설치되었다.

패전트 이동무대에서 패전트(pageants, 수레)는 관객들로 하여금 선상 퍼레이드처럼 연극이 관객에게 다가와서 순서에 따라 공연되는 행렬을 따라 흩어지도록 했다. 각각의 연극은 당시에 수차례 공연되었다. 가장 가능성 있는 유형은 첫 번째 연극(예 : 천지창조)이 첫 번째 구역에서 새벽에 공연된다. 첫 번째 연극이 다음 구역으로 이동하면 두 번째 연극(예 : 인간의 추락)이 첫 번째 구역에서 공연된다. 하루에 여러 편의 연극이 동시에 공연된다. 패전트라는 단어는 연극 자체와 공연 중인 연극의 볼거리들, 그리고 공연을 진행하는 수단(수레)을 묘사하는 데 사용되었기 때문에 이동무대를 논할 때 중요하다.

후기 중세연극의 복잡함 때문에 전문가들은 공연을 감독하고 현대의 제작자에 상응하는 중세의 상대자로 기능해야 했다. 환경에 따라 책임이 달랐지만 프랑스에서 중세연극 제작자의 임무는 다음과 같다.

- 무대건물과 무대장치 및 무대기기 사용 감독
- 무대장치 제작과 작화, 관객석 시설 감독
- 정확성을 위해 모든 전달물 점검

- 배우 훈련
- 필요한 경우 작품 연기
- 공연 시작 시, 중간휴식마다 관객에게 무슨 일이 벌어졌는지, 앞으로 어떤 놀라운 일이 벌어질 것인지 해설

연극에서 특수효과가 굉장했기 때문에 시크릿의 대가(master of secrets)라는 전문가들이 효과 제작과 작동을 전담했다.

우리가 어떻게 아는가

수년에 걸친 오버암머가우 수난극

남부 독일의 오버암머가우(Oberammergau)에서 공연된 수난극은 교회연극이라는 중세 전통과는 거의 관계가 없다. 1633년 이 도시는 그 당시 일대 지역에 창궐한 흑사병에서 살아남는다면 10년마다 수난극을 공연하겠다고 맹세했다. 첫 공연은 1634년에 있었다. 오버암머가우는 가톨릭 교회의 장려로 이 시기에 종교극을 공연하던 다수의 독일 도시들과 연합했다.

수난극으로 제시된 이야기는 이 4세기 동안 크고 작은 방식으로 변화했다. 오버암머가우 수난극의 역사는 정지, 시작과 여러 대본상의 수정으로 특징지어진다.

현존하는 가장 초기의 대본은 1662년 것이다. 오늘날 학자들은 이 첫 대본이 이전에 존재하던 다른 지역의 대본들을 짜깁기했다고 믿는다. 1680년에 지역은 공연의 해를 매 10년 주기의 첫해로 옮겼다. 새로운 대본은 1730년에 써졌는데 여기서 예수의 적으로 질투, 탐욕, 죽음, 죄악과 같은 우화적인 인물들을 도입했다. 1750년경에는 교부들이 기독교국(Christendom)의 신성한 이야기들이 무대에 올려지지 않을까 염려했다. 대본은 다시 써졌다. 교회와 정부는 1770년에는 수난극을 금지했고 그 10년에는 공연되지 않았다.

1780년 완벽하게 개정된 대본의 무대화가 허용되었다. 마을 주민들이 그 10년간 세 차례 이 작품을 공연했고 다음 10년에는 다섯 차례 공연하면서 제작비보다 훨씬 많은 관람료에 대한 세금을 부과했다. 수난극 금지는 오버암머가우는 예외로 1791년 다시 적용되었다.

1811년에 다시 새로운 대본이 고안되었다. 모든 우화적인 인물들은 삭제되었다. 성서 이야기만 무대에 올랐다. 이제 연극은 마태오복음에 보다 확고한 기반을 두었다. 여기서 유대인들이 예수를 십자가에 매달라고 요구하고 빌라도가 자신의 손을 씻을 때 유대인은 "그의 피는 우리와 우리 아이들의 것이다!"라고 외친다. 이리하여 유대인은 악인이 되었다. (오버암머가우 인근에는 유대인이 거의 살지 않았기에 유대인 출연자는 없었다. 연극에 출연하려면 가톨릭 신자이며 평생 이 지역에 거주해야 했다.) 1830년 수난극을 위한 최초의 영구극장이 지어졌다. 극장은 5,000명을 수용할 수 있었다. 이 시기에 오버암머가우는 구교와 신교의 휴식기에 국제적인 목적지가 되었다.

독일의 아돌프 히틀러(Adolf Hitler)는 1934년 공연을 보고 나중에 "수난극은 오버암머가우에서 반드시 지속되어야 한다. 유대인의 위협이 그렇게 설득력 있게 그려진 공연은 없었다…"고 말했다. 제2차 세계대전 이후 히틀러 지배하의 독일 정부가 행한 600만 명의 유대인 학살 이후 도시의 원로들은 수난극이 교리

(계속)

우리가 어떻게 아는가　수년에 걸친 오버암머가우 수난극

에 부합한다는 가톨릭 교회의 공식적인 선언인 사령장(missio canonica)을 얻어냈다. 그리하여 수난극은 약간의 대본 수정을 거친 후 계속되었다.

1970년부터 미국유대인연합이나 기독교 조직 등의 유대인 기구들은 유대인에 대한 연극의 묘사에 항의하기 시작했다. 수난극과 교회의 관계는 무너졌다. 수난극은 오로지 도시의 활동이 되었다. 2000년에 다수가 인식한 반유대주의를 최소화하려는 시도에서 대본이 수정되었지만 만족한 도시는 거의 없었다. 수정과 논쟁, 토론에도 불구하고 오버암머가우 수난극이 종교적 관용에 끼친 영향은 여전히 의문으로 남아 있다.

갈등도 공연을 멈추지 못했다. 반 이상의 시민들이 제작에 관여했다. 공연은 오후 2시 30분부터 10시 30분까지 진행되었고 중간에 3시간의 저녁식사 시간을 가졌다. 2010년 도시는 102회의 공연을 올렸다. 50만 명의 방문객들이 공연을 보러 왔고 오버암머가우에 상당한 돈을 가져다주었다. 오버암머가우 수난극은 종교적인 이유로, 상업적인 이유로 계속되고 있으며 중세와는 들쭉날쭉한 방식으로 연결되어 있지만 동시에 여러 면에서 상당히 현대적이다.

미국에서는 부활절 연극이라는 이름으로 수난극이 매년 20개 주에서 공연되고 있다.

이 그림은 1789년에 가설한 임시 객석과 무대 구역을 보여준다. 영구적인 극장은 1830년에 지어졌는데 약 5,000명을 수용할 수 있었다고 한다.

● **플라잉** : 천사가 날아다녔다. 루시퍼가 예수를 데려간다. 심판의 날 영혼은 연옥에서 천국으로 올라간다. 악마와 불을 내뿜는 괴물들이 지옥에서 튀어나왔다가 되돌아간다. 구름[영광(glory)]을 닮은 무대는 허공에 뜬 천국의 영들의 노래를 보여

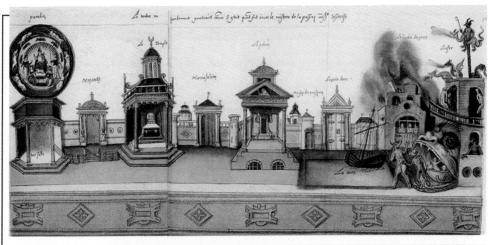

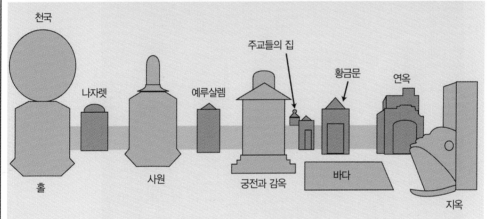

고정무대

유럽대륙의 고정무대 공연은 시 광장이나 로마 원형극장 유적지 등 개방된 공간에서 벌어졌다. 맨션은 공연 내내 고정되어 있었다. 그림은 1547년 프랑스 발랑시엔에서 공연된 수난극 무대. 연극은 25일간 공연되었고 작품이 진행되면서 맨션도 바뀌었다. 오른쪽의 지옥의 입은 매우 정교하다. 원본에 그려진 다양한 맨션들이 무엇을 뜻하는지 아래 그림으로 알수 있다. 맨션 앞이 플라테아다.

준다.

- **트랩** : 롯의 아내가 소금기둥으로 변하고 호랑이가 양으로 변할 때처럼 등장, 사라짐, 변형은 인기가 있었다.
- **불** : 지옥은 연기와 불꽃을 내뿜고 순서에 맞춰 건물들은 연소된다. 1496년 프랑스 쉬르(Seurre)에서는 사탄을 연기하는 배우가 의상에 불이 붙는 바람에 심하게 데었다.

우리가 어떻게 아는가

패전트 왜건

패전트 왜건의 모습은 학자들 사이에 의견이 분분하지만, 믿을 만한 증거도 빈약하기에 확고한 결론을 내리는 것은 불가능하다. 패전트 왜건을 묘사한 영국인의 글이 유일한 자료지만 신빙성이 부족하다.

모든 극단은 패전트 또는 그 일부(parte)를 갖고 있다.

왜건은 4개의 바퀴 위에 높고 낮은 2층으로 이루어져 있다. 낮은 층은 배우들이 의상을 갈아 입는 곳이다. 배우들은 더 높은 층에서 공연했는데 잘 보고 들을 수 있도록 덮개는 없었다. 공연 장소는 길거리였다.

이 글의 언어는 현대어로 변형되었다.

Representation of a Pageant Vehicle at the time of Performance

가상으로 패전트 왜건을 재구성한 그림

지옥의 입

중세 교회극에서 지옥으로 들어가는 입구는 배우가 통과할 수 있을 정도로 큰 입으로 재현되었다. 연기와 화염이 공연 내내 지옥의 입에서 뿜어져 나온다. 그림의 독일 목판화는 특히 사나운 지옥의 입을 묘사하고 있다.

의상

의상은 상징이라는 관습 안에서 의미를 전달하는 주요 매개였다. 의상은 상징적으로, 그리고 분명하게 착용자의 성격을 가리켰다. 칠거지악의 행렬에서 자만은 공작 날개로 만들어진 의상을 입었다. 날개의 '눈'은 과시욕과 자기애를 상징한다. 후기 도덕극에 기록된 탐욕의 의상은 그 위를 장식하는 화폐로 상징되었다. 길드가 제작한 연극에서 많은 금액이 의상에 들었고 그 당시에는 매년 사용되었다. 가면 사용은 드물었고 악마에 한정되었다.

관객

이 위대한 야외공연의 관객은 지역의 종교적 거물에서부터 시청 공무원, 평범한 시민에 이르는 광범위한 스펙트럼을 형성했다. 그렇다 해도 관객은 보편적이지 않았는데 왜냐하면 보통 요금이 있었고 일정 인구는 제외될 수밖에 없었기 때문이다. 더 많은 입장료를 지불한 사람들은 스탠드나 특별좌석에 앉을 수 있었고 패전트 왜건이 사용될 때에는 엄선된 가옥의 창문에서 관람할 수 있었다. 최소 요금을 지불한 관객은 서서 관람했다. 전혀 요금을 내지 않은 사람들은 연극을 듣지는 못하더라도 행렬을 볼 수는 있었다.

관객은 날씨에 좌우되었고 동료 시민들과 그들이 살고 있는 도시라는 배경막에 의지한 연극을 보았다. 식음료는 아마도 가능했을 것이다. 화장실 시설은 상류층을 위해 선별된 스탠드석 정도에만 마련되어 있었다.

세속극

종교극이 교회 밖으로 나갈 무렵 거의 동시에 세속극에 관한 첫 기록이 등장한다. 세속극은 명백히 종교적인 것과는 거리가 먼 연극으로 야외종교극의 부산물이었음에 틀림없다. 아니면 전통에서 떨어져 초기 비기독교의 유사 연극적 공연물에서 파생되어 꽤나 독립적으로 발전해 왔을 것으로 짐작한다. 위대한 종교극이 그 정점에 달했을 때 이 세속극의 전통은 성숙함을 더해 갔다. 몇몇 세속극의 주요 극장이 존재했다.

궁정이나 부유한 계층의 저택에서 공연이 대회나 휴일, 특히 성탄절과 참회의 화요일(Mardi Gras)에 이루어졌다. 이때 연극작품은 예를 들어 공식적인 연회 코스 사이 등 다른 활동 영역 안에서 제시되었다. 짧은 극적 오락물을 막간극(interlude)이라 불렀다. 연극 공연 기회는 다음과 같다.

- **거리의 마차와 입구** : 도시는 중요 인사가 방문하는 동안이나 여러 특별한 기회와 연관시켜 거리의 마차와 입구를 무대로 썼다. 이런 행사의 일환으로 연극은 복잡한 행렬과 결합했다. 입구는 정교한 무대장치물로 장식되었고 종종 주요 방문객을 환영하고자 개선문처럼 꾸며졌다.
- **로마 연극** : 15세기 초 학교나 대학은 로마 희극과 비극을 연구하고 복사하고 번역하고 공연했다.
- **소극** : 도시나 지방의 일반 사람들을 위해 소극은 부정이나 불륜 등의 가정문제를 조롱거리로 삼았다.
- **도덕극** : 여러 예에서 보듯 세속극은 기독교의 선악 대신 고대의 신과 영웅을 주인공으로 삼았다. 간혹 도덕극은 마르틴 루터의 종교개혁을 소재로 삼기도 했다. 예를 들어 반가톨릭 도덕극은 악마에게 가톨릭 고위 성직자의 의상을 입히고 기독교 인물들에게 신교목사의 의상을 입혔다. 반개신교 도덕극은 이와 반대로 했다.

15세기 말로 갈수록 직업군이 등장해서 세속극을 쓰고 무대화했다.

세속극의 제작

세속극 제작방식은 매우 다양했다. 도시(예 : 거리 패전트)와 궁정, 학교에서 제작했다. 관객은 공연장소에 따라 달랐다. 왕실 연회의 관객은 극히 제한적이었다(궁정인들). 반면 시골 마을 공연의 관객은 농부들이었다. 그러나 위대한 종교극의 관객들처럼 대부분 다양한 사회계층의 남자들과 여자들로 구성되었다. 볼거리의 정도 역시 공연장소에 따라

현대의 거리공연자들
중세 제복을 입은 병사들은 이탈리아 파두아에서 펼쳐진 현대 거리 패전트의 일부다. 공연자들은 이 행렬을 따라 움직였고 짧은 연극이 밖에서 공연되었다.

천차만별이었는데, 도시와 궁정에서 제작된 공연은 볼거리가 제작자의 권력과 재산의 지표로 인식되었기 때문에 매우 스펙터클했다. 사실 연극은 권력을 과시하는 수단이 되었고 그 화려함은 제작하는 도시와 궁정의 중요성을 표시하였다. 반면, 대중적인 소극은 가족으로 구성된 작은 극단이 공연을 했고 배우들은 허가만 받으면 보잘것없는 공연수당으로도 공연을 했는데 이는 제한적인 중세사회에서 쉬운 일이 아니었다. 기록은 거의 남아 있지 않다.

　　중세 세속극은 종교극만큼 큰 규모는 아니었지만 바로 이 세속극으로부터 직업적이고 상업적인 연극의 발전이 시작되었기 때문에 중요하다. 연극이 일종의 상품이 되어 사람들(관객)은 다른 사람들(공연자)이 하는 것을 보기 위해 돈을 지불했다.

중세 종교극의 종말 : 중세 세속극의 변형

16세기(1500년대) 일련의 파벌들이 로마 가톨릭 교회로부터 분열되어 나왔다. 이 종교개혁은 재빨리 지배자와 각 나라들이 로마로부터 벗어나거나 로마의 영향권 아래 머무는 것에 대한 이유를 찾게 되면서 정치적으로 변했다. 종교극은 신교나 구교의 권위에 눈엣가시였고, 사태가 진정될 때까지 이미 거부된 교리로 전자를 공격하거나 교회에서는 잘 지켜지고 있는 교리로 후자를 공격했다. 이곳저곳에서 종교극은 신교와 구교 모두에 의해 추방당했다—1548년 파리, 1558년 영국, 1545~1563년 트렌트(이탈리아) 의회.

　　중세 종교극의 종말은 신속했다. 정점에 도달한 직후인 16세기 중반 바로 금지된 것이다. 가장 훌륭하고 화려한 중세 종교극은 대부분 1500~1550년 사이의 작품들이다.

중심용어

중심용어는 본문에서 굵은 활자로 표시되어 있다. 아래 목록을 참고하여 이해도를 측정하라. 인명은 찾아보기에 나와 있다.

기적극	길드
도덕극	동시무대
라틴음악극	막간극
맨션	보편극
상징적	성구
성체극	수난극
순환극	스캐폴드
시크릿의 대가	신도회
신비극	영광
예배극	전례극
중간 시대	중세
퀴엠 퀴에리티스	패전트
패전트 왜건	플라테아
환경적	

본문 요약

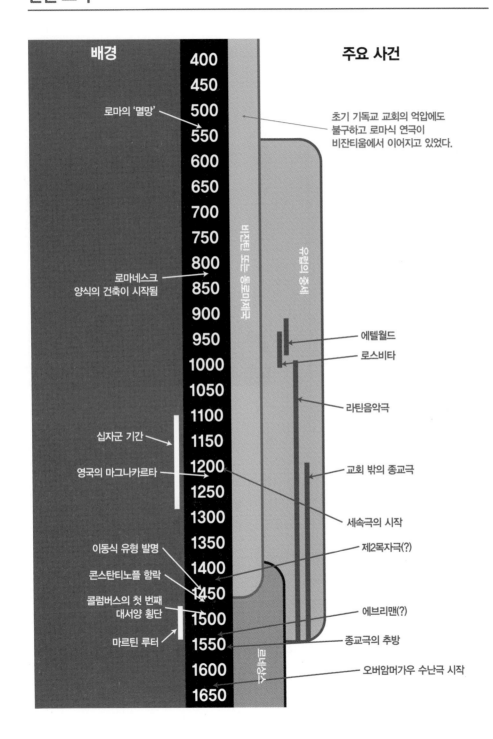

배경		주요 사건
	400	
	450	
로마의 '멸망'	500	초기 기독교 교회의 억압에도 불구하고 로마식 연극이 비잔티움에서 이어지고 있었다.
	550	
	600	
	650	
	700	
	750	
	800	
로마네스크 양식의 건축이 시작됨	850	
	900	
	950	에텔월드
	1000	로스비타
	1050	
	1100	라틴음악극
십자군 기간	1150	
영국의 마그나카르타	1200	교회 밖의 종교극
	1250	
	1300	세속극의 시작
	1350	제2목자극(?)
이동식 유형 발명	1400	
콘스탄티노플 함락	1450	
콜럼버스의 첫 번째 대서양 횡단	1500	에브리맨(?)
마르틴 루터	1550	종교극의 추방
	1600	오버암머가우 수난극 시작
	1650	

비잔틴 또는 동로마제국

유럽의 중세

르네상스

이탈리아 르네상스

학습목표

이 장을 마치면 여러분은

- 르네상스와 관련된 주요 특질을 논할 수 있다.
- 신고전주의의 원칙들을 규정하고 논할 수 있다.
- 신고전주의가 어떻게 중세연극에서 급격히 벗어날 수 있었는지 설명할 수 있다.
- 이탈리아 무대화 양식을 묘사할 수 있다.
- 비트루비우스에서 세를리오, 토렐리에 이르기까지 이탈리아 무대화 양식의 자취를 짚어볼 수 있다.
- 르네상스 연극에 미친 로마의 사상과 그 해석의 중요성을 설명하고 논할 수 있다
- 코메디아 델라르테의 대본과 주요 가면의 개념을 묘사할 수 있다.

배경

새로운 사상, 사회조직, 행동양식, 지리상의 발견이 서로 다른 연극의 형태를 취하면서 다른 장소에서 다른 속도로 중세의 질서를 엿보기 시작했다. 이후 200년 동안 이 새로운 사상은 르네상스(Renaissance, '재생')의 도래를 알리며 서구 유럽을 장악, 널리 확산되었다. 이탈리아가 맨 먼저 르네상스를 경험했는데, 이는 영국이나 스페인보다 100년을 앞선 것이었다. 1550년경(중세 종교극이 끝났을 때) 르네상스는 이미 서유럽 전역에서 정치, 종교, 예술, 사회조직 등 이전의 여러 양상에 혁명을 일으켰다. 그러나 날짜와 지역에 상관없이 몇 가지 특질이 이 새로운 르네상스 문화를 그에 선행한 중세 문화와 구분해 준다.

인본주의

초기 중세인들 – 적어도 유럽을 지배한 기독교인들 – 은 일시적인 세계는 파괴되고, 그릇됨은 응징되며, 옳음은 축복의 세계로 들어가게 될 것이라고 믿었다. 그러나 르네상스 시대에는 새로운 세속적이고 일시적인 관심이 이전의 신성하고 영원한 것과 결합했다. 인간적 행동의 근간이 된 신의 사랑과 방식은 오랫동안 인류에 대한 경외심과 결합했다. 인류의 가치와 지성과 아름다움이 축복받기 시작했다. 이러한 인간과 그들의 지상에서의 삶에 대한 새로운 관심은 인본주의(humanism)라 불리게 되었다.

세속주의

이와 거의 동시에 신성한 계시에 바탕을 둔 완벽한 도덕윤리체계였던 과거의 신학은 세속주의(secularism)를 강조한 철학체계에 자리를 내주었다. 세속주의체계는 천국으로 가는 선결요건으로서라기보다 그 자체의 목적으로서 윤리적 행위를 옹호했고, 세속주의자들은 신성한 계시와는 관계없는 논리적인 사상체계에 대해 논쟁을 벌였다. 과학에서는 지구 중심의 천문학(천동설)이 태양 중심의 세계(지동설)에 도전을 받았고 인간은 더 이상 창조의 중심에 있지 않고 상대적으로 작은 행성에 사는 생명체로 격하되었다. 최초로 이 사상을 주장한 폴란드의 천문학자 니콜라우스 코페르니쿠스(Nicolaus Copernicus)의 이름을 딴 이 코페르니쿠스적 혁명은 근본적인 르네상스적 혁명관의 모범이다. 이 사려 깊은 관찰과 실험은 과거로부터 받아들여진 규칙들을 전복시킬 수 있었다. 그러나 다른 한편으로 진실은 단지 성경에만 존재하는 것이 아니고 고대 그리스와 로마 작가들의 작품에도 존재한다는 생각을 하도록 물꼬를 틀었지만 감각으로만 인지될 수 있었다.

종교개혁

교회 내부에서 개혁의 필요성이 로마와의 연대를 끊어내었다. 독일의 마르틴 루터 등 일부 기독교인들은 로마에서 교회에 반대하며 소위 **종교개혁**(reformation)을 일으켰다. 종교개혁은 로마의 중재가 없어도 해석이 가능한 성경의 세계로 새로운 관심을 기울인다. 예를 들어 루터는 성경을 독일어로 번역하고 인쇄하여 널리 전파했다.

　요약하면, 신과 신의 교회와 신학은 르네상스 시대에도 인간의 삶의 중심으로 남아 있었지만, 더 이상 절대적이지도 종교 밖의 문제에 대해서 명백하지도 않았다. 인본주의와 세속주의는 수용되기 위해서 교회와 경쟁했다.

르네상스 동안의 이탈리아 도시국가

트렌트 교구

사보이 :
이탈리아
도시국가가 아님

아스티(주로
프랑스령)

살루초
후작령

몽페라
후작령

제노아
공화국

밀라노 공국

루카
공국

시에나

베네치아
공화국

만투아

페라라
공국

모데나
공국

피렌체 공화국

로마
가톨릭 국가

달마티아식 해안에
위치한 베니스
일부 지역 : 지금은
이탈리아가 아님

코르시카섬은
현재 프랑스 영토임

나폴리 왕국

르네상스
동안
스페인 영토

―― 현재의 이탈리아 국경

분열된 이탈리아

이탈리아는 중세시대에 출현한
이래 통일국가가 아닌 상태에
서 르네상스를 발전시켰다. 그
림의 지도는 이탈리아의 분열
상황을 보여준다. 1500년에는
자치정부를 가진 15개 도시국
가가 있었다.

광대해진 세계

르네상스에 의해서 탐험과 발견은 지중해 너머 대서양까지 상업 지역을 확장했다. 마르
코 폴로는 아시아를, 콜럼버스는 아메리카를 열었고 희망봉까지 단숨에 이르게 된 서아
프리카 항구들은 인도로 가기 쉬운 항로를 열었다. 향상된 항해술의 도움과 도로조건의
개선이 새로운 우편체계와 결합하여 운송과 통신을 더욱 좋아지게 했다. 예를 들어 1500
년대에는 8일이 걸린 75마일 여행이 1600년대에는 6일이 걸렸다. 무역에 있어서는, 새로
운 조직이 자본을 증가시키고 위험한 손실에 대비해 보장해 주었다. 주식회사가 전자의
예라면, 상인조합이 후자의 예가 된다. 도매상과 중간계층이 무역의 본질을 바꾸었고 늘

어나는 이익을 나눠 가졌다.

콘스탄티노플의 함락

물품과 더불어 무역은 사상의 교류를 유도했다. 14세기의 다양한 무역경로의 중심에는 이탈리아의 도시국가들이 있었고 사상과 기술과 생산품에 있어서 국제적인 상업의 중심이 되었다. 1453년 콘스탄티노플이 이슬람에 함락되었을 때 여러 학자와 예술가들이 이탈리아로 왔고 그들과 함께 아이스킬로스, 소포클레스, 에우리피데스, 아리스토파네스, 아리스토텔레스 등 위험에 빠진 도서관들로부터 구조된 고대 그리스와 로마의 희곡과 논문들도 이동했다. 그들의 연구와 해석은 즉각 시작되었다.

인쇄술

1440년경 이탈리아에 도입된 구텐베르크(Gutenberg) 인쇄술 덕에 기록물의 해석과 모방뿐만 아니라 동방의 기록물을 빠르게 복제할 수 있었다. 분명, 인쇄술 덕분에 가능한 정보를 실질적으로 탐구할 수 있었고 그만큼 1500년경에는 이탈리아의 도시국가들에서 다수의 대학들이 로마 희곡의 연구와 제작에 헌신했다. 곧이어 이탈리아인들이 로마 작품을 모방하며 자신들의 희곡을 쓰기 시작했다.

예술과 연극

르네상스 동안 예술 후원은 명망을 얻는 주요 원천이었고, 귀족들의 뜰은 서로 문화의 중심이 되려고 경쟁했기 때문에 화가와 음악가, 조각가, 건축가, 작가들이 늘 넘쳐났다. 관점과 기술, 후원에 생긴 이런 변화는 극장과 연극에도 변화를 가져왔다.

이탈리아 르네상스의 처음 100년간은 같은 기간 영국과 스페인과 달리 극장과 연극에 혁명을 일으켰다. 그리스와 로마의 관행들을 되찾으려는 노력에서 이탈리아 예술가들은 유럽의 극장들을 새로운 궤도에 올려두었다―환영주의(illusionism)를 지향하는 궤도. 그리하여 연극은 실제 삶이라는 환영을 추구했고 적어도 당시의 이탈리아 연극 관습에 한정된 범위 안에서의 실제 삶이었다.

이탈리아인들은 오래도록 영향을 미칠 다음 네 가지 기여를 했다.

- 극작과 비평에 있어서 신고전주의적 이상
- 무대화와 건축의 이탈리아식 시스템
- 코메디아 델라르테(commedia dell'arte)로 알려진 대중극
- 여전히 대중적이며 연극과 관련 있는 장르인 오페라

이론 : 신고전주의

신고전주의(neoclassicism)는 문자 그대로 '새로운 고전주의(new classicism)'지만 실상 그리스보다는 로마에 훨씬 의지하는 바가 크다. 연극에서의 신고전주의는 처음에는 이탈리아에서 발전하고 후에 서유럽 전역에서 채택되었으며 중요한 다섯 가지에 좌우되었다.

- 진실다움과 정격
- 장르의 순수성
- 3일치
- 5막 형식
- 두 가지 목적—교훈과 즐거움

진실다움

신고전주의 원칙에 중심적인 진실다움(verisimilitude)은 복잡한 개념이다. 문자 그대로 해석하면 '진실처럼 보이기(truth seeming)'이다. 그러나 진실다움의 뜻은 그 편리한 정의가 암시하는 것보다 더 포괄적이다. 왜냐하면 예술가들은 늘 '진실'을 목표로 삼아 왔기 때문이다. 이리하여 신고전주의 학생의 중대한 문제는 신고전주의자들에게 이 진실이 무엇을 뜻했는지를 이해하는 일이다.

신고전주의자들에게 진실은 특별한 것이나 개인적인 것, 독특한 것이라기보다 본질적인 것, 일반적인 것, 전형적인 것이다. 진실에 도달하기 위해서 신고전주의 예술가들은 일시적이거나 우연적인 모든 것을 떨쳐내야 했다. 그 대신 근본적이고 불변하는 특질의 것들을 선호했다. '진실하다'는 의미는 보통 진실이었다. 예를 들어 한 사람의 인간성은 장소, 시간, 인종에 관계없이 그 혹은 그녀가 다른 사람들과 공유하는 본질적인 속성에 거한다. 개인적인 차이는 인간성의 본질이 아니므로 중요하지 않았다. 진실에 대한 이런 관점은 계층화와 범주화에 우선권을 주었고 진실다움에서 진실은 개인성이나 독특함의 중요성에 대한 오늘날 우리의 관점과는 다른 의미를 지녔다.

신고전주의의 진실은 다른 문제도 내포했다. 연극에서의 진실다움은 논리적으로 실제 생활에서 일어나리라 기대할 수 없는 사건의 생략을 요구했다. 초자연적인 사건들을 다룬 고대 신화를 연극으로 만들 때는 예외가 적용되었지만, 그런 경우조차 극작가는 그런 사건들을 무대 밖에서 일어나게 함으로써 그 영향을 최소화해야 했다. 실생활에서 사람들은 보통 자기 자신에게보다는 다른 사람에게 말을 하기 때문에 독백이나 혼잣말은 관습적으로 폐기되었고 대신 주요 인물이나 주인공이 감정, 정보, 관계를 털어놓는 그들의 콘피단트(confidant)와의 대화를 선호했다.

신고전주의 연극에서 인물들은 예절과 행동에서 그들이 속한 집단의 일원으로서 유지하는 습성을 형상화하기로 되어 있었다. 즉 성별, 나이, 사회계층 등에 적합한 행동을 한다는 것이다. 그런 인물들은 정격(decorum)을 보여준다. 정격을 지키지 않는 인물이 신고전주의 연극의 플롯을 끌고 나간다 해도 그들은 비극적 파국이나 희극적 조롱을 겪었다.

마지막으로, 신은 선하고 신성한 계획에 따라 세상을 지배한다고 믿었기 때문에 진실다움은 극적 행위가 도덕규범에 따라 구성되어야 한다고 요구했다. 즉 선은 보상을 받고 악은 처벌받는다. 실생활에서 선이 때로 보상받지 못하고 악이 처벌받지 않더라도 그런 사건들은 정도에서 벗어났고 연극에는 부적합한 주제로 여겨졌다.

장르의 순수성

진실다움은 또한 장르의 순수성(purity of genres)을 강조했다. 이는 두 가지 주요 극형식인 비극과 희극은 섞여서는 안 된다는 것이다. 장르의 혼합에 반대하는 강제성은 단순히 웃긴 장면이 비극에 부적합하고 불행한 결말이 희극에 부적합하다는 뜻은 아니다. 비극과 희극은 오늘날보다 훨씬 더 엄격하게 제한받았고 형식의 혼합에 반대하는 규칙은 전자에 속한 요소가 후자에 나타나서는 안 된다는 뜻이었다. 비극(tragedy)은 높은 신분의 사람이 국가적인 일에 관여해야 했고 그 언어는 고상하고 시적이어야 한다. 그리고 결말은 불행해야 한다. 반면 희극(comedy)은 중간 혹은 낮은 계급의 사람들이 복잡한 가정사에 뒤얽힌다. 그 언어는 고상하지 않고 산문투이며, 결말은 행복해야 한다. 당시에 장르의 순수성은 산문비극이나 가정비극은 존재할 수 없다는 뜻이었다. 이 모두 용어 자체에 모순이 있었다. 또한 왕이나 왕비는 희극에 등장해서는 안 되고 국사는 희극에 적합한 주제가 아니었다.

3일치

진실다움과 고전적인 표본의 해석은 3일치(three unities), 즉 시간, 장소, 행동의 일치라는 신고전주의적 개념을 낳았다. 아리스토텔레스가 일치된 행동의 희곡을 설득력 있게 주장했다 할지라도, 신고전주의 이론가들은 진실다움이 왜곡되지 않도록 합리적인 길이의 시간과 제한된 장소 안에서 연극이 진행되어야 하는 일에 더 큰 관심을 가졌다. 신고전주의자들의 주장에 따르면, 관객이 한 자리에 앉아 있는 몇 시간 동안 몇 달이 지나고 바다를 건너는 일이 일어난다면 관객은 이를 믿지 못한다. 이론가들은 3일치의 준수 정도에 있어서는 서로 달랐다. 누구는 실시간과 똑같은 시간 안에서 연극의 시간이 경과해야 한다고

Razullo.   Cucurucu.

요구했고 또 어떤 이론가들은 24시간 이상
경과해서는 안 된다고 주장했다. 이탈리아
이론가들은 약 1570년 이후 3일치의 변형
을 수용했다.

5막 형식

그 당시에는 또한 신고전주의자들이 연극
의 기준으로 5막 희곡을 채택했다. 극적 단위로서 '막'을 사용하지 않았다 해도 이 용어는
호라티우스의 이론과 세네카의 관행(네 명의 코러스에 의해 구분된 다섯 부분)에서 파생
되었다.

두 가지 목적 : 교훈과 즐거움

신고전주의자들은 관객을 즐겁게 하는 동시에 도덕률을 가르치는 능력 안에서 희곡과 연
극의 정당성을 찾았다. 연극이 그 자체로 존재해야 한다는 생각이나 개인 예술가의 표현
이라는 개념은 받아들여지지 않았다.

1600년 무렵 신고전주의 이상이 유럽 다른 지역에서 수용되어 이후 200년 동안 교육받
은 관객과 궁정관객들 사이에서 지배력을 행사했다. 극적 표현에 미친 신고전주의의 제
약은 3일치가 허용하는 것보다 더 많은 볼거리를 원하는 다수에게 호소력을 갖지 못한 이
유가 될 것이다. 하나의 이상으로서 신고전주의를 채택했음에도 이 주의는 여러 가지 방
식에서 예를 들어 볼거리의 효력을 약화시켰다.

실제 : 이탈리아 르네상스 연극

르네상스 극작가들은 아이스킬로스와 소포클레스, 에우리피데스, 아리스토파네스, 세네
카, 테렌스, 플라우투스의 희곡을 연구했고 특히 이들 대본들이 처음에는 라틴어로, 나중

타소의 〈아민타〉

타소의 1573년 전원목가극의 의상을 현대화한 버틀러대학교의 공연은 원작의 가벼운 마음을 강조하고 있다. 초기 르네상스 이탈리아 희곡은 공연되는 예가 드물다.

에 이탈리아어로 번역된 후에는 이를 표준으로 삼았다. 그 연구를 통해서 그리스, 로마 표준들을 그대로 모방한 작품들이 나왔는데, 연극적이라기보다는 문학적이었고 극장공연용이 아니라 대학을 위한 작품들이었다.

학자연극

1500년대에 희곡은 원본이 그리스나 로마 연극, 특히 테렌스의 희극이어도 라틴어보다는 이탈리아어로 써졌다. 학자연극(Commedia Erudita)으로 알려진 그 결과물은 호라티우스와 세네카의 교훈을 따랐다. 이 작품들은 비극뿐 아니라 희극도 궁정과 학교에서 공연되었다. 목동들의 삶과 관계 있는 전원극(pastorals)이라는 제3의 극형식이 대중의 인기를 얻었다. 전원극은 비극의 요소를 갖추었지만 행복하게 끝나기 때문에 희비극(tragicomedy)이라고 지칭되었다. 전원극은 또한 고대 그리스와 로마의 사티로스극을 참고하여 사티로스극이라 불리기도 했는데, 르네상스 시대에 진정으로 이해받지는 못했다. 이 시대의 사티로스극은 시골풍과 관계가 있었고 인간의 사악함과 어리석음을 드러내기 위해 해학과 풍자를 사용하는 문학 형식인 사티로스(satiric)와 혼동해서는 안 된다.

적어도 두 명의 이탈리아 극작가가 두각을 나타냈다. 니콜로 마키아벨리(Niccolò Machiavelli)는 1518년 만드라골라 뿌리로 만든 약을 한 번 먹으면 아이를 갖게 된다고 믿게 하려는 호색한이 젊은 부인을 유혹하는 외설적인 희극 〈만드라골라 *La Mandragola*〉를 완성했다. 이 부인이 듣기로, 한 모금이면 그녀가 잠자리를 같이한 두 번째 남자를 죽일 수 있을 만큼 치명적인 결과를 갖고 있다. 그녀의 늙은 남편을 죽음으로부터 보호하겠다는 구실로 그녀는 익명의 젊은 남자와 자기로 결심한다. 이 익명의 남자는 물론 변장한 호색한이다. 노인이 후계자—누구의?—를 얻고, 진실을 알자마자 부인은 젊은 남자를 연인으로 여긴다. 이 희곡은 이탈리아 사회의 부패를 조롱한다. 〈만드라골라〉는 지금도 여전히 공연되고 있다.

토르쿠아토 타소(Torquato Tasso)의 전원극 〈아민타 *Aminta*〉는 알렉산더 대제의 시대를 배경으로 목동들과 요정들이 등장하는 작품인데 높은 평가를 받고 있으나 무대에서 공연되는 일은 거의 없다. 주인공 아민타는 목동인데 요정인 실비아와 사랑에 빠진다. 아민타는 실비아가 죽었다고 생각하고 자살하려 하나 실패한다. 실비아가 아민타를 발견하고 둘은 결혼한다(행복한 결말). 이 희곡은 당시에 높이 평가된 복잡한 운문으로 써졌다.

환영주의

1550년부터 1950년까지 400년 동안 연극은 **환영주의**를 구성하는 몇 가지 중요한 연극적 관습을 공유했다. 주요 특징은 다음과 같다.

- 사건을 무대로 제한하는 프로시니엄 아치를 지닌 극장건물
- 연극 밖의 삶에 충실한 환영을 만들고자 하는 무대장치와 의상

이 새로운 관습은 처음에는 이탈리아를 사로잡았고 이후 서유럽과 그 식민지 전역으로 퍼졌으며, 20세기까지 이르는 지배적인 연극관행이 되었다.

이탈리아 극장과 환영주의적 무대화 시스템은 신고전주의처럼 고대 그리스와 로마, 그 당시 이탈리아의 사상과 기술의 혼합으로 발달했다. 고대의 가장 귀중한 원천은 비트루비우스(Vitruvius)의 작업이었다.

르네상스의 비트루비우스

이탈리아 르네상스 초 필사본으로만 존재했던 로마 시대 비트루비우스의 건축 작업이 인쇄되었다. 1500년경 그 분야의 공인된 권위자가 이탈리아어로 해석과 주석을 달았다. 비트루비우스가 건축과 무대장치에 관해 썼다고 해도 전혀 그림설명이 없었다. 그 결과 이탈리아인들이 그를 번역하면서 실제의 관점에서 그림설명을 덧붙였는데, 실제는 바로 2차원의 표면에 공간적 깊이(3차원)를 주는 수단인 선 **원근법**(linear perspective)으로 당시는 이에 사로잡혔다. 무대에서 원근법은 실제로 존재하는 것보다 훨씬 깊이를 주는 수단이 되었다.

원근법

로마인들이 원근법(perspective)을 이미 알고 있었을지라도 이탈리아 화가들이 재발견했

을 땐 예술적 혁명이 되었다. 예술가들은 '새로운' 기술을 습득하기 위해 애썼고 관중들은 감각을 속이는 능력을 환호했다. 보는 사람으로부터 물체가 후퇴하는 '소실점'은 무대 디자인에서 거짓된 혹은 강요된 원근법의 핵심이었다. 이를 통해 30피트의 무대 깊이가 300피트처럼 보일 수 있었다. 무대에서 이런 깊이감을 확보하려면 *가짜 원근법*(false perspective) 안에서 3차원 물체(보통은 건물)를 지어야 한다. 가짜 원근법에서 건물이나 건물의 선, 나무의 선은 왜곡되고 그 선이 무대 뒤쪽으로 이동하면서 짧아진다. 그리하여 관객의 관점에서 무대의 깊이는 배우만 무대에서 이동하지 않는 한 실제보다 더 깊어 보일 수 있다. 배우는 무대 뒤(upstage)에 있게 되면 거기 그려진 건물을 난쟁이로 만들 수 있다. 때문에 연기가 무대장치 앞에서 일어났다.

1545년 이탈리아인 세바스티아노 세를리오(Sebastiano Serlio)가 비트루비우스 번역본으로 다음 세기에 극장건축과 디자인을 지배한 『건축론 *Dell'Architectura*』을 출간했다. 물론 비트루비우스는 로마의 야외 원형극장을 묘사했다. 그러나 부유한 이탈리아인들은 연극이 부유한 집의 내부에서 공연되기를 원했다. 그리하여 최초의 실내극장이 디자인되었을 때 그 임무는 비트루비우스를 직사각형 공간에 채택하여 선 원근법을 수용하는 것이었다.

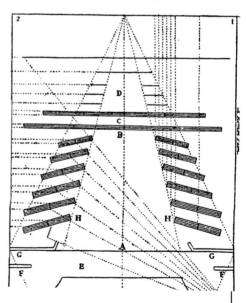

단일 소실점 원근법 무대

르네상스 시대 앞무대의 뒤로 단일 소실점이 실제 극장보다 훨씬 깊다는 환영을 만들어내기 위해서 만나는 지점이었다. 깊이를 더 주기 위해 무대에는 경사가 있다.

비극, 희극, 전원극 무대에 대한 비트루비우스의 빈약한 묘사가 세를리오의 책에서는 가짜 원근법을 이용한 세밀한 그림이 되었다. 비트루비우스와 세를리오를 조금만 비교해 보아도 그 차이를 알 수 있다.

전원극 무대에 대해 비트루비우스는 "전원극 무대는 조경사의 양식으로 윤곽을 그리는 나무, 동굴, 산, 시골의 물체들로 장식된다"고 말했다. 같은 무대에 대해서 세를리오는 "전원극 무대는 거칠고 시골스러운 모든 물체를 두어 전원을 대표해야 한다"고 말했다. 당시 그는 '나무, 뿌리, 식물, 언덕, 꽃, 시골집'을 요구하며 비트루비우스를 인용했다. 무대장면이 겨울을 배경으로 한다면 초록 나무나 식물, 꽃들이 거의 없을 때 "이런 것들을 실크로 만들어야 그 자체의 자연 상태의 것들보다 훌륭해질 것이다." 『건축론』의 나머지 부분에서 세를리오는 색깔 조명과 불 효과, 환상적인 의상, 원근법 배경 위에 두꺼운 종이 형상의 사용에 관해 귀띔하고 있다.

르네상스 극장 구조

1550년 이전 궁정과 대학에서 연극 제작은 간헐적으로 이루어졌다. 가설극장을 세워 연극공간에서 필요한 조건을 충족시켰다. 1550년 이후에는 때로 정기적으로 영구극장에서 공연이 이루어졌다. 이런 공간들의 디자이너들은 극장 건물에 대한 세를리오의 개념을 결합시키고자 했다.

테아트로 올림피코

초기의 해결책은 비트루비우스가 묘사한 로마 극장을 세를리오가 이해했기에 가능했다. 결과물이 르네상스 시대에 지어진 최초의 영구극장 테아트로 올림피코(Teatro Olimpico) 였다. 비첸차에 위치한 올림피코는 위대한 건축가 안드레아 팔라디오(Andrea Palladio) 가 올림피코 아카데미가 있던 기존의 직사각형 건물에 맞추어 디자인했다. 그 계획은 1580년에 시작했지만 건축에 들어간 직후 팔라디오가 죽었기에 극장은 빈첸초 스카모치 (Vincenzo Scamozzi)에 의해 완성되었다. 테아트로 올림피코에서의 첫 공연은 1585년 〈오이디푸스 왕〉이었다.

로마 시대의 장식적인 스케네 프론스(scaenae frons)를 연상시키는 정면무대(facade stage)는 무대에만 문이 5개였다(비트루비우스의 5개 무대 입구에 상응함). 각각의 문 뒤에 원근법 경치가 있었고 그에 해당하는 소실점도 있었다. 이 무대장치는 스카모치가 팔라디오의 원래 디자인에 추가시켰다. 이 초창기 해결책이 원근법에 대한 이탈리아인의 욕구를 만족시켰다. 다수의 소실점은 부유한 신사들의 대학인 후원자들을 만족시켰다. 5개의 소실점으로, 객석에 앉아서 깊이라는 환영을 갖는 5개의 '완벽한' 장소들이 있었다.

테아트로 올림피코의 독특함은 학자들을 사로잡았지만 개별 원근법 무대를 가진 정면 무대는 예외가 되었다. 건축가들은 다른 선택을 모색했다.

사비오네타 극장

테아트로 올림피코가 완성된 후 빈첸초 스카모치는 파르마 근처 도시인 사비오네타 (Sabbioneta)의 귀족들을 위한 작은 궁정극장을 지어달라는 청탁을 받았다. 이리하여 테아트로 알안티카(Teatro all'Antica)라는 최초로 특별한 목적을 위해 세워진 르네상스 시대

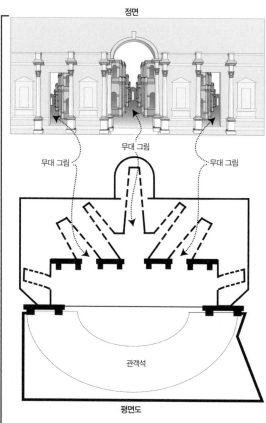

테아트로 올림피코

테아트로 올림피코는 로마식 정면무대와 원근법에 대한 르네상스의 열망을 결합한 초기의 형태였다. 5개의 문은 가짜 원근법상에서 관객 개개인이 적어도 하나를 따라가도록 하는 3차원적인 조망을 보여주고 있었다. 배우는 무대에서 연기하면서 문 앞을 활용하지만 가짜 원근법 구조 안으로 걸어들어가지 않았다. 실질적인 공간(오른쪽)의 도면을 비교해보라. 살짝 넓어진 반원형의 오케스트라에 주목하라.

의 극장이 탄생했다. 스카모치는 비첸차에서 팔라디오가 대학을 위해 디자인한 극장처럼 로마식 정면무대의 개념을 버렸다. 사비오네타 극장(Sabbioneta theatre)이 공식적인 프로시니엄 아치를 갖고 있지는 않았지만 크기를 줄이면서 깊이의 환영을 증가시키는 일련의 각진 평판들을 보유하고 있었다. 경사진 무대바닥도 깊이의 환영에 한몫을 했다. 객석은 말발굽 모양이었다. 250석의 친밀한 극장은 1590년에 완성되었고 완벽하게 연결된 프로시니엄 아치 발전의 중간 단계가 되었다.

1618~1619년에 파르마에 지어진 세 번째 목조극장 테아트로 파르네세(Teatro Farnese)의 도면은 수백 년간 건축가들에게 모범이 되었다.

테아트로 파르네세

파르네세 극장은 건축적 특성에 있어서 테아트로 올림피코와 공통점을 지닌다. 둘 다 목조(기존의 석조 건물에 지어진) 건축물이었고 로마의 표본에서 영향을 받은 연극들이 큰 직사각형 방에 들어맞았다. 두 극장에 나타난 건축적 세부의 상당 부분은 다수 로마 극장의 장식적인 정면(스케네 프론스)을 반영한다.

올림피코보다 약 35년 뒤에 지어진 파르네세는 무대 아래에 무대장치를 바꾸기 위한 기계장치로 완성한 영구적인 프로시니엄(proscenium) 무대를 도입함으로써 극장 건축에 큰 도약을 이루었다. 파르네세는 최초의 영구 실내 프로시니엄 아치 극장이다. 지오반니

최초로 목적을 갖고 지은 극장
이탈리아 사비오네타의 극장은 프로시니엄 아치 극장으로 넘어가는 중간 단계일 것이다. 극장의 견본은 스카모치의 평면도와 입면도에 의거해 지어졌고 나폴리박물관에 기록이 보존되어 있다. 무대의 모습은 공식적인 프로시니엄이 없는 각진 원의 세팅을 추정한 결과다. 스카모치 도면의 현대적인 해석이다.

프로시니엄 아치의 도래

파르마의 테아트로 파르네세는 영구 프로시니엄 아치를 갖춘 최초의 극장이다. 1730년대의 이 그림은 완벽하게 차려진 무대를 보여준다. 무대 앞에 있는 사람들을 보면 무대가 약 1.5m 정도 높이임을 알 수 있다. 객석의 견본은 그 당시의 그림이나 판화에서 고안되었다. 왼쪽의 판화는 무대 앞 공간의 크기뿐만 아니라 궁정 오락이 진행되는 동안의 기마행진 구성도를 보여준다.

바티스타 알레오티(Giovanni Battista Aleotti)가 디자인했고 1618~1619년 사이에 지어진 이 극장은 자주 사용되지 않았다. 제2차 세계대전 당시 폭격으로 상당 부분 파괴되었다. 그림과 판화에 기초한 재건이 1952년 시작되어 약 10년 후 완성되었다.

　말발굽 모양의 객석 표본은 극장의 재건에도 사용되었다. 객석 앞의 평평한 바닥은 무도회나 기마 전시용으로 사용되거나 때로 모의해상전투를 위해 물을 채울 수도 있었다. 프로시니엄 경치는 로마의 선조를 떠올리게 하는 복잡한 정면을 보여준다.

환영적인 연극을 위한 무대장치

로마의 비트루비우스를 오역한 세를리오의 무대미술은 오늘날 소위 이탈리아식 무대화 (Italianate staging)의 근간이었다. 장소와 날짜에 관계된 일정한 변형을 통해 이탈리아식 무대배경은 유럽 전역에서 16, 17, 18세기 초까지 다음의 특징을 공유했다.

- 프로시니엄 아치와 배우 뒤에 놓인 무대배경이 배우를 감싸는 환경이라기보다 뒷 배경을 형성한다.

세를리오

로마 극장에 관한 비트루비우스의 저작과 원근법에 대한 르네상스적 관심을 결합한 세를리오는 비극(왼쪽 위), 희극(왼쪽 아래), 전원 목가극(오른쪽)에 적합한 이상적인 무대장치를 만들었다. 이 그림은 무대장치 디자인에 지대한 영향을 끼쳤다.

- (보통 가장 중요한 귀족이나 후원자의 자리인) 오케스트라 뒤의 한 자리로부터 산출된 단일 소실점 원근법(single-point perspective, 모든 물체가 동일한 소실점을 따라 후퇴한다)으로 작화된 무대장치
- 짝을 이루는 평판(나무틀을 감싼 천에 작화)인 윙(wings)으로 구성된 무대장치. 이 평판의 짝은 관객에게서 멀어지는 만큼 둘끼리는 가까워진다. 그래서 평판의 안쪽 선이 소실점을 향해 후퇴한다. 이 장치는 무대 뒤쪽 백드롭(backdrop, 작화된 2차원의 커튼)이나 동시에 밀린 한 짝의 윙인 셔터(shutter)에서 정점을 이룬다. 셔터는 훨씬 더 깊은 원근법 공간을 드러내기 위해 열리거나 더 큰 깊이가 얼핏 보일 수 있는 해방구(relieve)를 만들기 위해 뚫릴 수 있었다.
- 경사무대(raked stage)는 무대 앞에서 뒤로 갈수록 상승하는 무대로 깊이감을 증대시킨다. 때로 프로시니엄 아치 뒤 무대만 경사가 있었고 무대 전체에 경사가 있기도 했다. 배우들은 올라가거나 내려와야 했다. (그리하여 *upstage*, *downstage*라는 용어가 생겼다.)
- 기계장치와 매다는 장치는 하늘, 구름, 나뭇잎 등이 그려진 틀이 있거나 없는 천 장치물인 머리막(border)에 의해서 하단부가 가려져 있다.

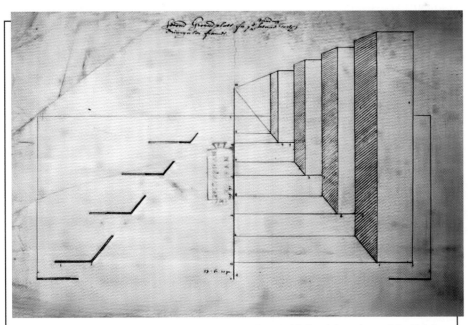

오른쪽은 각진 평판들을 정적인 무대장치로 배열한 모습이고 왼쪽은 그에 상응하는 평면도로서 1630년대 그림에 출처를 두고 있다.

움직이는 무대장치

정적인 무대장치체계를 발전시킨 이탈리아 예술가들은 거의 동시에 그 장치에 움직임을 주고 무대장치를 옮기고 장소의 빠른 전환을 도모했다. 두 가지 기술이 지배적이었다.

그루브 시스템　첫 번째로 발달한 방식은 소위 그루브 시스템(groove system)이었다. 무대 양편에 3~4개의 무대장치용 평판의 보관소가 있다. 각 보관소는 바닥의 트랙−그루브(홈)−에 놓인 일련의 평판들과 무대장치 조각을 무대 안팎으로 쉽게 이동시킬 수 있도록 평판에 상응하는 홈을 가지고 있었다. 집에 설치된 미닫이문과 매우 흡사하다. 각 보관소에는 무대일손이 있어서 평판을 조종(밀거나 당기기)해 무대장면을 전환했다. 때로 윈치와 로프가 평판을 움직일 때 무대 일손을 도왔다. 평판은 단일 소실점 원근법으로 작화되어 있었다. 무대 뒤에는 또 다른 더 큰 평판세트인 셔터가 있었고 이들은 무대 중앙에서 만나 장치의 환영을 완결했다. 신호가 내려지면(휘파람을 불거나 공을 치면) 무대 일손이 장치를 전환하곤 했다. 그루브 시스템은 효율적이었지만 다소 방해가 되었다.

채리엇−앤드−폴 시스템　1645년 가장 효과적인 시스템이 등장했을 때 지아코모 토렐리(Giacomo Torelli)는 유동적이고 빠르고 마술적으로까지 보이는 전환으로 관객을 깜짝 놀라게 했다. 비결은 채리엇−앤드−폴 시스템(chariot-and-pole system)이었다. 작은 바퀴가 달린 마차가 무대 아래의 트랙을 달리는데, 마차는 무대의 틈을 통해 평판을 움직일 만큼 높이 솟은 기둥을 달고 있다. 이 생각은 고상하면서도 단순하다. 마차들이 무대 바닥 아래를 움직일 때마다 평판들이 관객이 보는 앞에서 이동했다. 무대 중앙을 향해 마차를 밀

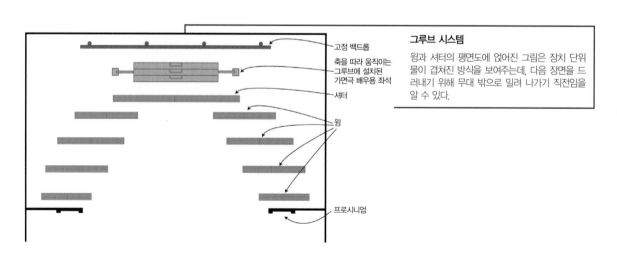

고정 백드롭

축을 따라 움직이는
그루브에 설치된
가면극 배우용 좌석

셔터

윙

프로시니엄

그루브 시스템

윙과 셔터의 평면도에 얹어진 그림은 장치 단위물이 겹쳐진 방식을 보여주는데, 다음 장면을 드러내기 위해 무대 밖으로 밀려 나가기 직전임을 알 수 있다.

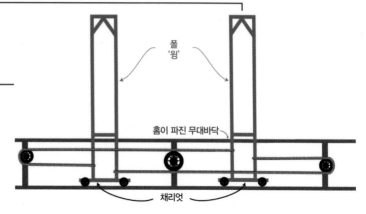

채리엇-앤드-폴 시스템

설계도는 토렐리의 장치 전환 시스템의 핵심을 보여준다. 채리엇은 무대 아래의 트랙을 따라 움직이는 왜건이고 무대 위의 장치는 폴이라는 수직의 버팀목에 의해서 채리엇에 연결되어 있다.

폴
'윙'

홈이 파진 무대바닥

채리엇

면 평판이 시야에 들어오고 양쪽 가장자리로 마차를 밀면 시야에서 사라진다. 로프에 묶인 마차와 같은 원치에 연결한 도르래를 이용해 무대 기술이란 전체 무대장치를 전환하기 위해 바퀴 하나만 돌리면 되었다. 토렐리는 자기 홍보에는 문외한이 아니었던 터라 플라잉이나 조명, 폭발과 같은 특수효과와 이 전환술을 결합함으로써 '위대한 마법사(The Great Wizard)'라는 칭호를 얻었다.

주류 연극에서의 모순

이론의 이상(시간, 장소, 행위의 일치와 초자연적인 요소의 회피)과 무대 디자인 사이의 모순이 명백하게 존재했다. 예술가들은 점점 장소와 장면의 신속한 전환을 강조했다. 이런 긴장은 신고전주의 연극의 간소함을 유지하면서 동시에 오페라와 발레, 볼거리가 풍부한 인터메치(intermezzi, 신고전주의 연극 막 사이의 오락물)에 창의성과 돈을 씀으로써 해소되었다. 즉 원하는 것을 모두 얻을 수 있었다.

17세기 중반 이탈리아 오페라는 이탈리아에서 가장 대중적이고 볼거리가 많은 오락물 형식이 되었다. 초기 이탈리아 오페라는 15개의 서로 다른 지역을 요구했고 이 도전은 채리엇-앤드-폴 시스템으로 쉽게 충족되었다. 오페라가 다른 유럽 지역으로 수출되면서 무대장치기술도 같이 알려졌다. 이 시기 영국에서 오페라라는 단어는 음악만큼이나 무대장치를 의미했다.

우리가 어떻게 아는가

코메디아 시나리오

플라미니오 스칼라(Flaminio Scala, 1547-1624)는 코메디아 배우였고 1611년 〈공연용 연극 이야기 *Il Teatro Delle Favole Rappresentative*〉라는 제목으로 50편의 시나리오를 출판했다. 출판물이 예술가가 직접 인쇄한 거대한 시나리오의 보고를 기록하고 시나리오가 '이 젤로시'와 같은 중요한 극단의 레퍼토리에 역할을 제공하고 있기 때문에 그의 출판은 중요하다.

스칼라가 출판한 시나리오는 막과 장으로 사건의 윤곽을 그린다. 시나리오에 이야기의 흐름은 거의 드러나 있지 않지만 각 장면에서 각 공연자에게 주어지는

Matt Orton

글로 써진 코메디아
코메디아에 기초한 몰리에르의 연극 〈스카펭〉을 몬테발로대학교에서 2009년 제작한 공연에서 라찌가 살아있다.

정보가 무엇이든 그에 의해서 연극은 마무리를 하기 위한 길을 찾을 수 있었다. 배우들은 끼워 맞춘 개그, 시, 노래, 희극적 몸짓으로 시나리오에 공을 들인다. 일부 주고받기는 신축적이어서 관객이 웃음으로 공연자들을 격려한다면 배우는 이를 확장하기도 했다.

〈플라비오의 행운 *Flavio's Good Fortune*〉 1막은 16장으로 이루어져 있다.

1 : 플라미니아와 그녀의 하녀는 오라치오가 선한 남자임에 동의한다. 2 : 카피타노 스파벤토가 플라미니아를 보고 그녀를 창녀라고 믿는다. 그녀가 집으로 들어온다. …

4 : 판탈로네가 집을 나서자 카피타노는 자신이 플라미니아의 연인 중 한 명이 될 수 있다고 생각한다—사실 그는 그녀의 아버지다. 카피타노는 판탈로네에게 그가 너무 늙어서 창녀와 놀 수 없다고 말한다. 판탈로네는 격분하고 둘은 서로 무기를 가지러 간다. 5 : 판탈로네의 하인이 미늘창을 꺼내자 여관 주인은 부엌삽을 들고 들어온다. 6 : 싸우기 전에 카피타노의 하인이 주인을 멀리 밀쳐낸다. 판탈로네는 딸의 정절이 위험하다 생각하고 딸의 결혼을 방해하려던 계획을 포기한다. …

7 : 오라치오가 하인과 들어온다. 그의 하인이 오라치오에게 판탈로네는 부유하지만 아들 플라비오를 잃어서 불행하다고 말해준다. 이를 들은 오라치오가 운다. …

9 : 잘 속는 사람들로 돈을 버는 악당 그라치아노가 여관 주인에게 저녁을 차려 달라 하고 좌판을 차리겠다고 한다. 여관 주인이 그라치아노에게 여관 앞에 무대를 만들라고 부탁한다. 그들이 퇴장한다. 오라치오가 하인에게 판탈로네의 집을 노크하라고 시킨다.

(계속)

우리가 어떻게 아는가　코메디아 시나리오

10 : 플라미니아가 창밖으로 몸을 내민다. 오라치오가 판탈로네와 얘기할 수 있는지 묻는다. 그녀는 판탈로네가 어디 있는지 모른다. 오라치오가 그녀에게 사랑을 고백하고 그녀의 아버지에게 결혼의사를 밝히겠다고 한다. 플라미니아는 오라치오에게 자신의 아버지는 몸과 마음의 주인이라고 얘기하며 한숨을 쉬고 퇴장한다.

　11 : 아를레키노와 악당들이 무대를 만들고 나머지 일행을 부른다. 12 : 그라치아노와 그의 수행원들이 무대에 올라와 노래한다. …

　15 : 판탈로네와 그의 하인이 보러 온다. 그라치아노가 노래를 더 부르며 환심을 사려 한다.

　16 : 카피타노와 그의 하인이 등장한다. … 오라치오가 칼을 뽑아들고 역시 칼을 뽑아든 카피타노와 결투하려 한다. 그라치아노 일행이 도망치고 카피타노가 따라가고 그 뒤를 오라치오, 판탈로네와 하인들이 쫓는다. 악당들이 만든 무대는 무너지고 다들 각자의 집으로 도망친다. 1막이 끝난다.

　시나리오만 보면 1막은 지루하다. 즉흥과 라찌가 효력을 발휘한다. 예를 들어 플라미니아가 창녀인가를 놓고 카피타노와 판탈로네가 다투는 것은 노상강도 짓, 광대짓, 희극적인 칼싸움 등으로 확장될 수 있다. 1막에는 관객으로 하여금 다음에 무슨 일이 일어날지 보려고 계속 남아 있게 하는 매우 시각적인 마무리 순간이 있다―즉석에서 만든 무대가 무너지고 모두 제각각 흩어져 퇴장한다.

대안연극 : 코메디아 델라르테

신고전주의 연극과 정교하게 무대화된 오페라는 일차적으로 귀족과 부자들, 식자층들의 오락물이었다. 다른 계층 사이에서는 전혀 다른 극 오락이 이탈리아에서 융성했다. 바로 코메디아 델라르테(commedia dell'arte, 직업연극)가 그것이다. 그 기원이나 원천이 잘 알려져 있지는 않지만 주요 인물/성격은 1550년경 확립되었고 1600년에는 이탈리아 극단이 서유럽을 순회했다.

　코메디아의 배우들은 남성, 여성 모두 기본적인 이야기 개요인 시나리오(scenario)에서 작업을 했다. 그 안에서 그들은 즉흥으로 대사와 행동을 만들었다. 이런 연극 제작 접근방식에는 위대한 기술과 기량을 갖춘 앙상블 공연자들이 필요했다. 시나리오는 노래와 춤과 넓은 의미의 신체적 유머인 라찌(lazzi)라는 우스꽝스러운 동작들로 채워질 수 있었다. 하나의 라쬬(lazzo, 이탈리아어의 단수 표시 형태)는 어떤 인물이 모욕을 당하지만 손에 물건이 가득 있어서 모욕한 사람을 발로 때린다. 라찌는 묘기에 가깝다. 어떤 인물은 와인 잔을 들고 있다가 쏟지 않고 공중제비를 돈다. 때로는 라찌가 상스럽기도 했는데 '물의 라쬬(water lazzo)'가 그 좋은 예이다. 젊은 여인이 기절을 하자 시종이 물을 찾는다. 자니(zanni)가 그녀를 살리기 위해 온갖 종류의 물, 오렌지 물, 자스민 물, 박하 물을 구해

오지만 소용없다. 마지막으로 그는 컵에 오줌을 누어 기절한 여인에게 뿌린다. 그제야 그녀가 살아나서 '막대로 증류된 물'을 칭송하며 노래한다.

극단의 배우들은 거의 모든 시나리오에서 똑같은 역할을 연기했고 언제나 똑같은 의상과 가면을 착용했으며 똑같은 라찌를 쓰고 심지어 시나리오마다 똑같은 대사를 반복하기도 했다. 대부분의 극단에는 최소한 열 명의 단원이 있었고 그중 한(두) 사람은 가면을 쓰지 않는 젊은 연인들과 다수의 가면을 쓰는 희극적 인물들을 포함했다. 가면은 보통 이마의 머리 선부터 코 바로 아래까지 가려주어 자유롭게 대사를 할 수 있도록 입 부분은 가리지 않았다. 남성 배우들이 여성 배우들보다 많았다. 가면과 의상 모두 연인들을 제외하고 각각의 인물에게는 전통이 되었다.

코메디아의 인물들

시나리오가 요구하는 역할은 네 가지 주요 유형을 포함했다. 시나리오가 요구하는 바에 따라 다른 작은 역할들이 추가되었다.

- 젊은 연인들(Innamorati) 한두 쌍. 이 인물들은 가면을 쓰지 않았다. 연인들과 그들의 연애는 종종 코메디아 시나리오를 추진하는 동력이었다. 늙은 남자(판탈로네 또는 도토레)는 그들의 결혼식에 반대하거나 젊은 여인을 가로채려 한다. 사랑에 빠진 여인의 아름다움과 남자의 멋진 외모와 남자다움은 덤이었다. 사랑에 빠진 여자(이나모라타)와 남자 (이나모라토)는 아름다운 시를 아름답게 읊고 이탈리아 표준어를 썼다. 다수가 대단한 기술로 노래하고 춤을 출 수 있었다. 그들의 의상은 고급 섬유로 만들어진 당시 유행하던 옷이었다.

- 노인들. 판탈로네(보통 부유하지만 구두쇠인 베니스 상인)와 도토레 가치아노 (Dottore Gaziano, 의사 또는 라틴어를 부정확하게 지껄이는 교육받은 학자)는 대개의 시나리오에서 중심적인 괴짜 노인들이었다. 그들은 젊은 연인들을 방해했다. 판탈로네는 빨간 타이즈와 셔츠 위에 검정 망토를 두르고 오그라진 발가락을 가졌으며 굽 없는 슬리퍼에 검은색의 테두리 없는 모자를 썼다. 그는 베니스어를 썼다. 도토레의 의상은 검정 학자 가운과 펄럭이는 모자였다. 그는 횡설수설하며 혼동스러운 라틴어의 볼로냐어를 썼다.

- 자니라는 이름의 능수능란한 하인들. 일군의 낮은 계급의 인물들로, 예를 들면 아를레키노(Arlecchino, 아를르껭), 브리겔라(Brighella), 페드롤리노(Pedrolino), 스카피노(Scapino), 코비엘로(Coviello), 스카라무치오(Scaramuccio), 풀치넬로

(Pulcinello) 등이다. 극단은 자니들이 웃음을 주는 인물이었기에 가능한 많은 자니를 가지려 했다. 작은 극단에는 최소 두 명의 광대형 하인들이 있었고 이름은 붙이기 나름이었다. 이 인물들은 모두 교육받지 못한 농부들로 정직하지 않고 교활하며 호색한이었고 대부분 배를 주렸다. 그들의 얘기는 비천함과 분노에 관련된 외침으로 수놓여 있었다. 그들의 말투는 베니스나 베르가모트의 억양이었다. 이나모라타의 시중을 드는 하녀는 보통은 여자가 맡지만 간혹 남자가 연기하기도 하는데 커다란 앞치마를 두르고 가슴이 풍만했다. 그리고 상당히 뻔뻔스러웠다. 재치 있는 대화의 관습과 건방진 옆차기는 오늘날에도 영화와 TV에서 계속되고 있다.

- 허풍쟁이 군인—카피타노(Capitano, 군대에서의 공훈을 떠벌리지만 실제로는 겁쟁이인 장교)는 간혹 스파벤토 대장(Capitan Spavento)으로 불리기도 했다. 일부 카피타노들은 아주 비싼 옷을 입은 반면, 다른 카피타노들은 그들이 떠벌린 군대에서의 승리와 모순되게 초라한 옷을 입었다. 몸집보다 큰 칼을 차고 다녔다. 이 인물은 자기 마음대로 적과 싸우지 않는 이유에 대해서 장황한 변명을 늘어놓는다. 보통 스페인 억양으로 대사를 했다.

- 기타 필요에 따른 사소한 인물들. 배달부, 경찰, 늙은 여자, 유령까지 있었다. 다양한 사투리를 썼다. 분명 사투리와 교육적 배경, 동기의 혼합에서 상당한 재미가 따랐다.

코메디아의 등장인물

이 생생한 코메디아의 등장인물들은 가면을 쓴 인물에 적합한 전통의상의 예가 된다. 왼쪽부터 순서대로 타르탈리아(자니), 판탈로네, 도토레, 브리겔라(자니), 코비엘로(자니).

상업적인 이익배분의 극단으로 조직되어 단원들은 미리 배정된 대로 수입을 나누었고, 그런 극단은 귀족의 보호나 재정적 지원 없이는 근근이 생계를 꾸려 나가야 했기 때문에 끊임없이 순회를 다녔다. 코메디아의 영향이 유럽 전역으로 퍼졌으나 프랑스는 특히 이 극단을 환영했다. 코메디아 델라르테의 피상적인 본질은 지속적인 기록을 남기는 것에 불리하게 작용하여 시나리오는 있으나 글로 써진 대본은 없었다. 여전히 이 대중적인 이 탈리아 희극을 최근의 문화권에서도 공연하고 모방하고 있다.

가장 인기 있고 유명한 코메디아 극단은 최초의 코메디아 극단으로 귀족의 후원을 받 아 재정적인 안정을 얻었던 '이 젤로시(I Gelosi, 질투하는 것들)'였다. 이들은 파리에서 루 이 14세 앞에서 공연했고 유럽 전역을 순회했다. 이 극단은 아마도 플라미니오 스칼라가 창단한 것 같은데 궁극적으로 '이 젤로시'는 이사벨라(Isabella Andreini)와 프란체스코 안 드레이니(Francesco Andreini)라는 부부 팀이 이끌었다. 신뢰(Confidenti), 통로(Accessi), 일 치(Uniti), 충성(Fideli)이라는 이름의 극단들도 있었다.

코메디아의 영향

피상적이고 일시적이었으나 코메디아는 여러 극작가에게 지속적인 영향을 주었다. (이 극작가들은 다른 장에서 보다 자세히 논의된다.)

- 몰리에르(Molière)는 코메디아 극단과 파리에서 부르고뉴 저택을 공동 소유했고 자 기 작품에 맞춰 인물과 라찌를 결합했다. 일례로, 〈수전노 *The Miser*〉에서는 주인공 아르파공(Harpagon, 판탈로네 유형)이 자신이 도난당했다는 사실을 깨닫고 긴 대 사를 한다. 유사한 장광설이 코메디아에 흩어져 있었다. 아르파공에게는 아들이 있 는데 그가 이나모라토의 역할을 하는 셈이다. 그는 아르파공이 탐내는 이나모라타 와 결혼하려고 한다. 〈스카펭의 간계 *Scapin's Deceits*〉에서 주인공 스카펭은 스카피 노라는 코메디아의 등장인물에 근거한다. 여러 다른 예가 있다.
- 셰익스피어는 〈사랑의 헛수고 *Love's Labors' Lost*〉에서 아르마도의 돈 아드리아노 (Don Adriano de Armado)를 형상화하는 데 있어서 카피타노 유형을 차용했다. 셰 익스피어는 그를 '환상적인 스페인 사람'으로 그렸다. 〈헨리 4세 *Henry IV*〉와 〈윈 저의 즐거운 아낙네들 *The Merry Wives of Windsor*〉의 폴스타프(Falstaff)는 또 다른 전 형적인 허풍쟁이 군인이다.
- 카를로 골도니(Carlo Goldoni, 1707-1793)와 카를로 고치(Carlo Gozzi, 1720- 1806)는 코메디아 시나리오에 문학형식을 부여하고 코메디아를 대본 연극으로 전

환한 극작가들이었다. 골도니는 100편 이상의 희곡과 오페라 대본을 썼다. 그의 코메디아와 유사한 희극 〈두 주인을 섬기는 하인 *The Servant of Two Masters*〉(1753년 완성)은 오늘날에도 종종 공연된다. 등장인물은 트루팔디노(Truffaldino), 판탈룬(판탈로네), 카피타노, 롬바르디 박사(Doctor Lombardi, 도토레)와 한 쌍의 연인[플로린도(Florindo)와 베아트리체(Beatrice)]이다.

코메디아의 근원

코메디아 델라르테가 다른 극작가들에게 그 족적을 남긴 것처럼 코메디아 그 자체도 동시대 이탈리아 연극으로부터 많은 차용을 했고 먼 과거의 연극에서도 상당히 차용했다. 아리스토파네스, 메난드로스, 플라우투스, 테렌스의 희곡들이 특히 코메디아 극단에 유용했다. 이 그리스와 로마의 대본들은 새로 출판되어 이용 가능했기에 시나리오의 근간이 되어 새로운 라찌를 제안하고 새로운 인물(성격)을 제공했다.

이탈리아 : 쇠퇴

극 이론과 무대장치에 있어서 이탈리아의 독보적인 지배력과 1750년 무렵 오페라를 제외한 이 독특한 대중희극에도 불구하고 이탈리아는 더 이상 연극에 있어서 세계적인 지도자가 아니었다. 영국과 프랑스가 그들의 스승을 앞서갔고 17세기 말에는 국제적인 명성을 획득했다. 둘 다 지속적인 환호를 받았다. 아마도 일부는 라이벌 관계의 서로 다른 소규모 정치단위에서 사는 이탈리아어 사용자들 때문일 것이다. 이탈리아는 1800년대 중반에야 통일을 이룬다. 영국과 프랑스는 군주제와 절대왕정 아래에서 연극이 유지, 발전될 수 있는 수도를 중심으로 통일국가를 이루었다.

중심용어

중심용어는 본문에서 굵은 활자로 표시되어 있다. 아래 목록을 참고하여 이해도를 측정하라. 인명은 찾아보기에 나와 있다.

3일치	가짜 원근법
경사무대	그루브 시스템
단일 소실점 원근법	*라찌*
르네상스	머리막

배경막(백드롭)　　　　비극

세속주의　　　　　　　셔터

시나리오　　　　　　　신고전주의

원근법　　　　　　　　윙

이탈리아식 무대화　　　인본주의

인터메치　　　　　　*자니*

장르의 순수성　　　　　정격

진실다움　　　　　　　채리엇-앤드-폴 시스템

코메디아 델라르테　　　콘피단트

프로시니엄　　　　　　환영주의

희극

본문 요약

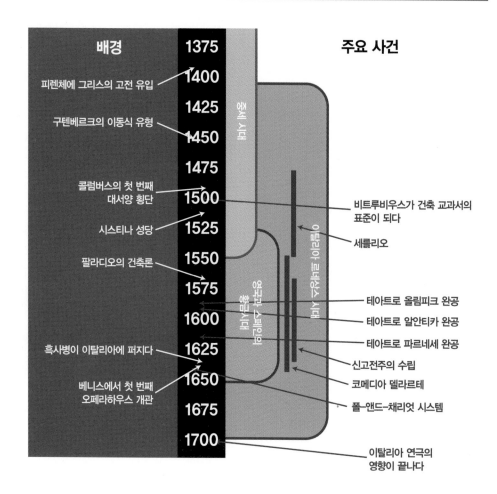

배경

| 1375 |
| 1400 | 피렌체에 그리스의 고전 유입 |
| 1425 |
| 1450 | 구텐베르크의 이동식 유형 |
| 1475 |
1500	콜럼버스의 첫 번째 대서양 횡단
1525	시스티나 성당
1550	팔라디오의 건축론
1575
1600
1625	흑사병이 이탈리아에 퍼지다
1650	베니스에서 첫 번째 오페라하우스 개관
1675
1700

중세 시대

이탈리아 르네상스 시대

영국과 스페인의 황금시대

주요 사건

- 비트루비우스가 건축 교과서의 표준이 되다
- 세를리오
- 테아트로 올림피크 완공
- 테아트로 알안티카 완공
- 테아트로 파르네세 완공
- 신고전주의 수립
- 코메디아 델라르테
- 폴-앤드-채리엇 시스템
- 이탈리아 연극의 영향이 끝나다

영국과 스페인의 황금시대

이 장을 마치면 여러분은

- 주요 연극의 종류, 중요한 극작가들, 셰익스피어와 스페인 황금시대의 희곡들을 목록화할 수 있다.
- 영국과 스페인의 공공(대중)극장과 사설극장을 구별할 수 있다.
- 셰익스피어 연극의 주요 무대화 관습을 묘사하고 중세의 관습과 비교(유사점과 차이점에 주목하라)할 수 있다.
- 셰익스피어와 스페인 황금시대의 물리적인 극장을 비교할 수 있다.
- 셰익스피어와 스페인의 연극에서 여성의 역할을 비교할 수 있다.
- 영국의 연극사에서 가면의 중요성을 설명할 수 있다.

배경

스페인과 영국은 르네상스에 시작한 강력한 해군력과 왕성한 무역활동으로 일찍부터 경쟁관계에 있었다. 중앙 및 남아메리카 식민지로부터 금을 수입한 스페인은 로마 가톨릭과 절대군주제를 고수했다. 반면, 영국은 막강한 상인계층을 발전시켰고 로마와 결별하고 입헌군주제를 지향했다. 두 곳 모두 경제성장이 도시와 연극의 발전을 유도했다.

영국과 스페인에서 중세 세속극의 무대화 관습(4장에서 논의한 상징, 환경, 동시성)을 이용한 새로운 상업극이 발달했다. 무대 위에서 펼쳐지는 이야기는 중세와는 확연히 다른 인물과 주제를 반영했다. 영국과 스페인 모두에서 극장은 르네상스 사상의 영향을 받았지만 중세 후기의 관습을 기반으로 지어졌다.

1550년경 중세 종교극이 끝나자마자 영국과 스페인은 화려한 연극과 막강한 대중극장을 내놓았다. 1600년경에는 정치적 안정과 경제적으로 견실한 상황 덕에 두 나라는 새로운 독립극장들과 직업연극인들, 유료 관객들, 대단히 복잡한 희곡 등 연극의 황금시대(Golden Age)를 누렸다.

영국과 황금시대

엘리자베스 여왕의 통치(1558~1603년)는 영국을 위대한 나라로 만들었다. 그녀가 왕위에 오르자 국가는 문학과 예술이 번성할 수 있는 정치, 종교적 안정을 획득했다. 종교적인 논쟁을 불식시키기 위한 시도로 정부가 종교극을 금지했을 때 연극과 공연 관람의 세속적인 전통이 빠르게 성장하는 길이 열렸다. 여왕이 교회와 왕위를 천주교도의 입장에서 공격한 중심인물이자 숙적인 메리 스튜어트(Mary Stuart)의 처형(1587년)에 결국 동의했을 때 정치적 입지가 확보되었고 영국 국교회 교도의 지배가 확고해졌다. 영국의 해군은 1588년 스페인 무적함대를 격파하며 무역국가들 사이의 지도자요, 해상의 지배자로 영국을 자리매김했다. 수십 년 만에 처음으로 영국은 자국과 해외에 평화를 가져왔고 국가적 자신감과 역사상 유례가 없는 삶에의 열정으로 충만했다.

　1558년 엘리자베스 여왕이 종교극을 추방한 지 약 20년 뒤 상업극장들이 런던에 문을 열기 시작했다. 그들은 중세의 관습을 유지했지만 큰 차이가 하나 있었다. 로마가 영국에 극장을 지은 이래 처음으로 영국인들이 극장으로 사용하기 위한 특별한 구조물을 지었다. 요약하면, 발견된 환경에서 무대화하던 시대는 끝나 가고 있었다.

영국과 스페인

이 시대에 종교로 인해 두 나라가 분리된 것처럼 바다와 프랑스로 인해 영국과 스페인은 분리되었다. 그럼에도 불구하고 두 나라는 대체로 비슷한 시기에 초기 르네상스라는 위대한 시대를 누렸다.

극장 건축

1576년 2개의 상업극장이 런던에서 문을 열었는데 하나는 야외의―혹은 '대중적인' 극장으로서 '극장(The Theatre)'―극장이었고, 다른 하나는 실내의―혹은 '사설의'―블랙프라이어스 극장(Blackfriars Theatre)이었다. 그래서 셰익스피어가 약 15년 후 런던에 도착했을 때 이 두 종류의 극장이 이미 자리를 잡았고 그는 두 곳 모두를 위해 작품을 쓰고 연기를 했다. 정확한 외양은 알려져 있지 않지만 일반적인 특징은 파악할 수 있다.

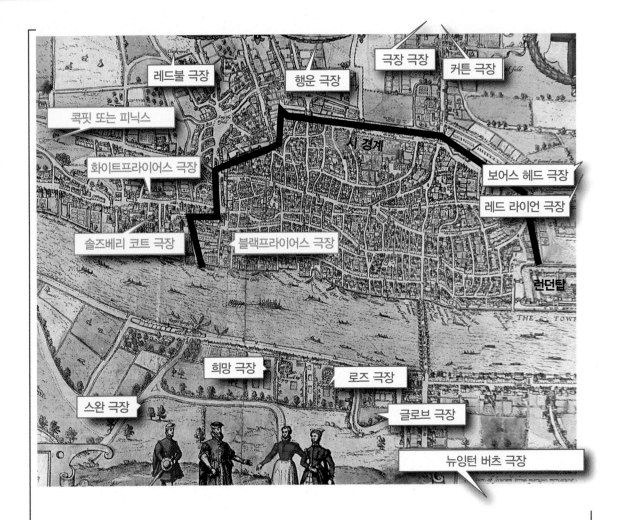

런던의 극장

1572년경의 지도에 엘리자베스 시대 런던 극장들의 대략적인 위치가 표시되어 있다. 블랙프라이어스 극장을 제외한 거의 모든 극장이 시 경계 밖에 있음에 주목하라. 파란색이 대중극장이고 오렌지색이 사설극장이다.

대중극장

1576년과 1642년 사이에 수많은 야외 대중극장(public theatre)이 지어졌다. 그들은 원형 혹은 다각형으로, 일부에만 지붕이 있었고 열린 공간을 에워싸는 다층 구조의 객석으로 이루어졌다. 열린 공간으로 1.2~1.8m 정도 높이의 높임무대가 튀어나와 있었다. 열린 공간[혹은 피트(pit)]과 높임무대 일부에는 지붕이 없었다. 조명은 태양이었다. 관객은 대략 2,500명 정도 되었던 것 같은데, 삼면에서 공연 공간을 에워쌌다. 피트는 서서 보는 자

우리가 어떻게 아는가

스완 극장

아래 그림은 영국 대중극장의 내부를 볼 수 있는 유일한 시각자료이다. 당시 런던을 방문한 네덜란드인 요하네스 드비트(Johnnes DeWitt)가 1596년에 그린 이 그림은 친구 아렌트 반 부셸(Arend van Buchel)에게 쓴 편지에 담겨 있었다. 드비트가 원래 그린 그림은 남아 있지 않다. 현재 남아 있는 스완 극장의 모습은 독일의 한 도서관에서 1890년대 후반에 발견된 반 부셸의 사본이다. 확실히 원근법이나 축척 모두 정확하지 않지만 이 그림은 셰익스피어 시대의 극장에 대해서 많은 얘기를 들려준다.

스완 극장 스케치는 원형극장의 형태를 하고 있고 무대를 삼면으로 에워싸는 높임무대에, 중앙(위층 오른쪽)에 악사가 위치하고 갤러리가 3층으로 이루어져 있음을 보여준다. 극장의 부분들은 라틴어로 표기되어 있기에 여기서는 명확하게 하기 위해 번역했다. 드비트는 편지에서 라틴어로 스완 극장이 런던의 극장들 중에서 가장 크고 웅장하다고 강조했다. 약 3,000명을 수용할 수 있을 것이라 추측했다. 드비트는 너무 정교해서 진짜 대리석처럼 보인 2개의 목재기둥을 언급하고 있다.

이 사본이 원본을 정확하게 베꼈다고 해도 여전히 몇 개의 의문이 남는다―그림의 모습은 실제 공연인가, 리허설인가? 이 당시 영국 대중극장의 중요 부분이라 일컬어진 발견공간은 어디인가? 무대 위 구역에서 보는 사람들은 누구인가? 드비트의 원본도 반 부셸의 복사본처럼 원근법과 축척이 부정확했는가?

엘리자베스 시대 대중극장에 대해 알 수 있는 희귀자료

리였고 갤러리(gallery)에는 앉아서 볼 수 있는 좌석이 있었고 보다 특권층을 위한 귀빈실(lords' room)이 있었다.

배우들은 높임무대에서 연기했고 높임무대 뒤편에 위치한 분장실(tiring house)에서 큐를 기다리거나 의상을 갈아입었다. 여러 극장에서 무대에 의지한 기둥이 받치고 있는 지붕[천국(heaven)]이 무대의 일부를 덮고 있었다. 이 지붕은 그 아랫면이 별, 행성, 천궁의 기호들로 그려져 있었다. 신이나 소품이 하늘에서 내려왔다.

무대 바닥에는 트랩(trap)이 있었다. 이 트랩을 통해 인물들이 등장하거나 사라졌다. 무대와 분장실은 최소 2개의 문으로 연결되었고 이 문은 매우 광범위한 지역을 나타내주었다. (예를 들어 문 하나가 프랑스 평원에 이른다면, 다른 문은 영국 해안으로 통하는 식이었다.) 분장실 위로 공연이 있음을 알리는 깃발이 휘날렸고 그 바로 아래에 허트(hut)라는 이름의 구역에서는 특수효과에 필요한 갖가지 장비와 기계가 시설되어 있었다. 스완 극장의 그림 자료에 확실하게 나타난 연주자들의 갤러리(musicians' gallery)는 이 허트 바로 아래, 무대 위 세 번째 층에 위치했다.

다른 지점들은 불확실하다. 연극은 분명 위층과 아래층, 2개 층의 연기 구역과 물체나 인물이 시야에서 벗어나 적절한 때에 모습을 드러낼 수 있는 장소로서 일종의 발견공간(discovery space)을 요구했다. 대부분의 학자들은 발견공간이 2개의 문 사이에 위치했음에 동의했으나 일부는 이 공간이 극장의 영구적인 건축의 일부였다고 여기는 데 반해, 일부는 필요시 더하거나 제거될 수 있는 이동식 유닛이었다고 여긴다. 또한 일부 학자들은 무

대중극장
당시의 지도에 그려진 글로브 극장의 모습. 극장은 3층 건물이고 무대를 에워싸는 다면 구조임에 주목하라. 입구에 서 있는 사람들을 통해 건물 크기를 가늠할 수 있다.

우리가 어떻게 아는가

4개의 대중극장

기록물들과 고고학적 유물들이 1576~1642년 사이에 설립된 4개의 주요 대중극장인 포춘 극장(Fortune), 글로브 극장(Globe), 로즈 극장(Rose), 커튼 극장(Curtain)의 물리적 특징에 빛을 던졌다.

필립 헨슬로(Philip Henslowe)와 에드워드 앨런(Edward Alleyn)은 1599년 새로운 사각형의 포춘 극장을 짓기 위해 목수이자 건설자인 피터 스트리트(Peter Street)와 계약을 맺었다. 스트리트는 이전에 2년간 글로브 극장의 목수/건설자였다. 포춘 극장의 계약은 그림에서 보듯 극장에 대한 구체적인 치수를 담고 있다. 그런데 많은 예에서 그 계약은 스트리트가 글로브 극장의 양식으로 포춘 극장을 짓게끔 했다. 그리하여 포춘 극장 계약서를 꼼꼼하게 읽어보면 글로브 극장의 세부시설을 알 수 있다.

계약은 글로브 극장이 사각형도 아니고 포춘 극장

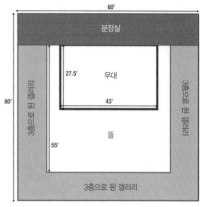

포춘 극장

이 현대식 도면은 필립 헨슬로가 목수–건설업자인 피터 스트리트와 체결한 계약서에서 발견된 치수에 기반 한다.

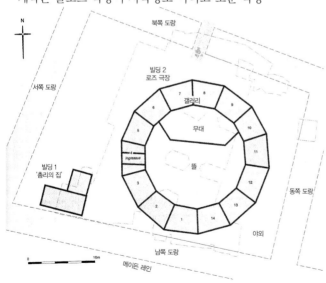

로즈 극장

고고학자들은 로즈 극장의 유적을 발굴하여 그 모양과 크기를 결정할 수 있었다.

과 똑같이 뜰과 무대로 극장의 치수가 나와 있지도 않다는 사실을 뒷받침한다. 헨슬로는 무대 아래 구역을 튼튼한 합판으로 에워싸거나 영구히 목재로 마감했다고 상술했다. 이러한 설명으로 글로브 극장 무대 아래 공간은 그 위가 합판으로 덮여 있지 않고 공연 동안 천으로 덮어 두었음을 미루어 짐작할 수 있다. 이러한 세부는 자세하지는 않으나 이 정보는 글로브 극장을 이해하는 데 도움을 준다.

1989년 글로브 극장과 로즈 극장의 구역을 고고학적으로 발굴했을 때 이 극장들의 치수와 배열에 관한 중요한 사실적 정보가 제공되었다. 런던 사우스뱅크에서 100년 된 창고를 리모델링하며 지하를 파다가 도랑을 찾았는데 여기서 로즈 극장의 유적이 발견되었다. 각각의 경우에서 그 유적은 이

(계속)

우리가 어떻게 아는가 4개의 대중극장

후의 건설로 파괴된 극장의 일부만 파편적으로 남아 있었다. 글로브 극장과 로즈 극장 모두 다각형이었다. 로즈 극장은 최소 14개 면으로, 글로브 극장은 16개 또는 18개 면으로 되어 있었음이 발굴 작업에서 밝혀졌다. 그 결과, 1500년대 후반과 1600년대 초의 장기적인 지도에서는 그들이 원형으로 보인다. 로즈 극장은 지붕이나 천궁도가 없고 무대도 비교적 작았다. 발굴 증거는 글로브 극장의 무대에 지붕이 있었음을 암시한다.

글로브 극장과 로즈 극장을 발굴한 런던 고고학 박물관의 동일한 고고학자들은 2012년 커튼 극장의 근간을 발견했다. 학자들은 셰익스피어의 두 작품 〈헨리 5세〉와 〈로미오와 줄리엣〉을 1597년 커튼 극장에서 초연했다고 믿는다. 챔벌린극단(Lord Chamberlain's Men)은 1599년 커튼극장을 떠나 신축된 글로브 극장으로 이동했다.

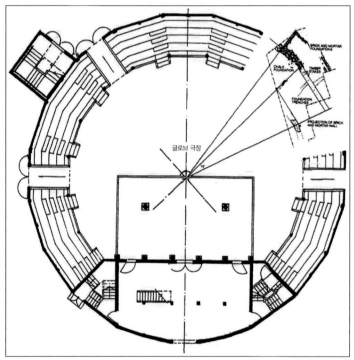

글로브 극장

글로브 극장 도면은 로즈 극장과 상당히 다르다. 무대의 위치를 눈여겨보라. 글로브 극장의 시각선이 확실히 더 나았다.

대로 돌출된 부속 건물로 보기도 한다. 분명 무대와 같은 층 공간의 형태에 관한 어떤 결정도 위층의 연기 구역을 암시한다. 또한 분명 발견공간의 영구성 정도는 극장의 일반적 모습에 급격한 영향을 끼쳤다. 현존하는 대중극장의 스케치인 스완 극장 그림에는 그런

엘리자베스 시대와 자코비언 시대의 사설극장
사진은 버지니아 주 스톤턴의 아메리칸 셰익스피어센터에 있는 블랙프라이어스 극장이다. 당시의 기록(시각자료는 전혀 없다)을 바탕으로 제2블랙프라이어스 극장을 현대식으로 재건축했다. 극장의 3면을 채우는 갤러리를 보라. 원래 극장에서는 아마도 3층으로 되어 있었을 것이다. 런던의 블랙프라이어스 극장처럼 관객은 어두워지지 않는 객석 벤치에 앉아 있다. 원래의 블랙프라이어스 극장에서처럼 일부 관객이 무대에 앉아 있다.

공간이 없기 때문에, 그리고 그런 종류의 발견공간에 따르게 될 시각선과 관련된 끔찍한 문제로 인해 전체적인 문제는 더욱 곤란해진다. 이용할 수 있는 증거로도 그 문제들을 해결하지 못하기 때문에 셰익스피어 극장의 모습에 대한 생각은 여전히 모호한 상태로 남아 있다.

글로브 극장(1599년), 로즈 극장(1587년), 포춘 극장(1600년)은 주요 배우, 경영자, 극작가들의 고향으로서 런던의 주요 대중극장이었다. 글로브 극장에서는 챔벌린 극단이었다가 나중에 킹스맨 극단(King's Men)이 된 셰익스피어의 극단이 상주했다. 1613년 글로브 극장에 화재가 발생했지만 즉각 재건되었다. 로즈 극장과 이후의 포춘 극장에서는 배우 에드워드 앨런(Edward Alleyn)이 이끈 애드미럴경 극단(Lord Admiral's men)이 상주했다. 극장 경영자 리처드 헨슬로(Richard Henslowe)는 포춘 극장의 사업실적을 담은 광범위한 '일기'를 남겨 연극사에서 중요한 위치를 차지하고 있다.

사설극장

실내 사설극장(private theatre)에 대해 알려진 바는 극히 적다. 지붕이 있었고 크기가 작았기에 대중극장보다 관람료가 더 비쌌다. 그 명칭에도 불구하고 사설극장은 돈을 지불하려는 사람들에게 개방되어 있었다. 처음에는 이 사설극장이 런던에서 가장 유행에 민감한 사람들의 관심을 끌었다. 이들은 소년배우극단이 공연하는 학구적인 연극을 보기 위해 극장을 찾았다. 어린이극단의 인기가 수그러들자 대중극장에서 여름 동안 공연한 성인극단이 겨울극장으로 이 사설극장을 인수했다. 이는 대중극장과 사설극장의 무대 공간 배열이 유사했음을 가리키므로 중요하다.

관객

대중극장의 관객은 중세의 관객과 비슷했지만 보다 도시적이었고 세련되었다. 아주 궁핍하거나 아주 부유한 관객은 없었다. (때로 아주 부유한 관객은 자신이 초대한 사람들을 위해 극단을 고용해서 자신의 저택에서 공연하도록 했다.) 관객은 시끄럽기도 했고 쉽게 산만해졌으며 남성들이 압도적으로 많았다. 관객의 상당수는 농담이나 학구적인 비유를 이해할 수 있을 정도의 교육을 받았다. 그들은 주로 언어에 매혹되었고 긴 독백이나 서정적인 시가 나올 땐 도취되어 앉아(혹은 서) 있었다.

　사설극장은 보다 분별력 있고 부유한 관객의 관심을 끌었다. 실내에 앉았고 겨울에는 따뜻했으며 비와 눈에 방해받지 않았다. 주로 남성이었고 엘리자베스 문화의 '새로움'을 실현한다는 자의식이 강했다.

제작의 실제

엘리자베스 시대 극장의 물리적 구조와 중세연극의 특징(특히 무수한 짧은 장면과 배경)은 정교한 무대장치에 반대한다. 극장에는 무대장치를 보관할 장소가 없었고 무대 안팎으로 신속하게 옮길 방법이 없었다. 사건은 장소가 재빨리 바뀌었고 장면과 장면 사이의 흐름은 끊어지지 않고 이어졌다. 그래서 작은 소품이 중요했던지라 사다리, 의자, 탁자, 태피스트리, 버팀 없이 서는 나무, 그 외 여러 작은 품목들에 대한 무대지문을 발견할 수 있다. 예를 들어 왕실을 상징하는 의자라든가 정원을 상징하는 나무 등 저변에 깔린 무대화 관습은 분명 중세의 영향을 받았다. 무대 위 기둥과 2개의 문도 간혹 특별한 지역을 상징했는데 이는 중세의 맨션과 그 기능이 닮았다. 반면, '로마의 모습'과 같은 항목이 소품목록에서 발견되는데 그래서 일부 지역은 그림으로 표현되었을 것 같다. 무대 구역은 주로 중세의 플라테아 기능을 하며 침실, 왕의 집무실, 성벽으로 신속하게 이어지며 교차했다.

　의상은 볼거리의 측면에서 무대장치보다 더 중요했다. 그 당시 설명을 보면 다양한 색의 화려한 천을 언급한다. 부연하면, 기본 관습은 중세를 따랐고 그래서 매우 상징성이 강했지만 실제 엘리자베스 시대 옷이 기본적인 모습이었다. 그럼에도 불구하고 다른 시대, 다른 나라, 다른 민족은 터번이나 로마인의 흉갑 등 상징적인 의상으로 표현되었지만 역사적인 정확성은 알려지지 않았다.

배우들은 대부분 당대의 의복을 입었고 일부는 후원자나 부유한 친구가 버린 옷이었다. 배우들은 스스로 본인의 의상을 공수했고 얼마나 의상을 비축하느냐가 배우에게는 중요했다. 그러나 악마, 천사, 은유적 인물, 투르크인, 원시인 등 비일상적인 인물들에 대해서는 극단에 의상을 요구했다. 특별한 경우를 제외하고 가면은 거의 사용되지 않았다. 가면은 이제 더 이상 연극의 중요한 관습이 아니었다.

배우와 연기

왕실 공무원인 연회담당자(Master of the Revel)는 극단에 허가를 내주었다. 허가는 배우들을 '건달과 부랑자'로 치부한 혹독한 중세의 법으로부터 보호했다. 나아가 런던 극단의 배우들은 귀족집안의 명목상 하인 신분으로 보호를 받았다. 하인들은 가족에 속했고 거기에서 중세의-봉건적인-피난처를 찾았다. 이런 법적 지위에도 불구하고 부유한 배우는 극히 드물었다. 셰익스피어는 신사의 지위로 은퇴했는데 다시 말해서 재산을 가진 부유한 사람이었다.

극단은 단원들이 지출과 이윤과 제작의 책임을 나누는 자치조합-주주극단(sharing company)-으로 조직되었다. 극히 소수의 단원들만이 극장 건물의 일부를 소유했다. 이를 가리켜 세대주(householder)라 불렀다. 극단에서 가장 돈 많은 단원들은 의상, 소품, 극단의 소유물에 권리가 있었다. 그보다 덜한 배우들은 반 혹은 4분의 1을 소유했고 그만큼 그 영향이나 수입이 감소했다. 게다가 각 극단은 배우와 무대전환수[잡역부(hirelings)]를 고용했는데 이들은 이윤을 나누기보다 일정한 보수를 받았다.

정확한 연기 양식은 불분명하지만 음성적 능력과 유연함이 중요했다. 그 시대의 희곡은 독백, 혼잣말, 복잡한 인물의 대사, 대칭구절이나 확장구절의 호흡법과 화술을 보여줄 풍부한 기회를 제공했다. 반면, 웅변적이고 수사학적인 기술이 자연스러움에 대한 배우의 탐구를 압도하는 것 같지는 않았다. 셰익스피어의 〈햄릿〉에 나오는 대사들을 포함해서 그 당시의 설명들은 배우와 관객을 똑같이 감동시키는 연기 양식에 대해 언급하고 있다. 목표는 분명 잘 가다듬은 음성을 가진 배우가 공연하는 사건에서 설득력 있게 인물을 재현하는 것이었다.

모든 배우들(과 극작가들 모두)은 남성이었기 때문에 여성의 역할은 남자나 극단의 주역배우들에게 사사받은 소년들이 맡았다. 그 당시 소년들은 줄리엣, 클레오파트라, 레이디 맥베스의 역할을 창조했다. 남성 배우들 중에서는 일정 역할을 전문화한 배우들(광

필립 헨슬로의 목록

애드미럴경 극단의 주요 운영자인 필립 헨슬로는 1598년 극단의 소품, 무대장치, 의상목록을 작성했다. 그는 극장 허가를 위해 지불한 총액을 기록했고 27명의 엘리자베스 시대 극작가들에게 지불한 금액을 적어 두었다. 그는 벤 존슨(Ben Jonson), 크리스토퍼 말로(Christopher Marlowe), 토머스 미들턴(Thomas Middleton) 등의 작가들에게 작품을 의뢰하거나 구입하고 제작하거나 이들에게 돈을 빌려주기도 했다.

그의 기록은 영국의 황금시대 극장 관습에 관하여 많은 얘기를 들려준다. 목록에는 바위 하나, 무덤 하나, 지옥의 문, 귀도의 무덤, 디도의 무덤, 침대의 틀, 계단, 8개의 창, 황금양털, 라켓 2개, 월계수, 황금사과나무, 작은 제단, 이끼 언덕, '용의 사슬' 등이 적혀 있다.

헨슬로의 목록은 의상을 상세하게 적고 있다—넵튠(해신) 의상, 탬벌린의 자줏빛 벨벳 반바지, 페이튼의 의상, 디도와 주노의 가운, '입으면 보이지 않는 겉옷'—유령 의상. 무대장치와 의상의 목록을 통해 우리는 셰익스피어 시대 연극 제작에 입체적인 소품이 사용되었음을 알 수 있다.

대, 희극적인 여성, 영웅)과 다수가 셰익스피어 시대에 널리 칭송을 받았다. 리처드 탈턴(Richard Tarleton)과 윌 켐프(Will Kempe)는 광대로, 리처드 버비지(Richard Burbage)와 에드워드 앨린(Edward Alleyn)은 비극배우로 유명했다.

극단의 활동

런던에 기초한 두 성인극단, '애드미럴경'과 '챔벌린경'이 명성이나 성과에서 우위를 점했다. 둘 모두 널리 존경받는 배우들이 이끌었다.

챔벌린경 극단(Lord Chamberlaine's Men)　1594년에 창립된 이 극단은 1603년 제임스 1세의 후원 아래 '킹스맨(King's Men)'이 되었다. 셰익스피어가 1590년경 런던에 왔을 때 배우이자 극작가로 참여한 극단이기도 하다. 이 극단은 처음에는 '로즈 극장'에서 이후 '극장 극장', 그리고 '글로브 극장'에서 공연했다. 겨울 기간에는 '블랙프라이어스 극장'과 왕실에서, 또 영국을 여행하며 여관 뜰에서 순회공연을 갖거나 귀족의 저택에서 공연을 했다. 셰익스피어의 작품들 외에도 벤 존슨, 토머스 데커(Thomas Dekker), 프란시스 보몬트(Francis Beaumont), 존 플레처(John Fletcher)의 작품을 공연했다. 챔벌린경 극단에서 가장 위대한 배우는 〈리처드 3세〉, 〈햄릿〉, 〈리어왕〉, 〈오셀로〉 등 셰익스피어의 작품에서 주역을 맡은 리처드 버비지(1567-1619)였다. 광대역을 맡은 중요한 배우도 이 극단에 있었는데, 〈헛수고〉에서 최초로 도그베리를 맡은 윌 켐프였다. 그는 유럽에서 활동하고자 1599년 극단을 떠났다.

애드미럴경 극단(The Lord Admiral's Men) 운영자인 필립 헨슬로와 극단의 주역배우인 에드워드 앨런이 이끈 애드미럴경 극단은 챔벌린경(킹스맨) 극단의 유일한 경쟁 상대였다. 버비지에게 주요 경쟁자로 간주된 앨런은 크리스토퍼 말로가 쓴 작품들에서 주역을 맡았다. 템벌린, 포스터스 박사, 〈몰타의 유태인 *The Jew of Malta*〉의 주인공, 그리고 〈에드워드 2세〉를 연기했다. 헨슬로의 의붓딸과 결혼한 앨런은 헨슬로의 사업상 기록들을 상당 부분 보존하여 런던의 연극과 그 실제에 관하여 풍부한 정보를 제공하였다.

튜더왕조의 연극과 극작가들

왕실과 학교, 대학의 활력이 국가의 총체적인 부강함에 더해졌다. 학자들은 영국인이 요구하고 선호하는 시각에서 이탈리아식 인본주의(humanism)와 고전문서들을 개조하고 있었다. 특히 대학재상(University Wits)이라 불린 몇

〈에드워드 2세〉의 죽음 장면

현대의 의상을 입은 이 공연에서 에드워드 2세는 정신병원에 감금된다. 여기서 그는 내장에 백합이 들어가 암살당한다. 백합 살인은 에드워드 2세의 죽음을 둘러싼 유명한 전설로 당시의 기록에서는 발견되지 않는다.

몇 대학의 학생들은 고전 학문을 영국의 대중무대에 적용하고 활기 있는 연극의 기초를 마련했다. 이 대학재상들에 크리스토퍼 말로와 토머스 키드가 포함되었고 인문학의 지식을 영국 무대에 가져왔다.

셰익스피어　셰익스피어는 대학재상이 아니었다. 런던에서 하루 걸리는 지방도시 스트랫퍼드어폰에이번에서 1564년 중산층 부모 밑에서 태어난 셰익스피어는 중세에서 르네상스 문화로 이행하던 때에 성장했다. 대학교육을 받지 않았지만 시골교육에서 라틴어와 글짓기의 확고한 기초를 다졌다. 그의 어린 시절에는 지역의 유력한 가문들과 알고 지냈던 것 같다. 그의 아버지는 (장갑)상인이었지만 제법 지위가 있었다.

　셰익스피어(William Shakesperar, 1564-1616)는 그 지역의 여인과 결혼했지만 고향에 오래 머물지는 않았다. 20대 중반 그는 가업을 뒤로 하고 런던으로 가서 연기라는 위험천만한 직업을 택한다. 그러나 평생 그의 연극과 시를 풍성하게 한 영국의 전원과 젊은 시

절 영국인으로서의 특성은 버리지 않았다.

부유하고 유명해진 그는 1612년 무대에서 은퇴하고 스트랫퍼드로 돌아와 멋진 집을 사고 경제적인 성공을 입증하는 신사의 문장을 전시했다.

셰익스피어는 영어권에서 가장 위대한 극작가이자 서양문명에서 가장 위대한 극작가에 속하기도 한다. 1590~1613년 사이 셰익스피어는 38편의 희곡을 썼는데 이를 편의상 세 가지 유형으로 구분한다.

- 역사극(영국의 역사를 다룬 희곡) : 〈리처드 2세〉, 〈헨리 4세〉(1부와 2부), 〈헨리 5세〉, 〈헨리 6세〉(1, 2, 3부), 〈리처드 3세〉, 〈헨리 8세〉
- 비극 : 〈로미오와 줄리엣〉, 〈줄리어스 시저〉, 〈햄릿〉, 〈리 어왕〉, 〈오셀로〉, 〈맥베스〉, 〈안토니와 클레오파트라〉
- 희극 : 〈사랑의 헛수고〉, 〈뜻대로 하세요〉, 〈십이야〉, 〈헛소동〉, 〈한여름 밤의 꿈〉 의 대중적이고 낭만적인 작품부터 〈끝이 좋으면 다 좋아〉, 〈자에는 자로〉의 어두운 희비극의 순으로 나열

셰익스피어의 희곡과 영국과 스페인의 그 당시 작가들의 희곡들은 극작의 개념과 기술에 있어 그리스나 로마보다는 중세와 공통점을 지닌다. (셰익스피어를 포함하여) 영국 황금시대 희곡의 여섯 가지 주요 특질은 다음과 같다.

현대의 〈십이야〉

쿠츠타운대학교의 이 범상치 않은 공연에서는 셰익스피어의 대중희극에서 크로스 드레싱(cross-dressing)의 희극적인 에피소드를 강조하기 위해 거울을 사용한다. "우리가 보이는 대로 이해할 수 있는가?"라는 질문을 던지고 있는 것 같다. 엘리자베스 시대 극장에서의 원작 공연을 반영하는 2개의 수직기둥에 주목하라.

- 빠른 공격점 : 희곡은 이야기의 시작부터 시작한다. 그 결과 관객은 전달자를 통해 사건을 간접적으로 알기보다 무대에서 사전이 전개되는 과정을 볼 수 있다.
- 몇 가지 사건들['하부플롯(subplot)'] : 처음에는 다양한 사건의 진로들이 분리되고 독립적으로 보이지만 극이 해결 국면으로 접어들면서 몇 가지 진로가 점차 합쳐지면서 결말부에서는 다양한 진로의 일치가 명확해진다.
- 다수의 다양한 사건 : 눈물과 웃음의 혼합은 일반적이었고, 감미로운 사랑의 장면과 요란한 대결장면의 병치는 흔했다.
- 시간과 공간의 자유 : 사건은 몇 달 또는 몇 년을 두고 몇 개의 장소에서 펼쳐진다.
- 다수의 다양한 인물 : 30명의 등장인물은 보통이고, 이들 중에는 왕과 무덤지기, 학자와 광대, 노인과 젊은이, 도시인과 시골사람, 부자와 가난한 사람들이 있었다.
- 다양한 언어 : 같은 희곡 안에서도 희곡의 극적 사건을 강화하기 위해 주의 깊게 선택된 서정적인 구절이나 우아한 수사학, 음란한 속어, 재치 있는 격언, 평범한 산문.

　셰익스피어와 그의 동시대인들의 예술은 영웅적인 것부터 세속적인 것까지 각 막에 관계된 인문주의의 광범위한 단면도라는 자화상으로 커다란 극적 캔버스를 채운 광활한 것이었다. 이런 점에서 엘리자베스 시대 연극은 중세와 매우 대조적이었다. 엘리자베스 시대 연극의 질감은 풍부하고 세밀하며 직선적이고 암시적인 반면 중세연극은 단순했다. 〈오이디푸스 왕〉과 같은 고전극은 늦은 공격점, 행위의 일치, 비교적 적은 수의 등장인물, 지역, 사건을 가졌다. 셰익스피어와 그의 동시대 작가들은 시작부터 이야기를 펼쳤고 몇 개의 사건을 전개하는 가운데 많은 세부를 담았으며, 각각의 사건마다 그에 속한 인물들이 있었다. 고전극이 제한적인 유형의 시간, 장소, 극 행위를 채택한 반면, 엘리자베스 연극은 그 범위가 자유로웠다. 고전비극의 힘이 집중과 희소성으로 이룬 강도에 의지한 반면, 셰익스피어와 그의 동시대 작가들의 연극에서 그 힘은 풍부한 세부, 감정의 범위와 대조, 드넓은 극작가의 비전에서 나온다.

　셰익스피어 시대의 다른 두 작가, 크리스토퍼 말로와 토머스 키드가 당대 큰 존경을 받았다.

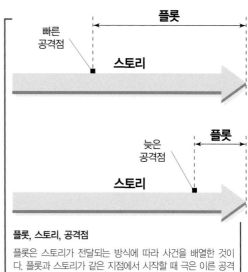

플롯, 스토리, 공격점
플롯은 스토리가 전달되는 방식에 따라 사건을 배열한 것이다. 플롯과 스토리가 같은 지점에서 시작할 때 극은 이른 공격점을 갖는다. 플롯이 스토리에서 늦게 시작할 때 극은 늦은 공격점을 갖는다.

크리스토퍼 말로   말로는 술집에서 결투에 휘말려 이른 나이에 죽는 바람에 결과물이 많지는 않지만 영국 극작가들 가운데 가장 재능 있는 작가로 꼽힌다. 셰익스피어와 달리 말로(Christopher Marlowe, 1564-1593)는 대학교육을 받았다. 박력 있는 무운시와 유려한 언어로 비평가들의 주목을 받았다. 1593년 죽었을 때 그는 이미 셰익스피어만큼 많은 작품을 썼다. 〈탬벌린〉(1, 2부), 〈포스터스 박사 *Dr. Faustus*〉, 〈몰타의 유태인〉, 〈에드워드 2세〉 등을 썼다. 〈포스터스 박사〉가 큰 영향을 미치긴 했으나 현대에 가장 자주 공연되는 작품은 〈에드워드 2세〉이다.

토머스 키드   말로처럼 키드(Thomas Kyd, 1558-1594)도 대학교육을 받았다. 그는 엘리자베스 시대의 가장 대중적인 작품인 〈스페인 비극 *The Spanish Tragedy*〉을 썼다. 살인과 복수로 이루어진 이 작품은 하나로 된 합창단, 유령, 독백, 그리고 여러 지역을 오가는 삽화식 구성 등 세네카가 확립한 표본을 사용했다. 복수비극은 살인자, 희생자의 혼령이 보통은 아들인데 자신의 복수를 대신해줄 사람을 방문하는 것, 살인자와 복수자가 음모를 꾸미는 국면, 복수자의 거짓 혹은 진짜 광기, 살인자, 복수자, 그리고 주변의 구경꾼이 모두 죽는 큰 폭력의 절정을 포함하는 장르이다. 예를 들어 셰익스피어의 〈햄릿〉은 복수비극의 관습을 따른다.

스튜어트 왕조의 희곡과 극작가들

튜더 왕조의 엘리자베스 1세가 1603년에 죽자 후계자가 없었기에 스튜어트 왕가의 제임스 1세가 영국의 운명을 이끌 왕위에 올랐다. 1625년 제임스 1세가 죽자 그의 아들인 찰스 1세가 왕위를 이었다. 이 스튜어트 왕조의 통치기간 동안 영국은 몇몇 주요작가의 작품으로 풍성했다. 그런데 연극은 변했다. 셰익스피어의 영웅적 주제는 퇴폐와 비관주의에 밀려났다. 멜로드라마가 비극을 대신한 것이다.

벤 존슨   셰익스피어 이후, 존슨(Ben Jonson, 1572-1637)이 가장 훌륭한 엘리자베스 시대 극작가로 평가받고 있다. 그는 20편에 달하는 희곡과 40편에 달하는 궁정가면극, 그리고 11편의 책을 썼다. 그의 활동은 엘리자베스 1세, 제임스 1세, 찰스 1세에까지 이르지만, 가장 왕성한 활동을 한 시기는 자코비언 시대(Jacobean era)로 첫 공연 직후 커다란 성공을 거둔 〈볼포네 혹은 여우 *Volpone, or the Fox*〉(1605년), 〈연금술사 *The Alchemist*〉(1610년)가 이때 작품이다. ('자코비언'은 제임스 1세가 영국의 왕으로 통치하던 시기를 가리킨다.)

이 작품은 오늘날에도 간혹 공연된다.

존 웹스터 다른 작가들과 협업하며 무대작품을 많이 쓰긴 했지만 존 웹스터(John Webster, 1580-1634)는 엘리자베스 1세 사후 어둡고 폭력적이며 공포로 가득 찬 희곡으로의 변화를 반영하는 두 작품으로 가장 잘 알려져 있다. 1614년 킹스맨 극단이 첫 공연을 한 〈말피의 공작부인 *The Duchess of Malfi*〉은 바로 성공을 거두었다. 이 작품은 사랑이야기로 시작하지만 폭력적인 비극으로 끝난다.

공작부인에게는 추기경과 공작인 오빠 둘이 있는데, 이들은 공작부인의 남편이 죽자 그녀의 영토를 차지하기 위해 재혼을 막는다. 그녀는 비밀리에 하인과 재혼한다. 그 결과 공작부인, 그녀의 자식, 그리고 두 번째 남편 모두 살해당한다. 사악한 오빠들도 죽는다. 웹스터의 또 다른 작품 〈하얀 악마 *The White Devil*〉는 오늘날에도 공연된다. 복수비극인 이 작품은 첫 공연에서는 실패했지만 이후 큰 성공을 거두었다.

보몬트 플레처 프란시스 보몬트와 존 플레처는 제임스 1세의 즉위 기간 동안 거의 10년간 함께 작품을 썼다. 이 작품들은 주로 비희극(tragicomedy, 심각한 사건들이 이어지지만 행복한 결말)과 풍습희극(comedies of manners)으로서 오늘날에는 거의 공연되지 않는다. 그들의 공동창작은 상당한 존경을 받았으며 1679년에는 50편 이상이 실린 '보몬트와 플레처'라는 책자로 발간되었다. 여기에는 플레처가 혼자 쓴 작품과 공동창작한 작품들도 함

〈두 명의 귀족 친척〉
이 극은 1613년 셰익스피어와 존 플레처가 함께 썼다고 여겨진다. 사설 블랙프라이어스 극장에서 초연되었다. 버틀러대학교 극장의 공연 사진은 두 가지의 지배적인 극중 분위기를 보여준다.

께 실렸다. 최근의 학자들은 보몬트와 플레처가 15편 정도의 작품만 같이 썼다고 추정한 다. 보몬트는 1613년 연극계를 떠났다. 이후 플레처는 혼자 작품을 쓰거나 보통 '킹스맨' 극단 공연을 위해 셰익스피어를 포함, 11명 정도의 공동창작 작가들과 같이 작업했다. 그 는 〈헨리 8세〉와 〈두 명의 귀족 친척 *The Two Noble Kinsmen*〉을 셰익스피어와 같이 쓴 게 아닌가 의심받고 있다.

셰익스피어의 유산

같은 시기의 제임스 왕 성서의 출판과 더불어, 셰익스피어의 언어는 인쇄, 출판되자 현대 영어의 확립에 큰 기여를 했다. 이후 세대들은 엘리자베스 시대의 다른 극작가들이 쓴 희 곡을 거의 재공연하지 않았으나 셰익스피어는 유효했다. 셰익스피어 공연은 서양연극사 에서 악명이 높았다. 다시 말해 수년간 각 세대는 연극이 어때야 하는지에 대한 개념에 자유롭게 맞추면서 셰익스피어를 다시 썼기에 셰익스피어의 저작에 대한 경외심이 적었 다. 19세기 중반(1800년대) 영국 배우 윌리엄 찰스 매크리디(William Charles Macready)가 다시 셰익스피어의 희곡을 써진 그대로 공연하기 시작했다.

19세기 개척기 미국에서는 문학 가문이라면 책을 소유할 경우 성서와 셰익스피어 전 집을 갖추고 있었다. 순회극단들은 미시시피 강을 따라 거룻배에서 혹은 골드러시 시대 에는 캘리포니아 국경지역에서 셰익스피어를 공연했다. 셰익스피어의 표현들 - 채권자 도 채무자도 되지 말라 - 등은 셰익스피어 공연을 한 번도 보지 못한 영어권 사람들 사이 에서조차 일반적으로 통용되었다. 1700년대 셰익스피어의 독일어 번역은 독일의 소설양 식에 적합했고 영어로든 번역으로든 셰익스피어는 독일의 3대 대중적인 극작가 중 한 사 람이 되었다.

20세기에 전체주의 국가들에서 가끔 자기네 사회를 비평하기 위한 수단으로 셰익스피 어를 공연했지만 고전 작가라는 거부할 수 없는 가치 뒤로 안전하게 숨을 수 있었다. 21 세기 셰익스피어 공연은 간혹 영화배우들이 주인공을 맡으면서 상업적 성공을 거두었다. 셰익스피어와 더불어 과거는 현재에도 상당한 영향을 끼친다.

궁중가면극과 새로운 관습 : 이니고 존스

모든 연극이 대중극장과 사설극장에서만 공연된 건 아니다. 왕실의 관객은 귀족이나 왕 실에서 공연되는 연극이나 볼거리를 위해 초청을 통해서만 모였다. 헨리 8세(엘리자베 스 여왕의 아버지)와 엘리자베스 여왕 모두 연극적인 오락물을 후원했지만, 그들을 따라 화려한 궁중가면극[masque, 가면무도회(masquerade)의 줄임말]을 완성시킨 제임스 1세와 찰스 1세는 스튜어트 왕가였다. 단명한 이 공연물은 크리스마스나 십이야 때 한두 번 혹은 왕을 영접할 때 공연되었다. 이후 사라졌고 다시 공연되지 않았다. 가면무도회는 화이트홀(Whitehall)의 연회실에서 주로 공연되었다. 대중극장이나 사설극장에서는 공연되지 않았다.

스튜어트 왕가의 가면극은 특정 인물이나 사건을 축하하기 위해 고안된 노래, 시, 음악, 그리고 가장 중요한 춤이 담긴 우화적인 이야기였다. 대본은 정교한 무대장치와 화려한 의상에 대한 설명보다도 짧았다. 주요 배역과 희극적인 인물, 악당들 모두 전문 배우가 연기했지만 궁정인들도 가면무도회의 핵심인 3개의 호화로운 무용을 직접 공연했다. 막대한 양의 돈이 오락물의 화려함을 보증했다. 어떤 가면무도회는 숙련공의 연평균 임금이 25파운드였던 그 당시 21,000파운드라는 어마어마한 비용이 들었다.

벤 존슨을 포함한 다수의 주요 극작가들이 가면무도회 대본을 썼다. 대본이 무대장치에 밀린다는 사실에 화가 난 벤 존슨은 1631년 가면무도회 대본 쓰기를 그만두었다.

가면무도회의 주인공은 작가가 아니라 장치와 의상 디자이너, 이니고 존스(Inigo Jones, 1573-1652)였다. 영국 태생의 존스는 17세기 초 두 차례 이탈리아에서 수학하며 환상적인 무대작화, 무대기계, 매달기, 디자인 등 최신 기술을 습득했다. 그는 이것들을 1605년 영국 왕실에 소개했고 그의 첫 가면무도회였던 〈암흑의 가면무도회 *The Masque of Blackness*〉를 제임스 1세를 위해 공연했다. 말년에 그는 이탈리아 무대화 기술의 주요 요소들을 도입했는데 환영주의, 원근법, 셔터와 그루브를 사용한 빠른 장면전환이 그것이었다.

가면무도회 제작기술

존스는 가면무도회의 디자인과 제작에 큰 책임을 졌다. 그는 연회실과 같은 기존 공간에 일시적인 그림틀 '극장'―무대 자체―을 시설했다. 무대장치와 기계장비를 포함한 가면무도회는 신속하게 준비되고 해체되었다. 밤에 공연한 제작물들은 촛불을 이용했는데 조도를 높이기 위해 반사경을, 또 조도를 낮추기 위해 가리개(실드)를 사용했다. 무대는 1.2~1.8m 높이였고 상대적으로 깊이가 없었다.

기계장치 존스는 가면무도회에 사용된 모든 무대장치를 디자인했다. 그의 모든 디자인에서 구름기계와 플라잉장치는 중요한 요소였다. 무대장치는 단일 원근법 안에서 이탈리아

이니고 존스의 궁중가면극 인물들

궁중가면극 인물을 위한 2개의 스케치는 이니고 존스가 제작한 몇 안 되는 아주 화려한 인물을 보여준다. 그는 평상시엔 색과 원단에 대한 노트와 함께 단색으로 빠르게 스케치를 그리고는 의상제작자에게 넘겼다. 첫 번째 스케치는 횃불을 들고 무용수들을 주 무대로 이끄는 사람으로 눈에 띄는 복장을 하고 있다. 두 번째 스케치는 날개를 달고 있는 무용수다. 세 번째 그림은 작품이 알려지지 않은 어느 궁중가면극을 위한 이니고 존스 식의 장면이다.

그루브 시스템을 사용하며 전환되었다. 단일 원근법은 객석 중앙공간의 자리, 전제군주제가 지배한 정중앙 좌석에서 가장 착각을 불러일으킨다. 객석 중앙이지만 무대 바닥에서 펼쳐지는 무용을 즐기고 무대광경을 감상할 수 있을 만큼 무대와 충분한 거리가 있는 좌석에 앉은 왕만이 공연물을 가장 완벽하게 볼 수 있었다.

의상 가면무도회의 전형적인 특징은 전문 배우들과 왕실 공연자, 무용수들을 위해 존스가 디자인한 정교하고, 때로는 환상적이기까지 한 의상이었다. 이런 의상 스케치의 대부분은 데번셔 공작(Duke of Devonshire)의 서고에 오늘날까지도 남아 있다. 그들은 탁월한 예술가의 빠른 손놀림을 보여주는데 의상이 어떻게 제작되어야 하는지에 대한 충분한 세부묘사를 담고 있다. 현전하는 존스의 의상 스케치 가운데 컬러는 4개뿐이다.

의의

스튜어트 왕가의 가면무도회는 이를 본 사람들의 수를 고려했을 때 기대 이상의 연극사적인 의의를 갖는다.

- 17세기(1600년대) 전반에 이탈리아 무대화 시스템을 사용했다. 이때 영국의 대중극장과 사설극장은 여전히 근본적으로는 중세에 바탕을 둔 무대화 기술을 사용했다.
- 사치스러울 만큼 값비싼 가면무도회와 전제군주제의 밀접한 관련은 이후의 청교도 세력이 내전을 치르고 극장을 폐쇄하는 기폭제가 되었다.

영국 극장 폐쇄

1642년 내전이 발발했다. 여러 논점들을 캐리커처 수준으로 지극히 단순화하자면, 내전은 의회, 상인, 그리고 훨씬 단순화한 영국 국교회를 찬성하는 사람들과 전제군주제와 궁정인, 로마 가톨릭을 따르는 성공회를 지지하는 사람들 사이에서 벌어졌다. 올리버 크롬웰(Oliver Cromwell)이 지휘한 의회가 승리했고 왕을 폐위시키고 권력을 잡았으며 극장이 전제군주제와 밀접한 관련이 있다는 이유로 극장을 폐쇄했다.

그러나 음악은 금지되지 않았기에 윌리엄 대버넌트(William Davenant, 1606-1668)라는 이름의 가면무도회 작가는 이탈리아 시스템을 사용해서 무대화한 오페라를 제작했다. 이런 식으로 이탈리아의 환영주의 무대화 관습이 영국의 대중들에게 소개되었다. 그

때까지는 거의 40년 동안 이 이탈리아 무대화 관습이 궁중가면극에서만 사용되어 왔던 것이다.

　　1642년 극장 폐쇄로 인하여 중세관습에 바탕을 둔 영국의 세속극도 금지되었다. 1660년 영국의 극장들이 다시 문을 열었을 때 영국은 이미 대륙에서는 일반적으로 사용된 이탈리아 양식, 특히 환영주의를 채택했다.

스페인의 황금시대

중세 동안 스페인 연극은 중요한 면에서 영국과 평행선을 달렸다. 중세극은 라틴음악극, 종교극, 희극과 소극, 학교와 재상연극, 궁정의 막간극을 포함했다. 성찬신비극(autos sacramentales)이라는 스페인 종교극은 도덕극과 순환극의 특징을 결합했다. 단막 우화극으로 성체축일 동안 성체성사의 신비를 보여주었다. 페드로 칼데론(Pedro Calderon de la Barca)은 가장 많은 성찬신비극을 썼고 가장 인기가 있었다.

　　스페인 중세극의 무대화 관습은 중세의 영국과 흡사했다. 둘 다 고정된 무대가 아닌 이동식 무대를 사용했다. 중세에서 황금시대로 전환하는 시기에 전문 배우들로 구성된 작은 극단들이 1580년대 초 마드리드에 영구극장이 지어질 때까지 순회공연을 다녔다.

관객으로서, 배우로서 여성

스페인 극장이 여성을 받아들인 것은 관대하면서 동시에 제한적이었다는 점에서 영국과 상당히 달랐다. 1580년대 중반 이후 여성들이 연기하는 것을 허용했지만 여성 관객은 거리에서 들어오는 출입구도 분리된 개별적인 객석에 한정되었다. 다수의 여성들이 다른 사람들이 알아볼까 두려워 가면을 착용했다.

　　법적으로 여성들이 무대에서 연기할 수 있었던 것 또한 불안정하다. 1587년 초반 연기를 허용하는 법을 철회하려는 시도가 있었다. 1589년에는 성직자들이 여성들을 몰아내는 데 결정적인 역할을 했으며 소년들이 분장을 하지 않는 한에서 여성들을 대신하도록 했다. 분장한 소년들이 여성들보다 더 위험하다고 생각한 통치 의회는 여성들이 그대로 남아 있도록 했다. 그러나 스페인의 여배우는 다른 나라들과 마찬가지로 오랫동안 부도덕하다고 여겨졌으며 남성의 도덕률을 위협했다.

스페인 대중극장

스페인의 대중극장들은 영국처럼 근본적으로는 중세의 무대화 관습 안에 머물러 있었다.

최초의 영구 대중극장은 돌출무대를 가진 야외극장이었다. 관객은 중앙에 서거나 무대 삼면의 갤러리석과 박스석에 앉았다. 그 배경이 등·퇴장용 문으로 분할된 무대는 부분적으로 지붕이 있었고(이 지붕은 2개의 기둥이 받치고 있었다) 트랩과 플라잉 장치가 시설되어 있었으며 무대 위로 발견공간과 제2의 연기 구역을 특징으로 했다. 무대장치, 의상, 극작의 관습도 영국과 유사했다. 영국에서처럼 스페인의 궁정극장(court theatre)은 더 새로운 이탈리아 관습을 활용했다.

코랄(corrales)이라는 이름의 스페인 대중극장의 위치는 영국과 스페인 극장 사이의 뚜렷한 차이였다. 런던에서는 연극공연을 목적으로 독립적으로 지어진 구조 대신 스페인의 극장들은 개인가옥들의 블록 중앙 뜰에 부속처럼 지어졌다.

코랄 델 프린시페

1580년대 초반 극장 두 곳이 마드리드에 신설되었는데, 바로 코랄 델 크루즈(Corral del Cruz)와 코랄 델 프린시페(Corral del Principe)다. 이들은 1560년대 이후 존재한 극장들을 대신하였다. 둘 다 병원 기금을 마련하려는 종교협회 소유였다. 이 관계는 극장들에 필요한 합법성을 부여했다. 코랄 델 프린시페는 1세기가 넘는 기간 동안 시의 가장 유력한 극장이었다.

몇 채의 가옥 사이의 열린 공간이라는 뜻의 코랄은 영구극장과 동의어가 되었다. 이는 관객을 통제하여 입장료를 지불하도록 할 수 있는 폐쇄공간을 만들어야 하는 문제에 대한 스페인식 해결책이었다. 집들에 둘러싸인 직사각형 공간 안으로 한쪽 끝에는 8.4m 폭에 깊이 7.5m인 무대를 세웠다. 이 무대는 가장 저렴한 구역(앞에 벤치가 있는 뒤에서 서서 보는 자리)인 파티오(patio, 피트) 위로 높임무대 형태인데, 파티오는 무대와 동일한 폭으로 약 15m 길이였다. 가장 선호되는 값비싼 좌석인 박스 혹은 로지(loges)석이 양편으로 조금 높게 이어져 있었다. 무대 반대편으로 파티오의 끝에는 박스석이 있었고 그 위로 여성전용 출입구와 좌석이 있었다. 여성전용 객석 뒤로부터 무대 뒷벽까지, 그리고 옆에서 옆까지가 오늘날 농구장의 안쪽 구역 크기의 친밀한 극장이었다. 무대에는 지붕이 있었다. 파티오 일부는 비가 아니라 해를 피하기 위함인 듯한 차양이 드리워져 있었다.

다른 코랄과 마찬가지로 프린시페도 양편 가옥들의 창문을 사용했다. 그 뒤로 집주인들이 소유하고 관리하는 고급 박스석(실제로는 방)이 있었다. 그들의 사적인 공간은 상류층 여성들을 매료시켰다. 무대 뒤로 커튼이 달린 2층 공간이 있었다. 무대 뒤와 양편으로

학문적인 재구성

코랄 델 프린시페를 추측해서 그린 이 그림은 전형적인 스페인 황금시대의 극장이다. 다양한 객석 구역을 보라. 존 앨런(John J. Allen)의 재구성은 플로리다대학교출판부의 허가를 받고 인쇄되었다.

문이 있었던 것 같다. 무대 바닥에는 트랩이 있었지만 연주자들이나 관객이 그 작은 무대에 앉았을 것 같지는 않다.

코랄 델 프린시페에서 무대장치는 선택사항이었지만 때로 복잡했다—분수, 나무, 배의 닻, 매달기 장치(아마도 배우가 오를 수 있는), 무어인의 배와 기독교인 배의 상부구조 등. 무어인의 터번이나 로마인의 토가처럼 상징적인 역사적 정확성을 띠긴 했지만 17세기 초반 30년까지 의상은 비싸고 현란했다. 그러나 대개 배우들은 당시의 의복을 착용했다.

코랄 델 프린시페는 전형적인 스페인 황금시대의 극장으로 인식된다. 작고 그 공간 구성은 중세적이며 소란스러웠으나 가장 위대한 스페인 희곡들이 여기서 초연되었다.

희곡과 극작가들

스페인의 황금시대는 영국과 마찬가지로 연극적 장치가 아니라 희곡으로 주목받는다. 100년의 기간 동안 스페인의 극작가들은 전막 길이의 진지하든 우스꽝스럽든 관계없이 코메디아(commedias)라는 명칭의 수천 편의 희곡을 썼다. 중세 혹은 당시 영국의 희곡처럼 이들은 엄청난 규모의 인물과 사건, 여러 시대와 장소를 아우르며 웃음과 눈물을 뒤섞는다. 세속적인 희비극, 종교적 주제를 담은 희곡, 시대활극(cloak-and-sword plays), 소극이 인기가 있었다.

로페 드 루에다 최초의 주요 극작가이자 스페인의 첫 번째 배우인 극장장 로페 드 루에다(Lope de Rueda, 1505-1565)는 소극과 종교극 전문 작가였다. 그는 단순한 상황(주로 짜릿한), 사기, 장난을 이용한 단막 소극을 칭하는 파소스(pasos) 또는 산문 막간극으로 유명하다. 그의 극단은 스페인 전역을 돌며 발견된 공간이나 주요 가옥들에서 그의 작품이나 다른 작가의 희곡을 공연했다. 26편의 파소스가 남아 있다.

로페 드 베가　현재까지 가장 대중적인 스페인 극작가 로페 드 베가(Lope de Vega, 1562-1635)는 이후 영국과 프랑스 극작가들에게 영향을 끼친 시대활극을 고안했다. '칼과 망토의 희곡(*comedia de capa y espada*)은 왕실의 풍습과 결투를 특징으로 하는 낭만적인 연극으로 인물들이 망토를 두르고 칼을 찼기에 이런 명칭이 붙었다. 베가가 쓴 500편 이상 작품 중 〈양의 우물 *Fuente Ovejuna*〉이 가장 유명하다. 베가는 스페인 사람으로는 최초로 극작가로 생계를 유지했다.

페드로 칼데론　가장 존경받는 스페인 황금시대 작가는 바르카의 페드로 칼데론(Pedro Calderón, 1600-1681)으로, 그의 〈인생은 꿈 *Life Is a Dream*〉은 시와 지성의 전형을 보여주고 있다. 칼데론은 100편 이상의 코메디아와 80편의 성찬신비극, 20편의 단막희극[막간극(*entremeses*)]을 썼다. 1640년경 그는 무대공연을 위한 저작을 그만두었다. 국왕 추모(1644-1649)를 위해 이 직후 극장이 폐쇄되었다. 대중극장은 18세기까지 계속 사용되었으나 극장들이 재개관했을 때 이미 황금시대는 지났다.

연극은 연극이다

칼데론의 〈인생은 꿈〉, 1635년

페드로 칼데론은 스페인 황금시대의 마지막 작가로, 수많은 비평가들은 그를 이 시대를 집대성한 작가로 평가한다. 1635년 초판된 〈인생은 꿈〉은 엘리자베스 시대 희곡과 공통점이 많다. 뒤섞인 분위기, 다양한 인물, 2개의 주요 하부플롯, 시로 써진 점 등이 그러하다. 영국 르네상스 시대 희곡과 달리 선행 사건을 감추기 위해 필요한 많은 설명을 담은 늦은 공격점을 가진다. 연극의 사건은 며칠에 걸쳐 소수의 지역을 배경으로 일어난다.

　다른 특징에서 〈인생은 꿈〉은 그 당시 연극과 유사하다. 여행 중인 여인이 남자로 변장한다(셰익스피어의 〈뜻대로 하세요〉). 왕이 상속자들을 상대로 치명적인 실험을 한다(〈리어왕〉). 중심인물이 극도로 개인적이고 도덕적 압박을 가하는 상황 속에서 방황하게 만드는 변화를 겪는다(〈햄릿〉). 더욱이, 사건은 폴란드라는 실제 이름을 가진 신화적인 나라에서 일어난다. 그러나 이 작품에서 '폴란드'는 셰익스피어의 비엔나나 베로나(각각 〈자에는 자로〉와 〈로미오와 줄리엣〉)와 마찬가지로 칼데론의 마음에 존재하는 나라이다.

(계속)

연극은 연극이다 칼데론의 〈인생은 꿈〉, 1635년

작품 줄거리 로사우라(Rosaura)는 자신을 보호하기 위해 남자로 변장했고 그녀의 하인 피페(Fife)와 고향인 모스코비(Moscovy)를 떠나 폴란드의 수도로 길을 떠난다. 그들은 세기문도(Segismundo)가 태어날 때부터 갇혀 있는 탑을 발견한다. 그는 왜 갇혀 있는지 모른다. 그의 역경에 마음이 움직인 로사우라는 그에게 탈출에 사용하도록 칼을 전해준다.

바실리오 왕(King Basilio)이 모두를 소환해서 이상한 야사를 들려준다―여왕이 아이를 낳다가 죽었을 때 그녀가 낳으려던 아이는 실은 죽지 않았다. 대신 이 아이 세기문도가 사악한 지배자가 되어 결국 아버지인 왕을 죽일 것이라는 별점을 믿었다. 이 운명을 막고자 왕은 자신의 아들을 태어날 때부터 가두었다. 세기문도를 가둔 게 잘한 일인지 확인할 계획을 세운다. 의심이 확실하다면 왕위를 두 사촌에게 넘겨줄 요량이었다. 그렇지 않다면 그의 아들이 왕위를 잇게 할 계획이었던 것이다.

그는 세기문도에게 약을 먹여 수도로 데려와서 왕자의 옷을 입히는 계략을 세운다. 사람들에게 미리 그를 왕자로 대하라고 일러두었기에 일어났을 때 그는 갇혔던 기억은 꿈이라는 말을 듣는다.

세기문도는 약을 먹고 잠들었다 일어났기 때문에 어리둥절하다. 왕이 무슨 짓을 꾸몄는지 알게 된 세기문도는 분노한다. 이후 태어나서 처음 만난 여자인 에스트렐라(Estrella)에게 사랑을 느낀다. 그녀의 약혼자 아스톨포(Astolfo)는 그녀를 지키기 위해 그와 싸운다. 왕이 들어와 자신의 예감이 맞았다고 생각한다. 세기문도는 다시 약을 먹고 탑에 갇힌다.

사슬에 묶인 채 깨어난 세기문도는 왕자로 지낸 시간은 꿈이었다는 얘길 듣는다. 그 사이 숨겨진 왕자가 있음을 안 여러 시민들이 세기문도에게 모두 도와줄 테니 왕을 내쫓고 자기 자리를 되찾으라고 종용한다.

뒤이은 내전에서 세기문도는 바실리오 왕을 마주한다. 자유와의 두 번째 만남에서 세기문도는 별점을 지나치게 믿은 자신의 아버지를 좋은 사람으로 여긴다. 세기문도는 왕을 구할 뿐 아니라 왕위도 돌려준다. 왕위를 되찾은 바실리오 왕은 에스트렐라와 세기문도를 결혼시킨다.

〈인생은 꿈〉은 꿈을 꾸는 사람에게 꿈은 실제로 일어나고 있는 일이라는 확신을 주기 때문에 우리가 삶을 살더라도 현실이 정말 현실이 아닐 수도 있다는 의미에서 모더니즘과 포스트모더니즘 비평가와 연극인들 모두에게 특별한 관심의 대상이다. 나중에 이 주제는 특히 낭만주의자들, 현대의 심리학, 포스트모더니즘 부조리주의자들의 상상을 자극했다.

바르카의 〈인생은 꿈〉의 현대적 해석은 올드도미니언대학교에서 무대화한 것이고 아니타 이스터링이 디자인했고 촬영했다. 사진의 정자는 세기문도가 갇힌 탑을 암시한다.

중심용어

중심용어는 본문에서 굵은 활자로 표시되어 있다. 아래 목록을 참고하여 이해도를 측정하라. 인명은 찾아보기에 나와 있다.

가면극	갤러리
궁정극장	귀빈실
대중극장	발견공간
분장실	사설극장
성찬신비극	세대주
연주자들의 갤러리	인본주의
잡역부	주주극단
천국	코랄
코랄 델 프린시페	코메디아
트랩	피트
허트	황금시대

본문 요약

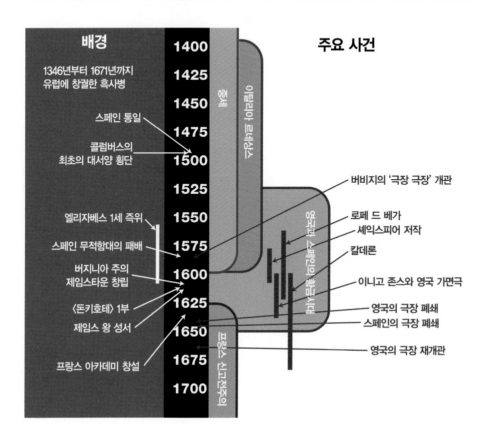

배경		주요 사건

1346년부터 1671년까지
유럽에 창궐한 흑사병

1400
1425
1450
1475
1500
1525
1550
1575
1600
1625
1650
1675
1700

스페인 통일

콜럼버스의
최초의 대서양 횡단

엘리자베스 1세 즉위

스페인 무적함대의 패배

버지니아 주의
제임스타운 창립

〈돈키호테〉 1부

제임스 왕 성서

프랑스 아카데미 창설

중세

이탈리아 르네상스

영국과 스페인의 황금시대

프랑스 신고전주의

버비지의 '극장 극장' 개관

로페 드 베가
셰익스피어 저작

칼데론

이니고 존스와 영국 가면극

영국의 극장 폐쇄

스페인의 극장 폐쇄

영국의 극장 재개관

신고전주의 :
프랑스의 융성과 영국의 쇠퇴

이 장을 마치면 여러분은

- 〈르 시드〉 공연의 중요성을 설명할 수 있다.
- 프랑스의 대중극장과 궁정극장에서 공연되었을 법한 서로 다른 공연물들을 논할 수 있다.
- 코메디프랑세즈 설립을 유발한 사건들을 그려볼 수 있다.
- 감상주의가 프랑스 희곡과 연극에 끼친 영향을 설명할 수 있다.
- 프랑스 연극과 영국 왕정복고기 연극 사이의 관계를 논할 수 있다.
- 영국 왕정복고기 연극의 주요 관습을 묘사할 수 있다.
- 영국 왕정복고기 동안 존재한 연극 종류를 거명할 수 있다.

배경

이탈리아 르네상스의 사상과 기술은 일찍이 프랑스에도 영향을 미쳤으나 정치적으로 불안정했던 프랑스는 강력한 세속극을 발전시킬 만한 힘이 없었다. 프랑스의 종교전쟁 – 가톨릭교도와 위그노(Huguenots)라 불린 프랑스 신교도 사이의 갈등과 왕실 사이의 갈등 – 이 1562년부터 1598년 사이에 간헐적으로 발발했다. 1593년 프랑스의 앙리 4세가 가톨릭으로 개종했다. 1598년에는 낭트 칙령을 발표했다. 이 칙령은 개신교도들을 인정하겠다고 했으나, 실제로는 항상 허용된 것은 아니었다. 본질적으로 내전이었던 이 분쟁은 재정적·사회적으로 프랑스를 약화시켰다. 앙리 4세는 질서를 회복하고 국내의 농업과 교육을 강화했다. 현재 캐나다 영토를 프랑스령으로 삼기 위해 원정을 지원했다. 루이 13세가 앙리의 뒤를 이었고 프랑스와 오스트리아 사이의 30년 전쟁이 벌어졌다. 이 전쟁은 유럽에서 일어난 가장 파괴적인 전쟁 중 하나이며 나아가서는 프랑스의 복지를 낙후시켰다. 태양왕으로 알려진 다음 군주 루이 14세는 1638년 네 살 때 왕위에 올라 76세 때까지 통치했다. 루이 14세가 왕위에 올랐을 때 프랑스는 거의 파산 직전이었지만 오랜 통치 기간 동안 번성했다. 그의 통치는 과시할 만한 왕가의 부와 왕가의 예술후원이라는 특징을 갖는다.

이 기간 동안 가톨릭 교회의 두 추기경이 왕의 장관 역할을 하며 재정, 정치, 예술에 큰 영향을 끼쳤다. 리슐리외(Richelieu) 추기경은 1624년부터 1642년 죽을 때까지 최고 수상을 지냈다. 그런 식으로 리슐리외는 왕권을 공고히 하는 데 지대한 역할을 했다. 그는 또한 예술 애호가요 후원자였다. 오늘날에도 여전히 프랑스어의 공식적인 결정권자인 아카데미 프랑세즈(Académie Française)를 창설하였다. 마자랭(Mazarin) 추기경이 리슐리외의 뒤를 이었다. 루이 14세가 어린 나이에 왕위에 올랐고 루이 14세의 모친인 안느 여왕(Queen Anne)과 가까운 관계였기에 상당한 섭정을 했다. 마자랭은 리슐리외만큼 예술을 좋아하지는 않았으나 막대한 보석을 모았고 이 대부분은 그의 사후 왕에게 남겨졌다.

황금시대의 프랑스 연극

종교분쟁 때문에 프랑스 연극의 초기 단계는 잠정적이었다. 그러나 프랑스의 중세 종교극은 파리에서 신비극을 공연하기 위해 1402년 샤를 6세가 조직한 아마추어 극단인 수난극단체(Conférier de la Passion, Confraternity of the Passion)에 의해 강화되었다. 일부 사람들은 매우 높이 평가했을지라도 이 단체는 신비극에 출처가 불분명한 문제를 추가하는 것에 반대한 사제들과 고상하지 않은 팬터마임 및 소극으로 간주된 공연물들의 공격을 받았다. 처음에 이 단체는 여러 극장을 전전하며 공연을 하다가 1548년 오텔 드 부르고뉴(Hôtel de Bourgogne, 오텔은 '시청'을 뜻한다)라는 자신들의 공간을 만들었다. 같은 해 그들은 종교극 공연을 금지당했고 1676년 해체되었다.

1600년대 초 프랑스 연극 기술은 본질적으로 중세의 색채를 띠었다. 떠돌이 배우들이 공연한 소극은 흩어진 프랑스 연극의 중심이었다. 관객은 제멋대로 구는 것으로 유명했다. 셰익스피어와 비슷한 시기에 최초의 중요한(그리고 엄청난 다작의) 프랑스 극작가 알렉상드르 아르디(Aléxandre Hardy, 1570?-1632)가 등장했다. 그의 작품은 영국과 스페인 황금시대 작품과 유사했다(예 : 다수의 등장인물, 종횡무진하는 사건들). 같은 시대의 작가들처럼 아르디의 연극은 동시무대와 상징적인 의상을 사용했다. 그의 관객은 이전의

1600년대 초반의 프랑스 극장
프랑스 극장은 대체로 상징적이고 무대장치가 한 곳에 모아지기보다는 흩어진 동시 무대 상태였다. 맨션과 유사한 다양한 무대장치에 주목하라. 테니스 코트를 개조한 이 공간은 좁고 길다. 좌석이 양편에 마련되었고 끝에 무대와 비슷한 구조물이 감싸고 있다.

소극 관객들보다 고상했고 궁정 출신뿐만 아니라 여성 관객도 있었지만, 극장은 여전히 꽤 거친 곳이었다.

정치적으로 안정됨에 따라 파리는 프랑스 연극의 중심이 되었다. 최초의 직업극단이 1625년 파리에 둥지를 틀었다. 극장은 오텔 드 부르고뉴로서 신비극 제작을 위해 75년 전에 설립되었는데 바로 금지당했었다. 파리에 정착한 다른 경쟁극단들은 공연장으로 실내 테니스 코트를 선택했다. 테니스 코트를 개조한 극장은 길고 좁은 객석과 한쪽 끝으로 작은 무대를 갖추었고 2층으로 나뉘어 그 아래층은 '안쪽 공간(inner space)'으로 사용되었다. 그 결과 극장은 600~700명을 수용할 수 있는 정도로 작고 친밀했다. 무대 관습은 기본적으로 중세의 특성을 유지했다.

영국과 스페인의 극장들이 황금시대를 맞이하고 이탈리아 극장이 이론과 무대장치에서 혁명을 일으킬 무렵 프랑스 극장은 여전히 자리를 잡아 가는 수준이었다.

1630년대 프랑스 연극과 관객은 정부의 관심 대상이 될 만큼 충분히 중요했다. 그 당시 프랑스 왕실은 결혼과 정책으로 이탈리아와 밀접하게 연결되어 있었기 때문에 이탈리아의 관행은 다른 분야와 마찬가지로 연극에서도 프랑스의 표본이 되었다. 연극에서 이탈리아의 관행은 신고전주의와 이탈리아식 무대화를 촉진했다.

신고전주의 : 코르네유와 〈르 시드〉

다수의 학식 있는 사람들이 극장을 위해 쓰기 시작했다. 그중 으뜸이 피에르 코르네유(Pierre Corneille, 1606-1684)로 그의 〈르 시드 *Le Cid*〉(1636)는 전환점이 되었다. 스페인 황금시대 연극에 기초한 〈르 시드〉는 코르네유에 의해서 신고전주의 사상에 더 가깝지만 엄격하게 맞추지는 않는 식으로 개조되었다. 즉 원래 6막은 5막으로 줄어들었다. 몇 년에 걸친 시간은 하루로 압축되었다. 다수의 지역들이 도시 하나로 통일되었다. 그러나 극은 행복한 결말이었고 다수의 사건들이 신고전주의의 진실다움을 압박했다. 최근에 형성된

오텔 드 부르고뉴
1630년까지 코메디아 극단과 몰리에르 극단이 이 극장을 공유했다. 그림 속 장치는 정확하지 않다.

프랑스 아카데미는 그 자체가 권력을 쥔 사람들이 후원하는 문학단체로서 공격적인 신고전주의의 표본으로서 규칙에 순응한 〈르 시드〉의 요소들을 좋게 평가했지만 위치를 벗어난 요소들에 대해서는 엄격하게 대했다. 코르네유를 포함한 프랑스 극작가들은 다음과 같은 메시지를 받았다—정치적, 재정적, 사회적 권력을 쥔 그들로부터의 비평적인 찬사

스펙터클한 무대 기술
코르네유의 1650년 작 〈안드로메다 *Androméde*〉를 위한 지아코모 토렐리의 디자인은 이탈리아와 프랑스에서 인기 있었던 천상에서의 등장 기법을 보여준다.

는 신고전주의와 궤를 같이 한다.

1636년 이후 약 100년 이상 동안 신고전주의가 프랑스 연극을 지배했다. 1641년 이탈리아식 극장이 파리에 최초로 세워졌다. 지아코모 토렐리(Giacomo Torelli)는 마자랭 추기경을 통해 이탈리아에서 파리로 넘어와 채리엇-앤드-폴 시스템을 확립했다. 그의 공연은 파리에서 이탈리아식 무대장치 기술의 도입으로 주목을 받았다—거의 동시에 테니스코트 극장은 적응하거나 아니면 사멸했다. 그들은 일부 이탈리아 무대장치의 형태를 수용했다. 그 후 단순한 신고전주의식 배경이 화려한 오페라, 발레, 새로운 무대기계류를 이용하기 위해 특정하게 써진 연극인 기계극(machine plays)과 경쟁했다.

이탈리아식 무대화 : 대중극장 vs 궁정극장

그럼에도 불구하고 프랑스에서 이탈리아 이론과 무대화는 다르게 펼쳐졌다. 신고전주의의 승리는 주로 프랑스의 대중극장에서 드러났다. 거기서는 전형적인 프랑스 연극양식이 발달했다. 대중연극은 감정적으로 압축되었고 사건과 언어에 있어서 소박했다. 반면 이탈리아 무대화의 승리는 궁정극장에서 가장 완벽하게 표현되었다. 이 궁정극장에서 대중극장의 연극이 막간 발레와 이동식 무대장치, 화려한 의상을 사용하며 다시 무대화되었다. 공원과 정원으로 뻗어 나간 목적성 오락물에서 왕과 대신들은 로맨스와 신화의 영웅을 연기했다. 대중극장에서 이탈리아 무대장치는 더 소박했다. 상업극은 왕의 호주머니를 털지 못했다.

태양왕과 황금시대

궁정과 대중극장은 그 당시의 누군가가 지적한 대로 '태양이 모든 행성을 끌어당기듯 자기 자신에게 모든 권력을 집중한' 왕, 루이 14세의 통치기간에 전성기를 맞이했다. 루이 14세는 자신을 가리켜 '태양왕'이라고 했으며 "짐이 곧 국가다"라고 선언했고 그렇게 믿었다. 영광(gloire, glory)이라는 단어로

팔레 루와얄

루이 13세와 왕에게 영향력이 컸던 조언자 리슐리외 추기경, 그리고 이들을 바라보는 오스트리아의 안느 공주. 약 1641년경의 이 그림은 각이 지지 않고 평평한 윙을 사용한 프랑스 최초의 고정식 프로시니엄 극장을 보여주고 있다. 리슐리외는 궁 안에 극장을 지었다. 이 공간은 나중에 팔레 루와얄이라는 이름을 얻었다.

태양왕

화려한 궁중 오락물에는 루이 14세의 후원을 받으며 번창한 연극도 포함되었다. 그림은 아폴로로 분장한 태양왕 루이 14세가 입은 발레 의상이다.

총합된 절대 권력, 자아, 공연물은 전쟁에서 극장으로 이어졌다. 루이의 베르사유 궁과 같은 엄청난 시사풍자극 건물로 확장되었다. 거기서 그는 프랑스의 귀인들에 둘러싸였다. 루이는 군사적 모험을 통해서뿐만 아니라 연극을 포함한 예술을 통해서 민족적인 자기과시라는 공격적인 캠페인을 추구했다.

극장은 혜택을 입었다. 왕실의 경제적 보조와 후원을 동시에 입었던 것이다. 그러나 공적인 지원이 없어도 살아남을 정도로 충분하지는 않았다. 그래서 극장들은 동시에 두 주인을 섬겨야 하는 처지가 되기도 했다. 베르사유가 완공되고 파리에 관공서를 그대로 둔 채 왕실만 그리로 옮겨 가자 극장의 처지는 훨씬 복잡해졌다. 그럼에도 이 막강한 극장은 왕실과 대중, 남자와 여자를 위해서 공연했다(그들이 선호한 남자 관객들은 심지어 무대 위에도 앉을 수 있었다). 최고의 극장은 다양한 버라이어티 공연과 높은 수준의 공연을 선보이며 유럽에서 가장 엄격하고 까다로운 관객을 만족시켰다. 프랑스 극장이 유럽의 표본으로 이탈리아를 대신하였다.

신고전주의와 이탈리아 무대화가 계속 지배적인 가운데 프랑스 연극의 정점은 다음을 의미했다.

- 코르네유에 필적하는 두 명의 위대한 극작가의 출현
- 파리에 세워진 5개였다가 후에 3개로 축소된 극장들에 대한 독점을 통한 엄격한 정부 규제

극작가

라신 피에르 코르네유가 작품 활동을 계속했지만 그의 명성은 장 라신(Jean Racine, 1639-1667)에 의해서 쇠퇴했다. 〈르 시드〉 초연 후 3년이 지난 해에 태어난 라신은 죄와 죄의식에 과도한 집착을 보이는 가톨릭 종파인 장세니스트(Jansenist)의 교육을 받았다. 이는 라신의 주요 작품을 관통하는 주제기도 하다. 고전 교육을 받은 라신은 아리스토파네스의 〈벌떼들 *The Wasps*〉에 기초하여 그의 유일한 희극인 〈소송인 *The Litigants*〉을 썼다. 최고로 평가받는 비극 〈페드르〉는 에우리피데스의 〈이폴리트〉에 기초했다. 그의 다른 중요한 작품에는 〈앙드로마크 *Andromache*〉(1667)와 〈베르니스 *Bernice*〉(1670)가 있다.

〈페드르〉는 신고전주의의 모범이다. 그 작품의 주요 갈등이 페드르라는 인물 내면에서 빚어지기 때문에 3일치에 대한 신고전주의의 요구가 쉽게 들어맞고, 페드르의 정념이 파멸의 원인이기에 악의 징벌이라는 신고전주의의 규범을 만족하고 있다. 〈페드르〉는 〈르시드〉와 달리 철저하게 신고전주의를 따르고 있으며 플롯, 성격, 화술에서의 성과 또한 이 작품을 극문학의 걸작의 반열에 올라가게 했다. 프랑스는 영국이 이루지 못한 일을 해냈다— 즉 신고전주의 이론에 기초한 지속적이면서 대중적인 연극이 그것이다.

몰리에르 프랑스 희극사상 배우 겸 극작가인 몰리에르[Molière, 본명은 장-바티스트 포클랭(Jean-Baptiste Poquelin), 1622-1673)]라는 천재가 등장했다. 영국에서 극장 폐쇄가 이루어지고 있을 무렵, 몰리에르는 집을 떠나 프랑스를 순회하고 있던 극단에 들어간다. 1660년경 그는 극단의 대표가 되어 희곡을 썼고 루이 14세의 총애를 받으며 입지를 굳건히 했다. 아마도 역사상 가장 위대한 희극작가인 몰리에르는 로마 희극, 이탈리아 코메디아, 프랑스 소극에 대한 지식은 물론 배우로서의 자신의 경험을 사용하여 사회 도덕적 위선을 조롱하는 희극을 만들어냈다.

몰리에르의 희극은 특징적으로 정격에서 벗어남으로써 조롱의 대상이 되는 인물을 묘사한다. 그의 대화는 종종 기발하지만 우아한 화술이나 재치만으로는 몰리에르 연극의 핵심을 이루지 못한다. 어떤 희극은 소극적 행위와 시각적 개그에 상당히 의존하고 있다 (코메디아의 라찌와 유사하다). 20편이 넘는 그의 작품 중에서 〈아내들의 학교 *The School for Wives*〉(1662), 〈타르튀프 *Tartuffe*〉(1664), 〈인간혐오자 *The Misanthrope*〉(1666), 〈수전노 *The Miser*〉(1668), 〈자칭 신사 *The Would-be Gentleman*〉(1670), 〈상상으로 앓는 환자 *The Imaginary Invalid*〉(1673)가 가장 유명한 작품으로 꼽힌다. 이 중 〈상상으로 앓는 환자〉는 몰리에르가 죽기 직전 주인공을 맡아 연기했다. 배우였기에 교회 장례식을 치르지 못할 뻔했으나 루이 14세가 직접 관여하여 기독교식 장례를 허가받았다.

극단

1660년대에는 파리에 5개의 상주 직업극단이 있었는데 이 중에는 몰리에르의 극단과 이탈리아의 코메디아 극단, 그리고 장-바티스트 륄리(Jean-Baptiste Lully)가 이끄는 오페라, 음악, 무용단체가 포함되었다. 모두 주주극단이었고 여성 단원도 있었다. 프랑스에는 영국과 달리 극장건물의 일부를 소유한 건물주 배우가 없었다. 가장 재능 있는 배우들이 이 극단들의 단원으로서 파리에 정착했고 나머지 배우들은 계속 떠돌아다녔다.

연극은 연극이다

장 라신의 〈페드르〉, 1677년

라신(1639-1699), 코르네유, 몰리에르는 17세기 후반 프랑스가 낳은 가장 위대한 극작가였다. 라신의 〈페드르〉는 에우리피데스의 〈이폴리트〉에 기반하였는데 그 주인공 페드르는 의붓아들인 이폴리트를 갈망한다. 〈페드르〉는 운문으로 쓰진 5막극 등 신고전주의의 모든 요소를 담고 있는 전형적인 신고전주의 비극이다. 또한 시간, 장소, 행위의 일치라는 3일치를 준수한다. 신고전주의 원칙을 지키면서 페드르는 자신의 사악한 욕망에 대해 죽음으로써 스스로 벌을 받는다.

위대한 프랑스 여배우 마드무아젤 라셀(Mademoiselle Rachel)은 〈페드르〉의 주연을 맡아 19세기 유럽과 미국을 순회하며 대단한 인기를 얻었다.

작품 줄거리 아테네 테세우스 왕의 아들 이폴리트는 트로이센에서 오랫동안 타지로 떠나 있던 아버지를 찾아 헤맨다. 그는 순정을 지키려 함에도 불구하고 사랑에 빠져 버린 아리시아(Aricia)를 피하기 위함이라고 고백한다.

테세우스의 아내이자 이폴리트의 의붓어머니인 페드르는 "유모의 품에 안겨 죽겠다"고 말한다. 나약하고 제정신이 아닌 상태로 등장하지만 이폴리트라는 말에 극심한 아픔을 느끼며 정신을 차린다. 그녀는 유모 외논느(Oenone)에게 자신이 이폴리트를 사랑하고 있으며 그 사랑 때문에 죽을 것 같다고 고백한다.

테세우스의 부고가 전해진다. 페드르는 이폴리트에게 사랑을 고백하고 자신을 죽여 달라고 애걸한다. 그러나 테세우스가 갑자기 돌아온다. 그가 죽었다는 소문은 잘못된 것이었다. 페드르가 죄의식에 사로잡혀 두려움에 떨자 유모는 이폴리트가 유혹했다고 하고 살아남을 방법을 찾으라 한다. 제정신이 아닌 페드르의 허락을 받은 유모가 거짓을 고한다. 테세우스는 이폴리트를 만나지만 이폴리트는 명예를 걸고 페드르에 대해 진실을 말하지 않는다. 테세우스는 넵튠에게 자신을 대신하여 이폴리트에게 복수해 달라고 청한다.

이폴리트는 마차를 끌고 나간다. 사자가 넵튠이 바다에서 괴물을 보내 이폴리트의 말을 놀라게 하여 이폴리트가 말에서 떨어져 죽었다는 소식을 전한다. 유모는 바다에 빠져 죽는다. 페드르는 자살한다.

그러나 15년 안에 정부 지배와 중앙집권화가 극단에 영향을 미쳤다. 몰리에르의 사망 이후 그의 극단은 다른 두 극단과 결합하여 이후 프랑스국립극장이 된 코메디프랑세즈(Comédie Française)를 만들었다. 이 주주극단의 단원제도는 확고했다. 따라서 한 단원이 퇴임하거나 죽을 때까지 새로운 단원은 선발되지 않았다. 은퇴한 단원들에게 주어진 상

연극은 연극이다

몰리에르의 〈타르튀프〉, 1669년

장-바티스트 포클랭(1622-1673)으로 태어나 배우, 극작가, 극단대표로서 몰리에르라는 이름으로 살았다. 몰리에르가 파리에서 거둔 첫 번째 성공은 어린 루이 14세 앞에서 공연한 〈사랑에 빠진 의사 *The Doctor in Love*〉였다. 몰리에르가 쓰고 주인공을 연기했다. 희극배우로서 그의 재능은 금방 인정을 받았다. 36편 이상의 작품을 썼고 〈타르튀프〉를 포함, 상당수의 작품이 오늘날에도 정기적으로 공연되고 있다.

작품 줄거리 오르공(Orgon)은 종교적 광신자인 척하는 타르튀프(Tartuffe)를 그의 집에서 제멋대로 구는 손님으로 삼았다. 오르공은 처남 클레앙트(Cléante), 아

몰리에르는 적극적으로 극단 활동을 했고 다수의 희극 주인공을 연기했다. 그림은 〈스가네렐 *Sganerelle*〉의 주인공을 맡은 몰리에르.

내 엘미르(Elmire), 아들 다미(Damis), 그리고 명석한 하녀 도린느(Dorine)가 타르튀프를 위선자라고 멸시해도 개의치 않고 타르튀프의 편을 든다. 클레앙트는 오르공에게 겸손과 절제를 알라고 간청하지만 오르공은 요지부동이다. 오르공은 딸 마리안느(Mariane)에게 타르튀프와 결혼했으면 한다고 말하지만, 그녀는 발레리(Valère)를 사랑하고 있으며 타르튀프를 혐오하고 있다.

타르튀프는 엘미르를 유혹하려 한다. 오르공에게 타르튀프의 실체를 알리고자 하는 다미가 그의 말을 엿듣는다. 그러자 타르튀프는 자신은 너무 초라하고 너무 신앙심이 깊어서 스스로를 보호할 수조차 없다며 오히려 비난의 화살을 돌린다. 오르공은 아들에게 화를 내며 유언장에서 빼고 타르튀프를 유일한 상속자로 하겠다며 집에서 내쫓는다. 오르공은 타르튀프를 얼마나 믿고 있는지 보여주기 위해 타르튀프와 엘미르가 함께 있도록 부추긴다.

혐오감을 느낀 엘미르는 그때까지 유부녀가 감당해야 할 것으로서 남자들의 구애를 무시했지만 다미에게 한 행동은 지나치다고 얘기한다. 그녀는 오르공에게 타르튀프에 대한 진실을 보여주려 한다. 오르공을 탁자 아래 숨기고 타르튀프를 방으로 불러 그의 구애를 받아들이는 척한다. 타르튀프는 몸이 달아 그녀의 감정이 맞는지 '물질적인 증거'를 요구한다. 그녀는 헛기침을 하여 오르공에게 탁자 밖으로 나오라는 신호를 보내지만 그는 나오지 않는다. 그녀는 타르튀프의 신앙심에 대해 묻는다. 그는 간통이 가능하다면 "하늘에 대고 양심의 가책을 버릴 수 있다"고 말한다. 그녀는 계속 기침으로 신호를 보낸다. 결국 오르공을 불러낼 수 없게 되자 그녀는 타르튀프에게 아무도 없는지 확인하고 오라고 한다. 그러고는 오르공을 불러낸다.

(계속)

연극은 연극이다 몰리에르의 〈타르튀프〉, 1669년

그는 충격을 받았다. 엘미르는 냉소적이다. "왜 이렇게 빨리 나오셨나요? 왜 끝까지 기다리지 그랬어요?"

타르튀프에 대한 집착을 버린 오르공은 타르튀프를 면전에 두고 나가라고 말하지만 타르튀프는 오히려 그와 그의 가족에게 나가라고 한다. 오르공의 선물로 그 집을 갖게 되었던 것이다. 설상가상으로 타르튀프는 오르공이 그에게 맡긴 개인문서들을 갖고 있다. 이 문서로 오르공은 파산할 수 있었다.

집달리가 도착해서 오르공을 체포하겠다고 위협한다. 이어 경찰이 도착하여 타르튀프를 체포한다. 왕이 타르튀프의 위선을 알고 사태를 바로잡기 위함이었다.

당한 연금을 포함, 재정적인 보상 때문에 지원자의 수는 매우 많았다.

코메디프랑세즈는 (법적인) 파리에서의 비극, 희극 공연에 대해 독점권을 가졌다. 륄리의 극단은 음악공연물과 볼거리에 대해 독점권을 지켰다. 이탈리아 공연단 – 정치적인 무분별함 때문에 잠시 동안 추방되었다가 – 은 소위 코믹 오페라(comic opera)라는 공연에 대해 독점적인 공연권을 획득했다. 그리하여 초창기 직업배우들의 자유분방한 시절들이 지나고 100년도 채 되지 않아 프랑스 연극은 새로운 전통을 만들기보다는 기존의 전통을 유지해 나가리라 기대를 받는 3개 극단만 존재하며 엄격하게 구조화되었다. 그 결과 대단히 정제되었으나 보수적인 연극과 경쟁의 압박이 생겨났다.

프랑스 배우들의 삶은 아무리 파리에 정착을 했어도 쉽지 않았다. 몇몇 극단들은 왕실의 보조를 받았고 왕은 왕실의 칙령으로 배우들의 평판과 사회적 수용을 개선하고자 노력했다. 그럼에도 불구하고 프랑스 배우들은 17, 18세기 거의 통틀어 시민적, 종교적 권리를 부여받지 못했고 그들의 가문을 보호하기 위해 가명을 쓰기에 이르렀다. 예를 들어 '몰리에르'가 가명이었다.

연기 양식은 형식적이었고 일상생활보다는 연극적 전통에 더욱 충실했다. 고도로 시적이고 수사적인 연극의 특질 때문에 필요한 음성적 능력을 특히 강조했다. 배우들은 기술에 대한 접근에 있어서 보수적이었다. 그들은 도제식으로 배우거나 극단에 고용되어 그들이 닮고자 하는 다른 배우들로부터 연기를 배웠다. 일단 교육을 받으면 일생 동안 한정된 범위의 역할에 집중했고 시간이 지나며 더욱 확고해지는 추세였다.

1750년 무렵에는 새로운 종류의 연극이 등장하기 시작했는데 그 특질이 두 가지 원인으로 가속화된 것처럼 보였다. 변화하는 도덕적 가치체계와 신고전주의적 드라마투르기(dramaturgy)에 대한 반응이 그것이다.

감상주의

루이 14세가 나이가 들어감에 따라 더욱 보수적이고 종교적으로 변하면서 프랑스 문화는 대체로 요즘 감상주의(sentimentalism)라고 칭하는 가치체계를 채택함으로써 보수주의로 이동해 갔다. 이 세계관에 따르면 개개인은 근본적으로 선하다. 이 교리는 인간의 존재란 선과 악의 끊임없는 싸움이라는 이전의 신고전주의 관점과 대립되었다. 감상주의자들에 따르면 악은 부패 속에서 생겨난다. 인간 본성의 타고난 일부가 아니다. 그리하여 감상주의는 사람이 완벽하지는 않더라도 완전할 수 있음을 의미했다. 문학은 일상생활에서 고결하게 행동하는 덕망 있는 사람들을 보여주어야 한다. 영웅적 행위와 도덕적 완성은 전원시나 이국적인 비극의 일부 이상화된 세계에만 국한될 필요가 없다.

감상주의는 진지한 연극과 희극에 영향을 미쳤다. 다양한 주제에 관심을 기울인 철학자이자 문장가 볼테르(Voltaire, 1694-1778)는 보다 다채롭고 광범위한 주제들을 포함, 셰익스피어의 특성을 프랑스 연극에 도입하고자 했다. 그러나 그의 노력은 대부분 좌절되었다. 셰익스피어의 연극은 1800년대까지 프랑스 무대에 거의 알려지지 않았다. 희극의 기초로서 사회적 분별이라는 몰리에르의 이상은 미덕으로 대체되었고 관객은 희극을 보며 웃기도 하지만 그만큼 울기도 했다.

제작관행의 변화

디자인도 마찬가지로 변하기 시작했다. 의상의 기본 관습은 변하지 않았지만(역사적이라기보다 당시 시대를 반영하는), 의상 자체는 코메디아에서조차 외관이 화려해지고 감상적으로 다루어졌다. 무대장치에 있어서는 다초점 원근법(multipoint perspective, 단일 소실점을 측면으로 몇 개의 소실점을 더함)의 도입으로 배우들이 장치에 더 가까이 다가갈 수 있었을 뿐만 아니라 하나 이상의 '진실'을 받아들일 수 있음을 암시하며 객석에는 '완벽한' 좌석의 수가 늘었다.

무용교습
〈자칭 신사〉은 몰리에르의 가장 성공적인 공연 중 하나로서 음악, 춤, 노래가 뒤섞인 연극이다. 몰리에르는 주인공 주르댕을 연기했는데, 은박 레이스가 달린 밝은색의 옷을 입었다. 1850년경 공연에서 야심 많은 귀족이 무용교습을 받고 있다.

공연관행의 변화

연기도 훨씬 더 보수적으로 변했다. 배우들이 특정 역할에 특화된 이전의 경향은 점점 훨씬 엄격해져서 1750년에는 명확하게 제한된 역할 범위(lines of business)가 나타났다. 새로운 배우들은 남자, 여자 모두 만능배우(utility players)로 고용되어 여러 작고 다양한 역할들을 연기함으로써 경험을 쌓았다. 그리고 나면 특정 역할에 대한 전문성을 명확히 했다. 예를 들어 '걸어 다니는' 숙녀 또는 신사(제3범위), 저급 희극 전문가 또는 '무대 괴짜'(제2 범위), 남녀 주인공(제1범위)가 그것이다. 특정 역할 범위에 지정되면 배우들은 나이에 상관없이 계속 그 범위에 머물러야 했다.

역할 범위와 더불어 극단에서 어떤 역할을 연기한 배우는 극단에 소속되어 있는 동안에는 그 역할을 소유한다는 계약의 배역 소유(possession of parts)로 알려진 관행이 동반되었다. 이 두 관행은 전통, 혹은 나이에 우선권을 두었고 혁신을 금지했다.

연기 양식은 '실제와 같은' 연기보다는 음성적 힘, 다재다능함, 형식성, 우아함에 상당히 좌우되었다. 예를 들어 일부 배우들이 오늘날 오페라에서 레시터티브(recitative)를 하듯 비극의 시적이고 서정적인 구절들을 읊조리고 특히 제대로 전달된 구절들에 대해서는 박수갈채를 받겠거니 기대를 하면서 많은 배우들은 목적을 갖고 연기를 했다(어떤 경우든 배우는 해당 구절을 반복한다).

코메디프랑세즈에 들어가지 못한 다수의 배우들과 작가들이 재능을 발산할 곳이 없었고 신고전주의에 대한 열기가 사그라들면서 프랑스 남자들과 여자들은 불법극장에서 작업하기 시작했다. 즉 독점권의 영향을 받지 않는 극장들이다. 수 세기 동안 장터에서 공연한 곡예사들이나 무용수들이 합류하여 이들은 법이 미치지 않는 곳에서 연기함으로써 모든 종류의 속임수를 시험해볼 수 있었고 독점극장과의 경쟁도 피할 수 있었다. 이들 '불법'극장들의 실험으로부터 정부극장들에 대한 강력한 대안, 즉 입장수익에 의존하는 철저하게 상업적인 연극이라는 대안이 도출되었다. 장

다초점 원근법
두 번째, 세 번째 소실점을 추가하고 중앙의 중심 소실점을 이동시킴으로써 프로시니엄 아치 뒤의 배경이 확장된다. 5장에 나온 단일 소실점 원근법과 지오반니 바티스타 피라네시(Giovanni Battista Piranesi)가 만든 이 무대를 비교하라.

우리가 어떻게 아는가

잊혀진 극장 복원되다

1920년대 스웨덴의 역사학자 아그네 비에예르(Agne Biejer)는 왕가의 고향인 스톡홀름 서부 지역의 섬, 드로트닝홀름(Drottningholm)의 궁에서 1766년도로 추정되는 독특한 오페라극장을 발견했다. 이 극장은 1792년경 버려진 이후 말 그대로 본래 그대로의 모습으로 전혀 사람의 손길이 닿지 않은 상태였다. 그는 2년간 극장으로 다시 사용하기 위한 캠페인을 벌였다.

이 잊혀진 극장은 채리엇-앤드-폴 시스템을 사용하여 무대장치를 이동할 수 있도록 무대 아래 시설된 원래의 기계류와 더불어 장치요소의 일부로 15개의 무대를 위한 장치를 유지했다. 비에예르는 또한 파도기계, 천둥기계, 플라잉 의자를 찾아냈다. 유럽은 그 시기 다른 연극들을 올렸더라도 계속 사용 중이었고 시대가 요구하는 대로 반복적으로 개조되었기 때문에 그 당시 드로트닝홀름은 연극사학자들에게 순례지가 되었다. 드로트닝홀름 극장은 한때 잊혀졌다.

극장은 긴 직사각형이다. 약 24m 폭에 52m 길이로 반은 무대, 반은 객석으로 나뉘었다. 모두 같은 시기의 무대장치는 때때로 홀 건축의 연장으로 보일 수 있다. 연주자 피트는 무대 앞을 마주하고 왕실 관객을 위한 긴 의자와 1인용 의자들이 같은 높이로 구성되었고, 의자 뒤로 2개의 경사 진 구역이 있었다. 노출된 박스석과 왕족들이 눈에 띄지 않기를 바랄 경우를 대비한 격자 형태의 박스석이 2개씩 있었다.

비록 전 세계적인 불황으로 매우 드물긴 하지만 오페라는 드로트닝홀름에서 여전히 공연되고 있다. 무대 위, 아래에서 작동 중인 채리엇-앤드-폴 시스템을 보여주는 빠른 속도의 동영상을 유튜브에서 볼 수 있다. 그 제목은 '드로트닝홀름 슬로츠테아터(Drottningholms slottsteater)'이다(http://www.youtube.com/watch?v=EdRUdoKfPvo). 한 번 볼 만하다.

비에예르의 복원 이후 드로트닝홀름 극장의 모습

터 축제나 장날에 자리 잡은 이 연극(바로 다음 세기에는 도시 중앙의 불바르극으로 이동한다)은 최대한 많은 수의 관객을 즐겁게 해주는 것을 목표로 삼았고 그 수입은 배우들의 임금과 무대장치 비용에 사용되었다.

영국의 왕정복고연극 : 1660~약 1750년

프랑스에서는 루이 14세의 지배가 한창일 때, 영국은 20년간 크롬웰이 영국 연방을 지배하면서 군주가 없는 상태였다. 이 기간 동안 극장은 폐쇄되었다. 영국의 극장은 폐쇄되었지만 윌리엄 대버넌트(William Davenant)는 몇 편의 '오페라'를 제작, 최초로 영국 대중들에게 오랫동안 궁정가면극에서 사용된 이탈리아 무대화를 소개했다. 또 다른 스튜어트 왕인 찰스 2세(찰스 1세의 아들)가 1660년 왕위를 되찾았기에 이 시기를 가리켜 왕정복고라 한다.

영국의 대중극장

프랑스로 추방된 찰스 2세의 귀환으로 영국 극장들은 1660년 재개관했다. 그런데 그들의 본보기는 런던의 셰익스피어가 아니라 파리였다. 영국의 극장은 이제 최소 4개의 프랑스식 특성을 포함하였다.

- 여성 배우들이 여전히 남성들(몰리에르 극단에 있었기에)이 연기한 마녀와 희극적인 늙은 여인 역을 제외하고 빠르게 여성의 역할을 차지해 갔다. 무대 위 여성의 존재는 공정성 여부를 떠나 왕정복고기 연극의 위험한 명성을 고무했다.
- 이탈리아 무대화 관습
- 이탈리아 무대화의 요구를 만족하는 새롭게 디자인된 극장 건물들
- 프랑스의 영향을 받은 새로운 작품 제작 과정. 영국의 왕은 대버넌트와 토머스 킬리그루(Thomas Killigrew)에게만 독점권을 보장했다. 런던은 오직 두 '합법'극장으로 제한되었다. 종종 도전을 받긴 했지만 이 독점권자들은 1700년대 내내 자리를 지켰다.

극장 건축

1660년 연극이 처음 재개되었을 때 대부분은 레드불(Red Bull)처럼 낡았거나 허물어져 가는 극장 건물들을 사용하거나 프랑스처럼 테니스코트[링컨의 인 필드(Lincoln's

1794년 재건된 드루어리 레인

드루어리 레인 극장의 내부는 영국 극장들의 일반적인 구성을 반영했다. 피트 구역은 무대 면보다 살짝 아래에 좌석이 놓여 있고 보통 3층에서 5층까지로 이루어진 갤러리, 그리고 극장 맨 꼭대기의 높은 개방형 좌석구역을 갖추었다.

Inn Fields), 기븐의 테니스코트(Gibbon's Tennis Court)]를 변형했다. 새로운 극장들이 지어짐에 따라 그 극장들은 셰익스피어의 특성과 프랑스의 특성을 뒤섞었다.

객석은 박스, 피트(이제는 긴 의자가 놓인), 갤러리로 나뉘었다. 인기 있는 관객들은 프랑스에서처럼 무대에 앉았다. 무대는 경사무대와 프로시니엄 아치, 그리고 피트까지 돌출된 앞무대로 구성되었다. 대부분의 무대장치는 프로시니엄 아치 뒤에 위치했는데, 여기에 장면 전환을 용이하게 하기 위한 그루브 시스템이 설치되어 있었기 때문이다. 그런데 연기는 주로 앞무대에서 이루어졌고 대략 프로시니엄 뒤 구역의 크기였다. 초기 왕정복고기 극장들은 앞무대에서 뒤 박스석까지 9m 정도로 친밀했다.

무대화 관습은 프랑스를 통한 이탈리아 식이었다. 윙, 머리막, 셔터는 희극, 비극, 전원목가극에 적합한 극장 보유장비였다. 의상은 배우들이 당시 유행하는 호화로운 의상을 착용했다. 연기는 주로 음성적 힘과 다양성, 형식성에 의존했고 실제와 유사하기보다 우아함을 강조했다. 역할 범위와 배역 소유는 어느 배우가 어떤 역할을 맡는지를 결정했고 프랑스에서처럼 영국에서도 점차 보수적인 연기 양식에 기여했다. 조명은 여전히 촛불이었기에 관객과 배우는 서로 볼 수 있었다.

1674년 최초로 지어진 왕립극장 드루어리 레인(Drury Lane)은 런던 극장 건축에 새로운 본보기가 되었다.

왕정복고기 연극

1660년 런던 상업연극의 재구축과 1689년 윌리엄과 메리가 영국 왕위에 오른 것 사이의 기간은 극적으로 풍성했다. 희곡은 1640년 극장들의 연극과 현저하게 달랐다. 다수의 새로운 극 형식이 등장했는데 영웅비극, 고상한 비극, 벌레스크, 팬터마임, 오페라, 바리에테 등이 그것이다.

　마찬가지로 왕정복고기 희곡도 프랑스의 영향을 보였다. 셰익스피어 시대에 써진 희곡들도 계속 제작되었지만 그들은 종종 신고전주의 이론에 부합하도록 개작되었다. 왕정복고기에 제작된 공연에서 리어왕과 코딜리아는 '셰익스피어의' 〈리어왕〉의 결말부에서 행복하게 살았다. 새로 써진 희곡들은 내용과 형식면에서 엘리자베스 시대와 달랐다. 그들이 구현한 세상은 매우 인위적이고 귀족적인 사회로, 루이 14세 궁정 생활 영향의 결과요, 그 드라마투르기는 셰익스피어보다는 대륙의 신고전주의를 보다 세밀하게 반영했다. 1660년부터 1700년까지 희극이 우세했다.

풍습희극

오늘날에는 왕정복고기 풍습희극(comedy of Manners)이 가장 유명하다. 이는 재치 있는 대화와 현학적인 성적 행동이 매우 인위적이고 격식을 차리는 당시의 귀족 사회를 반영한다. 주인공들은 연인을 붙잡거나 남편을 속이는 데 성공하면 '도덕적'이다. '명예(honor)'는 진실성보다는 명성에 좌우되고 영리하고 적절한 방식으로 생각을 표현하는 능력인 '재치(wit)'는 그 어떤 것에 우선한다. 극중 존경받는 인물들은 복잡한 사회 영역 안에서 성공적으로 작용할 수 있는 사람들이다. 바보스럽고 비웃음을 사는 인물들은 재치와 교육이 부족하여 사회적 우아함에의 접근이 거부된다. 요약하면, 풍습희극은 궁정사회의 전통과 관습을 그려낸다. 우아한 어투와 표면적인 예절이 도덕이나 진실한 감정보다 더 높이 평가받는다. 왕정복고기 희극의 가장 중요한 작가들은 윌리엄 콩그리브와 윌리엄 위철리다.

윌리엄 위철리(William Wycherley, 1640-1716)　왕정복고기 극작가로서 윌리엄 위철리의 명성은 5년간 쓴 단 4편의 작품, 〈숲속의 사랑 *Love in a Wood*〉(1671), 〈신사 무용강사 *The Gentleman Dancing-Master*〉(1671), 〈시골 아낙네 *The Country Wife*〉(1675), 〈평범한 중개인 *The Plain Dealer*〉(1676) 덕이다. 왕정복고기 영국에서조차 음란하고 부도덕하다고 여겨지는 〈시골 아낙네〉는 요즘에도 종종 공연된다. 중심인물인 마저리 핀치와이프(Margery Pinchwife)는 나이 차가 많이 나는 남자와 결혼한다. 그는 그녀를 런던에 데려가서는 도시의 음란한 방식들로부터 보호하고자 한다. 유혹자 호너(Horner)는 의사 콱(Quack)으로 하여금 호너가 프랑스에 있는 동안 걸린 성병으로 인해 성적으로 무능해진 거세자라서

여자들에게 전혀 성적인 위협이 될 수 없다는 소문을 퍼뜨리게 한다. 이 뻔뻔스러운 거짓
말로 호너는 런던의 여인네들을 즐겁게 유혹하며 다닌다. 그는 성공하고서도 양심의 가
책을 느끼지 않는다.

윌리엄 콩그리브(William Congreve, 1670-1729)   극작가로서 콩그리브의 명성은 4편
의 희극작품에서 비롯된다―〈늙은 독신자 *The Old Bachelor*〉(1739), 〈이중 거래자 *The
Double Dealer*〉(1694), 〈사랑에는 사랑 *Love for Love*〉(1695), 〈세상 사는 법 *The Way of the
World*〉(1700)이다. 윌리엄 콩그리브는 〈상복을 입은 신부 *The Mourning Bride*〉라는 비극
을 쓰기도 했다. 〈사랑에는 사랑〉이 처음 공연되었을 당시 콩그리브에게 명성을 안겨주
었지만, 비평가들은 〈세상 사는 법〉을 세련되고 훌륭한 왕정복고기 최고의 풍습희극으
로 인용한다. 두 젊은 연인 미라벨(Mirabell)과 밀라망(Millamant)은 결혼하고 싶어 한다.
미라벨의 지참금을 받으려면 밀라망은 완고하고 어리석은 숙모 레이디 위시포트(Lady
Wishfort)의 승낙을 받아야 한다. 그러나 레이디 위시포트는 자신의 조카가 밀라망과 결
혼하기를 바란다. 복잡하게 얽히지만 젊은 연인은 미라벨이 밀라망의 상당히 현대적인
구애 '조건'을 받아들인다는 전제로 결혼하게 된다.

미라벨   제안할 다른 조건은 없으신지요? 이제껏 당신의 요구는 꽤 설득력이 있어요.

밀라망   사소한 것들이죠. 이를테면 돈을 내고 원하는 곳을 다닐 수 있는 자유라든가, 당신이
        의심하거나 화난 얼굴을 하지 않고 편지를 주고받는 자유. 원하는 옷을 입고 오직 내
        취향에 맞는 대화 주제를 고르기. 당신의 친구라는 이유만으로 좋아하지도 않는 사람
        들과 대화를 하지 않아도 되는 것. 당신의 친척이라는 이유로 바보들과 어울리지 않아
        도 되는 것. 원할 때 식사하기. 기분 좋지 않을 때는 이유를 말하지 않고도 내 방에서
        식사하기. 내 옷장은 접근 불가. 차 탁자는 오로지 나만 쓰기. 마지막으로 내가 어디에
        있든 들어오기 전에 노크하기. 당신이 이 항목들을 받아들이고 당신을 조금만 더 오래
        견딘다면 조금씩 당신의 아내가 될 거예요.

〈시골 아낙네〉처럼 무절제한 희극이 아닌 〈세상 사는 법〉은 똑똑한 계략을 세우는 인
물들이 많이 나오고 현대의 세계에서도 여전히 반향을 일으키는 재치로 가득하다.

음모희극

전업 작가로 생활한 최초의 여성 극작가인 아프라 벤(Aphra Behn, 1640-1689)은 20편
의 희곡과 여러 편의 소설, 단편소설, 시를 썼다. 첫 번째 성공작 〈방랑자 *Rover*〉는 오늘

날에도 가끔 공연되고 있다. 그 인종차별적인 플롯이 특징인데, 주인공 안젤리카 비앙카(Angellica Bianca)는 유명한 창녀로 바람둥이 귀족과 사랑에 빠지지만 그의 배신에 대해 복수를 맹세한다.

비극

'영웅'비극은 사랑과 의무 사이의 갈등을 보여주었다. 왕정복고기 희극의 세계와는 훨씬 동떨어진 세계에서 비극의 영웅들은 결점이 없으며 여주인공들은 순결하다. 대사는 영웅 무운시에 기반을 두었고 운이 있는 약강오보격(iambic pentameter)의 2연 단위였다. 이런 종류의 비극의 이상화와 형식성은 패러디에 상당히 취약했으며 심지어 그 풍자극(벌레스크)까지 나타났다. 벌레스크의 무차별적 공격과 관객의 변덕스러운 취향에 굴복한 영웅 비극은 대중의 선호에서 멀어졌고 그 자리는 신고전주의에서 영감을 받은 비극으로 채워졌다.

존 드라이든(John Dryden, 1631-1700)은 이 모든 비극의 형식에서 탁월했다. 이때를 가리켜 '드라이든의 시대(The Age of Dryden)'라 일컬을 정도로 영국의 문학계를 지배한 시인이요, 번역가요, 비평가, 극작가였다. 드라이든은 30편의 희곡을 썼고 몇 편의 희극으로 호평을 받았으며 로마 시인 베르길리우스(Virgil)의 작품을 번역했다.

셰익스피어의 〈안토니와 클레오파트라〉를 다시 쓴 드라이든의 〈모두 사랑 때문에 *All for Love*〉는 신고전주의 원칙에 근접했다. 원작 비극의 플롯만을 사용하면서 자유로이 해석되더라도 시간, 장소, 행위의 일치를 준수했다.

관객

왕정복고기 극장들은 초기에는 650명 정도를 수용할 수 있을 정도로 작았고 관객들은 상당히 결속력이 있었다. 젊고 예의 바르고 자신감이 충만했다. 왕족이나 상류계층은 정기적으로 극장을 찾았는데, 다수가 왕과 함께 프랑스로 쫓겨 갔던 군인들이었다. 일부 여자 관객들은 가면을 썼는데 자신을 감추려했음에도 오히려 시선을 끌었다. 극장은 연극을 즐기는 것만큼이나 다른 관객에게 과시할 수 있는 장소였다. 15년 안에 대다수 평범한 사람들이 여가 활동으로 연극을 찾았다. 이는 관객 취향의 변화를 가져왔다. 1700년 무렵 극장은 2,000명 이상을 수용하게 되었다.

극단과 배우

순회극단들은 규모가 커졌고 여성들도 있었으며 왕정복고기 이전과 상당히 다르게 조직되었다. 셰익스피어 시대의 주주체제는 계약체제에 밀려났다. 즉 배우들은 더 이상 극단의 이윤을 나눠 갖지 않았다. 대신에 특정 임금을 받고 특정 기간 동안 고용되었다. 경제적인 구조조정은 배우들이 런던의 극장에서 예술적인 영향력을 더 이상 행사하지 못함을 의미했다. 런던 외곽이나 식민지 아메리카에서는 주주체제가 유지되었다.

배우들은 현대의 제작자 같은 사람에 의해 고용되었다. 이 사업가는 급여를 정하고 극장 건물을 운영했고 레퍼토리를 선정했다. 1663년 찰스 2세가 왕권을 되찾은 후 두 명의 특허 소지자들이 재신임을 받긴 했지만, 1694년 다른 면허증 소지자인 토머스 킬리그루의 재정적 파산 때문에 존 리치(John Rich)가 두 극장의 면허권 소유자가 되었다.

주요 배우들(그리고 다른 극장의 인사들)은 가끔 연례적으로 공연의 이익을 나누는 '수당 공연'에서 이득을 취했다. 이익체계는 오늘날에도 뉴욕 등 몇몇 도시에서 작동하고 있다. 다만 개인이 이득을 얻는 대신 조직이 이득을 취한다. 뉴욕의 제작자들은 공연예술에 필요한 전문가들을 돕는 인력 기관인 배우조합(Actors Fund)을 위해 수당 공연 일정을 잡는다.

왕정복고는 주요 남녀 배우들의 시기였다. 네 명의 '위대한 배우'가 그 시대를 대표한다.

넬 그윈 엘리노어 '넬' 그윈의 연기경력은 짧다. 그녀는 1664년 드라이든의 연극으로 데뷔한 후 찰스 2세의 정부가 되어 1669년 무대를 떠날 때까지 약 5년간 배우로 활약했다. 기록에 따르면 넬 그윈(Nell Gwynn, 1650-1687)은 여성들이 처음 무대에서 공연을 할 수 있었던 시대에 발랄하고 매력적이었고 예쁜 여성으로 여겨졌다고 한다. 뛰어난 가수요, 무용수였다.

그러나 그녀의 삶은 복잡했다. 모친은 사창가를 운영했고 가난하게 살았다. 어릴 때부터 드루어리 레인 극장에서 오렌지를 팔았고 곧 거기 극단 배우의 정부가 되었다. 이후 무대로 진출, '남자 역(breeches part)' 전문이 되었다. 이 역할은 플롯이 요구하는 바, 몸의 선을 그대로 보여줄 수 있는 남자의 복장을 한 여성이다. 그녀는 프롤로그와 에필로그 대사에 탁월했고 이것이 찰스 2세를 사로잡았다. 그윈은 무대를 떠나 찰스 2세의 아이를 낳았으며 인기 있는 접대부였다.

토머스 베터턴 왕정복고기의 위대한 배우로 평가받는 토머스 베터턴(Thomas Betterton, ?1635-1710)은 극단대표이자 연극 번안자였다. 셰익스피어 역할, 특히 햄릿 역에 뛰어났다. 그는 당시의 신고전주의적 기호를 만족시키기 위해 셰익스피어 작품들을 개작했

오렌지로 완성된 행복한 관객

호가스(Hogarth)의 흑백 판화를 1733년 채색한 이 그림은 넬 그윈이 여배우가 되기 전에 드루어리 레인극장에서 그랬던 것처럼 열심히 오렌지를 파는 상인들을 보여준다.

다. 상당 부분 필요에 의해서였지만 그는 또한 드라이든 및 당시의 유명 극작가들의 작품에서 수많은 역할을 만들어냈다. 그는 셰익스피어의 여성 역할들을 최초로 연기한 여배우 메리 손더슨(Mary Saunderson)과 결혼했다.

1668년 공작의 극단으로 시작한 베터턴은 배우생활을 하면서도 활동적인 연출가요, 대표였다. 킬리그루 극단의 재정적 파산으로 허가받은 두 극장이 베터턴의 지휘 아래 1682년 단일 극단으로 통합되었지만 존 리치의 인색한 경영을 지향했다. 1695년 배우들이 들고 일어나자 베터턴의 경영 아래 개조된 테니스코트에서 링컨의 인필드에 주주극단을 설립했다.

앤 브레이스거들 그윈과는 상당히 달랐던 앤 브레이스거들(Anne Bracegirdle, 1671-1748)은 일부에서 '축복받은 처녀'라 일컬을 정도로 무대 안팎에서 도덕성의 표본이었다. 마차꾼이자 마차 제작자인 저스티니언 브레이스거들(Justinian Bracegirdle)의 딸이었던 앤은 어린 시절부터 토머스 베터턴과 그의 부인 손에 자랐다. 젊은 배우 훈련으로 인정받은 베터턴 부부는 브레이스거들을 지도했다. 1688년 데뷔했고 1707년 무대에서 물러난 그녀는 당시 가장 훌륭한 여배우 중 한 명이 되었는데, 특히 희극적인 역할에서 뛰어났다. 그녀는 〈세상 사는 법〉에서 밀라망 역할을 만들어냈고 재치 있고 세련된 역할들을 자신의 것으로 만들었다. 그윈처럼 자신의 섬세한 체형을 보여줄 수 있는 남성 역할에서도 탁월함을 나타냈다. 브레이스거들 역시 타고난 가수였다.

앤 올드필드 연기술보다는 미모로 지지를 받은 앤 올드필드(Anne Oldfield, 1683-1730)는 왕립극장 드루어리 레인에서 전성기에 작은 역할들을 맡으며 가장 존경받은 여배우였다. 10년 후 올드필드는 브레이스거들에 최초로 주어진 작위를 이어받은 스타였다.

감상주의의 발흥 : 1700~1750년

프랑스에서처럼 영국에서도 18세기는 가치 변화를 가져왔다. 1700~1750년 사이 사회는 지속적으로 중산층 중심으로 보수적이고 도덕적이며 감상적으로 변했다.

왕정복고기 희극(Restoration comedy)의 도덕관념이 없는 분위기는 많은 사람들에게 불쾌감을 주었고 연극은 도덕을 가르쳐야 한다는 관점이 자리 했다. 처음에 그 변화는 연극의 결말부에만 있었다—젊은 연인들이 앞의 4막이 진행되는 동안에는 문란하고 바람을 피우다가 마지막 5막에서는 참회하고 이후 도덕적이고 강직한 인생을 살겠다는 의도를 공표한다.

감상희극

1730년대 무렵까지 남녀 주인공들은 중산층의 가치를 대변했고 마침내 그들의 용기와 고집이 보상받을 때까지 불의에 대항했다. 감상이라 불리는 함축적인 진술에서 인간의 선함에 대한 통찰을 표현할 수 있는 인물들은 특히 더 보상을 받았다. '감상적인 주인공'이라는 꼬리표는 미덕을 형상화한 인물뿐 아니라 감상으로 가득한 대사를 하는 인물을 의미했다. 당시의 관객은 '웃기에는 너무 섬세한 쾌락'을 경험했고 감상희극(sentimental comedy)은 신고전주의와 확실하게 결별한 18세기 중반 영국과 프랑스 연극을 지배했다.

진지한 극 : 가정비극

영웅적인 신고전주의 비극은 점차 일종의 진지한 연극으로 대체되어 갔다. 가정비극(domestic tragedy)과 중산층 비극으로 번갈아 불렸다. 일례로, 조지 릴로(George Lillo)의 〈런던 상인 *The London Merchant*〉(1731)은 신고전주의적 이상과 확실하게 결별한다. 중산층 주인공은 창녀로 인해 길을 잃고 결국 벌을 받는다. 연극은 악의 징벌을 보여줌으로써 도덕률을 가르치려는 목표를 추구했지만 산문으로 써지고 중산층 주인공을 특징으로 하며 국가 업무가 아니라 심장과 장터의 일을 다루었기 때문에 엄격한 신고전주의와는 동떨어진 외침이었다. 이러한 보다 진지한 연극의 어느 것도 시각적 화려함과 다채로운 효과에 대한 영국인의 취향을 만족시키지는 못했다.

런던 상인

1731년 초연한 〈런던 상인 *The London Merchant*〉은 창녀의 주문에 걸린 젊은 견습공을 그린다. 관계를 유지하기 위해 주인의 돈을 훔친 반웰은 이 그림에서는 삼촌을 죽이고 강도짓을 한다. 〈런던 상인〉은 최초의 가정비극으로 간주된다.

사소한 형식

오페라와 다수의 사소한 형식들은 시각적 볼거리에 탈출구를 제공했다. 영어로 써진 오페라는 점점 18세기 인기가 급상승한 화려한 이탈리아 오페라에 밀려났다. 또한 영국의 팬터마임(pantomimes)은 코메디아 델라르테, 소극, 신화, 당대 풍자극의 요소들을 정교한 볼거리의 촌극(afterpieces, 저녁 프로그램 후에 공연된 짧은 오락거리)과 결합시켰다. 대사는 주요 장면전환(transformation)을 위한 구실에 지나지 않았다. 예를 들어 할리퀸(Harlequin)이 마술지팡이를 한 번 흔들면 장소와 사람이 새로운 멋진 장소와 인물로 바뀌었다. 새로운 장면은 팬터마임에 약속되었기에 영국에서 디자인이나 무대장치의 실행에 있어서 여러 혁신들은 팬터마임에 명예를 가져왔다.

공연 제작과 관행의 변화

연극에 일어난 변화는 공연 제작과 관행의 변화를 수반했다. 중산층 관객이 늘어감에 따라 기존의 극장들도 확장되었고 새로운 극장들도 크게 지어졌다. 100년 안에 700석도 채 되지 않던 왕정복고기의 친밀한 극장들은 2,000명 이상을 수용할 수 있는 극장으로 대체되었다. 극장들은 일부 작품에 맞는 새로운 무대장치(특히 친숙한 이름의 지역들)를 제공하도록 화가들을 지원하기 시작했고 이 화가들은 깊이를 주는 새로운 기술을 채택하여 배우들이 이전보다 무대장치에 더 접근이 가능하도록 했다. 무대장치의 비중이 점점 커지자 상대적으로 앞무대의 크기가 줄었고 프로시니엄 아치 뒤 공간이 더 커져야 할 필요성이 대두되었다. 이런 변화의 결과로 1750년경에는 영국의 극장과 유럽 대륙의 극장 사이에 차이가 거의 없었다. 양측 모두 이탈리아 무대화 양식을 채택했다. 여성들도 이제 무대에 올랐고 관객석도 차지했다. 중심 도시에서 연극센터를 발전시켰고 수도에서 왕들은 엄격하게 제한된 수의 극장들에 대한 독점권을 유지했다. 이 독점극장에서 충분히 재

팬터마임
〈알라딘과 요술 램프〉는 코벤트 가든의 팬터마임으로 노래, 춤, 다수의 장면에 등장하는 음악 반주를 특징으로 한다. 팬터마임은 스펙터클한 전환을 포함, 다수의 장면들을 신속하게 움직이는 정교한 무대 기술에 의지했다.

능을 발휘하고 경험을 한 배우들은 유복한 삶을 살았다. 반면 소도시에서 작업하고 외곽으로 순회하던 배우들은 위태로운 삶을 살았다.

1700년대 중반 무렵 유럽의 관객들(막 발전하기 시작한 독일 연극 관객을 포함)은 이미 신고전주의 연극의 엄격함에 싫증을 내기 시작했다. 중산층이 점점 주요 관객이 되어감에 따라 감상주의와 시각적 볼거리가 중요하게 여겨졌다. 둘 다 오페라, 발레, 새로운 극형식의 중요 표현수단이다. 독점극장들이 혁신을 업신여길 때 상업극장들은 혁신을 수용하였는데, 처음에는 런던과 파리의 장터[그리하여 장터극장(fair theatres)]에서, 그리고 이후 런던의 웨스트 엔드와 파리의 불바르에서 그러했다.

비엔나의 임페리얼 극장

1700년대에 이르면 극장 건축은 국제적으로 보였다. 그림은 1670년 비엔나의 한 극장이다. 앞줄의 왕족들과 그 뒤로 바닥에 앉은 사람들에 주목하라. 극장은 직사각형을 이루는 4층 갤러리로 유명하다.

중심용어

중심용어는 본문에서 굵은 활자로 표시되어 있다. 아래 목록을 참고하여 이해도를 측정하라. 인명은 찾아보기에 나와 있다.

가정비극	감상주의
감상희극	기계극
다초점 원근법	만능배우
배역 소유	역할 범위
왕정복고기 희극	장면전환
장터극장	촌극
코믹 오페라	팬터마임
풍습희극	

본문 요약

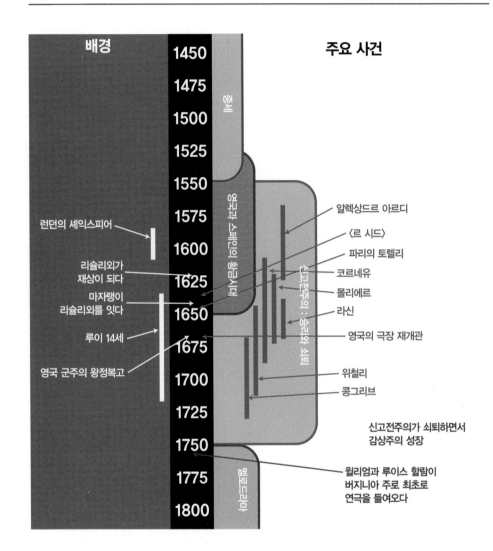

배경

| 1450 |
| 1475 |
| 1500 |
| 1525 |
| 1550 |
| 1575 |
| 1600 |
| 1625 |
| 1650 |
| 1675 |
| 1700 |
| 1725 |
| 1750 |
| 1775 |
| 1800 |

중세

영국과 스페인의 황금시대

신고전주의 : 승리와 쇠퇴

왕조시대로

런던의 셰익스피어

리슐리외가 재상이 되다

마자랭이 리슐리외를 잇다

루이 14세

영국 군주의 왕정복고

주요 사건

알렉상드르 아르디

〈르 시드〉

파리의 토렐리

코르네유

몰리에르

라신

영국의 극장 재개관

위철리

콩그리브

신고전주의가 쇠퇴하면서 감상주의 성장

윌리엄과 루이스 할람이 버지니아 주로 최초로 연극을 들여오다

멜로드라마와 상업주의의 상승
1750~1900년

학습목표

이 장을 마치면 여러분은

- 멜로드라마의 주요 특징을 나열하고 설명할 수 있다.
- 낭만주의와 사실주의 멜로드라마를 비교할 수 있다.
- 18세기 중반부터 20세기의 진지한 희극 작가들을 열거할 수 있다.
- 이 시기의 몇몇 주요 배우들을 나열할 수 있다.
- 상업주의의 특성을 기술할 수 있다.
- 미 대륙에서 영어공연의 시작을 촉진하기 위한 영국법의 변화를 제안할 수 있다.

배경

18세기 중반부터 20세기 초 유럽과 미국의 공연장은 이전에는 볼 수 없었던 인기와 상업적 성공을 거두었다. 이 시기는 경제적, 사회적, 정치적인 변화로 많은 혼란이 있었다. 중산층의 규모와 영향력이 커졌다. (중산층은 지주와 노예나 노동자-상위층과 하층과 대조적으로 제조나 무역하는 사람으로 간주된다.) 농업은 좀 더 효율적이게 되어 농장에서는 필요한 노동자의 수가 줄었다. 이런 변화로 사람들이 도시로 이주하게 되었고 공장들은 생계수단이 되었으며 도시는 엄청난 속도로 성장하게 되었다. 도시는 사람들에게 새로운 자유를 제공하여 좋았지만, 제대로 된 주거, 쓰레기 처리, 질병 관리 등은 더디게 발전하였기 때문에 나빴다. 대부분 도시는 더럽고, 혼잡하고, 안전하지 않았다.

증기력이 1775년경 완벽해지자 제조하고 물건을 실어 나르는 것을 더 이상 사람, 동물, 수력에 의존하지 않게 되었다. 내연기관의 증기발전, 산업혁명은 1800년대 중반부터

로열 코벤트 가든 극장

1810년경 뒤쪽 가운데에 4개의 발코니로 둘러싸여 있는 오케스트라 피트가 있고 위에 4층의 발코니는 여전히 좌석으로 존재한다. 프로시니엄 도어와 2개의 박스는 도어 위에 있음을 주목하라.

시작되었다. 글을 읽고 쓰는 능력도 확장되어 인쇄된 책을 발행하게 되었다. 증기발전 덕분에 신문과 책 같은 인쇄매체들이 정말로 비싸지 않게 되어 저렴해지고 널리 보급될 수 있었다.

1750~1850년 사이의, 이후 '혁명시대'라고 부르는 시대는 도시와 문자 인지능력의 성장과 관련이 있을 것이다. 살해와 반혁명이 없이 점진적으로 많은 정부가 절대군주제에서 입헌정부와 공화국으로 바뀌었다. 이 시기는 미국 혁명과 프랑스 혁명, 아이티 공화국에서의 노예반란, 남미의 독립운동을 포함하고 있다. 물론 이러한 정치적 변화는 극장에서의 변화도 이끌었다.

1750년부터 20세기까지는 상업화(자본주의의 승리와 부의 찬미)의 시대였다. '산업계의 거물'은 철도, 철강, 석유, 섬유, 운하, 도로건설, 제조, 대중매체에서 엄청난 부를 거두었다. 새로운 기술은 먼 곳까지의 이동, 대량 생산, 대량 소비를 가능하게 만들었다. 사업구조의 새로운 생각과 새로운 법률은 사업의 규모와 부의 크기를 확장했다.

극장의 상업화

극장은 새로운 도시를 발전시키는 중산층, 도시로 쏟아져 들어오는 새로운 노동자계급이나 철도나 증기기관선을 타고 멀리서 오는 관객을 더 이상 무시할 수 없었다. 셰익스피어나 몰리에르 때는 결코 상상할 수 없는 규모의 수익을 무시할 수도 없었다.

극장에 대해서, 이 시기는 어떤 기술도 드라마와 경쟁하기 이전의 시대로 기억하는 것이 매우 중요하다. 이 시대에는 영화가 없었다. 드라마나 코믹한 이야기를 시각적 볼거리와 더불어 경험하는 것은 오직 생생한 현장의 공연장에서만 가능했다. 1870년대에야 축음기 덕에 녹음된 소리가 집 안으로 들어오기 시작했다. 첫 단계로 전기에 의한 조명이 1881년 길버트(Gilbert)와 설리번(Sullivan) 코믹 오페레타의 본향인 런던 사보이 극장에서 밝혀졌다.

극장의 가장 큰 경쟁상대는 제1차 세계대전까지 발전하지 않았다. 극장의 역사는 앞으로 다루어지게 될 것이다. 상업 라디오는 1920년대가 되어서야 시작되었다. 첫 번째 성공적인 무성영화를 위한 공연은 1920년대에 시작되었다. 우리가 알고 있는 상업적인 텔레비전은 1946년 제2차 세계대전 이후 등장했다. 이 공연과의 경쟁상대의 기술이 발전되기 전 극장은 상업적인 발전단계를 가졌다.

4개국에서의 공연장 : 약 1750~1850년

독일

독일의 극장 경험은 영국과 프랑스의 이 시기와는 조금 다르다. '독일'은 언어를 제외하고 연결지점이 거의 없는 작은 주, 공국들로 뒤범벅이었다. 현 독일과 어떤 면에서는 비슷하지만 독일은 1870년대까지 통일이 되지 않았다. 영광스러운 음악유산과 여러 나라가 독일어를 사용함에도 불구하고 1700년대 초까지 고정적인 공연장을 갖지 못했다. 글을 읽지 못하는 관객을 위한 낮은 수준의 코미디나 과장된 폭력을 공연하는 유랑극단들은 있었다. 1725년 신고전주의 작가 요한 고트세트(Johann Gottsched)와 유랑극단 대표 카롤리나 노이버(Carolina Neuber)는 처음으로 '진지한' 독일 연극과 공연을 소개하였다. 다른 정규 공연장들이 재빠르게 독일에 생겨났다(1800년대까지 65개가 생겨났다). 그러나 곧 독일어권 전역에 퍼져 나갔다. 18세기와 19세기에 독일 이상주의자들과 예술가들은 독일 연극이 가져보지 못한 문화 구심점을 주장하기 위해 노력하였고, 그들은 예술과

독일 함부르크 주립극장 내부 모습

이 그림은 내부 그대로의 모습(크기가 비율에 맞지 않다)을 보여주고 있지만 1800년대 초기 극장에는 갤러리석을 갖춘 오케스트라 피트가 있었다. 객석의 큰 촛불 샹들리에가 무대와 객석을 밝혔다.

진지함의 언어를 사용하였다. 그들은 영어권의 표본을 따라 했다. 독일 관객은 17세기 영국 극단의 순회공연을 통해 셰익스피어를 알고 있었다. 신고전주의자로서 고트셰트는 프랑스 고전주의 이상을 시도하였지만 실패하였다.

영국과 프랑스

1700년대 초까지 극장은 영국과 프랑스에서 왕조와의 오랜 관계를 잃기 시작하였다. 같은 시대 관객기반은 성장하기 시작하였고 처음으로 중산층과 노동자 계급이 들어오기 시작했다. 이전에는 정부와 권력에 의해 공공 공연장이 허가되었다. 이런 관계는 왕권의 몰락과 함께 약해졌다. 지금은 권력이 아닌 돈을 갖고 있어 새로운 '불법'(정부의 허가를 받지 않은)의 상업적인 극장 출입권을 사서 많은 관객이 들어오고 있다.

　이 같은 이유 때문에 1700년대 중반까지 연극적 에너지는 상업적인 극장으로 이동되었고 새로운 극장은 스펙터클한 무대에서 새로운 종류의 공연을 선보였다.

미국

영국 배우들은 런던의 극장을 떠나 미 대륙 극장으로 갔다. 영국 지방투어공연보다 먼 곳의 공연을 위해 윌리엄(William)과 루이스 할람(Lewis Hallam) 형제는 대체로 가족구성원으로 극단을 구성하여 신대륙으로 항해를 하였다. 1752년 극단은 버지니아 주 로열 콜로니에 도착하여 극장을 세우고 셰익스피어의 〈베니스의 상인〉을 공연했다. 이 극단[루이스 할람이 죽고 난 후 새로 조직되고 더 커졌고 영국과의 단절을 인지하고 미국 극단(American Company)으로 이름을 바꾸었음에도 불구하고]은 1790년대까지 동부 지방에서 경쟁상대없이 순회했다. 연극을 사악하고 퇴폐적이라 여기고 환영하지 않은 곳에서는 공연할 수 없었다. 미국 극단의 레퍼토리, 연기 양식과 제작 관습은 영국적이었지만 거의 지속적인 순회공연의 요구에 의해 적절한 변화가 만들어졌다. 미국 극단은 전문적인 배우에 의해 공연되도록 쓰인 최종의 토종 미국 코미디 물[1787년 로열 테일러(Royal Taylor)의 〈대조 *The Contrast*〉]을 무대화하여 유명해졌다. 1800년까지 뉴욕, 필라델피아, 볼티모어, 윌리엄스버그, 찰스턴에 연극공연장(playhouse)이 있었다.

　필라델피아 월넛 스트리트 극장은 1809년에 설립되었고 미국에서 가장 오래된 극장 건물이다. 첫 연극 공연은 1812년 리처드 셰리든(Richard Brinsley Sheridan)의 희극 〈라이벌 *Rivals*〉이고 그 공연은 1775년 런던에서 초연되었다. 토머스 제퍼슨 대통령과 마르퀴스 라파예트(Marquis Lafayette)가 첫 공연에 참석했다고 전해진다.

필라델피아 초기 극장

필라델피아 월넛 스트리트 극장은 1809년에 문을 열었고, 미국에서 지속적으로 운영되고 있는 가장 오래된 공연장으로 알려졌다. 이 그림은 1820년대 극장 외경이다. 미국의 많은 연극의 가장 중요한 배우가 오랫동안 이 무대에 섰다.

상업극장의 발전

완전히 발전된 상업극장(commercial theatre)은 이윤추구가 첫 번째 목적이고 수입의 주 원천은 티켓 판매에 있었다. 자본화는 개인적인 재산이나 유한회사가 목적을 위해 창출하는 것에서 온다. 연극의 창작자(배우, 연출가, 디자이너)는 자본가(흔히 남자들), 결국 '제작자'로 불리는 자본가들에게 고용된다.

언뜻 보면 르네상스 이후 극장은 상업적이 되었다고 보이고 기업은 표를 팔아서 돈을 만든다. 프랑스의 몰리에르나 영국의 셰익스피어 극은 전반적으로 이윤추구를 위한 노력이었다. 그럼에도 불구하고 극장의 상업적 압박은 지원, 검열, 왕권이나 귀족이나 지방정부나 교회로부터 허가에 의해 오랫동안 말을 못하였다. 1750년까지 수십 년간 이끌어 왔던 이러한 기부자들은 쇠퇴하여 허가는 약해지거나 없어졌고 이익에 대한 추구가 늘어났다. (검열은 많은 정부에 의해 계속되었지만 권력은 단지 "안 돼!"라고만 말하는 것이었다.) 상업극장은 재정적인 구성과 경영상의 형식이 오랜 시간 동안 달라졌다.

배우와 배우 매니저

영리주의의 오랜 역사를 통해 주요 배우는 두각을 나타내게 되었다. 그들은 변화하는 시대의 영혼을 사로잡았고, 예술성과 기업가의 대담함을 통해 변화의 속도를 촉진했다. 네 명이 여기에 요약되어 있다.

데이비드 개릭

데이비드 개릭(David Garrick, 1717-1779)은 프랑스에서 종교적인 보호가 폐지되었을 때 영국으로 이주한 개신교도인 프랑스인 위그노의 아들이었다. 그리하여 개릭은 항상 외국 억양을 사용하여 말하였다. 그는 포도주 상인으로 시작하였지만 어렸을 때부터 연극은 그를 매료시켰다. 당시 연기는 어설픈 직업으로 특이하게 보였기 때문에 가명을 사용하여 런던 밖에서 첫선을 보였다. 그의 획기적인 공연은 왕실의 허가 없는 극장에서 올린 〈리처드 3세〉였다.

　개릭의 스타일을 현재로 완전히 가져오는 것은 불가능하다. 분명히 그는 그전의 것(부드러운, 음악을 포함한 리드믹한 연기 양식)과는 반대였고, 심할 땐 과장된 것으로 단정지어졌다. 개릭은 인물의 목표가 변할 때 접근방식이 급작스럽게 변하는 것이 보다 자연스럽고 편하게 보였다. 양식상의 어떤 변화처럼 그의 작품을 모든 비평가들이 좋아한 것은 아니었다. 그리고 일반적으로 개릭 이후로 즉시 변화된 것은 아니다. 예를 들면 개릭은 정기적으로 전통양식의 배우인 제임스 퀸(James Quin)을 고용하였는데 그는 연기 양

데이비드 개릭
당대 가장 영향력 있는 배우-매니저 중 하나로, 그는 연기 양식을 과장된 것으로부터 탈피하여 좀 더 '자연스러움'으로 나아갔다. 그림은 1774년 필립 제임스 루테르부르(Philip James de Loutherbourg)가 그린 존 플레처의 〈쓸모없는 녀석들〉에서의 데이비드 개릭의 모습이다.

식을 전혀 바꾸지 않았다. 퀸은 "만약 이 젊은 동료가 맞다면 우리들이 모두 잘못된 것이다"라는 말을 인용하였다.

개릭은 개인 소유의 한 극장(드루어리 레인)에 고용되었다가 나중에는 그 극장의 공동 소유자가 되었다. 1747년에 시작해서 1776년 은퇴할 때까지 그는 혼자서 극장을 열었고 그곳에서 제작을 담당한 매니저-연출가였다.

개릭은 수준 낮은 버전으로 공연을 계속했고, 어떤 때는 자신만의 대사와 장면을 삽입했음에도 불구하고 셰익스피어 극을 특별히 존경한 것으로 유명하다. 배우-매니저-연출로서 그는 무대 장치 디자인이나 의상에 일관성을 부여하며 물리적인 제작에서 개혁자였다. 그의 비호 아래 무대 전체를 비추는 샹들리에가 측면의 기둥에서 비추는 오일 조명으로 대체되었다. 이 오일 조명에는 조명의 방향을 정하고 변화시킬 수 있는 금속 반사경과 색을 바꿀 수 있는 채색 실크 커버가 달려 있었다. 그는 루테르부르를 작화가로 고용해 새로운 사실주의 기술을 자유로이 실험할 수 있게 했다.

에드먼드 킨

에드먼드 킨(Edmund Kean, 1789-1833)은 네 살 때 처음으로 무대에 섰다. 문제 가정의 가난한 학생으로 교육을 받지 못하였지만 킨은 버라이어티 공연가인 삼촌 모세 킨(Moses Kean)과 여배우 샬럿 티즈웰(Charlotte Tidswell)의 손에 자랐다. 그는 십대 시절에 여러 직업을 전전하였다. 한번은 서커스의 기수로 일하다가 다리가 부러졌고 평생 그 고통을 갖고 살았다. 1814년 드루어리 레인의 재정 악화로 그는 샤일록 역할을 맡게 되었다. 그는 화려한 성공을 거두었다.

배우로서 킨은 희극을 좋아하지 않았기에 한정적인 영역을 가졌다. 시인 새뮤얼 테일러 콜리지(Samuel Taylor Coleridge)는 킨에 대해 '배우로 그를 보는 것은 번쩍이는 섬광으로 셰익스피어를 읽는 것과 같다'고 했다. 프랑스 배우 프랑수아 탈마(François Joseph Talma)는 킨을 '다듬어지지 않은 원석'이라고 말했다. 그는 〈리어왕〉의 비극적 결말을 재현하였지만 관객은 받아들이지 못하였다.

킨은 실생활에서 변덕스러워서 때때로 친구, 동료, 극작가, 비평가들과 싸웠다. 한동안 그는 분장실에서 순한 사자를 기르기도 했다. 그는 1820년 새로운 쾌속선을 타는 혜택을 받고 미국에서 〈리처드 3세〉를 연기한 최초의 영국 배우였다. 1825년 미국으로 돌아오자 관객과 비평가들이 그를 환영했다. 1825년 간통죄로 기소되어 유죄 판결을 받아 벌금을 물었고, 이후로 무대에서 비난을 받고 관객이 과일을 던지는 일이 발생하였다. 이 스캔들로 그의 경력은 끝이 났다.

찰스 매크리디

개릭이나 킨과 달리 매크리디(William Charles Macready, 1793-1893)는 혜택 받은 환경에서 자랐다. 몇 세기 동안 오랜 전통 있는 사립학교가 있는 럭비에서 교육을 받았고, 옥스퍼드에 들어갔지만 부친의 지방 극장 사업을 도와주게 되었다. 배우로서 그의 명성은 〈윌리엄 텔〉의 첫 성공과 함께 늦게 찾아왔다. 그는 1826년, 1843~1844년, 그리고 1849년에 미국 여행을 하였고 1828년은 프랑스 무대에서 셰익스피어로 돌아오고자 파리를 여행하였다.

　사실 그의 무대경력 과정에서 매크리디는 글로 쓰인 대로 점차적으로 셰익스피어를 무대화하였다. (〈멕베스〉는 예외로, 관객은 무대장면, 음악, 마녀들의 춤을 포함하는 '오래된' 불순물로 받아들일 뿐이다.) 그의 공연은 그들의 지성과 문화에 주목할 만한 것이었다. 그는 킨처럼 뻔뻔할 수 있었지만 그의 뻔뻔함은 대본의 이해가 뒷받침된 것이었다. 배우, 매니저로서 매크리디는 외국으로 순회공연을 할 때도 극단원을 전부 데리고 가는 등 모든 공연자들에 집중하였다.

　마지막 미국 순회공연에서 매크리디는 애스터 플레이스(Astor Place) 극장에서 멕베스를 공연했는데 두 블록 떨어진 곳에서 미국 배우 에드윈 포레스트(Edwin Forrest)가 같은 역을 하였다. 아마도 홍보를 위해서든 순수한 토론으로든 어느 쪽이 더 나은 셰익스피어 배우인가 하는 공공연한 논쟁이 있었던 것 같다. 보다 중요하게는, 1812년 전쟁의 기억과 반계급정서로 인해 반영감정을 갖는 하층민과 매크리디를 지지하는 친영파가 되는 상층민 계급이 있었다. 극이 시작될 무렵 극장가에는 만 명의 사람들이 있었을 것이었다. 정부는 소위 애스터 플레이스 소동으로 인해 군대를 부르기까지 하였고 21~31명의 폭도가 죽음을 당하였고 48명이 다쳤다. 경찰과 군대는 아무도 죽지 않았지만 50~70명의 경찰과 141명의 군인이 다쳤다고 하였다. 매크리디는 영국으로 돌아왔다. 포레스트의 경력은 사고에 대한 기억으로 손해를 입었다. 애스터 플레이스 극장은

에드먼드 킨

1820년 필립 매신저(Phillip Massinger)의 작품 〈오래된 빚을 갚는 새로운 방법〉에서의 오버리치 역의 에드먼드 킨을 그린 그림이다. 어느 당대 비평가는 킨에 대해 '배우로 그를 보는 것은 번쩍이는 섬광으로 셰익스피어를 읽는 것과 같다'고 표현하였다.

스타의 힘

매크리디는 셰익스피어뿐 아니라 현대극작가 작품에서도 연기하는 영국의 유명한 스타가 되었다. 이 그림은 1821년 멕베스 역의 매크리디의 모습이다.

애스터 플레이스 폭동
매크리디는 1849년 5월 10일 〈멕베스〉를 공연하였는데 그의 미국 라이벌인 포레스트가 같은 역으로 같은 날 다른 극장에서 공연을 하였다. 수천 명의 뉴욕 시민들이 매크리디의 공연을 반대하고 폭동을 일으켜 많은 사람들이 죽었다. 극장은 이날을 미국의 문화에서 매우 중요하게 본다.

이듬 해에 도서관이 되었음에도 스캔들을 극복하지 못하였다.

엘렌 테리

엘렌 테리(Ellen Terry, 1847-1928)의 부모님은 순회공연을 하는 희극 배우였다. 그의 4남매는 배우였고 다른 두 명은 극장 관리자였다. (11명의 형제자매가 있었다.) 그의 딸 에디트(Edith)는 연출, 제작, 의상 디자이너였다. 테리의 혼외 아들인 에드워드 고든 크레이그(Edward Gordon Craig)는 혁신적인 무대 디자이너가 되었다. 19세기 중반까지 상업극장은 테리 가족을 위한 비즈니스가 되었다.

엘렌 테리는 여덟 살 때 처음으로 상업주의 시대에 연기의 전통과 연결된 에드먼드 킨의 아들인 찰스 킨(Charles Kean)과 함께 무대에 섰다. 그녀의 첫 성인으로서 성공은 셰익스피어의 역할들, 〈스캔들 학교 *The School for Scandal*〉의 리바이벌, 그리고 다양한 동시대 작품들이었다. 1878년 30세 되던 해 그녀는 유명한 배우-매니저인 헨리 어빙(Henry Irving)의 극단에 합류하게 되었고 셰익스피어 작품의 주연 여배우가 되었다. 어빙이 죽고 난 후 테리는 그들이 잠시 연인관계였음을 시인했다. 어빙은 결혼했었다. 그녀는 1903년 초 자신의 극단을 운영할 때 조지 버나드 쇼(George Benard Shaw)와 연인관계였고 쇼의 작품과 입센 작품에 출연하였다. 테리는 셰익스피어와 쇼와 역사에 기초한 인기 있는 동시대 작가의 작품을 가지고 미국에 7번 순회공연을 하였다. 비평가들은 그녀의 아름다움과 매력, 우아함, 단순함과 편한 움직임과 웃음에 갈채를 보냈다. 1919년 72세에 〈로미오와 줄리엣〉에서 유모 역을 한 것이 테리의 마지막 작품이었다.

배우-매니저에서 제작자까지

상업적인 압박이 증가해 극장은 각기 다르게 조직되었다. 이전 순회공연이나 작은 도시에 존재하는 주주극단은 위험한 삶을 살았다. 주주극단에서 공연자들은 다양한 규모의 지분을 가졌고, 그 지분에 따라 수익을 나누었다. 수입이 줄어들면 단원들은 적은 돈을 가질 수밖에 없었다. 자본을 모으는 것은 어려웠다. 제대로 된 의상, 적당한 무대장치나 극장을 갖고 있다면 주주극단은 행운이다. 위험을 줄이기 위해 배우들은 지분보다 봉급을 선호하였고 공동 소유보다는 고용의 형태로 변하게 만들었다. 이러한 변화는 사업구조의 변화를 가져왔다. 어떤 극단에서는 배우 매니저(actor-manager)라고 하는, 지금은 극단을 운영하는 사람이 한때 주주들이 한 결정을 단독으로 하게 되었고 다른 사람들에게 대가를 지불하였다. 어느 정도 늦게 시작한 극단에서는 극단이 연출 매니저(director-manager)라 불리는 연출가에 의해 운영되었다. 궁극적으로 공연단체를 운영하는 투자자들의 돈을 가진 제작자(producer)인 것이다. 제작자는 무대에서 창의적일 필요는 없었지만 아마도 연극 제작을 위해 투자자들을 끌어당기고 부추기는 창의력을 갖고 있었다. 이러한 성공적인 제작자는 다른 사람들의 능력을 알아보고 무대에서 최고의 기량을 보일 수 있도록 만들 수 있었다.

스타 시스템

1700년대 내내 극단은 한 곳에서 같이 머물거나 말을 타고 몇몇 곳을 돌아다니는 경향이 있었다. 기술의 변화로 이런 형태는 깨졌다. 예를 들면 1800년대 초까지 미국에서 배우는 미시시피 강을 따라 뉴올리언스 주부터 오하이오 강을 따라 북쪽으로 켄터키 주 렉싱턴까지 순회하면서 관객이 있는 곳이면 어디든 멈추었고 다음 시즌에도 같은 경로를 따랐다. 증기선이 있었기에 가능한 일이었다. 철도는 1840년대 이후에 확장되어 빨라진 바다 항해와 국내뿐 아니라 해외의 스타들이 꽤 빠르게 주본거지 극단에서 보통 공연하던 도시 사이를 이동할 수 있었다. 이런 스타 시스템(star system)은 예를 들면 매크리디를 런던에서 미국 도시로 1826년 처음으로 데려왔고, 1828년에는 파리로 데려왔다. 처음에는 스타들이 완전히 혼자 와서 그들이 공연하는 도시에서 활동하는 극단에서 나머지 배우들을 뽑았다. 나중에는 그들을 도와주는 배역들과 함께 여행하기 시작하다가 제작팀을 데려오기 시작했고 배우들은 국내와 세계를 돌아다닐 연합 극단(combination company)을 구성하기에 이르렀다. 연합 극단은 배우, 장치, 의상, 소품팀을 완벽히 구성하였으며 대체로 한 작품을 순회공연하였다. 연합 극단은 1860년대에 시작되어 1900년까지 일반적이었다. 관객은 한 장소에 머물 때 그들은 새로운 공연을 올리는 대신 다른 곳으로 이동하기 때문에 한 작품을 제작할 수 있었다. 한 고장에서 여러 공연을 구성하는 레퍼토리(repertory) 극단은 존재하였지만 예외였다. 연합 극단이 있었고 오늘날 여전히 일상적 표현으로 '길(road)'이 순회공연하는 상업극을 가리키는 용어이다.

미국에서의 극장 신디케이트

극장은 다른 사업의 영향을 받았다. 19세기 말에는 돈과 권력이 소수에 집중되었다. 독점기업들은 경쟁자가 거의 없어질 때까지 작은 기업을 집어삼켜 큰 부를 이루었기에 미국에서는 거대한 '트러스트'와 벼락부자의 시대라고 표시한다. 트러스트는 오늘날 **독점기업**으로 자주 불린다. 트러스트는 20세기 초에 반작용을 낳았는데, 노동자들이 더 안전한 작업환경, 더 많은 급여, 더 많은 권력을 보장하기 위해 노조를 만들어 활동하기 시작한 것이다.

적어도 미국에서는 극장이 이 변화의 한 부분이었다. 셰익스피어 시대 이후 기업인은 개인 소유 극장 건물을 갖고 있었다. 1800년대까지 사업가는 다른 도시에 여러 개의 공연장을 갖고 있을 수도 있었고 효율적인 순회공연을 만들기 위해 이쪽에서 다른 쪽으로 연합 극단을 보낼 수도 있었다. 19세기 말 무렵 미국에서 한 **극장 신디케이트**(Theatrical syndicate) 단체가 그들이 모든 공연장을 가지고 있다면 배우들의 급여와 티켓 가격을 포함하여 모든 공연장을 제어할 수 있다는 것을 알았다. 20세기 초 극장 신디케이트는 건물을 사서 교통의 요지를 기반으로 건물을 결합시켰고 연합 극단의 예약을 뉴욕에 집중시켜 배우들이 그곳에서 살 수 있도록 하며 거의 독점하다시피 했다. 이것은 주주극단의 전통을 효과적으로 끝냈다. 극장 신디케이트의 힘은 절대적이어서 반항하는 배우는 미국에서 사실상 무대에 설 수 없었다. 몇몇 스타들[사라 베르나르(Sarah Bernhardt)와 미니 매턴

연예선

증기선은 1800년대 초부터 미시시피 강 쪽 도시를 지나면서 공연단체를 데리고 와서 부를 쌓았다. 그림은 1847년 '윌리엄 채프먼(William Chapman)의 떠 있는 공연장'이다.

연극은 연극이다

어거스틴 데일리의 〈가스등 아래〉, 1867년

극작가, 연출가, 비평가, 극장 운영자였던 어거스틴 데일리(Augustin Daly, 1836-1899)는 19세 후반 동안 미국 연극에서 가장 영향력 있는 인물이었다. 그는 90여 편의 작품을 쓰거나 개작했다. 〈가스등 아래 *Under the Gaslight*〉는 본질적인 사실주의 극으로 5막으로 이루어져 사회계층을 두드러지게 표현하였다. 희극적인 사람이 기찻길 선로에 묶여 있는데 기관차가 그를 죽이기 바로 직전 여주인공에 의해 구해지는 유명한 기찻길 장면은 많은 다른 사실주의극과 초기 영화에서 중요한 장면이 되었다.

작품 줄거리 뉴욕의 상위층 응접실에서 레이 스태퍼드(Ray Stafford)와 약혼한 로라 코틀랜드(Laura Courtland)는 극악무도한 바이크(Byke)와 직면한다. 로라는 바이크가 레이에게 다시 나타나겠다고 협박했다는 사실을 경박한 조카 펄(Pearl)에게 말한다. 로라는 진짜 코틀랜드가 아니고 전에 길거리 고아로 입양되었다. 레이는 약혼을 파기하기로 결심하고 로라에게 (그는 그녀를 사랑한다고 말하며) 편지를 쓴 후 편지를 구겨버리고 아무렇게나 주머니에 넣는다. 후에 멋진 델모니코 식당에 모여서 편지가 나오고 한 사교계에 말많은 여인이 보고서는 로라를 비난한다. 이때 레이는 그녀를 지켜주지 못하고 그녀는 쫓겨난다.

석 달 후 로라는 부랑자 피치블러섬(Peachblossom)과 함께 지하에서 익명으로 살고 있다. 바이크와 그의 공범 올드 유다(Old Judas)와 함께 어린이 납치를 시도하지만 무장한 시민전쟁 퇴역군인인 스노키(Snorkey)에게 저지당하고 레이를 로라에게 데려다 준다. 레이는 두 번이나 호소하지만 바이크와 올드 유다는 다시 돌아와 로라를 납치하여 허드슨 강 부두에서 뉴저지에 숨겨버렸다. 스노키와 거리 부랑자 아이들이 뭉쳐서 그들을 방해한다. 로라는 강에 몸을 던지고 레이는 그녀 다음으로 강에 뛰어든다.

얼마 후 아름다운 시골집에서 레이는 펄과 약혼한다. 로라는 고독한 손님이고 레이를 사랑하기에 도망친다. 근처 숲에서 스노키는 바이크와 올드 유다가 로라를 죽이고 펄을 강탈하는 음모를 듣게 된다. 기찻길에서 도망치는 로라는 지쳐 한 헛간에서 밤을 보내기로 정리한다. 스노키가 나타나지만 바이크가 그를 붙잡아 기찻길 선로에 묶는다. 로라는 잠긴 창고를 도끼로 부수고 스노키를 거의 기차가 도착하기 직전에 구해낸다.

다시 시골집에서 로라, 레이, 스노키가 그를 붙잡았을 때 바이크는 펄에게 주었던 보석을 빼앗는다. 바이크는 로라가 아닌 펄이 도둑아이로 그녀를 입양했다고 말한다. 로라가 진짜 코틀랜드 집안사람이었던 것이다. 피치블러섬은 올드 유다가 사고로 죽었다고 말한다. 레이는 그의 약혼을 펄에게서 다시 로라로 바꾸고 스노키는 피치블러섬과 결혼한다.

피스크(Minnie Maddern Fiske) 포함]은 신디케이트에 반발하여 천막에서 순회할 정도로 규모를 줄였다.

극장의 상업화는 다른 결과를 가져왔다. 극장들이 티켓 판매에 의존하고 사업가에 의해 운영됨에 따라, 이윤이 상업극을 대중문화와 거대 관객에게 떠넘기며 예술을 이겼다. 상업극은 대중문화와 거대 관객에게 굴복하였다.

상업극장에서의 드라마

대략 1750년대쯤 2만 편의 공연이 전 세계 상업극장에서 무대화되었다. 이들 중 재공연 되는 작품은 거의 없다. 많은 대본이 사라졌다. 시기적절함과 주제가 예술성보다 상업적 으로 더 중요하였다. 상업극장의 공연이 나쁘다는 뜻은 아니다. 상업극은 보통 많은 관객을 공격하거나 깊이 생 각하는 사상 없이 이해하기 쉬워야 한다. 상업 관객은 일 상탈출, 스릴, 웃음, 눈물을 찾아 극장에 가는 것이지 생 각하려고 가는 것은 아니다.

1750년 이후 서양 드라마의 변화

세 가지 중요한 문화적 변화가 1950년 이후의 드라마에 변화를 가져왔다.

감상성의 성장 감상성(sentimentality)은 '쉬운 눈물'의 감정 의 원인을 불러일으킨다. 대부분 상황이나 유형보다는 이 미 쉽게 건드려 감정을 불러일으키는 불쌍한 아이, 협박 받는 처녀, 충성스러운 개 등 배역의 개인화로 감상적으 로 만든다. 감상성은 선과 악이라는 강력한 사상을 반영 하고, 사랑, 행복, 미덕을 믿고, 과장된 언어를 사용한다. 감상성은 가족, 충실도 충성, 일, 상사에 대한 복종 등 상 업주의 시대에 맞는 가치를 강조하였다. 감상에 잘못된 것은 없다. 다른 사람에 공감하는 동정은 인간의 특징이 다. 감상은 지나친 감정으로 쉽게 자극을 받는다.

연극이 낯선 관객에게 감상성은 그 매체에 대해 편히

감상적인 희생자

멜로드라마는 희생을 통해 번창하였다. 그림은 눈보라 속의 엄 마와 울고 있는 아이라는 두 전형적인 희생자다.

느끼게 하는 만족스러운 반응이었다. 신흥 중산층을 위해 감상성은 아무 대가 없는 눈물을 쉽게 불러일으켰다. 사업가들은 배고픈 아이들을 위해 울 수 있었고 행복한 결말에 박수를 보내고 집으로 돌아가서 불과 몇 달 전 아일랜드 기근에서 탈출한 하인들을 무시한다. 감상성은 섬세함에는 무관심한 관객들에게 인기 있었다. 감상성은 사회적으로 보수성을 띠었다.

역동적에서부터 행동으로 이동 감상성은 그전의 극과는 달리 영웅만큼 희생자들에게도 관심을 갖게 하였다. 결과는 영웅극에서 '패자 이야기'라고 불리는 것으로 180도 달라졌다. 영웅적인 노력 대신 그 반대에 대한 반응과 희생이 주목받았다. 그런 희생자들은 흔히 개별적인 상황으로 표현되어 실제의 사회 문제를 관객들이 생각하도록 일반화되지 않았다. 시골 처녀가 나쁜 젊은 귀족에게 협박받는 것은 여성의 착취나 가난 같은 큰 이슈와는 관계가 없었다.

장르의 붕괴 신고전주의 '원칙'의 종말과 함께 장르의 개념이 무너지기 시작했다. 비극을 규정하는 사상이 줄었기 때문에 그리스인이 정의한 비극은 '서재극'(극이란 읽히는 것이지 공연되는 것이 아님을 의미함) 같은 것을 제외하고 더 이상 존재하지 않았다. 멜로드라마가 그 역할을 대신 하였다. 희극은 해피엔딩의 극이나 개그의 희극과 거의 같을 정도가 되었다.

상업극장에서의 멜로드라마

멜로드라마(melodrama)는 이전부터 시작되었지만 19세기에 가장 인기 있는 극형식이었다. 관객들이 좋아하는 것은 의문 없는 선과 악, 악으로부터 선이 항상 위협받지만 결국 선이 승리한다는 것이다. 멜로드라마의 감상성 또한 이 만큼 중요하다. 선-악의 이분법과 포장된 감상성 두 가지는 관객들이 커다란 변화의 시대에 안정성을 찾는 전형이 되었다. 1895년 오스카 와일드는 등장인물로 하여금 "선은 행복하게 끝나는 것이고 악은 불행하게 끝나는 것이다. 이것이 소설이 의미하는 것이다"라고 소설의 플롯에 대해서 말하게 함으로써 선악의 명확한 구별을 풍자했다.

　19세기 무대 멜로드라마는 유행에 뒤졌고 우스꽝스럽게 보이기까지 하기에 지금도 드물게 재연된다. 기억해야 할 것은 즐길 만한 멜로드라마가 얼마나 있었는지다. 모험에서 모험으로 몰아치는 에너지가 넘쳤고 스릴과 감정, 웃음이 있었다. 많은 멜로드라마가 코믹한 장면으로 가득했다. 자주 서툴렀고 우연적 구성이 보였으며 언어는 과장되었지만 멜로드라마는 대단한 기쁨을 주었다. 멜로드라마는 오늘날 영화와 텔레비전, 특히 모험 액션에서 되살아나고 있다.

음악

멜로드라마는 '음악드라마'를 의미하고 극에서 음악을 광범위하게 사용한다는 뜻이다. 멜로드라마는 장면을 강조하는 감정적인 음악을 사용했는데 이는 영화, TV, 일부 연극에서 분위기를 몰아가거나 충격을 주고 긴장감을 고조시키기 위해 현재에도 여전히 사용되는 기술이다. 음악은 특정 배우가 들어오거나 나가거나 몇몇 관객을 부추기는 기술을 쓸 때마다 같은 주제가 연주되는 주제곡(signature music)으로도 나타났다. 오케스트라 피트는 초기 멜로드라마에서 중요했다. 어떤 멜로드라마는 노래를 사용하기도 했다.

단순화된 도덕적 세계

멜로드라마는 선악이 분명한 단순화된 윤리세계를 그리고 있고 쉽게 알아차릴 수 있는 배역에 의해 구체화되었다. 육체적인 매력은 남녀 주인공의 특징을 나타내고 이들은 대

체로 서로 사랑에 빠진다. 의상도 그들의 배역을 설명하였다. 마치 선반에서 꺼내온 것처럼 개성이 없었기에 종종 유형 인물(stock type)이라 불렸다. 남자 주인공을 돕는 것은 주인공을 구해주고 살려주고 그의 원수를 파괴하는 코믹한 남자 또는 간혹 코믹한 여성이었다. 악당 역은 극에 활기를 불어넣고 체격과 의상으로 귀족 계층이나 지주 계층으로 쉽게 알아차릴 수 있었다. 처음에는 여자 주인공이나 남자 주인공을 협박하고 주인공은 도망치고 코믹한 역에 의해 구출된다. 악당은 다시 또 괴롭히고 탈출하는 등으로 이어진다. 극 구조는 협박과 탈출에 의해 발전되는 삽화식이었는데, 남녀 주

멜로드라마

이 장르는 1800년대와 1900년대 초의 대중극을 지배했다. 화재는 대단한 연극이었다. 화산, 배의 침몰, 위협적인 기차, 홍수, 온갖 종류의 재앙이 있었다. 사진은 디온 부시코트(Dion Boucicault)의 〈뉴욕의 거리〉 포스터다. 이런 멜로드라마는 영화, 그리고 텔레비전으로 자연스럽게 이동했다.

인공이 죽을 고비를 넘기고 순식간에 행복한 결혼으로 옮겨지는 식으로 극단적이었다.

스펙터클

많은 낭만적인 멜로드라마는 선한 인물이 위협받을 때나 악당을 방해하는 장면만큼 볼거리(불, 폭발, 침몰, 또는 지진)에 의존하였다. '곡마사 드라마'와 '개를 주인공으로 하는 멜로드라마'처럼 말, 개 등 동물이 출연하는 공연도 많이 있었다. 〈돌아온 래시 *Lassie Come Home*〉와 〈녹원의 천사 *National Velvet*〉같은 영화는 오랜 연극적 전통을 갖는다. 나폴레옹 전쟁 동안 바다와 해군에 대한 낭만적 관심이 '해상 멜로드라마'를 낳았다. '전원' 멜로드라마는 시골을 배경으로 하고, 공포이야기(예 : 드라큘라)로 부르는 '고딕' 멜로드라마가 극장을 채운다. 1850년 이후 중산층 공연장들이 사실주의 멜로드라마(realistic melodrama)를 공연하는 경우가 늘어났고 낭만주의 멜로드라마는 점점 하층 계급을 대상으로 했다. 그러나 낭만주의 멜로드라마는 계속 유지되어 무성영화로 매끄럽게 옮겨졌다.

1850년 이후 사실주의 멜로드라마

사실주의 멜로드라마는 약 1850년대에 나타나기 시작했다(1700년대로 돌아간 몇몇 선구자가 있었음에도 사실주의로 알려진 연극양식은 1870년대 아방가르드 공연 전까지 나타나지 않았다). 1830년대 상자형 무대(box set)는 사실주의 실내를 지향하는 첫 단계였다. 상자형 무대는 눈에 보이는 3면 벽을 갖추었다. 프로시니엄은 이 방의 제4의 벽으로서 눈에 보이지는 않지만 관객이 이를 통해 방 안을 들여다볼 수 있다. 실용주의 사업가 계층

유형 인물

악당은 멜로드라마의 사건을 이끌었다. 희극적 인물이 그를 좌절시키고 또 어느 때엔 악당들로부터 남자 주인공이나 여자 주인공을 구해주었다. 의상을 보면 말이나 대사 없이 그 배역을 명확하게 정의하고 있음을 알 수 있다.

악당   희극적 인물

의 부상으로 이국적인 것, 실제 존재하지 않는 것에서 벗어나 친근하고 실용적인 것으로 관심이 옮겨졌다. 중산층은 도덕적 상태와 사회에서 '소유'를 포함한 돈과 지위의 문제를 그린 공간이었다. 그리하여 이런 사실주의 멜로드라마는 또한 신사적인 멜로드라마(gentlemanly melodrama)로 불리기도 하였고, 중산층 연극의 특징이 되었다. 천박한 언어나 사건이 낭만주의 멜로드라마보다 적었고 사건은 인과관계로 연결되었다. 격렬한 볼거리에 덜 의존하였고 중산층의 의상을 입었지만 여전히 협박과 탈출의 내용은 유지되었다. 예를 들면 부족할 것 없는 여성이 그녀의 어두운 과거가 드러나면서 협박을 받는다―때로는 극 전체를 통해 협박과 해결이 길어지기도 한다. 멜로드라마의 플롯에서 우연적인 해결은 너무나 평범하다. 목걸이나 다른 상징물을 통해서 오랫동안 잃어버린 아이를 찾거나 엄마, 아이, 형제자매가 오랫동안 떨어져 있다가 재회하는 장면은 워낙 흔해서 오스카 와일드의 〈진지함의 중요성 *The Importance of Being Earnest*〉(1895)과 같은 희극에서 풍자될 만큼 상투적인 결말이 되었다.

　대부분의 사실주의 멜로드라마는 희생자, 감상성, 사회적 보수주의와 단단히 결합되었다. 그런 공연들이 얼마나 사실적인지에 상관없이―그들은 희망이 충족된 형식으로 남아 있다―그들은 일반적으로 어떻게 행동해야 한다는 것보다 사람들이 어떻게 행동하였으면 하고 바라는 바에 의해 움직인다. 본질적으로 희망 충족은 가부장제 경제사회가 그리는 사회적, 문화적 희망(오랫동안 잃어버렸던 아이는 그들의 부모와 다시 만나야 하고, 죄 지은 부인은 용서받아야 하고, 파산한 아버지는 비밀스러운 독지가의 도움을 받는다

상자형 무대
벽, 문, 벽감, 천장의 완벽한 배치는 상자형 무대를 정의한다. 가구와 소품은 입체적인 '실물'이다.

는 이상)이었다. 사실주의 드라마가 궁극적으로 추구했던 것처럼 멜로드라마가 사회적 문제를 사실적으로 공격하지 못한 것은 사회적 보수주의 때문이었다. 많은 공연들이 광산, 공장, 배, 또는 농장 등의 노동자들을 이야기하고 지주와 상사, 귀족이 악당으로 되풀이되고 있었음에도 멜로드라마는 가난, 열악한 작업환경, 매춘의 구조적인 원인에 대해 이야기하지는 않았다. 관객은 그런 커다란 이슈보다는 그저 감상적인 눈물을 원하였다. 오히려 원인은 항상 악당(개인, 악한 상사나 부패한 공장주, 난봉꾼)이었다.

영국에서 가장 중요한 멜로드라마 : 〈톰 아저씨의 오두막〉

아마도 영어로 쓰인 가장 중요한 멜로드라마는 해리엇 비처 스토(Harriet Beecher Stowe)의 소설을 기반으로 한 〈톰 아저씨의 오두막 *Uncle Tom's Cabin*〉(1852)일 것이다. 미국에서 저작권 시대 전에 출판되었기에 어느 극장이든 불법복제하고 각색하고 번역하였다. 공연은 제1차 세계대전(1914~1918) 동안에도 강하게 남아 미국에서 12개 이상의 극단이 순회공연하였다. 어떤 배우는 평생 이 작품을 순회공연하기도 했다. Tomming이란 말은 눈에 띄는 배우란 뜻으로 〈톰 아저씨의 오두막〉의 공연에 등장함을 의미한다. 극은 개가 뒤따라오는 상황에서 노예들이 탈출을 하는데 죽은 아이가 천사에 의해 천국으로 가고, 덕 있는 톰 아저씨는 악당 사이먼 러그리에게 맞고 얼음 장애물을 건너서 도망치는 장면을 포함하고 있다. 그러나 대부분의 멜로드라마와 다르게 〈톰 아저씨의 오두막〉은 사회적이고 도덕적인 문제(노예제도의 참상)와 연결되었다. 에이브러햄 링컨 대통령이 남북전쟁 기간에 스토를 만났을 때 그는 "당신같이 작은 여성이 쓴 책으로 이렇게 위대한 전쟁이 시작되었다"고 말했다고 전해진다.

멜로드라마 극작가

대부분의 멜로드라마, 낭만극이나 사실주의극 둘 다 극장에 고용된 작가들에 의해 쓰였다. 전문적인 작가들만이 이름을 썼다. 예를 들면 버팔로 빌 코디(Buffalo Bill Cody)는 대서부극을 시작하기 전 서부를 다룬 멜로드라마 작가로 고용되어 몇 년 동안 순회공연을 하였다. 신사적인 멜로드라마는 지금은 잊혔지만 저명한 작가들에 의해 쓰이기도 했다. 그다음 중요한 작가는 아일랜드계 미국인 디온 부시코트(Dion Boucicault)였다. 그의 첫 번째 성공작 〈런던 보험 *London Assurance*〉(1841)은 가벼운 희극으로 엇갈린 연인관계, 변장, 구성, 책략, 시골집에 다같이 사는 도시사람들이 있었다. 부시코트의 극은 그들이 즐거워할 수 있었음에도 재공연을 거의 하지 않았다. 그는 〈뱀파이어 *The Vampire*〉(1852)같은 공포극, 아주 다양한 멜로드라마 극을 썼으며 〈뉴욕의 가난한 사람들 *The Poor of New*

MR. DAVID BELASCO.
AS "UNCLE TOM" SHIEL'S OPERA HOUSE SAN FRANCISCO. SEPT. 15. 1873.

Miss "LOTTA" CRABTREE AS "TOPSY" PIKES OPERA HOUSE N.Y. 8TH AVE. & 23RD ST. 1868.
Tuesday MARCH 17TH 1868.

흑인 얼굴을 한 백인 배우

19세기 후반 데이비드 벨라스코(David Belasco)와 로타 크랩트리(Lotta Crabtree)는 〈톰 아저씨의 오두막〉에서 흑인 분장을 하고 등장한 가장 유명한 두 배우이다. 이 기념사진의 모습은 오늘날 조롱(또는 비난)받을 만한 일이지만 당시 관객은 백인 배우가 흑인 분장을 하고 나오는 것을 적어도 이 극에 서만큼은 진지하게 생각했다. 관객은 백인이 흑인 노예의 비참한 연기를 하는 것이 계속되는 인종차별임을 깨닫지 못한 채 남북전쟁 전에 흑인 노예의 고통에 대해 울 수 있었다. 삽입된 사진은 배우들이 보통 흑인으로 등장할 때의 모습을 보여주고 있다.

York〉(1857), 〈옥토룬 또는 루이지애나에서의 삶 *The Octoroon or Life in Louisiana*〉(1859) 등 미국을 배경으로 하는 화제의 드라마를 남겼다. 그는 1880년대 초까지 계속 집필했다.

옥토룬(Octoroon, 1/8이 흑인 혈통이란 의미)이 농장에서 발생한다. 농장 주인의 조카 는 프랑스에서 돌아와 삼촌과 흑인 노예 사이에 낳은 딸과 사랑에 빠진다. 농장은 체불된 빚에 협박당하고 있다. 농장이 넘어가게 만든 악역의 매클로스키(McClosky)는 노예 거래 를 중지하라는 편지를 갖고 온 노예를 죽인다. 결정적인 순간에 매클로스키가 사람을 죽 였다는 증거를 갖고 어떤 사람이 나타난다. 매클로스키는 교도소를 탈출하고 농장에서 노예를 옮기는 증기선에 불을 지른다. 미국 공연에서는 옥토룬이 절망하고 독약을 마신

세계에서 가장 유명한 멜로드라마

〈톰 아저씨의 오두막〉은 여러 가지를 적용하여 여러 시대를 거쳐 순회공연되었다. 이 사진은 1900년경 파리에서 공연되었던 모습이다. 포스터는 1890년 미국 공연을 홍보한다.

다. 영국 공연에서는 조카와 옥토룬이 해피엔딩을 맞는다. 어떤 결말이든 복잡한 구조가 이 시대 멜로드라마의 전형을 보여주고 있다.

부시코트는 균일한 금액 대신 객석 점유에 대한 비율제를 요구하였기 때문에 희곡작가의 역사에서 중요한 사람이다. 그리하여 저작권(royalty)의 실천이 처음으로 시작되었다. 일부는 부시코트 때문에 1866년 처음으로 국제저작권협의회가 만들어졌고 상업주의의 이윤을 작가가 나누는 것이 허용되었다.

1900년 이후 멜로드라마

사실주의의 발달로 과장된 언어와 연기가 약해졌음에도 불구하고 멜로드라마는 20세기 나머지 1/3 기간 동안 주요 장르로 남아 있었다. 예를 들면 릴리언 헬만(Lillian Helman, 1934~1960년 공연계에서 활동적이었다)의 극은 많은 부분이 멜로드라마다. 예를 들어 멜로드라마는 여전히 텔레비전에서 연속극 장르로 남아 있고 영화에서 스릴러물로 남아 있으며 의심할 바 없는 선으로 추정되는 것들이 의심할 바 없는 악에 협박받는 많은 공연들에서 선과 악이 최근에는 더 이상 도덕적 용어가 아니라 권력의 용어로 규정되고 있다. 민감한 개인주의자들이 무자비한 위선자의 억압을 받거나 AIDS 희생자들이 소심한 공포에 억압당하는 식이다.

상업극장에서의 희극

장르의 해체와 더불어 이 시기의 희극은 그리스, 헬레니즘이나 신고전주의의 희극이 아니다. '행복한 결말의 공연'은 1750년도부터 1900년까지와 아마 1950년같이 최근에 많은 희극을 정의한다. 그러나 많은 멜로드라마는 만족할 만한 결말도 포함했다. 그리고 희극은 행복한 결말과 두드러지게 밝은 톤으로 풍자극부터 시추에이션 코미디와 소극에 이르기까지 다른 멜로드라마보다 넓은 영역을 포함하는 것으로 이해되어야 한다.

셰익스피어는 이 시대 희극에 있어서 탁월한 인물이다. 주요한 여자 역을 갖춘 그의 낭만희극은 19세기 매력 있고 재치 있으며 덕 있고 마지막에는 남자에게 복종하는 여성의 예 – 비올라(십이야), 로잘린드(뜻대로 하세요), 이사벨라(자에는 자로), 베아트리스(헛소동), 포샤(베니스의 상인) – 를 보여주었다.

셰리든과 골드스미스 : 영국 희극 작가

초기 희극은 독점극장이나 상업주의로 변하는 극장에서 만들어졌는데 더 오래된 감상적 희극이 있기도 했지만 감상주의 자체를 온건하게 조롱했다. 그들은 유형 인물과 왕정복고 희극의 전형적인 장면을 유지하였지만 귀족계급 인물이 줄어들수록 그들의 관심은 늘어나는 중산층이었다. 영국에서 1800년대 이전 희극을 이끈 작가는 리처드 셰리든(Richard Brinsley Sheridan, 1751-1816)이었고 그의 작품은 〈스캔들 학교〉와 〈경쟁자 *The Rivals*〉를 포함한다. 그리고 올리버 골드스미스(Oliver Goldsmith, 1730-1774)는 〈지는 것이 이기는 것 *She Stoops to Conquer*〉 등의 작가이다. 둘의 작품은 현재에도 공연되고 있다.

예를 들면 〈경쟁자〉는 영국 왕족과 조지 워싱턴이 좋아하는 극이다. 유행을 좇는 바스(Bath)를 배경으로 한 풍습희극인 이 작품의 주 내용은 두 연인, 리디아와 잭에 관한 이야기이다. 리디아가 낭만적인 순수한 사랑을 간구하기 때문에, 잭은 본래의 부유하고 작위를 받은 가문의 아들 대신 평범한 군대 사무관인 척한다. 여기에 방해하는 부모, 한쪽이나 양쪽의 원치 않는 정략 약혼, 그리고 행복한 결말이 보장되어 있다. 〈경쟁자〉는 조연이 실수를 하는데 이는 시대를 막론하고 연극, 텔레비전, 영화 코미디에서 따라 하는 맬러프롭(malaprop)이라 부르는 통상적인 실수로 그녀의 이름이 쓰였다. 맬러프롭 부인은 자신이 의미하고자 하는 단어를 골랐다고 믿지만 틀렸다. 그녀는 잭을 "그는 정중함의 매우 파인애플이다"라고 이야기하지만, 물론 파인애플이 아닌 정점(pinnacle)을 의미한다. 다른 많은 예로, "나는 당신이 그녀(맬러프롭의 딸)를 대장에게 알아보기 힘든(illegible) 장애물처럼 보여주기를 바란다"라고 했는데 그녀는 부적격자('ineligible)를 의미하고 말한 것이다.

프랑스와 1815년 잘 짜인 극의 시작

1850년 이전 유럽과 미국에서 가장 인기 있는 작가는 외젠 스크리브(Eugene Scribe)였고

영국 희극
셰리던의 1777년 드루어리 레인의 시어터 로열에서 공연된 〈스캔들 학교〉는 냉소 대신 감상주의를 담고 있는 왕정복고기 풍습희극이다. 사진은 미주리대학교 컬럼비아 캠퍼스의 공연 장면이다.

이전의 독점극장 코메디프랑세즈를 포함한 파리의 극장을 위해 300여 편 이상의 작품을 썼다. 그는 오페라 리브레토와 오페라 대본의 기본이 되는 비뮤지컬 대본을 썼다. 스크리브 극의 번역과 국제 공연은 프랑스 희극을 세계적인 표본으로 만들었다. 스크리브의 극작술- 무엇이 오는지 꼼꼼한 관계 설정, 명확한 원인과 결과-는 주로 우연하게 움직이는 다층적인 행위를 다룰 때 잘 짜인 인과관계의 인상을 주었다. 잘 짜인 극(well-made play)이라는 표현은 이런 기술에 적용되었고 처음에는 찬사였지만 20세기 말에는 경멸의 뜻으로 사용되었다. 그럼에도 불구하고 스크리브의 관객들에게 멋지게 작용했고, 나중에는 입센 같이 사회참여적 작가들에게 귀감이 되었다. 몇몇 극에서 스크리브는 당대의 문제를 다루는 기술을 사용하여 **문제극**이란 말을 이끌었다. **문제극**(problem play)은 기술적으로는 희극이지만 당대 사회의 문제점을 인정했다. 그러나 사회가 어떻게 바로잡힐 수 있을지에 대한 해결책은 피하고 있다. 스크리브는 위트 있는 극적 산문과 톡톡 튀는 소극도 썼다.

오스카 와일드

영국에서 오스카 와일드(Oscar Wilde, 1854-1900)는 〈진지함의 중요성〉이라는 왕정복고 이후 가장 훌륭하고 지금까지 가장 자주 공연되는 작품을 썼다. 상위계층의 관습과 이중성을 하찮게 바라보는 와일드는 작가 이전에 비평가, 시사문제 해설가였다. 그의 첫 작품은 수준 높은 위트와는 동떨어진 응접실 멜로드라마였다. 〈진지함의 중요성〉은 전적으로 멜로드라마의 많은 관습을 취하면서 불합리로 확장한 작품이다. 막강한 브랙넬 부인이 장래 사윗감을 인터뷰하는 장면이 가장 유명하다.

브랙넬 부인	담배 피우나?
잭	네 피웁니다.
브랙넬 부인	그 소리를 들으니 기쁘네. 남자들은 어떤 종류든 항상 직업을 갖고 있어야 하네. 런던엔 게으른 남자들이 너무 많아 마치……. 나는 남자가 결혼을 하려면 전부를 알든가 전혀 몰라야 한다고 생각하네. 자네는 어떤가?
잭	(잠시 주저 후) 저는 잘 모르겠습니다. 브랙넬 부인.
브랙넬 부인	그 소리를 들으니 기쁘네. 난 자연스러운 무지를 끼워 넣는 것에 반대하네. 무지는 예민한 이국적인 열매와 같네. 만지면 꽃은 사라진다네. 현대교육에 대한 모든 이론은 근본적으로 틀렸어. 영국에서는 다행히 교육이 어떤 효과도 만들어내지 못하고 있어… 부모님은 살아 계시나?
잭	부모님 모두 돌아가셨습니다.

우리가 어떻게 아는가

초창기 극장 사진

1800년대 중반에 널리 유용하게 퍼졌을 때 사진은 상업극장에서 인기 있는 홍보수단이 되었다. 150년 전의 연극을 하는 사람의 사진은 19세기 중반 배우, 의상, 세트, 분장을 사실적으로 보여준다. 사진은 공연의 기념품처럼 팔리기도 하고 연극을 거의 보지 못하지만 유명한 사람들에 대해 환상을 갖고 있는 사람들에게 수집되었다.

사진은 1826년 발명되었다. 1840년까지 투명한 재료와 유리에 네거티브 이미지로 만들어져 1장이든 100장이든 비싸지 않게 복사할 수 있었다. 1854년부터는 대중적으로 되어 표준화된 지금 명함 정도의 크기였기 때문에 명함(cartes de visite)으로 불리는 작은 프린트가 있었다. 1870년에 시작한 큰 인화기는 명함 프린트를 대체하였다. 이러한 이미지는 4.25~6.5인치 정도로 가구 위에 배치할 때 보이기 적당한 크기였기 때문에 '캐비닛 카드'로 불렸다. 캐비닛 카드는 개인과 가족, 가구와 조각, 정치·사회적 인물들, 작가, 서커스와 톰 섬(Tom Thumb)과 애니 오클리(Annie Oakley) 같은 다양한 공연자, 배우를 찍은 것이었다. 캐비닛 카드의 인기는 19세기 말 약해지기 시작했지만 1920년대 초까지 생산되었다.

캐비닛 카드 공정은 강한 빛과 오랜 노출시간을 가져서 대상물은 항상 사진관에서 찍어야 했고 지금까지 남아 있다. 첫 번째 무대사진은 1883년 스튜디오 사진사가 그렇지 않으면 잊혀졌을 〈러시아의 신혼여행 *Russian Honeymoon*〉 작품의 한 장면을 손에 넣기 위해 임시로 전기등을 설치하여 찍은 사진이다. 연극 무대장치를 배경으로 찍은 사진은 1900년 이후에는 극장의 전기 조명과 접목되고, 더 빠르고 민감한 노출 장비로 편리해지면서 일반적으로 통용되었다. 오늘날 사진은 워낙 흔해서 이전의 판화나 그림이 더 이상 역사와 문화의 기록에 담을 수 없는 속도와 정확성으로 19세기에 얼마나 놀라움을 주었는지 상상하기 어렵다.

이 사진은 데이비드 벨라스코(David Belasco)와 헨리 C. 드 밀(Henry C. De Mille)이 쓰고 제작한 1887년 멜로드라마 〈아내 *The Wife*〉로 벤자민 조셉 포크(Benjamin Joseph Folk)가 찍었다. 이 장면에서 어떤 사람이 커튼 뒤에 숨어 있다가 발각된다. 오른쪽에 있는 배우가 놀라고 있다.

브랙넬 부인　　한부모를 잃는 것은 불행으로 여겨지고 부모를 모두 잃는 것은 경솔로 보이네.

1895년까지 런던의 상업극장에서 3개 작품이 성공적으로 공연되었지만 와일드는 좋지 않은 일(근본적으로 동성애)로 유죄판결을 받았고 2년 동안 교도소에서 복역하는 선고를 받았다. 이 사건은 극작가로서의 그의 경력을 끝냈다. 정부는 그의 작품에 대한 저작권을 폐지하였다. 그는 프랑스에서 망명생활을 하던 중 46세에 사망했다.

상업극에 대한 반응

멜로드라마와 잘 짜인 극의 결과로 공연은 번창했지만 인기가 있으면 있을수록 예술가들에게는 더 뻔하고 생기가 없어졌다. 개혁가들은 연극에 창조성과 의미를 불어넣을 시도를 하였다. 그들은 대부분 예술의 형태로 호소했고 종종 '진지한' 드라마와 '중요한' 연극으로 돌아가라고 요청했다. 그들의 혁신이 점차 상업극 무대로 옮겨가고 스토리텔링 방식의 레퍼토리를 확장하면서 어떤 식으로든 그 특성을 바꾼다는 측면에서는 성공적이었다. 그러나 모두 실패했다. 연극은 문화 중심점을 회복하지 못했다. 정치적, 경제적, 문화적 힘은 분산되었고 20세기 연극을 기다리는 더 심화된 기술적 혁신이 연극의 권력을 분산하였다.

1640년과 현 시대는 극과 극이다. 리슐리외는 프랑스 아카데미를 통해 모든 프랑스어 문화권을 위한 규칙을 강제할 수 있었다. 21세기 미국에서 문화력은 뉴욕에서부터 할리우드까지 레이디가가, 킴 카다시안, 마크 저커버그 같은 다양한 개인뿐 아니라 스포츠, 전자상거래, 대학으로 흩어져 있다. 미국에서 문화력이 중심에 있지 않은 곳은 수도이다. 이제 거의 문화력과 정치력은 완벽히 분리되었다는 말이다. 리슐리외의 시대에 이 둘은 동일했다.

공연의 창조자(혁신자)는 중심이 약해지는 것을 보았으나 가고 있거나 이미 가버린 세계에 진지함과 예술에 대한 요구를 겨냥하려 노력하고 있다. 그러나 상업극은 기꺼이 관객을 기쁘게 하는 혁신을 수용하고 그렇게 함으로써 흥미롭고 새로운 무언가를 창조한다.

중심용어

중심용어는 본문에서 굵은 활자로 표시되어 있다. 아래 목록을 참고하여 이해도를 측정하라. 인명은 찾아보기
에 나와 있다.

감상성   극장 신디케이트

레퍼토리   멜로드라마

문제극   배우 매니저

사실주의 멜로드라마   상업극장

상자형 무대   스타 시스템

신사적인 멜로드라마   연출 매니저

연합 극단   유형 인물

잘 짜인 극   저작권

제작자   주제곡

본문 요약

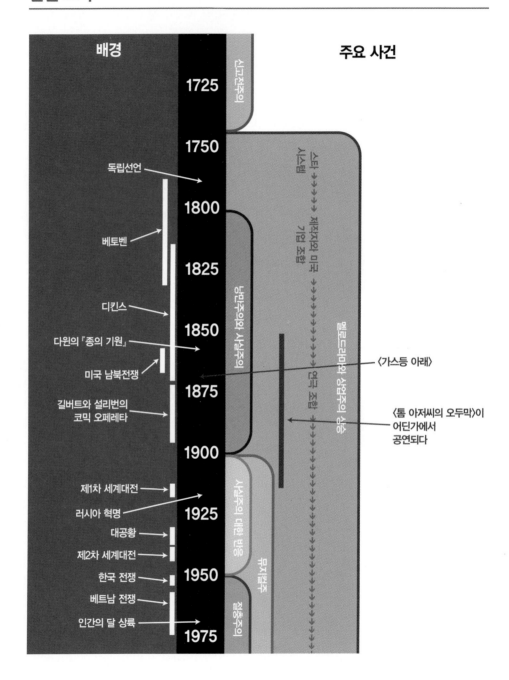

배경

1725

1750

독립선언

1800

베토벤

1825

디킨스

1850

다윈의 『종의 기원』

미국 남북전쟁

1875

길버트와 설리번의
코믹 오페레타

1900

제1차 세계대전

러시아 혁명

1925

대공황

제2차 세계대전

한국 전쟁

1950

베트남 전쟁

인간의 달 상륙

1975

신고전주의

스타 시스템

제작자와 미국
기업 조합

낭만주의와 사실주의

멜로드라마와 상업주의 상승

연극 조합

사실주의 대한 반응

무지컬

절충주의

주요 사건

〈가스등 아래〉

〈톰 아저씨의 오두막〉이
어딘가에서
공연되다

낭만주의와 사실주의
1750~1900년

배경

아래의 공통점은 무엇인가?

- 미국 독립선언(1776년)
- 1818년 출판된 메리 셸리(Mary Shelley)의 소설 『프랑켄슈타인(Frankenstein)』
- 존 키츠(John Keats)의 시 '그리스 항아리에 부치는 노래'(1820)의 대사 "아름다움은 진리, 진리는 아름다움. 이것이 우리가 이 세상에서 알 수 있는 모든 것이고 우리가 알아야 할 모든 것이다."
- 정부가 사람들의 권익을 보호하지 않을 때 혁명은 정당하다고 주장한 토머스 페인(Thomas Paine)의 저서, 『인간의 권리(The Rights of Man)』(1791)

이러한 이질적인 특성은 두 가지 측면으로 통합할 수 있다. 첫째, 같은 시기의 연대기에

있고 둘째, 정치, 경제, 문화에 영향을 준 급진적 문화이동인 낭만주의(romanticism)의 표현이었다는 것이다.

1750년에서 1850년까지는 세계가 뒤집히는 시기였다. 이러한 격변은 정치혁명, 산업혁명, 도시이주, 증기, 값싼 인쇄물, 철로, 사진술을 포함한다. 국가들은 처음으로 의무교육을 지원했다. 영국은 해군의 힘을 빌려 국제노예무역을 불법화하였다. 이런 혼란 너머, 오늘날 낭만주의라 부르는 문화지성집단이 시작되었다.

개념과 충동의 집단

낭만주의라는 문화현상은 사랑이나 성적 매력과 관련된 단어인 romance나 romantic과 혼동되어서는 안 된다. 낭만주의는 'romance', 'romantic'과 역사적 뿌리는 같으나 의미 면에서는 연결되어 있지 않다.

오늘날 우리는 낭만주의를 이론적 개념현상으로 생각하는 경향이 있다. 동시대 여러 나라 여러 사람들이 이러한 현상을 정확히 하면 할수록 이론적 개념은 분명해진다. 이러한 개념은 순차적으로 변화의 원인이 되고, 이것을 오늘날 피드백 루프(feedback loop)라고 부른다. 낭만주의는 정치뿐만 아니라 사회, 심리, 예술, 세계의 자연에 대한 개념도 포함하고 있다. 이것은 연극에서 부차적일 뿐이며 낭만주의의 아이디어가 지속적일 필요도 없었지만 오랜 시간이 지나 우리는 다섯 가지 일반적인 특성을 찾을 수 있게 되었다.

- 반란

낭만주의는 혁명적이었다. 예술에서 낭만주의는 신고전주의를 뒤집고자 하였다.

정치의 낭만주의는 평등, 정부의 관리와 관할하에 이루어지는 계약 체결이었다. 사회적으로, 낭만주의는 초기 페미니즘, 개인의 종교, 노예제도 반대였다. 낭만주의는 개인주의와 평등에 대한 억압을 비난했다.

- 그야말로 예술

예술의 개념을 창안하는 것은 창의적이고 지적인 낭만주의자들의 특별한 활동이었다. 예술가는 특별한 존재, 즉 숨겨진 진실을 볼 수 있는 창의적 천재로 여겨졌다. 예술가들은 영감을 받았다. 낭만주의 이전 예술가들은 특별한 공예가로 여겨졌다. 이후에 뒤돌아보니 낭만주의 이전 예술가들도 드러나지 않았을 뿐 창조적 천재들이었다.

- 본성

인간의 자연스러운 감정은 이유나 권한보다 더 믿을 만하다. 문명과 교육은 본성을 변질시킨다. 아이들, 미개인, 농민들은 변질되지 않았기 때문에 순수에 가까웠다. 본성은 아이들과 예술가가 진실을 바라볼 수 있게 하는 창문이었다.

- 반산업주의

예술과 아름다움은 '숭고하고', 공장들은 '악마의 맷돌'이다. 도시는 부자연스럽고 부패했다. 낭만주의자들은 초기 산업 종사자들을 예술가와 반대되는 탐욕스러운 경리 담당자 정도로 여겼다. 산업은 소음, 먼지, 거대한 빌딩들로 흉했고 아름다움과는 반대였다.

- 개성

진실은 일반적인 것이 아니라 특별한 것에서 발견되었다. 개성을 찾는 것은 곧 정체성의 확립이다.

그 시대 사람들은 위의 다섯 가지 개념을 확인할 필요가 없었다. 정치적 활동가들은 정치상의 성급함을 보았고, 예술가는 신고전주의의 '규칙'에서 넌더리를 느꼈으며 중산층은 노예, 빈민가, 열악한 노동환경에서 역겨움을 느꼈다. 많은 문학가들이 **절묘한, 생생한, 그로테스크한** 등 낭만예술의 용어를 받아들였고 '낭만주의자'는 신념에 의해서라기보다 대중매체의 증가로 인해 더욱 확산되었다. 낭만주의는 새롭고 최신의 것이었다. 낭만주의는 시기에 따라 굉장히 흥미진진하기도 하고 퇴폐적이며 위험하기도 했다.

낭만주의는 여전히 동시대적 느낌이 있다. 지금 당장 1740년으로 되돌아간다면 문화와 행동양식에서 이질감을 느낄 것이다. 그러나 1820년대로 되돌아간다면 개인주의, 선택의 자유, 인권과 환경 같이 익숙한 요소를 찾을 수 있을 것이다. 그 시대로 돌아간다면

교육을 받은 중상층 사람들을 만나야 한다. 이들을 만난다면 낭만주의가 왜 여전히 중요한지 알게 될 것이다. 낭만주의는 개인주의와 자기표현의 시작이다.

연극의 낭만주의

연극은 변덕스러운 환경에 영향을 많이 받는다. 낭만주의 예술가들은 신고전주의나 경박한 연극에 모두 무시를 당했고 이를 개선하고자 노력했다. 낭만주의는 느리고 산발적이게 시작했고 보수적인 극장에서 거절당했다. 모순되게도, 낭만주의자들은 자신의 사상을 독점극장, 즉 권력과 상류사회와 연결되어 있는 장소에서 펼치기를 원했다.

그러나 잘 인식하지 못한 채 낭만주의 사상이 무대로 기어들어간 장소는 비독점극장이었다. 이렇게 '기운이 감돈' 것이 나중에 사람들이 관객으로서나 일반인으로서 새로운 방식으로 보고 생각하게 만든 계기가 되었다. 예를 들어 국제무역과 제국주의는 이국적인 장소에 대한 지식을 창조해냈고 연극과 무대에서 외국장소가 등장하기 시작했다. 아이와 원시주의에 대한 관심으로 무대에 아이, 일반인, 아메리카 원주민, 상인, 아프리카인이 등장하였고 이들은 동시에 통속극 작가들의 최대 관심사이자 지식인들의 현실적 고민거리가 되었다. 새로운 연극은 그 자체가 시각예술이고 자연과 디테일에 더욱 관심이 있었기 때문에 숲, 지하감옥, 정글, 동굴과 같이 새롭고 정교한 배경으로 설정되었다. 새로운 기술은 더욱 실감나는 무대를 연출하였다. 감각에 대한 새로운 믿음은 지성보다는 감성적인 무대를 만들었다.

낭만파들 셰익스피어를 부활시키다

낭만파들은 셰익스피어 작품의 호흡과 감성적 힘을 발견함으로써 셰익스피어를 부활시

셰익스피어의 부활

셰익스피어의 〈타이투스 안드로니쿠스 *Titus Andronicus*〉의 아이라 올드리치(Ira Aldrich). 올드리치는 미국 태생이나 오텔로, 리어왕, 멕베스, 샤일록을 (흰 분장을 하고) 자주 공연하여 유럽에서 빛나는 명성을 쌓았다.

컸다. 1770년대부터 1900년까지 그의 연극은 세계에서 가장 빈번하게 제작되었다.

독일, 미국, 특히 영국에서 셰익스피어는 문화의 아이콘으로 부상했다. 그의 연극은 런던에서 캘리포니아 골드필드까지 공연되었는데 함부르크 응접실이나 미국 서부의 털사냥꾼 'mountain men'이 피워 놓은 불 주변에서 낭독하는 식으로 공연되었다. 개척자 가족들에게 책이 있다면 성서와 셰익스피어의 작품들이었다. 킹 제임스 성서와 셰익스피어는 미국 언어의 힘이 되어 일반언어의 격을 높여 주었고 그 운율은 21세기까지 영향을 주고 있다. 반면에 여전히 신고전주의가 남아 있던 프랑스는 1830년대 영국 극단이 파리에 작품을 가지고 올 때까지 셰익스피어의 작품이 무대에 오르지 않았다.

셰익스피어의 비극을 연기하는 것으로 배우들을 테스트하기 시작했다. 햄릿이나 줄리엣 역의 명배우는 국제적인 스타였다. 희곡의 구절들은 일상적으로 사용되었고, 인물들은 롤모델이었다. 셰익스피어는 성서와 함께 변화하는 사회에 소속감을 부여했다. 셰익스피어를 모방하려는 시도는 보통 성공적이지 않았다. 관객들은 새로운 연극에서 뭔가 감성적이고 세속적이며 극적인 것을 원했던 것이다.

독일, 영국, 프랑스의 낭만주의

극장에 낭만주의 개념을 알리는 데 가장 크게 기여한 것은 드라마이론과 드라마다. 특히 독일에서는 '진지한' 낭만주의 연극이 주로 쓰여졌고 현재까지 독일 레퍼토리다. 진지하고 문학적인 중요 희곡과 프랑스, 영국의 대중적인 작품에는 분명한 차이가 있다. 긴 안목으로 봤을 때 예술은 길을 잃었다. 예술가들의 해결되지 않은 모순된 충동이 그 이유다. 예술이 성공하기 위해서는 관객이 많아야 한다. 그러나 관객이 많은 곳은 예술과는 반대되는 상업극장이었다.

독일

낭만극의 본거지는 독일이다. 독일은 중요한 이론서, 고트홀트 레싱(Gotthold Lessing)의 『함부르크 연극론(Hamburg Dramaturgy)』(1770)을 배출하였는데 이는 프랑스 신고전주의를 거부하고 셰익스피어를 모범으로 삼았다. 레싱은 극이 삶의 사실적 표현이어야 한다고 주장했다. 레싱은

- 자연스러운 언어를 권장했다.
- 드라마는 흥미롭고 활기찬 인물 성격에서 나오며 놀라움과 연민을 불러일으킬 것을 요구했다.
- 감상희극과 가정비극을 칭송했다.
- 영웅은 귀족이나 왕실이 아닌, 인간 그 자체라고 주장했다.
- 신고전주의와 같은 극 형식을 차용하는 것을 폄하했다.
- 인물과 플롯에 대한 성실성은 드라마의 필수사항이라고 믿었다.

또한 레싱은 철학적 드라마(philosophical drama)를 포함해 여러 편의 연극을 썼다. 이론서가 아닌 문학작품으로 그의 대표적인 작품은 〈현자 나탄 *Nathan the Wise*〉이다. 십자군 전쟁 동안 예루살렘에서 벌어진 사건으로 우정, 관용, 신에 대한 상대주의, 기적의 거부를 주제로 한다. 레싱이 살아있는 동안 교회는 이 작품의 공연을 금지했다. 나치 또한 이 작품을 금지했다.

질풍노도 특히 셰익스피어를 모델로 삼는 『함부르크 연극론』은 스스로 질풍노도(Sturm und Drang)라 일컫는 젊은 독일 급진주의자들에게 영향을 미쳤다. 독일 질풍노도 고전에는 두 명의 대문호가 있다. 괴테(Johann Wolfgang von Goethe, 1749-1832)는 유명한 걸작 〈파우스트 *Faust*〉를 썼다. 이것은 연극보

독일 낭만주의
사진은 웨이크포레스트대학교에서 영어로 공연된 레싱의 〈현자 나탄〉으로 십자군 시절 예루살렘을 배경으로 하고 있다. 나탄은 종교의 관용을 주장하는 현명한 유대 상인이다.

다는 문학적으로 잘 알려진 작품으로 공연시간이 20시간이 넘고 후반부는 당시 기술로 시설과 전환이 거의 불가능했다.

또 다른 독일 낭만주의 대문호는 쉴러(Friedrich von Schiller , 1759-1805)다. 그는 〈군도 *The Robbers*〉와 〈윌리엄텔 *William Tell*〉로 자유를 향한 신념을 선보였으며 두 작품 모두 많은 모방작을 남기며 성공하였다. 낭만주의는 도둑, 반역자, 질문자와 같은 인물들이 연기를 통해 사랑과 상실, 자유, 폭정에 맞선 싸움, 자유의지와 지혜와 같은 주제를 던진다. 아마 가장 중요한 것은 연극의 형식, 즉 이른바 3일치(시간, 장소, 사건)나 신고전주의로부터 제약받지 않고 자유로이 배회할 수 있는 작가의 권리일 것이다.

영국

하지만 영국에서는 진지한 낭만극이 셰익스피어의 영향을 지나치게 많이 받는 상태였다. 많은 연극이 셰익스피어를 모방하다가 망했다. 게다가 진지한 영국 낭만파들은 '관객을 즐겁게 하라'는 극장의 요구도 들어주지 않았다. 심지어 영국의 대시인들도 극장에서 진지함을 추구했으나 실패했다. 국제적으로 명성이 높은 낭만주의 시인 바이런 경은 〈워너 *Werner*〉라는 보복과 절망의 선정적인 내용의 비극작품을 썼는데 대부분의 진지한 낭만극이 빠져 있던 덫, 즉 셰익스피어 비극의 가장 극단적인 장면을 비극의 정수라 여겼던 덫에서 겨우 빠져나올 수 있었다. 셰익스피어 비극의 효과는 군중과 독백하는 사람, 극단과 평범, 희극성과 드라마틱함의 대비에서 찾을 수 있다. 새로운 진지함을 원했던 영국 낭만극은 드라마투르기와 감정표현이 동떨어졌다. 연극의 결론은 내부 개연성이 부족했고 믿기지 않게 겉만 번지르르한 따분한 순간의 연속이었다. 낭만주의 언어는 한계를 초월했고 주인공의 감정을 분출하기 위해 거칠고, 격하면서 과장되게 쏟아내었다. 이 중 몇 작품은 남아 있다. 연극에서 출발한 이탈리아 오페라도 상당수 남아 있다. 이탈리아 오페라는 음악으로 대사 연극으로는 가능하지 않은 통일성과 미묘함을 준다.

프랑스

프랑스는 1790년 비독점형 극장으로 코메디프랑세즈(Comédie-Française)를 만들었으나 1830년 빅토르 위고의 낭만극 〈에르나니 *Hernani*〉가 무대에 올라 폭동을 야기할 때까지 완고히 차단되어 있었다. 폭동에는 특별한 이유가 없었으나 예술계 구세대와 낭만주의 젊은 세대 간의 적대감이 있었다.

이 시기 극장에는 돈을 받는 관중(claqueurs)이 있었는데 그들은 누구에게 돈을 지급받느냐에 따라 박수를 치거나 야유를 보냈다. 위고는 〈에르나니〉의 성공적인 시작을 위해

밤에 극장 문을 열어 가난하고 젊은 예술가 군중을 참석시켰다. 사진에서 보는 것처럼 보헤미안들은 일찍이 음식을 들고 들어와서 노래를 부르고 술을 마셨다. 극장의 관리인은 화장실 문을 열어두지 않았는데 젊은이들은 극장에서 자연스러운 욕구를 해결하여 냄새나고 엉망진창인 상황을 만들었다. 기존 관람객들이 극장에 도착해 상황을 보고는 기겁했다. 이 사건으로 위고는 성공했고 〈에르나니〉는 100회의 공연을 올렸다. 코메디프랑세즈는 〈에르나니〉 이후 뒤늦게 낭만주의의 에너지를 얻었으나 그 열기는 몇 년 후 사라져버렸고 질풍노도와 폭동은 흐지부지되어 대중극장과 다를 바 없어졌다.

낭만주의의 약화

연극에는 모순이 있다. 진지한 낭만주의자는 예민한 관객을 위한 예술을 창조하기 때문에 관객이 제한적이다. 극단적인 예로 서재극(closet drama)을 들 수 있는데, 서재극은 무대 없이 낭독만으로 공연된다. 연극은 재정적으로 살아남기 위해 가능한 한 많은 관객을 동원해야 한다.

낭만주의는 1840년대부터 일관성을 보였다. 신고전주의를 파괴하고, 코메디프랑세즈에 깃발을 꽂는 데 성공하고, 영국의 전매특허였던 연극이 나이 들어 쇠퇴하고 독일 연극이 황금기를 맞았다. 그러나 낭만극은 연극 전체를 개조하지는 않았다.

빅토리아 시대의 취향, 중산층의 유난스럽고 '도덕적인' 감상주의가 여전히 지속되었다. 낭만주의는 예술가와 예술의 이미지를 만들어냈다. 특별하고 천부적, 감성적이며 직관에 따르는 예술가와 일종의 세속종교처럼 빅토리아 문화로 들어간 예술의 이미지를 구축했다. 넓게는 오늘날까지도 예술가와 예술을 낭만주의 시대의 개념대로 생각하고 있다.

낭만주의 예술가 리하르트 바그너의 영향 : 번성기(1842~1882년)

오페라 작곡가 리하르트 바그너(Richard Wagner)는 자아가 충만한 낭만극의 천재로 알려져 있으며 현대 연극에 두 가지 혁신으로 막대한 영향력을 미쳤다. 그는 (1) 예술가를 통합하여 작품의 사상을 통일시키고, (2) 극장의 관객석을 (계층 구분 없이) 분리하였다.

종합예술작품을 통한 통합

바그너의 통합된 연극 제작 방식은 종합예술작품(gesamtkunstwerk, master artwork)이라 부른다. 회화, 드라마, 음악이 결합된 종합적인 예술작품을 뜻하며 공연 전체를 통제할 수 있는 대가(이상적으로는 리하르트 바그너 자신)가 구상하여 만든다. 이러한 개념은 현대 연극에서 연출가의 중요성의 기초가 된다.

분리된 관객

바그너는 1876년 바이로이트에서 그의 옛 후원자인 바이에른 왕 루트비히 2세를 위한 작품을 올렸다. 이 작품은 관객을 작품으로부터 분리한다는 그의 아이디어에 대한 완벽한 예로, 관객과 연주공간 사이에 하나가 아닌 여러 개의 프로시니엄 아치를 놓았다. 오케스트라 피트를 숨기고 증기 분사로 관객과 연주 공간 사이의 '신비로운' 차이를 강조하였다. 더욱 중요한 부분은 박스, 피트, 갤러리를 없애고 관객들을 어둠 속에 둔 것이다.

이론가 바그너

바이에른에 있는 바그너 극장의 인테리어는 미래 극장건축과 관객석에 중요한 영향을 미쳤다. 바그너는 박스, 피트, 갤러리를 제거하고 현대 가장 일반적인 형태의 관객석을 만들었다. 프로시니엄 아치 안에서 사건이 일어나게 하여 프로시니엄 아치를 부각시키고 있다.

오늘날 관객들은 부채꼴 모양의 객석에 앉는다. 계층을 나누지 않고 모든 객석에서 무대가 잘 보인다. 오늘날 대륙식 객석 배치(continental seating)라 불리는 배열은 20세기 표준배열이 되었다.

이것은 어떤 의미에서 민주적이지만 모든 관객이 무대로부터 수동적인 상황에 놓이는 독재적 측면도 있다. 갤러리로부터의 야유나 박스석에서 들리는 지루한 속삭임도 없다. 극장은 연주자가 주고, 관객이 받는 공간이다. 이런 건축적 표현은 오늘날까지 음악, 연극에 남아 있어 예술가는 더욱 재능을 발휘하게 해 주고 관객은 어둠 속에서 소극적 관찰자가 된다.

낭만주의 이후의 개혁 : 사실주의와 자연주의(1850년부터)

19세기 멜로드라마와 감상희극으로 인기를 얻은 상업극장은 개혁가들에게 만족스럽지 않았다. 관객이 많은 작품들은 그 시대 최고의 기술로 제작하였으나 모두 과하게 제작했거나 사소한 작품뿐이었다. 이 시기에 다시 '진지극'이 회자되었고 낭만주의가 아닌 사실주의(realism)로 다가왔다.

예술이 현실의 삶을 보여야 한다는 개념은 새로운 게 아니었다. 르네상스 시대의 초상화나 그들의 삶이 담긴 그림으로 분명히 암시했기 때문이다. 이 시기 모든 새로운 예술운동은 이전에 비해 스스로를 더욱 현실적으로 바라보았다. 1840년 즈음 사진술의 발명과 함께 삶의 사실적 표현이 가능해졌다. 극장은 자연색과 세부장면에 있어서 1841년 도입된 날개형보다는 벽으로 공간을 모방하는 상자형 무대 원형 그대로의 방식을 따르고 있었다. 상자형 무대는 낭만주의 말기의 일반적인 형태였다. 상업 극작가들은 실제 삶의 문제를 검토하여 문제극을 썼다. 무대배경도 더욱 현실감 있게 그려졌다. 스위스 국적으로 1770년대 런던에서 활동한 루테르부르(Philippe-Jacques Loutherbourg)는 중요한 초기 무대장치 예술가이다. 숲속 장면이라면 초록색 나무가 서서히 붉게 되고, 반투명 물방울로 달이 구름 속에서 밝게 떠오르는 효과를 예로 들 수 있다. 오늘날 극장에서는 일반적이지만 18세기 후반에는 깜짝 놀랄 일이었다.

1850년대에는 불평등, 산업화, 도시화와 같은 문제가 알려지고 넓은 분야에서 거론되었다. 도시빈곤이 도시범죄와 함께 부상했다. 정치불안정에 대한 불안이 날로 커지는 불만에 대한 탄압으로 이어졌다. 새로운 급진적 현실주의자들은 예술이 이러한 문제에 반응하기를 요구했다. 예술이 꼭 깊이 있는 느낌이나 감각일 필요는 없다. 예술은 세계의

거울이고 세계를 바꾸는 궁극적인 힘이어야
한다. 과학은 오래된 개념을 위협할 만한 새
로운 이론을 제공했다. 다윈(Charles Darwin)
은 1859년 그의 책『종의 기원』에서 인간은
유일한 창조물이 아니라 환경에 의해 진화
했다고 제시했다. 과학의 한 분야인 심리학
은 1879년 세기의 끝에서 선의의 개념을 약화시킨 지그문트 프로이트(Sigmund Freud)의
무의식을 등장시켰다. 누군가 의식적으로 자각하지 않았으나 그의 행동이 감정과 지각에
의해 영향을 받는다면 선한 것은 의식에 의한 것인가? 진화론과 무의식의 효과는 낭만주
의, 특히 낭만주의의 낙관론과 본성은 이상을 보는 창이라는 믿음을 바꿔 놓았다. 본성은
생존에 적합해야 살아남는다. 연극을 포함한 진지한 예술은 현 상태를 질문하고 도전하
는 방향으로 예술을 이끌었다.

사실주의와 자연주의의 주요 인물

사실주의자는 진실은 육체와 내면세계로 식별이 가능한 질료적 대상에 있다고 믿었다.
[극단적 사실주의자들은 자연주의(naturalism)를 지지했다.] 사실주의자들은 또한 객관주
의자였다. 그들은 진실은 과학적 관찰을 통해 발견되며 낭만적 영감이 아닌 객관적 관찰
자에 의해 복제된다고 믿었다.

　사실주의자와 자연주의자에 따르면 예술의 기능은 과학처럼 인류 개선에 있고 예술가
의 방법은 과학적이어야 한다. 연극은 동시대적 시공간에 있어야 한다. 그들은 연극으로
직접 체험을 관찰할 수 있었다. 예술의 가장 중요한 목적은 인류의 개선이기 때문에 연극
은 동시대 삶과 그 문제를 주제로 삼았다. 이것은 예술을 위한 예술은 아니었다!

　사실주의자들은 과학을 문제의 해결방법으로 여겼지만, 자연주의자들은 주의해야 할
문제와 미래의 희망에 대해 생각하는 바가 달랐다. 자연주의자들은 빈곤의 문제를 강조

모스크바의 사실주의

1901년 모스크바예술극장에서 사실적인 배경을 선보인 안톤 체호프의 〈세 자매 *The Three Sisters*〉

했고 해결에 대해 비관적인 경향을 보였다. 자연주의자들에 따르면 사람들은 희생자이지 삶의 주인공이 아니다. 그들의 운명은 유전, 환경과 같은 요소에 의해 통제되고 그들의 영향력은 미미하다. 자연주의자들은 연기자들이 그들의 실제적 삶의 기록으로 보여주도록 유도한다. 극은 종종 형식이나 구조가 없이 등장했다. 자연주의자들은 연극을 '삶의 한 조각'이라고 묘사하기도 했다.

게오르크 2세, 작스 마이닝겐 공작

게오르크 2세, 작스 마이닝겐 공작(Georg II, Duke of Saxe-Meiningen)은 초기 사실주의 무대 창시자 중 한 사람으로 1870년대부터 1890년대에 전성기를 맞이했다. (작스 마이닝겐은 현재 독일 영토로 약 2,590㎢ 정도 땅의 영주였다.) 공작은 무대의 이상을 완벽하게 하고 대중화하였으며 이후 세계 사실주의자들에게 영향을 미쳤다.

작스 마이닝겐은 상업작품의 성행을 반대했는데 상업작품은 내부에 지속성이 없고 통일성과 예술성이 부족하기 때문이다. 공작과 그의 궁정극장에서는 작품으로 사실주의의 **환영**을 제공했다. 그는 사실주의를 강화하고 역사적으로 정확한 배경, 의상, 소품, 실제와 같은 연기, 통일성을 강조했다.

제작 방식 작스 마이닝겐 공작은 작품 제작의 모든 요소에 있어 조직화가 필요하다고 믿었다. 무대장치는 공연의 배경이 아니라 공연의 중요한 한 부분으로, 공작은 배우들이 무대장치 앞이 아닌 그 안에서 움직이도록 독려하였다. 배우들이 장치 안에서 움직이면 장면 묘사가 3차원으로 이루어져서 실제 대상으로 느껴진다. 그는 당시 상업극장에서 자주 볼 수 있었던 값싼 대체물을 사용하지 않고 실제 직물을 사용했다. 동시에 무대 디자인을 다양한 높이(바위, 계단, 덧마루 등)로 제공하여 무대가 갑자기 멈추는 일이 없도록 고군분투하였다.

게오르크 2세는 그의 아내이자 배우, 음악가인 엘렌 프란츠(Ellen Franz), 게오르크의 지휘와 재정지원을 받았던 배우 출신 루트비히 크로네크(Ludwig Chronegk)와 함께 연극 연출의 역할을 만들어 갔다.

연기 작스 마이닝겐 극단에는 스타가 없었다. 상업극장처럼 스타를 고용하여 주역배우를 뽑지 않고 군중장면을 연출하여 모든 단원이 어떤 배역이든 수행할 수 있었다. 군중장면의 각 배우에게는 대사와 연기가 주어졌고 하층계급 출신 배우들이 연기했다. 배우들은 무대에서 평행으로 서는 것을 피했다. 무대에서 평행으로 줄을 서지 않고 대각선으로 무대를 가로질러 정확히 배열하고 한 발로 서거나 한쪽 무릎을 꿇는 식으로 가능하면 한 발을 바닥에서 뗀 채로 있으며 다른 배우들의 자세를 모방하지 않았다. 배우들은 관객을 향하지 않더라도 상대배역을 바라보고 자연스럽게 반응하고 행동했다. 무대의 상황에 반응하고 자연스럽게 행동하도록, 관중이 아닌 한 명의 인물을 보도록 당부를 받는다. 지금은 당연한 내용이지만 1870년대에는 아주 놀랄 만한 일이었다.

영향 공작이 극장을 인수한 지 8년이 지나자 마이닝겐 극단은 서유럽과 러시아로 순회공연을 시작했다. 극단은 36개 도시에서 2,800회 이상의 공연을 했고 국제적 명성과 영향력을 행사했다.

앙드레 앙투안과 자유극장

앙드레 앙투안(André Antoine, 1858-1943)은 아마추어 연기자로 파리 상업극장을 혐오했다. 연기자들이 파리 콩세르바투아르(Conservatoire)같은 프랑스 연기자학교에서 훈련을 받는 것을 못마땅해했고, 주요 극장의 연기훈련에도 반대하고 동시대 대중극의 빈약함을 매도했다. 앙투안은 새롭고 논란이 될 만한 사실주의 연극을 올릴 극장이 필요하다고 결론지었다. 앙투안은 그가 속한 아마추어 극단이 새 작품을 제작할 때 직접 참여하여 성공에 박차를 가했고 1888년 극단의 전임 연출이 되었다. 그는 극장을 '자유극장(Free Theatre)'이라 부르고 '파리 정복의 전투태세를 갖춘 전쟁기계'라고 묘사했다. 극장은 정부의 지원이나 어떤 구속도 없는 '자유로운(free)' 극장, 대안극장이었다. 앙투안과 작스 마이닝겐은 다음과 같이 주목할 만한 차이점이 있다.

- 앙투안은 새로운 연극에 더욱 흥미가 있었다. 그는 헨릭 입센(Henrik Ibsen), 게르하르트 하웁트만(Gerhart Hauptman), 레오 톨스토이(Leo Tolstoy), 아우구스트 스트린드베리(August Strindberg), 이반 투르게네프(Ivan Turgenev) 등과 연극을 제작했다. 작스 마이닝겐은 종종 낭만극과 사실주의 양식으로 셰익스피어를 제작하였다. 새로운 사실주의 연극은 아니었다.
- 앙투안은 회원제로 극장을 운영해 정부검열의 간섭을 회피하였다. 작스 마이닝겐은 자신의 영지를 스스로 관리하였기 때문에 검열을 걱정하지 않았다.
- 앙투안은 맨땅에서 시작하여 극장을 만들었고 작스 마이닝겐은 자신의 궁정극장이 있었다.

희곡 앙투안은 자유극장에서 다양한 연극을 제작했는데 사실주의와 자연주의 연극이 가장 잘 맞았다. 자유극장은 회원으로 구성되었지만 파리에 사는 프랑스인이나 외국 작가들의 다양한 작품을 소개할 수 있었다. 주요 극장에서 제작하기에는 논란거리가 많은 작품들이다.

마이닝겐의 군중

카이사르의 추도연설 장면을 보여주는 판화. 개별화된 군중과 여러 가지 다양한 자세, 팔동작으로 새로운 사실주의 무대를 보여준다. 전임자가 있었지만 작스 마이닝겐 공작은 최초의 연출가로 불린다.

'제4의 벽' 제작 관습 앙투안은 환경이 사람의
행동에 영향을 미친다는 자연주의를 믿었기
때문에 무대 장치를 가능한 한 그럴듯하고 실
물과 같이 만들었다. 그는 종이에 공간을 디
자인하고 그중 어떤 벽을 없애서 관객이 안을
들여다볼 수 있게 할지 결정하였다. 또한 채
색된 대체물보다는 3차원 사물을 사용했다.
어떤 연극에서는 실제 소고기를 무대에서 사
용하였고, 어떤 연극에서는 실제 나무와 새둥
지를, 또 다른 연극에서는 실제 학생 방의 가
구를 사용하였다. 사실적인 세부묘사에 주목
하고 실제 사물을 사용한 그를 자연주의 무대   의 아버지라 부르기도 한다. 앙투안의
동시대성은 그의 목표를 압축해서 보여준다. "무대 앞에는 관객이 볼 땐 투명하고 연기
자에게는 불투명한 제4의 벽(fourth wall)이 있다."

연기 앙투안은 배우들이 연기가 아닌 사람들을 표현해야 한다고 믿었다. 그는 배우들이
친구와 대화하듯 자연스럽게 대사하기를 원했고 실제 삶인 듯 가구와 소품을 옮겨 왔다.
그는 진실성과 신념을 보았고 배우들에게 관객을 무시하고 대화체로 상대배역에게 말하
라고 조언했다. 다시 말해, 연기를 하지 말고 연극의 그 인물이 되라는 것이다. 앙투안은
아마추어를 종종 무대에 세웠는데 아마 이러한 이유 때문일 것이다. 아마추어들은 상업
극장의 관습적인 훈련을 받지 않아 자연주의의 실험적 연기에 더욱 용이했다.

영향 앙투안과 자유극장은

- 보다 자연스러운 무대 연기술을 대중화하였다.
- 장면묘사와 문자 그대로 사물을 사용함과 동시에 오늘날 제 4의 벽으로 알려진 장면 연출을 받아들였다.
- 파리 극장에 새로운 세대의 프랑스와 외국 극작가를 소개하였다.
- 검열을 받지 않는 극장의 표본을 설립하였다.

당대 가장 중요한 실험적 극장인 자유극장은 이와 유사한 비영리 극장이 전 세계 도처에 생겨나게 하였다. 소극장들이 여러 나라에서 동시에 꽃피운 독립극장운동(independent theatre movement)은 국제적인 연극 개혁운동으로 나아갔다. 의도치 않게 사실주의가 상업극장의 주류로 받아들여지게 되었고 20세기 초에 들어가서 완전히 수용되었다. 우리가 본 것처럼, 사실주의는 상업극장을 주도하면서 새로운 반응과 개혁운동을 이끌었다.

독일의 자유극장, 베를린의 독립극장

독일의 자유극장(Die Freie Bühne)은 1889년 오토 브래햄(Otto Braham)이 세운 초기 독립극장이다. 현실주의, 자연주의에 공헌한 자유극장은 직업배우를 썼지만 전문극장이 문을 닫는 일요일에만 공연을 했다. 런던의 독일 이민자 그라인(Jakob T. Grein)은 '상업적 가치보다 문학적, 예술적' 연극을 공연하기 위해 1891년 독립극장을 세웠다. 자유극장과 같은 이유로 독립극장도 일요일에만 공연을 했다. 자유극장처럼 금지된 것을 공연하기 위해 회비를 받았다. 입센의 〈유령 *Ghosts*〉은 영국 의전부 장관에 의해 공연이 금지됐다. 독립극장이 그 공연을 올리자 논란이 일었고 중요한 집단이 만들어졌다. 독립극장은 조지 버나드 쇼의 첫 작품을 올리기도 했다.

콘스탄틴 스타니슬랍스키와 모스크바예술극장

1885년과 1890년 마이닝겐 극단이 러시아를 순회할 때, 콘스탄틴 스타니슬랍스키(Konstantin Stanislavski, 1863-1938)와 블라디미르 네미로비치 단첸코(Vladimir Nemirovich-Danchenko, 1858-1943)가 공연을 관람했다. 그들은 자본주의의 요구에서 자유롭고 제작사의 지나친 강요를 피하며 연극 내면의 진실성을 반영하기 위해 모스크바에 새로운 극장을 설립하기로 했다. 1898년 모스크바예술극장의 설립을 위해 네미로비치 단첸코는 연극을 고르고 운영을 맡았고, 스타니슬랍스키는 제작감독의 역할을 했다.

모스크바예술극장의 연기와 감독 스타니슬랍스키는 모스크바예술극장 초기에 연출가로 일

스타니슬랍스키와 모스크바예술극장
막심 고리키(Maxim Gorky)의 〈밑바닥 *The Lower Depths*〉의 자연주의 연극 무대로 배경은 여인숙이다. 스타니슬랍스키는 책상 가운데 있다.

하면서 꽤 독재적인 방식으로 배우들의 발성, 몸짓, 움직임을 자세하게 계획하였다. 그러나 배우를 더욱 숙련시키기 위해 독단적 접근법을 버리고 배우의 통역자이자 도우미가 되었다. 그가 바라는 이상은 연출과 배우가 연극을 이해하며 함께 성장하는 것이다. 그들은 3개월 정도 배역의 심리와 복잡한 연관성을 완전히 이해한 후에 무대에서 작업을 시작했다.

1917년 스타니슬랍스키는 개인 경험과 관찰, 배우훈련의 중심 아이디어를 글로 엮어 『나의 예술인생(My Life in Art)』(미국에서 1924년 출판), 『배우수업(An Actor Prepares)』(1936), 『성격구축(Building a Character)』(1949), 『역할 창조(Creating a Role)』(1961) 등 여러 책으로 출간했으며 12개 이상의 언어로 번역되었다. 이 책들은 스타니슬랍스키가 '시스템'이라고 부르던 배우훈련 과정을 보여준다. 스타니슬랍스키는 이 책의 내용이 배우를 훈련한 유일한 방법이거나 모두가 마스터해야만 하는 것은 아니라고 했다.

모스크바예술극장의 영향 1898년 시작한 외적 사실주의 실험은 1906년 내적 삶과 배역의 진실성에 집중하는 심리적 사실주의의 실험으로 진행했다. 모스크바예술극장이 20세기 초 영국과 미국을 순회할 때 스타배우 없이 자연스럽고 통합되는 이 극단을 설명하기 위해 **앙상블**이라는 단어를 거듭 사용했다. 스타니슬랍스키의 아이디어는 러시아 혁명(1917년)과 함께 러시아의 전통으로 자리 잡기 시작하였다. 그 시스템으로 훈련받은 많은 러시아인들이 혁명 때문에 러시아를 떠났다. 그들은 연기강사가 되어 런던, 뉴욕, 할리우드까지 스타니슬랍스키의 아이디어를 전했다.

사실주의 연극과 극작가

새로운 연출, 교사, 무대 디자이너, 배우들은 심리적 사실주의에 맞는 새로운 작품을 원

연극은 연극이다

헨릭 입센의 〈인형의 집〉, 1879년

입센은 현대드라마의 아버지라 불린다. 그는 낭만주의부터 상징주의까지 19세기 주요 스타일의 연극을 24편 이상 썼다. 그러나 〈인형의 집〉과 같은 사실극이 오늘날 가장 많이 제작된다. 그가 40대 초반에 연극만 쓰기로 방향을 전환했을 때, 그는 이미 극단 매니저, 무대감독, 연출자로서 경험이 많았다.

작품 줄거리 노라 헬머(Nora Helmer)는 행동이 조금 아이같지만 유부녀이자 어머니이며 그녀의 남편 토발드(Torvald)는 그녀를 우아한 인형(암암리에 섹슈얼 토이)으로 여기는 융통성 없는 은행직원이다. 노라의 오랜 친구 린데(Linde)가 노라를 찾아와 토발드를 통해 은행의 일자리를 구해 달라고 부탁했다. 그때 노라는 자신이 보는 것처럼 어린애같지는 않다고 자백했다. 그녀는 토발드가 아팠을 때 회복 차 이탈리아에 가도

록 돈을 빌려 그의 삶을 구했었다. 토발드는 그녀가 돈을 헤프게 쓴다고만 생각했지 가계자금을 갚고 있는 것을 몰랐다.

그녀의 채권자는 토발드의 은행에서 일하는 크로그슈타트(Krogstad)인데 해고의 위기에 놓였다. 그는 노라에게 중재해 달라고 요구했고 그렇지 않으면 돈을 빌린 것뿐만 아니라 죽은 아버지의 서명을 위조한 사실도 밝힐 것이라고 했다.

크로그슈타트는 해고되고 린데가 그의 일을 하게 되었다. 그는 은행에서 더 좋은 일자리를 잡을 수 있도록 도와달라고 노라에게 다시 요구했다. 그녀가 하지 못하자 그는 토발드에게 편지를 남겼다. 노라는 사실이 밝혀질 것을 알았고 그래도 토발드는 그녀의 곁을 지킬 것이라고 믿었으나 그는 오히려 그녀를 비난하였다. 그녀는 린데에게 여전히 '기적'이 있을 것이라고 말하며 남편이 그 편지를 찾기를 기다렸다. 그녀는 점점 제정신이 아니게 되고 자살을 말하기 시작했다. 그녀는 남편을 위해 거칠고 정신없이 유혹의 춤, 타란텔라를 췄다.

크로그슈타트와 린데는 노라의 집에서 만났는데 지금은 화해를 결정해야 하는 관계지만 예전에 서로 좋아했던 사람이었음을 알았다. 크로그슈타트는 그가 편지를 다시 찾을 것이라고 했지만 린데는 "이 불행한 비밀은 밝혀져야 한다"고 말한다.

파티가 끝나고 노라는 토발드가 편지를 찾지 못하게 하려고 노력한다. 토발드는 성적으로 흥분해 있고 그녀를 그의 '가장 소중한 소유물'이라고 부른다. 그는 편지를 읽자 갑자기 기분이 바뀌어 그녀가 '그의 행복을 망쳤고 미래를 위협한다'고 말했다. 그들은 '공공에 보이는 모습'을 위해 함께 살아가야만 한다. 그러나 그녀는 그의 아이들을 기를 수 없다. 노라의 기적

(계속)

은 없었다.

　하녀는 또 다른 편지를 가져온다. 토발드는 그 편지를 읽고 운다. "나는 살았다!" 크로그슈타트는 위조한 것을 없애버리고 비밀을 지켰다.

　노라는 점점 더 조용해졌다. 이제 그녀는 긴 장면 동안 남편을 테이블 앞에 앉히고 자신이 얼마나 잘못했는지 설명한다. "나는 당신의 인형 같은 아내였어." 마침내 그녀는 그와 아이들의 곁을 떠난다. 차분하고 평온하게 자신의 첫 번째 의무는 그녀 자신이었다고 말하고 그녀는 나갔다. 토발드는 그녀의 이름을 외쳤고 여전히 희망이 있다고 말한다. 그러나 바깥문이 닫히는 소리가 들린다.

했다. 극에서의 사실주의는 주저하며 조심스럽게 시작했다. 작가들의 움직임이 있었지만 노르웨이 출신 헨릭 입센(Henrik Ibsen, 1828-1906)이 사실주의의 주요 예술운동을 이끌었다.

입센

입센은 〈인형의 집〉(1879), 〈유령〉(1881), 〈헤다 가블레르 *Hedda Gabler*〉(1891) 같은 연극에서 사회적 가치를 공격하여 논란을 일으켰다. 이 연극들은 구조상 꽤 전통적이다. 수년간 그저 잘 짜인 연극이 그래 왔던 것처럼 이야기를 말하고 사건에서 사건으로 논리적으로 움직인다. 그러나 그들의 내용은 충격적이다. 개인이 사회와 갈등하면 더 이상 죄책감을 느끼거나 사회는 떳떳하지 않다. 입센의 작품에서 사회 관습과 전통적 도덕은 모순과 무관심에 뒤엉켜 노출된다. 여성의 역할, 안락사의 윤리, 사업과 전쟁의 도덕성, 종교의 경제학에 대한 질문들은 사회적 행동을 면밀히 조사할 근거가 된다. 연극은 시대의 사회적 문제를 포함해야 한다고 생각하던 세계 각지 연극 제작자들이 노르웨이 극작가들에게 갈채를 보냈다. 다른 예술가들도 그의 작품을 번역, 제작하기 시작했고, 나중에는 모방하기도 했다. 입센은 사실극뿐만 아니라 사실주의의 발전에 국제적인 영향을 미쳤다는 것에 주목하자. 입센은 또한 상징주의, 문제극, 민속극, 서사시를 포함한 많은 장르의 연극도 썼다. 입센의 연극은 오늘날에도 종종 재현된다.

체호프

러시아의 안톤 체호프(Anton Chekhov, 1860-1904)는 모스크바예술극장이 〈갈매기 *The Seagull*〉를 제작하면서 1898년 첫 성공을 거두었다. 체호프의 다른 세 작품, 〈바냐 아저씨 *Uncle Vanya*〉, 〈세 자매 *Three Sisters*〉, 〈벚꽃동산 *The Cherry Orchard*〉은 나중에 모스크바

예술극장에서 제작되는데 모두 기울어 가는 러시아 토지귀족에 대한 내용이다. 체호프는 시적인 표현과 상징주의를 지향하는 면에서 입센의 작품과 다르다. 휴지(pause)를 조정하고 예술적으로 반복하는 그의 언어 방식은 암시와 음악적 환기를 불러일으키며 현실적 감각을 만든다. 어떤 점에서는 러시아 귀족의 고립과 불가피한 소멸을 묘사함으로써 러시아 혁명을 예언한다. 체호프 연극의 중요성은 러시아로만 제한되지 않으며 오늘날 전 세계에서 각색, 공연되고 있다.

자연주의 연극 : 하웁트만과 고리키

자연주의는 그저 사실주의나 초현실주의의 연장선이 아니다. 자연주의는 유전과 환경 같이 삶은 정해져 있다고 보는 운명론적 운동이다. 자연주의 극작가 중 가장 성공한 사람으로 게르하르트 하웁트만과 막심 고리키를 들 수 있다. 하웁트만의 〈직조공들 *The Weavers*〉(1892)은 빈곤한 노동자들이 산업화로 삶을 위협받았을 때 집단주인공(group protagonist)을 등장시켜 그들이 겪었던 황폐함을 보여준다. 집단주인공이라는 용어는 개별적인 주요 인물의 이야기가 아니라 집단을 등장시켜 연극에 초점을 맞췄음을 의미한다. 고리키의 〈밑바닥 *The Lower Depths*〉(1902)은 값싼 여인숙에 사는 사람들의 희망 없는 삶을 서술하여 종교나 정치의 개혁이 변화를 위한 최고의 기회임을 보였다.

성공과 개혁

20세기 초, 연극은 전례 없는 상업적 성공에 이르렀다. 더욱 진지하고 정치적이며 사회적으로 보장되었고 보다 창의적으로 만들기 위해 연극 본질의 개혁을 시도, 반복하였다. 연극은 상업적이고 아방가르드하게 흘러 21세기에는 두 흐름이 섞여 신기술에 경쟁적으로 반응하는 연극이 되었다.

중심용어

중심용어는 본문에서 굵은 활자로 표시되어 있다. 아래 목록을 참고하여 이해도를 측정하라. 인명은 찾아보기에 나와 있다.

낭만주의	대륙식 객석 배치
독립극장운동	사실주의
서재극	자연주의
제4의 벽	종합예술작품
질풍노도	

본문 요약

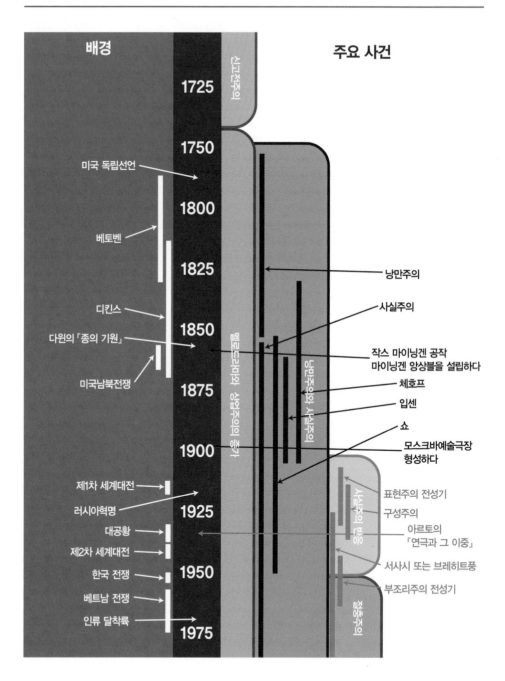

CHAPTER 10

아프리카 연극

이 장을 마치면 여러분은

- 지중해와 사하라 이남 아프리카 지역을 비교할 수 있다.
- 아프리카 지중해의 솔로 스토리텔러에 대해 설명할 수 있다.
- 사하라 이남 아프리카 연극에서 선교사들이 미친 영향을 말할 수 있다.
- 요루바 극장에 대해 설명할 수 있다.
- 사하라 이남의 두 작가에 대해 이야기할 수 있다.
- 발전을 위한 극장의 성격을 말할 수 있다.

배경

아프리카는 아시아 다음으로 크고 인구가 많은 대륙으로 지중해 남부와 홍해 서부, 아라비아 반도에 걸쳐 있다. 과학자들은 최소 200만 년 전에 아프리카에서 최초의 인류가 발생했다고 본다. 아프리카 문화는 지중해 및 사하라 북부 아프리카 지역과 사하라 이남 대사막 지역으로 나눌 수 있다.

북부 아프리카

북부 아프리카는 고대로부터 지중해의 다른 문화권에 영향을 받아 왔다. 이러한 문화의 영향으로 지중해는 여행, 무역, 식민지 건설에 용이했다. 이집트에서 최초의 문명 역사가 시작된 것은 기원전 3300년경이다. 초기 이집트는 인근 문화와 많은 교류가 있었다. 무역이 이루어진 나라는 리비아와 기타 아프리카 일대 지역으로 크레타 섬의 그리스 원시문화 지역인 이스라엘, 레바논, 팔레스타인, 요르단 일대를 포함한다. 이집트는 많은 의식

행사와 공중오락으로 수준 높은 문화를 발전시켰다. 이러한 문화는 우리에게 환상과 거대하면서 아름다운 순간을 남긴다.

이후 헬레니즘 시대의 그리스는 이집트와 무역을 했고 결국 이집트를 식민지로 만들었다. 알렉산더 대왕은 이집트의 알렉산드리아 도시를 찾아, 이집트 방식에 따라 프톨레마이오스 왕조를 건립했다. 유명한 클레오파트라(클레오파트라 7세)는 프톨레마이오스의 마지막 파라오이며 그녀의 통치는 기원전 30년에 끝났다. 로마가 지중해의 정권을 장악하면서 지중해 아프리카 대부분을 식민지화하거나 개척했다. 로마인들은 콜로세움과 극장을 포함한 모든 것을 파괴하였다. 이 시기 기독교는 팔레스타인에서 북부 아프리카로 이동했고 17세기 초에는 아라비아어와 알파벳을 전한 이슬람이 지중해 아프리카 지역을 지배했다.

현재 아프리카인의 45%는 무슬림, 37%는 기독교, 17%는 토착종교, 나머지 1% 정도가 다른 종교에 속한다. 종교가 대륙에 고르게 분배되어 있지는 않다. 북부 아프리카 국가들은 무슬림이 기독교보다 200배 더 많다. 사하라 이남 아프리카는 그 반대이다.

북부 아프리카 사람들은 아랍인이 많고, 아라비아어를 사용하는 민족이 섞여 있다. 아랍이라는 용어는 무슬림이 아니라 민족을 뜻하는 말로 지역의 정체성을 나타낸다. 기독교 아랍인, 유대 아랍인도 있고 토착종교를 믿는 아랍인도 있다. 그렇긴 해도 이슬람은 아랍인들이 주로 믿는 종교이다.

사하라 이남 아프리카

이와 반대로, 사하라 이남 아프리카는 식민지화되고 1800년대 초 선교사들이 접촉하기 전에는 기록이 가능한 언어가 없다. 아라비아의 대사막인 사하라는 남극대륙을 제외했을 때 지구상에서 가장 큰 사막이다. 크기는 대략 미국만 해서 고대 유럽인들의 접근이 사실상 차단되어 있었다. 오늘날 30여 개 나라로 구성된 사하라 이남 아프리카는 세계에서 가장 가난한 지역이다. 많은 거주민들이 전기 없이 살아가고 있으며 삶의 기대치가 낮고 유아사망률이 높다.

식민지 이전에는 크기와 조직이 다른 1만 개 이상의 국가가 있었을 것으로 추측된다. 사하라 이남 중 북쪽 부족들은 11~13세기에 이슬람을 넓게 받아들였다. 아랍인들은 7세기에서 20세기 초까지 사하라 남단 아프리카 흑인들을 노예로 삼았다. 유럽인과 미국인들은 15세기부터 19세기 초까지 아프리카 노예무역을 제공했다.

유럽의 아프리카 식민지 건설은 19세기 말에 시작되었다. 1885년 벨기에 왕이 소집한

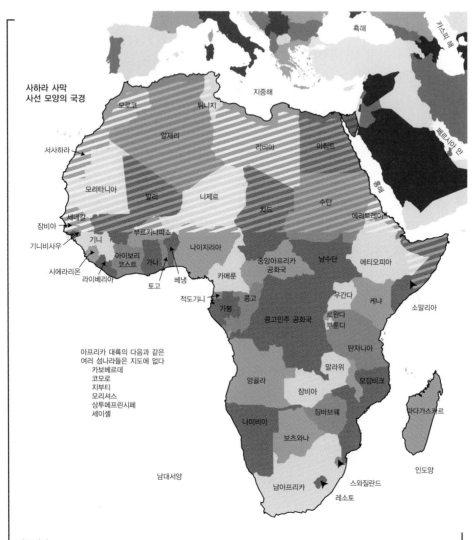

사하라 사막
사선 모양의 국경

모로코 · 튀니지 · 지중해 · 흑해 · 카스피 해

알제리 · 리비아 · 이집트 · 페르시아 만

서사하라

모리타니아 · 말리 · 니제르 · 차드 · 수단 · 홍해

세네갈 · 에리트레아

잠비아

기니비사우 · 기니 · 부르키나파소 · 나이지리아 · 중앙아프리카 공화국 · 남수단 · 에티오피아

시에라리온 · 아이보리 코스트 · 가나 · 토고 · 베냉 · 카메룬 · 우간다 · 케냐

라이베리아 · 적도기니 · 콩고 · 소말리아

가봉 · 콩고민주 공화국 · 르완다 · 부룬디 · 탄자니아

아프리카 대륙의 다음과 같은
여러 섬나라들은 지도에 없다
카보베르데
코모로
지부티
모리셔스
상투메프린시페
세이셸

말라위 · 모잠비크

앙골라 · 잠비아 · 마다가스카르

나미비아 · 짐바브웨

남대서양 · 보츠와나 · 인도양

남아프리카 · 스와질란드 · 레소토

아프리카

사하라 사막이라는 물리적 장벽은 아프리카 대륙을 남북으로 나누었다. 북부 지역은 지중해 역사와 뒤얽혀 있으며 남단은 아시아 및 사하라 이남 인근이다. 최근까지도 세계 여러 지역의 문화로부터 격리되어 있었다.

컨퍼런스에서 유럽 국가들은 아프리카 대륙을 나누어 지배하기로 협상했다. 제2차 세계 대전 이후 피비린내 나는 식민지 전쟁을 치렀고 아프리카 국가들은 유럽 정권으로부터 독립하기 시작했다. 많은 경우 토착 지방의 부족이나 종교적 관계를 반영하지 않고 유럽 정권에 의해 국경이 정해졌다. 이러한 이유로 오늘날 많은 아프리카 국가가 내전과 종족 간 갈등을 반복하는 혼란을 겪고 있다. 매일을 살아남기 위해 고군분투하는 이 지역에서 연극이나 연극의 부족함을 말하는 것은 적절치 않을 것이다.

남아프리카 국가의 식민주의

식민통치가 무너지고 남아프리카는 아프리카 대륙 어느 지역보다 많은 변화가 있었다. 아프리카 남쪽 끝에 있는 넓은 나라인 남아프리카는 처음에 네덜란드와 영국이 아시아 식민지로 가는 경로상의 항구 및 교역소로서 가치가 있었다. 네덜란드와 영국은 그 지역의 통치권을 쟁탈하기 위해 수많은 싸움 끝에 자리를 잡았다. 오늘날 남아프리카에는 11개의 공식 언어가 있는데 그중 2개 언어는 유럽의 방언이다. 아프리칸스어는 네덜란드어와 남아프리카 영어에서 파생되었다. 1880년대에는 남아프리카에서 다이아몬드와 금이 발견되어 그 지대가 더욱 가치 있게 되었다. 보어 전쟁이라고 부르는 네덜란드와 영국 사이의 두 번의 전쟁은 1902년 영국의 승리로 끝났다.

토착주민이 아무 힘없이 인종차별되는 사회, 아프리칸스어로 아파르트헤이트라고 부르는 사회였다. 남아프리카를 유럽으로부터 독립시킨 것은 유럽 식민지 주민들이었다. 1961년에 국민투표로 남아프리카는 영국에서 독립했다. 국민들, 넓게는 아프리카민족회의(ANC)의 정치 조직들은 완전한 시민권을 얻기 위해 지역적, 국제적으로 탄원하였다(항상 평화롭지는 않았다). 1994년 첫 통합선거가 열렸고 정권은 아프리카민족회의에 넘어갔다. 아프리카민족회의에서 반인종격리정책을 주도하여 남아프리카 백인정부에 의해

로마 유산

헬레니즘 시대 그리스에서 무엇이 공연되었는지 알려진 바는 적으나 이러한 고대 건축물은 지중해 아프리카 곳곳에 산재해 있다. 사진은 리비아에 있는 로마식 극장 전경이다.

27년간 수감되었던 넬슨 만델라가 최초의 흑인 대통령이 되었다.

북부 아프리카의 연극

헬레니즘 시대 그리스와 로마는 북부 아프리카에 극장을 세웠다. 사실 이집트 알렉산드리아에는 전문배우로 구성된 디오니소스 예술가협회가 있었다. 그러나 그 건물에서 무엇이 공연되었는지는 알지 못한다. 헬레니즘 시대 그리스와 로마제국에서 무엇이 공연되었는지 알려진 바는 적지만, 그 근거로 추측해 보자면 비극은 거의 공연되지 않았고 오늘날 시트콤이라 일컫는 형태의 희극, 마임, 팬터마임 등이 공연되었을 것이다.

이집트에는 극장의 요소이자 초기 공연의 증거가 될 수 있는 공예품들이 넓은 지역에서 일부 발견되고 있다. 가장 오래된 것은 기원전 2600년이다. 오늘날 대부분의 학자들은 공연이 다양한 형태의 의식으로 행해졌을 것으로 판단한다. 넓은 지역과 시간에 걸쳐 공연되었고 행위자와 관객 사이에는 차이가 적었다. 또한 일반적으로 파라오의 사후세계 유지, 개선이나 신을 섬기는 것과 관계된 실용적인 목적에 의해 공연되었다. 사실 이러한 행위는 성직자나 고위층, 왕실에 의해 이루어졌을 것이다. 관련 어휘가 부족한 것은 존재하지 않았기 때문이 아니라 고대 이집트에는 연기자, 극장, 공연과 비교할 만한 단어가 없었기 때문임을 말한다.

이슬람은 일반적으로 연극을 우상숭배로 여기며 금지한다. 이슬람이 출현한 7세기부터 현재까지 무슬림 아프리카에는 극장이 적거나 없었다. 다른 무슬림 지역과 마찬가지로 그림자극은 용인되었는데 14세기 이집트는 그림자극 대본을 작성하는 데 열성적이었다. 이같은 증거로부터 인형극은 희곡이나 성관계에 관한 책략, 익살극, 신체개그 등이 넓게 퍼져 있었음을 알 수 있다. 오늘날에도 시기적절한 방귀가 큰 웃음을 유도하는 것처럼 솔로 스토리텔러들은 그들 스스로 악기가 되었

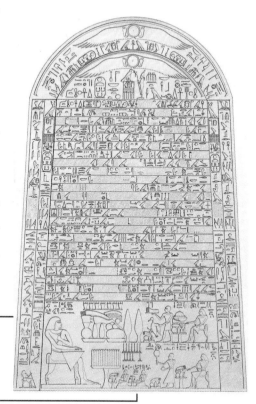

고대 이집트에 극장이 있었나?

기원전 2000년에서 1650년 사이 이케르노프레(Ikhernofret) 돌기둥의 그림이다. 현재 베를린박물관에 있으며 이집트의 극장에 대한 증거로 논쟁이 되었다. 오랜 주장 끝에 최근 30년간의 자료로 대부분의 이집트 학자들은 고대 이집트에는 춤, 음악, 의식과정이 있었어도 극장은 없었다는 견해에 동의하고 있다.

고, 그게 일반적이었다.

19세기가 시작될 무렵, 유럽의 공연들은 북부 아프리카로 서서히 들어가기 시작했다. 1847년 레바논을 지배하던 오토만의 성공한 사업가가 이탈리아를 방문한 후, 그의 집에서 자신의 연극 〈구두쇠 *Al-Bakhīl*〉를 공연했다. 공연을 하기 위해서는 공연을 허락하는 권위자로부터 허락을 받아야 했다. 이후, 다마스쿠스 지역의 종교적 권위자가 그의 작품 공연에 반대했으며 1884년 시리아 극작가, 배우, 컴퍼니 매니저는 이집트로 이민 갈 것을 강요당했다. 그는 이집트 정권으로부터 환영을 받았다. 이집트 통치자인 총독이 이집트 사회의 현대화에 주력하고 있었고 드라마를 포함한 유럽 문물을 모방하는 데 열렬했다. 그는 지역과 외국의 극단들이 새로운 카이로 오페라 하우스(1869) 인근 정원 야외무대에서 공연하는 것을 권장했다. 19세기 말부터 20세기 초 몇십 년 동안 창작극을 포함해 〈천일야화〉, 설화, 몰리에르를 각색한 연극이 공연되었다.

파리에서 공부하고 진지한 무슬림 드라마를 위해 1928년 카이로에 돌아온 알하킴(Tawffig al-Hakim은 21세기 아랍문학에서 가장 중요한 인물로 여겨진다. 그는 코란, 천일야화, 그리스 신화에서 이야기를 각색했고 1960년대까지 계속해서 글을 썼다.

무슬림이 우세한 아프리카 지역에서는 제2차 세계대전이 끝나기 전까지 어느 곳에서도 연극이 발전하지 못했다. 1956년 튀니지가 프랑스로부터 독립한 이후 극장은 평범한 것이 되기 시작했다. 1964년 아랍연극축제가 설립되어 시작했다. 2009년 판 '이집트 축제'는 아랍 인구가 많은 지중해 아프리카와 서남아시아 국가(요르단, 튀니지, 이집트, 아랍에미리트, 레바논, 알제리, 시리아, 팔레스타인, 리비아, 바레인, 예멘) 연극의 특색을 보여준다.

사하라 이남 아프리카의 연극

사하라 이남 아프리카의 많은 나라에는 의식행사와 스토리텔러, 무용수, 축제 및 연극 형태의 제의가 있다. 이 지역 공연에 대한 지식은 제한적인데 이 지역 언어에 알파벳이 없어 기록된 바가 없기 때문이다. 오늘날 대부분의 지역에서는 최소 두 가지 언어, 즉 토착 언어와 프랑스어나 영어 같은 식민개척자의 언어를 사용한다. 문자 사용 이전의 연극은 거의 유럽의 사냥꾼이나 기독교 및 이슬람 선교사들에 의해 전해진다. 19세기부터 전해지기 시작했고 오늘날 실천을 통해 그들 문화의 오랜 역사적 전통을 지속하고 있다.

사하라 이남 아프리카의 나라, 부족, 가족들은 비슷한 형태의 공연 형식을 가지고 있

사하라 이남 지역의 예술
사하라 이남 아프리카에는 공식적인 문자언어는 없었지만 수준 높은 예술품을 창조했다.
사진은 1600년대에 제작된 2개의 황동 유물로 표범과 여성의 머리다.

다. 공연자와 관객들은 그들이 다른 언어와 다른 지역의 내용을 가졌을 것으로 생각할 것이다. 공연의 형태가 한 장소에서 시작해 널리 퍼지고 다른 장소로 이동했던 것은 아닐까? 기록된 바는 없다.

춤은 가면을 사용하기도 하고 북을 치거나 사냥이나 동물을 흉내 내기도 한다. 가면은 조상을 기념하기 위해, 부족의 역사적/신화적 기원설화를 불러내기 위해, 계절과 관계된 의식을 위해, 죽음/탄생/성인식을 기념하기 위해 사용한다. 아프리카의 스토리텔러들은 이야기 속 인물로 가장하기도 하고 듣는 이로 하여금 요청과 응답을 유도하기도 한다. 경우에 따라 춤과 마임을 동반한다. 서부 아프리카에서는 스토리텔러를 그리오(griot)라 부른다. 그들은 구전 후계자로 시인이자 가수, 역사가이며 떠돌이 악사다. 그들은 소문과 풍자, 정치적 논평을 나누었다.

19세기 초 기독교 선교사들이 등장하면서 함께 현지의 관행이 기록되고 현지 언어는

현대 스토리텔러

아프리카 스토리텔러들은 이야기꾼일 뿐만 아니라 시인이자 가수이며 음악가였다. 사진은 관중으로부터 반응을 요구하는 현대 스토리텔러의 공연 모습이다.

유럽 알파벳으로 옮겨졌다. 사하라 이남 아프리카의 언어로 쓰여졌다. 같은 시기, 기독교 선교사들은 가능한 한 아프리카인들을 기독교인으로 전환시켰고 토착신화를 성경이야기로 대체하기 위해 전통공연을 억제하려 하였다. 종종 같은 지역 이슬람 기관이 기독교 선교사들처럼 실행하기도 하였다.

선교사들에 의해 학교가 설립되었고 유럽 식민지 개척자들은 셰익스피어와 조지 버나드 쇼를 이용해 드라마를 가르쳤다. 대학에서는 동시대 유럽 연극과 극작을 가르쳤다. 그들은 연극 공연에 큰 영향을 미쳤는데 몇몇 국가에서 교육연극은 오직 연극에만 가능했다. 아프리카에서의 서구식 연극은 영어와 프랑스어로도 공연되었고 그 지역 토착언어로도 공연되었다. 나이지리아의 극작가는 20세기 중반 그의 유년기에 주목했다. "같은 나무에서 기독교와 무슬림 의식이 함께 행해지고 있었고 축제 또한 요루바의 축제와 선택적인 의식의 공간으로 개최되었다." 요루바(Yoruba)는 서부 아프리카 민족의 종교와 문화권에 속했다.

요루바 공연

유럽 연극과 함께 토착공연도 다양한 형태로 지속되었다. 요루바 공연 극단의 중요한 한 예로 알라린조(Alarinjo)를 들 수 있다. 요루바는 3,000~5,000만 명의 사람들로 구성된 서부 아프리카 민족집단으로 대부분 나이지리아에 있다. 공연은 조상숭배와 관련된 의식축제와 무용극에서 발전하였다. 가면을 쓴 사람은 죽음을 나타낸다. 언젠가(1600년쯤 전통적인 공간에서) 가면을 쓴 사람은 의식보다는 오락적 기능이 더욱 강조되기 시작했는데 공연단 요루바 일대를 돌아다녔다. 공연단은 관중의 환심을 사기 위해 노래와 북치기, 곡예를 하기 시작했다. 공연은 두 명의 무용수와 함께 오프닝 코러스로 시작한다. 한 무용수는 신의 명예를 위해, 다른 한 무용수는 최신 스타일의 사교춤을 춘다. 이후 연결되는 드라마도 두 가지인데 하나는 스펙터클, 하나는 시사풍자극이다. 스펙터클은 요루바 신화를 토대로 한다. 시사풍자극은 요루바 지역에서 최근 발생한 일을 근거로 하는 풍자다. 마지막은 노래와 춤이다. 공연은 노래와 춤, 드라마가 섞여 있다.

요루바 공연의 현대 계승자　현대 나이지리아 극단은 20세기 중반 연기자이자 음악가, 극작가인 허버트 오건드(Hubert Ogunde, 1916-1990)와 함께 시작했다. 허버트 오건드는 나이지리아 최초의 전문연극단을 설립했다. 그의 공연은 전통 요루바 공연의 요소를 많이 가지고 있다. 기본 줄거리를 고안하였으나 오직 노래로 작문 연습을 하였고 대화는 즉석에서 즉흥으로 지었다. 이후의 많은 작품이 재즈음악, 그 시대 유행을 반영한 춤과 시사풍자의 특징을 이루었다. 오건드의 성공은 부분적으로는 그가 요루바와 영어 두 가지 언어로 공연을 한 결과이기도 했다.

　탈식민지 시대, 크게는 1960년대 이후, 아프리카 국가들은 외국의 영향을 받았는데 그 영향력에는 크게 차이가 있다. 서구 상업연극의 새 작품을 올리고, 식민 시대의 경험을 답사하였으며, 주로 희곡을 공연하거나, 사회와 정치를 논평하거나 풍자하기도 했다. 몇몇 국가에서는 극단이 대체로 아마추어거나 교육적이었다. 다른 한 편에서는 극단이 전문적이고 국립극장의 중심에 서기도 했다. 전쟁이 잦고 기근이 있는 지역에서는 근본적으로 연극이 존재하지 않았다.

나이지리아 극작가 월레 소잉카

나이지리아의 극작가이자 비평가, 시인인 월레 소잉카(Wole Soyinka)는 아프리카 최초의 노벨문학상 수상자다(1986년). 그는 1934년 나이지리아가 여전히 영국의 식민지이던 때에 태어났다. 그는 나이지리아

Pete Smith

미치광이와 전문가들

월레 소잉카의 1971년 연극 〈미치광이와 전문가들 *Madman and Specialists*〉은 한 남자와 그의 아들 사이의 갈등을 소재로 힘의 영향력과 인간 판단의 전쟁을 다루었다. 소잉카는 나이지리아와 영국에서 공부했다. 그는 아프리카의 첫 노벨문학상 수상자다. 사진은 미시간대학교에서 공연한 〈미치광이와 전문가들〉이다.

연극은 연극이다

월레 소잉카의 〈죽음과 왕의 마부〉, 1976년

월레 소잉카는 요루바 신화에 근거한 이야기를 유럽 드라마로 각색하여 연극을 썼다. 〈죽음과 왕의 마부 *Death and the King's Horseman*〉는 영국 식민지 시절 나이지리아에서 실제로 일어난 사건을 근거로 만든 요루바 중심의 연극이다.

이 연극에서 식민지 지배자가 에군군(Egungun) 의상을 입는데 이 행위는 연극에서 중요한 역할을 한다. 매년 요루바 사람들은 죽음의 행사를 치르는데 성직자는 정교한 에군군 의상을 입고 북을 치며 춤을 춘다. 요루바 사람들은 에군군에 선조들의 영혼이 살고 있다고 믿는다. 초기 식민 시절, 사람들이 요루바 의식복장의 의미를 이해하기 전까지, 이 복장은 아이들의 가면무도회 의상으로 보였을 것이다.

작품 줄거리　여성들의 영역인 시장에 왕의 마부인 엘레신(Elesin)이 나타났다. 왕은 지난 달에 사망했다. 왕의 마부로서 엘레신은 왕의 사후세계에 동행하기 위해 오늘 죽어야 한다. 엘레신은 춤을 추고 '내가 아닌 (Not-I)' 노래를 부른다. 죽음은 다가왔고 엘레신을 제외한 모든 이가 '내가 아닌(Not-I)'을 말했다. 그는 '삶에는 끝이 있다'는 걸 알았다. 그러나 이 특별한 날 평범한 옷을 입은 것이 속상했다. 여인들은 서둘러 그에게 값비싼 의상을 입혔다. 왕의 마부 엘레신은 그의 삶에서 모든 좋은 것과 명예를 얻었다.

그는 죽기 전에 아름답고 어린 소녀의 아이를 얻기 원했다. 한 여인은 엘레신에게 아이를 낳아 물질세계에 미련을 두어야겠냐고 물었다.

방갈로 안, 지방관리인 필킹스(Pilkings)와 그의 아내 제인(Jane)이 춤을 추는 동안 수공예 축음기에서 탱고음악이 흐른다. 탱고가 멈췄을 때 드럼소리가 들린다. 지역 경찰관 아무사(Amusa)는 이 커플이 죽음을 상징하는 요루바 복장 에군군을 입은 것을 보고 충격

사우스일리노이대학교의 〈죽음과 왕의 마부〉 공연 모습

(계속)

연극은 연극이다 월레 소잉카의 〈죽음과 왕의 마부〉, 1976년

을 받는다. 필킹스와 그의 아내는 무도회장에서 에군 군을 입을 계획이다. 아무사는 그들에게 엘레신이 자살할 것이라고 엉터리 영어로 말했다. 필킹스는 자살을 막도록 엘레신을 구속하라고 명령하고 아내와 함께 무도회장으로 향했다.

두 명의 경찰과 함께 엘레신을 구속하러 가던 아무사는 시장에서 여인들을 맞닥뜨렸고 여인들은 그를 보내지 않았다. 그들은 엘레신이 결혼하는 것을 방해받는 것을 내버려두지 않을 것이다. 그녀들은 갑자기 남자들의 경찰봉과 헬멧을 쥐었다. 바지까지 쥐려고 하자 남자들은 도망쳤다. 그녀들은 즐겁게 노래하고 춤을 춘다.

엘레신은 그녀들과 함께 한다. 그는 그의 새 신부가 임신했다고 믿었다. 그는 점점 넋을 잃으며 여인들과 노래하고 춤춘다. 춤이 점점 부드러워지고 느려지자 그는 노래를 멈췄고 찬미가가 엘레신이 왕의 죽음에 동참하는 죽음(순장)에 대해 묘사한다.

필킹스는 무도회장에서 시장의 폭동을 알게 되었고 그리로 간다. 제인은 무도회장에서 올룬데(Olunde)를

만났다. 올룬데는 엘레신이 이전 아내에게서 얻은 아들로 영국에서 의학을 공부했다. 그는 왕의 사망소식을 듣고 돌아왔다. 그는 왕의 마부의 역할을 물려받을 것이고 아버지의 몸에 아직 온기가 있을 때 보기를 원했다. 충격적이게도, 필킹스는 살아서 사슬에 묶여 있는 엘레신과 함께 돌아왔다. 올룬데는 엘레신이 문화를 따르지 않은 것에 실망하여 아버지가 아니라고 말한다.

엘레신은 감옥에 있고, 그의 아들은 요루바의 신념을 지키려고 여전히 애를 쓴다. 필킹스는 요루바 교리가 비이성적이라고 주장한다. 엘레신은 필킹스의 모순에 대항했다. 장송곡을 노래하는 여인들은 기다란 꾸러미를 가져온다. 그것은 올룬데의 몸이다. "명예가 문 밖으로 날아가는 것을 견딜 수 없었기에 삶을 멈추었다"고 한 여인이 말했다. 엘레신은 식민지배인들이 멈추게 하기 전에 손의 사슬을 사용해 목을 졸랐다. 필킹스는 여인들에게 이게 그들이 원하는 일이었냐고 물었다. 이것은 필킹스가 낯선 이들의 영혼과 함께했기 때문이라고 그녀들은 대답했다.

이바단과 영국 리즈대학교에서 공부했다. 1960년 나이지리아로 돌아가기 전에 그는 런던의 로열코트극장의 희곡 독해자였다. 그는 정치적으로 활동했고 노골적으로 의견을 드러내어 1967년부터 1969년까지 나이지리아 시민전쟁 기간 동안 수감되었다.

그의 연극은 서양 드라마와 자신의 부족인 요루바의 신화 이야기로 그려진다. 예를 들어 그는 에우리피데스의 〈바쿠스의 여신도들〉을 나이지리아 연극을 위해 각색했고(1973) 오페라 〈원요시 *Wonyosi*〉(1977)는 존 게이(John Gay)의 〈거지 오페라 *Beggar's Opera*〉와 브레히트(Brecht)의 〈서 푼짜리 오페라 *The Threepenny Opera*〉에 기초를 두었다.

노벨상 연설에서 소잉카는 당시 남아프리카에서 여전히 발생하는 아파르트헤이트에 맞서는 개인적, 역사적, 철학적 사례를 만들었다. 아파르트헤이트에 대한 저항은 아돌 푸가드(Athol Fugard)와 같이 국제적인 명성의 또 다른 극작가들의 주제로 이어졌다.

Guðmunda Jónsdóttir

가나 국립극장

수도 아크라에 있는 가나 국립극장은 1992년 중국 정부의 선물이었다. 이곳에는 국립교향악단, 무용단, 극단이 상주한다. 건물은 예술 프로그램이 아니고 센터의 극장은 공연이 드물고 영화 상영에도 적합하지 않다. 중국은 아프리카의 많은 나라에 투자했고 가나에서 가스와 석유 개발을 희망했다.

남아프리카 극작가 아돌 푸가드

푸가드는 1935년 남아프리카에서 아일랜드와 독일인 부모 사이에서 태어났다. 푸가드는 남아프리카 이민족연극이나 흑인연극에 뛰어난 인물 중 한 명이었고 1958년에 푸가드, 베르톨트 브레히트와 다른 인물들의 작품이 공연되기 시작했다. 1962년 아파르트헤이트에 반대한다고 밝힌 푸가드는 비밀경찰의 감시자에 포함되어 그의 작품은 남아프리카 밖에서만 출판 및 공연이 가능했다. 1967년부터 1971년까지 4년 동안 남아프리카 정부는 푸가드의 여권을 몰수해 그가 여행할 수 없게 했다.

푸가드의 미국에서의 첫 번째 공연은 〈블러드 노트 *The Blood Knot*〉인데 1964년 오프-브로드웨이에서 공연되었다. 국제적으로 아파르트헤이트 기간 동안 가장 널리 제작된 그의 작품은 1982년 시작해 344번 브로드웨이 무대에 올렸던 〈주인 해롤드…와 소년들 *Master Harold… the Boys*〉이다. 17세의 할리(해롤드)는 그의 모든 삶을 알고 있는 샘과 윌리라는 두 명의 중년 아프리카 하인들과 시간을 보낸다. 그들의 이야기는 따뜻하고 샘과 윌리가 그의 유년기를 채웠던 기억으로 충만하다. 그러나 할리는 그날 아버지가 병원에서 돌아온다는 걸 알고 두 하인에게 폭언을 하고 짐승 취급하며 남아프리카 백인사회의 언어로 인종차별적 공격을 개시했다. 샘은 할리가 샘과 윌리보다 스스로 더 고통을 당하고 있을 것이라고 이해했다. 샘은 일말의 희망을 갖고 할리에게 다음 날 시작할 수 있을지 물었다. 브로드웨이에서 샘은 남아프리카 배우 제이키스 모케(Zakes Mokae)가, 윌리 역은 나중에 영화배우로 크게 성공한 대니 글로버(Danny Glover)가 연기했다.

아파르트헤이트의 폐지 이후 푸가드의 연극은 정치에 대한 집중도를 낮추고 〈계곡의 노래 *Valley Song*〉(1960), 〈장군의 호랑이 *The Captain's Tiger*〉(1997), 〈승리 *Victory*〉(2007)

〈주인 해롤드…와 소년들〉

모두 영어로 쓰여진 아돌 푸가드의 연극은 전 세계에서 제작되었다. 그의 어머니는 아일랜드인, 아버지는 네덜란드인이었다. 그는 소설가이며 배우, 연출가이기도 했다. 사진은 노스 캐롤라이 그린스보로의 트리아드 스테이지에서 제작된 〈주인 해롤드…와 소년들〉의 한 장면이다.

와 같은 작품의 제목처럼 좀 더 개인에게 집중했다.

발전을 위한 연극

작은 지역사회를 위한 교육을 목적으로 하는 극장을 발전을 위한 연극(theatre for development), 공동체발전연극이나 사회개입극장이라고 부르기도 한다. 지역언어를 사용하고 그들의 전통을 다루는 연극인들이 가족계획이나 건강(AIDS, 유아 예방접종 포함), 농업, 인권 교육을 위해 노력한다. 전기를 사용하는 지역이 넓지 않고 글을 다룰 수 있는 사람의 비율이 낮아 극장은 교육적 요구를 충족시키는 매체가 될 수 있다. 발전을 위한 연극이 촌극과 연극으로 지역 참여에 노력하고 있지만 자발적으로 이루어지고 있지는 않다. 그보다는 개혁 의지를 지닌 개인이나 자선을 위한 비정부기구, 사회적 진보정부에 의해 실시된다. 발전을 위한 연극은 20세기의 발명품이다.

관객들이 직면한 문제를 장면으로 보여주는 극장을 '포커스 시어터(focus theatre)'라고 부른다. 관객 개개인은 어디든 그들이 원하는 곳에서 연극을 중단시키고 그들의 이야기와 의견, 충고를 던질 수 있다. 발전적 연극 분야의 중요한 이론가 아우구스또 보알(Augusto Boal)(브라질)의 말을 빌리면, 관중(spectator)들은 '관중연기자(spect-actor)'가 된다. 연기와 즉흥적인 반응은 직접 참여한 사람과 나머지 관중들에게 주제를 더욱 진실되게 만든다. 포커스 시어터는 문제의 해결과 창조성, 주인의식을 고무한다.

예를 들어 나이지리아대중연극연합(Nigerian Popular Theatre Alliance, NPTA)은 나이지

Chris Vine

발전을 위한 연극

리아 쿠페(Ria Coope, 왼쪽)와 리즈 스위니(Liz Sweeney, 오른쪽)가 르완다 키갈리의 키갈리사범대학 학생들과 함께 교육연극 〈벽 너머로 *Through the Wall*〉를 공연한다. 두 사람은 2011년 현재 뉴욕시립대학교 연극예술 석사과정에 있다.

리아 자리아에 있는 아마두벨로대학교의 연극공연예술부와 협정을 맺은 NGO단체다. 이 단체는 1992년부터 여성건강, AIDS, 환경, 민주주의를 주제로 하는 발전을 위한 연극을 시행하고 지원했다. 발전을 위한 연극은 관객이나 학생들이 그들의 의식을 행동으로 옮기도록 장려한다. 한 가지 예로, 그들 지역사회에서의 '여성의 업무량'을 들 수 있다. 캐나다의 지원으로, NPTA 공연에 참여한 한 여성그룹은 공공으로 사용할 수 있는 다목적 분쇄기를 가지고 와서 그 지역 여성들이 개별적으로 가정에서 곡식을 빻는 노동을 덜어주었다.

또 다른 예로 케냐의 예술교육지원(Sponsored Arts for Education, SAFE)을 들 수 있다. 영국 배우 닉 레딩(Nick Reding)은 2002년 AIDS 교육용 연극의 발전과 제시를 위한 예술단체를 조직하고 지원하고자 SAFE를 설립하였다. 레딩은 케냐 몸바사의 키징고(Kizingo) 예술극단과 같은 지역극단을 지원하는 유럽단체로부터 거액의 기금과 물질적 지원을 얻었다. 이 극단의 촌극 〈자비 *Huruma*〉는 케냐인 10만 명이 관람했다. 이 연극은 AIDS는

우리가 어떻게 아는가

고대 이집트 연극

지난 100여 년 동안 학자들은 오래전 아테네에 연극이 등장하기 이전 고대 이집트에 연극이 있었다고 표명해 왔다. 오늘날 전문가들은 고대 이집트에 극장이 존재했다고 증명할 고고학적, 문헌적 근거가 남아 있지 않다고 의견을 맞추고 있다. 논란이 되고 있는 부분은 다음과 같다.

- 이집트 파라오가 사용한 언어의 해석 문제
- 현존 자료의 제한
- 연극의 정의에 대한 문제
- 공연 제작자를 뜻하는 이집트 단어에 대해 알려진 바 없음

고대 이집트인들의 기록은 기원전 3400년부터 시작되었다. 다음 예에 쓰여진 문자는 고대 이집트어로 알려져 있으며 4세기에 시작되었다. 현재 이집트 공식언어는 아랍어의 방언이다.

로제타스톤은 현재 대영박물관에 있다.

고대 이집트어 해석   고대 이집트어를 현대언어로 해석하는 것은 1822년 지금 대영박물관에 있는 화강암 로제타스톤을 해석하여 처음으로 성공했다. 로제타스톤은 기원전 196년 칙령으로 글자가 새겨졌다. 상형문자, 데모틱, 고대 그리스 문자의 같은 텍스트가 반복 사용되고 있다. 스톤을 해석하는 것은 중요한 돌파구였다. 그러나 이것은 언어의 어휘와 문법의 발달 이후 여러 해가 걸렸다.

현존 문자의 제한과 분열   한편, 문자학자들은 고대 이집트의 드라마는 자료가 제한적이라고 주장한다. 위의 예만 봐도 3,000년 이상 오랜 시간을 돌아왔다. 만약 연극이 실재했다 하더라도 오랜 시간을 넘어왔기 때문에 자료가 적을 수밖에 없다.

연극의 정의   1920년대 학구적 발표가 시작되면서 이 문자는 드라마의 형태로 대화와 지문을 포함한다고 믿었다. 이후 같은 상형문자에 대한 다른 연구에서는 대화와 동작이라 해도 드라마로 볼 수 있는지 알 수 없다고 비판적인 질문을 던졌다. 많은 종교적 기록에서 연극 없이 대화와 동작에 대해 설명하고 있다.

　몇몇 문헌에서는 고대 이집트 드라마는 지하세계 죽음과 부활의 신 오시리스에 대한 의식으로 간주한다. 오시리스와 같은 죽음과 부활에 대한 이야기는 이집트 외 많은 문화권에서도 찾을 수 있다. 오시리스를 '드라마'로 보는 증거로 현재 베를린박물관에 있는 기원전 9세기 유물 '이케르노프레(Ikhernofret)' 기둥을 들 수 있다. 이케르노프레는 파라오의 법정 구성원으로 오시리스 의식에 등장하는 인물이다. 이 기둥은 분명하지는 않지만 축제행사와 이케르노프레가 수행한 역할에 대해 설명한다—"나는 반역자들을 물리쳤다… 나는 적들을 타도했다… 나는 여정 중에 계시는 신을 따

(계속)

우리가 어떻게 아는가   고대 이집트 연극

른다." 대화는 없다.

연기를 위한 무언(No Word for Actor) 고대 이집트에 축제와 공식축전, 종교의식이 있었다는 유력한 증거가 있다. 고대 이집트어로 연기, 연극, 공연을 뜻하

는 단어는 알려진 바가 없지만 전문 무용수나 음악가를 뜻하는 단어들은 있다. 지금까지, 학자들은 고대 이집트에 연극은 없었던 것으로 의견을 맞추고 있다.

무방비 상태의 성관계나 혈액으로 전염된다고 반복해서 가르치고 가족과 사회가 AIDS 감염자를 받아들이고 지원하도록 설득한다. [2005년 개봉된 영화 〈콘스탄트 가드너 *The Constant Gardener*〉는 〈자비〉의 일부 내용을 포함하고 있으며 영화 DVD는 보너스 장면으로 이 연극을 영어자막과 함께 제공한다.]

SAFE의 이사이자 영화 및 연극배우인 알란 릭맨(Alan Rickman)은 〈자비〉의 공연을 다음과 같이 묘사했다—"극단은 2,000명이 사는 마을에 도착했다. 그들은 트럼펫과 드럼을 가지고 '피리 부는 사람'처럼 사람들을 모았다. 마을 사람들이 주위에 모였고…. 한 시간 후 사람들은 아주 즐겁게, 정보를 안고 집으로 돌아갔다. 하나의 사회 전체가 당신의 눈 앞에서 바뀐 것이다." 공연 후, 극단은 콘돔과 교육자료를 건넨다.

발전을 위한 연극은 아프리카만을 위한 것이 아니라 남아메리카와 아시아 개발도상국에도 이용된다. 발전을 위한 연극은 **응용연극, 응용드라마**라고 불리는 새로운 장르와 연관되어 있다. 응용연극, 응용드라마는 문제 해결이나 개선을 위해 이전과 다른 방식의 다양한 연극 기술을 사용한다.

중심용어

중심용어는 본문에서 굵은 활자로 표시되어 있다. 아래 목록을 참고하여 이해도를 측정하라. 인명은 찾아보기에 나와 있다.

그리오	발전을 위한 연극
알라린조	요루바

CHAPTER 11

상업주의에 대한 반응
1900~1950년

배경

현대 시대를 규정짓는 도시, 문식력, 기계화, 교통수단의 발전은 제1차 세계대전 시기에 공포를 극대화했다. 1914년 여름부터 1918년 겨울까지 탱크, 기관총, 독가스, 화염방사기, 무선통신, 항공기는 과거에는 단지 소총, 총검, 행진, 군마에만 의존하던 전쟁의 형태를 변모시켰다. 유럽은 기아와 황폐만이 남았다. 미국 국토의 피해는 없었다. 전쟁의 경험은 모든 이의 삶을 바꾸어 놓았다. 유럽의 거대 도시들을 보게 된 미국 젊은이들에 관한 어느 노래 가사에서처럼, "파리를 보고 나서 어떻게 농장에 남아 있으리오?" 미국의 결정적인 전쟁 참가는 이 신생국이 부상하는 세계 강대국이 되었다는 첫 번째 명백한 증거였다.

1920년대는 이지 웰스(손쉽게 쌓는 부)와 이른바 금주법의 시대라고 불렸던 1920년부터 1933년 폐지되기까지 미국에서 주류 판매를 금지했던 개헌에 대한 잘못된 인식을 보게 되었던 시대였다. 술을 마시고자 하면 마실 수는 있었다. 다만 합법적인 것이 아니었을 뿐이었다. 1920년대 이지 머니(손쉽게 얻는 돈)에 대한 인식은 국제적인 신기루이자 경제적 거품이었다. 그로 인해 1929년 말부터 1930년대 후반까지 전 세계적으로 대공황을 겪게 되었다. 미국의 실업률은 25%까지 상승했고, 33%에 달하는 나라들도 있었다. 많은 선진국은 러시아에서 나온 1917년 사회주의 혁명의 '성공'에 대한 선전을 믿었고 유럽과 미국에서 혁명을 선동했다. 이런 상황에서 1933년 히틀러는 독일의 수상이 되었고, 세계는 제2차 세계대전을 향해 움직이기 시작했다. 1939년 9월, 제1차 세계대전이 끝난 지 21년밖에 되지 않은 시점에서 제2차 세계대전이 발발했다.

　연극은 이러한 역사적인 순간 속으로 뛰어들었다. 도시로 쏟아져 들어오는 새로운 노동 계층 관객들을 간과할 수 없었다. 제1차 세계대전이 시작될 때까지 미국의 상업연극은 항상 가장 성공적인 연극 중 하나였다. 제2차 세계대전이 끝날 무렵에 상업연극은 재정적으로는 여전히 성공적이었지만 점점 규모가 작아지고 국가의 문화 중심에서는 점점 멀어져 갔다. 상업연극은 보수적이고 중도적인 산물이었는데, 이는 많은 연극예술가들이 저항하는 것이었다.

상업주의에 대한 반발

앞 장의 말미에서 서술했던 상업연극의 경향은 20세기에도 이어졌다. 상업연극은 사실주의 멜로드라마와 희극이 지배적이었는데 양쪽 모두 특별할 것은 없었고, 점차 미국적인 혼합물인 뮤지컬이 우세해졌다(12장 참조). 1920~1965년에 뉴욕에서 4,000여 개 이상의 연극 작품들이 상업적으로 만들어졌다. 이 중 단지 몇몇 작품만이 기억되고 가끔씩 공연될 뿐이다. 거의 모든 상업연극은 금방 사라졌다.

　연극예술가들이 상업연극을 넘어서는 연극을 만들려는 시도가 많았다. 이러한 많은 예술 운동이나 예술 양식은 동시대의 회화나 조각을 설명하는 데도 쓰이지만, 그러한 조형 예술에서 표현되는 스타일과 연극은 꽤 상이할 수 있다.

　사실주의는 상업연극에 대항하며 당시에는 혁신가들이었지만, 사실주의에 대항하는 다른 운동들도 거의 즉각적으로 생겨났다. 사실주의에 대항하는 이유는 다음과 같다.

- 사실주의는 **연극적**이지 않았다. 너무나 인생과 똑같았다.
- 사실주의는 지루했다. 언어는 일상적이고 인물은 평면적이며, 극 행위는 – 진짜로 실제와 똑같다 할지라도 – 따분했다.
- 사실주의는 의미를 전달하려고 애써야 했다. 평범한 한 개인의 운명보다 위태로운

Craig Schwartz

세밀한 사실주의

사실주의는 20세기 전반에 걸쳐 연극계에서 성행했다. 사진은 프랭크 D. 길로이(Frank D. Gilroy)의 1964년작 〈주제는 장미였다 *The Subject was Roses*〉를 2010년 로스앤젤레스 센터시어터그룹에서 재공연한 장면이다. 실제 그대로를 재현한 부엌 무대를 주목하라.

것이 없다면, 무엇이 더 큰 의미인가?

이러한 사실주의에 대한 반발은 사실주의가 예술에 반하는 것이라는, 모든 예술 분야에서 모더니즘(modernism)의 기반 중 하나가 되었던 견해로 통합되었다. 모더니즘의 지배적인 슬로건은 시인 에즈라 파운드(Ezra Pound)의 "새롭게 하라!"로부터 나왔다. 모더니즘은 연극계에서 강세를 보이며, 연극이 '재연극화'되어야 하고, 혁신 그 자체로 가치가 있으며, 형태나 양식도 예술적이기만 하다면 내용만큼이나 중요하다고 생각하게 되었다. 모더니즘은 여러 스타일을 취했다.

한편에서는 모더니스트들이 연극 공간을 프로시니엄 아치와 액자틀 무대로 제한하여 재정의하였다. 다른 한편에서는 상자형 무대와 정밀한 무대를 버리고 그 대신 경사로, 층계, 수평대 등을 포함한 무대 배경을 다양한 방식으로 단순화하거나 추상적으로 대체하였다. 또 한편에서는 연기에 있어서 '앙상블'과 '내적 진실'을 버리고 더 크고 더 외적이고 더욱 신체적이고 상징적인 효과를 향해 나아감으로써 재연극화하려는 시도가 있었다. 어느 것도 상업적 사실주의를 대체하지는 못했지만, 몇몇은 주류 사실주의를 수정하였다. 이 장에서는 이러한 운동들에 대해 간략하게 논의한다. 더불어 이들은 대략 1900년부터 1950년까지 상업주의에 대한 반응에서 연극의 본질을 설명해준다.

자연주의

자연주의는 사실주의와 비슷하나 인간의 운명이 과거의 원인에 의해 좌우되는 것으로 본다. 악을 밝히지만 대개는 개선의 여지가 없는 것으로 보기에 운명론적이다.

상징주의

상징주의자들은 삶의 진실이 직접적으로 표현될 수 없고 단지 은유적이고 암시적인 방식으로만 표현될 수 있다고 믿었다. 연극계에서는 상징주의 연극과 초현실주의 연극을 구별하는 것이 어려울 수 있다. 두 양식을 구별하는 한 가지 방법은 상징주의(symbolism)는

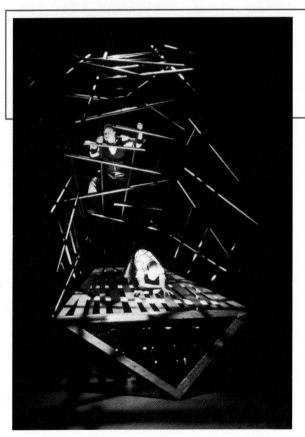

표현주의와 구성주의
버틀러대학교 극단이 프란츠 카프카의 단편 『변신』을 각색한 작품의 한 장면. 원작에서 주인공은 벌레로 깨어난다. 구성주의 무대에서는 배우가 벌레처럼 벽을 기어 올라가는 기회를 주며 그의 내적 감정에 대한 표현주의적인 투영을 한다.

19세기 후반부에 속하는 운동이고 초현실주의(surrealism)는 1920년대에 시작되었다고 보는 것이다.

초현실주의

초현실주의자들은 잠재적인 것이 진실의 주된 원천이라고 믿었다. 그들은 생각 없이 글을 쓰거나 그림을 그리고자 하였고, 이상한 '논리'와 꿈들의 비실재적인 병치에 이끌렸다. 초현실주의 작품은 때로는 은밀하고 때로는 명시적인 성적 내용을 담고 있는 경우가 많다.

표현주의

연극과 영화에서 표현주의는 주인공의 눈을 통해 세상을 보여주는데, 그는 심리적으로 왜곡되거나 극심한 스트레스에 시달리면서 모든 것을 극도로 왜곡된 방식으로 바라본다. 초현실주의는 잠재의식의 '추론'에 보편적인 접근을 하려고 애쓰는 반면에, 표현주의(expressionism)는 주인공의 왜곡된 세계관이라는 점에서 초현실주의와 표현주의를 구분할 수 있다.

큐비즘

큐비즘(cubism)은 재현을 버리고 삶의 균열되고 추상화된 버전을 제시하려는 시도로 회화에서 처음 시작되었다. 연극에서는 주로 디자인에서 표현되었다.

구성주의

구성주의(constructivism)는 신 소비에트 연방에서 유래하였는데 기계와 공장을 무대 위에 반영하였다. 돌출 무대, 바퀴와 기어, 그리고 무대 디자인의 주요 색채들이 무대를 연극 공연을 위한 하나의 은유적 기계로 만들었다. 구성주의는 시각예술이론이었는데, 무대 배경은 어떤 특정한 장소를 재현하려 하지 않고 배우들이 그 위에서 연기하는 '기계'를 제공하는 것이었다.

서사극

서사극(epic theatre)은 소외 연극(alienation theatre) 혹은 더욱 일반

큐비즘

화가 마크 샤갈(Marc Chagall)은 1920년대부터 모스크바의 유대인 국립극단의 공연을 위한 이 이상 삽화에서 큐비즘을 연상시키는 방식으로 의상을 파괴한다.

적으로는 가장 유명한 이론가이자 실천가인 베르톨트 브레히트의 이름을 따서 브레히트 연극이라고도 불린다. 관객이 사실적 인물과의 수동적 동일시를 깨트리고 보는 이들로 하여금 그들의 신념을 변화시키고 더 나아가 행동을 취하도록 선동하고자 하였다. 관객은 항상 자신들이 연극을 보고 있다는 사실을 인식하고 있어야 한다. 서사극의 기법에는 대조, 모순, 중단 등이 있으며 노래가 사용되는 경우도 많다. 서사극은 정치적 좌파, 특히 마르크스주의나 사회주의와 연결되는 경우가 가장 많았다.

부조리주의

인간의 소통 불가능성은 부조리주의(absurdism)의 근원이다. 이로부터 삶은 고유의 가치나 의미가 없다는 사실을 따른다. 부조리주의를 실존주의와 연결 짓는 사람들도 있다 – 세계관에 있어서는 유사점도 있지만 – 실존주의는 철학이지 연극 양식은 아니다.

포스트모더니즘

포스트모더니스트들은 역사적인 혹은 모든 문화에 공통적인 진실이 있다거나 문화, 경제혹은 정치적 진보가 있다는 것을 거부한다. 그들은 상대론자들로서, 그들에게 단 하나의 진실이란 있을 수 없다. 포스트모더니스트들은 언어가 사회적 혹은 정치적 권력을 반영하기 때문에 관심을 가지며, 또한 남자-여자, 이성애자-동성애자, 백인-흑인, 원어민-외국인, 고급-저급 문화와 같은 문화적 정의들에도 관심을 갖는다. 포스트모던 연극은 일반적으로 장소, 시간, 형식, 분위기의 일치를 피하고 심리적 원인이라는 개념에 대한 기반을 약화시킨다. 포모('포스트모던'의 익살스러운 약어) 연극은 과거의 이야기나 형식, 이미지들을 아이러니한 방식으로 사용하는 경우가 많다. 일단 포스트모더니즘이 하나의 운동으로 규정되면서 부조리주의가 포스트모더니즘(postmodernism)의 한 종류라고 주장하는 비평가들도 있다.

상업주의에 대항하는 영향력 있는 이론가 2인

여러 가지 아방가르드한 형식과 기법이 오늘날의 연극계에 영향을 주었지만, 베르톨트 브레히트와 앙토냉 아르토의 이론이 아마도 가장 영향력 있을 것이다. 이 두 명의 이론가이자 극작가는 연극의 본질과 예술의 목적에 대한 상이한 전제에서 출발했지만, 상업 연극에 대한 경멸에 있어서는 뜻을 같이 한다. 그들은 또한 상업연극이 관객을 예술적 최면 상태로 이끈다고 믿고, 각기 다른 기법을 통해 그 상태를 산산이 무너뜨리고자 하였다. 더불어 그들의 이론은 1960년대와 1970년대의 많은 연극적 실험에 영감을 불어넣었다.

베르톨트 브레히트와 서사극

베르톨트 브레히트(Bertolt Brecht, 1898-1956)는 연극이 사회적으로 책임감 있는 변화를 불러일으키는 방식에 있어서 시민(정치 시스템의 참여자들)을 계몽해야 한다고 믿었다. 그는 연극을 논쟁적인 주제에 대해 생각하기 쉽게 만드는 한 가지 방식으로 보았다. 사회적 영향을 주는 연극에 대한 그의 헌신은 의심의 여지없이, 부분적으로는, 히틀러가 세력을 키워 가던 독일로부터 탈출해야만 했던 데서 나왔다.

전통적인 독일 연극은, 바그너의 작품이든 작스 마이닝겐의 작품이든, 관객들이 무대 위의 연기를 믿고 동일시하도록 하는 환상을 추구했다. 브레히트는 마르크스주의자로서 연극을 변화의 도구로 보았기 때문에, 관객에게 최면을 걸어 수동적인 관찰자로 만들어 버리는 연극에 반대하였다. 그러므로 그는 연극과 관객, 연극과 사회의 관계를 재정의하고자 하였다. 그는 만일 관객이 무대 위의 감정과 동일시하는 것에서 벗어나면 그들이 보고 있는 상황의 원인과 해결책에 대해서 생각하게 할 수 있을 것이라고 제안하였다. 따라서 그는 그 대신에 낯설게 하기[일반적으로는 소외 효과(alienation effect)로 번역되고, 더 간단하게는 A-효과(A-effect)라고도 한다]라고 부르는 기법을 사용하여 관객을 끌어당기고 밀어내고자 하였다.

브레히트의 극작과 연출의 복합물은 서사극이라고 불리게 되었다. 서사는 브레히트가 칭송하는 수많은 특질을 지녔다. 이를테면 내러티브와 극적 에피소드의 혼합, 시간과 장소의 단축, 수많은 해(年)와 세기의 펼쳐짐 같은 것들이다. 서사극은 단순히 감정적인 반응 대신에 정치적, 사회적인 내용에 초점을 맞춘다. 독일의 연출가이자 제작자인 에르빈 피스카토르(Erwin Piscator, 1893-1966)는 처음으로 서사극과 관련된 수많은 기법을 만들어냈다. 예를 들어 정교한 교수대 형식의 무대, 영화, 만화, 정지된 영상, 간판, 러닝머신 등을 사용했다. 그의 무대는 마치 구성주의 연출가이자 제작자인 프세볼로드 메이예르홀트(Vsevolod Meyerhold, 1874-1940)처럼 사실적이지 않았다. 브레히트는 이러한 기법이나 서사라는 용어를 처음 사용하지는 않았지만 자신의 작품과 이론서, 그리고 1954년 이후 동독의 가장 명망있는 극단이었던 베를리너 앙상블에서의 공연을 통해 대중화시켰다.

브레히트는 50편 이상의 희곡과 각색 작품을 썼다. 브레히트의 많은 작품들은 유럽과 아시아 고전 작품들의 각색이었다. 〈에드워드 2세 *Edward II*〉(1942), 〈사천의 선인 *The*

Good Person of Setzuan〉(1940), 〈말피의 공작부인 *The Duchess of Malfi*〉(1943), 〈코카서스의 백묵원 *The Caucasian Chalk Circle*〉(1945), 〈안티고네 *Antigone*〉(1948), 〈돈주앙 *Don Juan*〉(1952), 〈코리올라누스 *Coriolanus*〉(1953) 등이 그것이다. 1956년 사망 후 브레히트의 작품은 아방가르드 극단들에 의해서 세계적으로 많이 공연되었다. 오늘날 미국에서 대부분의 브레히트 공연은 대학 극단들에서 올려진다.

브레히트의 작품은 관객들의 오해를 사는 경우가 가끔 있는데, 적어도 브레히트는 그렇게 생각했다. 자주 공연되는 〈억척 어멈과 그 자식들 *Mother Courage and Her Children*〉(1938)이 한 가지 예다. 억척 어멈은 17세기 행상인으로 30년 전쟁을 치르는 양쪽 편 사이에서 생존해 나가는 인물이다. 그녀는 자식들을 보호하고자 하지만 차례로 죽게 된다. 그녀는 살아남기 위해 충분한 돈을 벌고자 애쓰며 계속 살아간다. 관객들은 억척 어멈과 동일시하며 그녀를 불가항력적인 힘의 희생양으로 보고 이 극을 오직 반전(反戰)의 주제를 지닌 작품으로 해석한다. 브레히트는 억척 어멈을 전쟁의 폭리를 취하는 자본주의 악한의 하나의 예로 그리고자 하였다. 브레히트의 두 번째 부인이었던 여배우 헬렌 바이글(Helene Weigel)은 이 역할로 세계적인 갈채를 받았다. 그녀는 분명히 이 역할에 대한 브레히트의 의도를 이해했지만, 억척 어멈을 악한으로 볼 수 있는 관객은 거의 없었다.

브레히트의 가장 잘 알려진 작품이자 가장 자주 재공연되는 작품은 아마도 초기작인 〈서 푼짜리 오페라〉(1928, 베를린)일 것이다. 이 극은 뮤지컬과 발라드 오페라의 중간쯤

베르톨트 브레히트의 〈사천의 선인〉

이 작품은 도덕적인 삶을 살고자 하는 한 젊은 여인에 관한 우화이지만 그녀의 '친구들'은 그녀의 또 다른 자아인 한 남자를 만들어내어 탐욕으로부터 자신을 보호하도록 촉구한다. 이 작품은 〈사천의 착한 여자〉라는 제목으로 번역되는 경우도 있다. 사진은 버틀러대학교의 공연 모습이다.

되는 작품으로 독일 작곡가—후에는 브로드웨이로 간—쿠르트 바일(Kurt Weill)의 기억
에 남는 음악들이 나온다. 1950년대부터 시작하여 가장 유명한 미국의 가수들은 모두가
한 번씩은 불렀던 'Mack the Knife'가 바로 〈서 푼짜리 오페라〉에 나오는 노래이다.

앙토냉 아르토와 잔혹극

앙토냉 아르토(Antonin Artaud, 1896-1948)는 배우이자 연출가, 극작가, 시인, 시나리오
작가였지만, 그가 큰 영향력을 행사하게 된 것은 반사실주의 이론가로서였다. 아르토의
주요 에세이 모음집인 『연극과 그 이중(The Theatre and Its Double)』은 1938년 프랑스에
서 출판되었지만 1950년대에야 비로소 영어로 번역되었다. 아르토는 중요한 아이디어는
논리적 추론이나 이성적 사고가 아니라 직관, 경험, 감정에서 나온다고 생각했기 때문에

연극은 연극이다

앙토냉 아르토의 〈피의 분출〉, 1924년

아르토의 〈피의 분출 *Jet of Blood*〉은 오늘날의 기준에
서도 기묘한 작품이다. 5분도 채 되지 않는 공연 시간
으로 이야기는 (이야기가 존재한다면) 반복적이고 따
분한 대화와 시각 효과로 시작할 것을 요구하는 상세
한 무대 지시문을 통해 전개되는데, 이는 연극에서 언
어를 압도하기 위한 아르토의 시각과 청각에 대한 욕
망을 따르는 것이다. 〈피의 분출〉은 감각을 공격하며
무엇이 잔혹극이 될 것인지에 대한 이야기를 하는 하
나의 예다. 청년과 어린 소녀가 사랑에 대한 아홉 줄
의 대사를 하면서 극이 시작한다. 그리고 나면 첫 번
째 무대 지시문이 나온다.

> 침묵. 마치 거대한 바퀴가 구르며 공기를 가르는
> 것과 같은 소음이 있다… 동시에 2개의 행성이 충
> 돌하는 것이 보이고, 그로부터 일련의 발이 달린
> 살아 있는 피부의 다리, 손, 머리, 가면, 돌기둥,
> 지붕, 사원, 증류기와 같은 것들이 떨어지고 점점
> 더 천천히, 마치 진공 상태에서 떨어지는 것처럼
> 떨어져 내린다.…

그 청년은 "하늘이 미쳐 버렸다"고 소리를 지르고는
소녀와 함께 퇴장하는데, 아마도 잠자리를 하기 위한
것이다. 기사와 (손으로 부풀어 오른 가슴을 부여잡
고) 젖은 간호사가 그 젊은 커플에 대해서 논쟁한다.
그들이 퇴장하고 청년이 다시 등장한다. 그는 소녀를
잃어버렸다며 소리를 지른다. 여덟 명의 인물이 더 등
장한다. 그리고 나서 무대 지시문이 또 나온다.

> 이 순간에 갑자기 무대에 밤이 찾아온다. 땅이 흔
> 들린다. 성난 천둥과 갈지자의 번개가 사방에서
> 몰아친다… 모든 인물이 이리저리 뛰어다니며 서
> 로 부딪치고 넘어졌다 다시 일어나 미친 것처럼
> 뛰어다닌다. 그리고 나서 한 거대한 손이 포주의
> 머리채를 잡아채면 불이 확 타오르며 우리 눈앞
> 에서 점점 거대해진다.

거대한 목소리 : 이년아, 너의 몸을 보아라!

포주의 몸은 완전히 발가벗겨진 것으로 보이는
데, 그녀의 블라우스와 치마 아래로 감춰져 있지

(계속)

연극은 연극이다 앙토냉 아르토의 〈피의 분출〉, 1924년

만 그 옷은 마치 유리처럼 투명해진다.

포주 : 신이시여, 제발 저를 내버려두세요.

그녀는 신의 손목을 깨문다. 엄청난 피가 솟구쳐 올라 무대를 찢어 놓고, 가장 거대한 번개의 섬광을 통해 신부가 성호를 긋고 있는 것이 보인다. 번개가 다시 계속되면 모든 인물들이 죽고, 그들의 시체가 온 땅에 널려 있다. 오직 청년과 포주만 남는다.… 포주가 청년의 품으로 쓰러진다.

이제 평평해진 가슴으로 젖은 간호사가 소녀의 시체를 안고 등장한다. 청년은 손으로 자신의 머리를 부여잡는다. 젖은 간호사가 치마를 들어 올리고 청년은 그

대로 얼어붙는다. 무대 지시문이 더 나온다.

수많은 전갈들이 젖은 간호사의 드레스 밑에서 기어 나와 그녀의 다리 사이로 기어오른다. 그녀의 질이 부풀어 올랐다가 갈라진다.… 청년과 포주는 뇌절제 수술이라도 받은 것처럼 정신이 나가 도망친다.

극의 마지막은 어린 소녀의 다음과 대사로 마친다. "동정녀! 아 그가 찾던 것이 그거였구나."

〈피의 분출〉은 아르토의 생전에는 공연되지 않았고 삭제판으로 단지 한두 번 정도만 무대에 올려졌다. 그 이유는 이런 연극을 실제 극장에서 구성하는 것은 거의 불가능했기 때문이다.

1927년 영화 〈나폴레옹〉에서 장 폴 마라 역을 했던 앙토냉 아르토

이미지와 시각적 은유를 통해 아이디어를 발전시켰다.

- 잔혹극

    아르토는 잔혹극(theatre of cruelty)을 원했다. 그는 감각들을 쏟아붓고자 했다. 조명과 음향을 조작하는 방식으로 실험을 했다. 그 둘 모두에서 그는 돌연한 것, 불협적인 것, 급작스러운 것, 날선 것, 야한 것들을 채택한다. 조명은 색깔을 빠르게

바꾸고 세기를 격렬하게 교체한다. 음향은 갑작스럽게 나오고 증폭되는 경우가 많다. 무대 배경은 제작의 여러 요소에 부수적인 것이었고 관객은 배우, 조명, 음향, 공간 등에 의해 만들어지는 환경 속에 놓이게 된다. 아르토는 일반 극장보다는 헛간이나 공장 같은 공간을 선호하였다. 배우들은 배경이나 음향, 시각적 효과를 제공하기 위해 신체나 목소리를 이용할 것을 권장했고 심리적 사실주의의 개념이라든지 인물 분석에 의해 제한받지 않도록 했다. 배우들은 관객의 마음이 아닌 감각에 호소해야 했다.

- 전염의 연극

아르토는 연극을 전염병에 비유하면서 다음과 같이 말한 바 있다. "전염병에 의해서 사회적으로 못지않게 도덕적으로도 거대한 종기가 통째로 빠져나온 것처럼 보인다. 전염병이 그렇듯, 연극도 종기들을 통째로 빼내기 위해 만들어졌던 것 같다." 그는 연극이 사람들로 하여금 자기 자신을 솔직하게 대면하여 각자의 가면을 벗고 사회적 위선을 고백하도록 만들었다고 주장했다.

- 연극과 그 이중

서양 연극은 그 마력과 반향을 상실하고 그저 흐릿한 모방, 즉 진정한 연극의 대체물 정도에 지나지 않게 되었다. 아르토는 "마치 거대한 힘의 소용돌이에 의한 것처럼… 폭력적인 신체 이미지가 감수성을 짓밟고 최면을 거는 연극"을 제안했다.

- 언어의 거부

아르토는 대본을 자신의 연극의 중심에서 없애고자 하였다. 왜냐하면 그는 단어와 문법으로는 의미를 전달하기에 충분치 않다고 생각했기 때문이다. 그 대신 진실은 직관적으로 의미가 나오는 정신적인 기호로부터 오며, '논리적인 담론의 언어로 번역하는 것을 아무 소용없게 만들어 버리는 폭력성을 지닌다'는 것이다. 아르토는 제스처, 기호, 상징, 리듬, 소리로 대체하기를 원했다. 연극은 직관적이고 원시적이며 마법적이고 잠재 능력을 가진 것이었다.

- 관객의 중심성

아르토는 예술의 개념을 예술가를 위한 일종의 개인적 치료법으로 보려고 하지 않았다. 연극은 관객을 문명과 문명화된 행위의 허식 이면에 놓여 있는 잠재의식의 에너지로 되돌릴 경우에만 좋은 연극이다. 브레히트가 관객으로 하여금 사회적 혹은 정치적 문제에 대해 사고하도록 만들려고 했던 반면에, 아르토는 관객이 정신적 자각을 경험하고 함께 한다는 의미에서 교감이라고 부를 만한 어떤 것에 참여하도록 했다.

아르토의 이론은 1950년 이후에 연극예술가들과 영화제작자, 특히 록 음악인들에 의해 여러 형태로, 많이 왜곡되어 활용되고 적용되었다. 그의 주장은 그것에 대해 어떻게 생각하든, 비록 기간은 오래 걸렸지만, 널리 받아들여지게 되었다는 점은 분명하다.

미국의 주요 연극 단체

미국의 몇몇 연극 조직들은 최대의 수익을 내야 한다는 필요로 인해 제한받지 않는 공연을 올리기 위해 제작 기관들을 설립함으로써 상업주의의 한계에 대처하였다. 그들의 연극은 양식 면에서 사실주의적 경향을 보였고, 시간이 지나면서 양쪽의 예술가들이 모두 상업주의 연극과 영화로 흡수되었다.

시어터 길드

1920년대부터 시어터 길드는 처음에는 상업주의에 반대하였다. 그러면서 진지한 예술적, 정치적 문제들을 다루는 미국 극작가들(예 : 유진 오닐)과 그 당시에는 논쟁적인 작품들을 쓴 진지한 외국인 극작가들의 작품을 지원하였다. 길드에서는 또한 그 외의 미국 작가들, 이를테면 로버트 셔우드(Robert Sherwood), 맥스웰 앤더슨(Maxwell Anderson), 시드니 하워드(Sidney Howard), 윌리엄 사로얀(William Saroyan), 필립 배리(Philip Barry) 등의 작품을 제작하였다. 길드에서 올린 연극은 모두 합해서 브로드웨이에 200편 이상이었고, 그중에는 오닐의 작품이 7편, 조지 버나드 쇼의 작품이 18편 있었다. 1935년에 공연되었던 조지 거슈윈, 뒤보스 헤이워드, 이라 거슈윈의 뮤지컬 겸 민속 오페라 〈포기와 베스 *Porgy and Bess*〉도 있었다. 시어터 길드

시어터 길드 : 주요 배우들이 출현한 고전작

사진은 1943년 폴 로브슨(Paul Robeson)과 유타 하겐(Uta Hagen) 주연의 셰익스피어의 〈오셀로〉 장면이다. 로브슨은 인종이 경력의 걸림돌이 되는 경우가 많았던 시대에 활동했던 유명 가수이자 배우였다. 하겐은 성공한 브로드웨이 배우로, 1962년 〈누가 버지니아 울프를 두려워하랴?〉에서 마사 역을 맡았고 미국에서 가장 저명한 연기 선생님 중 한 명이 되었다.

의 초기 성공으로 브로드웨이는 상업화된 관객들은 대체로 사실주의 양식을 지닌 정극 드라마를 위해 존재한다는 사실을 받아들였다.

하지만 대공황 시기에 길드는 기반을 상실하였다. 재정 상태가 위태로워지면서 상업적 공연으로 방향을 전환하였다. 1940년대에 가서 시어터 길드는 원래 자신들이 반대하였던 브로드웨이 제작사들과 거의 다를 바가 없었다. 후기에는 〈오클라호마! *Oklahoma!*〉(1943), 〈회전목마 *Carousel*〉(1945), 〈침몰하지 않은 몰리 브라운 *The Unsinkable Molly Brown*〉(1960) 등의 뮤지컬을 제작하였다. 1996년 길드에서 마지막으로 브로드웨이에서 올린 공연은 1945년 로저스와 해머슈타인의 동명의 뮤지컬 영화의 무대 각색 작으로, 1962년에 연극으로도 재공연되었던 〈스테이트 페어 *State Fair*〉였다.

그룹 시어터

1930년대에 또 다른 새로운 조직인 그룹 시어터가 처음으로 뉴욕에서 강력한 좌파적 정치 성향에 이끌려 비상업연극을 위한 공격적인 목소리를 내었다. 사회적 문제, 특히 빈곤과 억압에 초점을 맞춘 레퍼토리들을 공연했다. 극작과 연기 스타일은 사실주의였다. 그룹 시어터는 요즘 단순화된 혹은 선택적 사실주의(selective realism)라고 부르는 디자인 스타일을 대중화시켰다. 이것은 무대를 위해 특별히 선택된 요소들은 사용하지만 중요하지 않은 요소들은 생략하는 기법이다. 하지만 더 중요한 점은 이들이 스타니슬랍스키의 연기 기법을 미국화한 아메리칸 메소드(American Method)를 대중화시켰다는 점일 것이다. 이것은 미국 연극과 영화에서 여전히 지배적인 미국의 사실주의 연기 스타일이 되었다. 이 메소드는 배우들이 외적인 공연 테크닉을 사용하기보다는 자신의 내면에서 인물의 삶의 진실을 찾을 것을 강조하였다. 그룹 시어터는 10여 년 동안 수많은 유명 미국 작가들의 작품을 제작하였다. 예를 들어 폴 그린(Paul Green)의 〈코넬리 일가 *The House of Connelly*〉(1931)와 시드니 킹슬리(Sidney Kingsley)의 〈흰 옷 입은 남자들 *Men in White*〉(1933) 등이 있다. 그룹 시어터는 브로드웨이에서 모두 20편 이상의 작품을 올렸다. 재정과 정치적 문제들로 그룹 시어터는 제2차 세계대전 기간에 없어지게 되었다.

클리포드 오데츠(Cliffor Odets)는 그룹 시어터의 원년 멤버 중 한 사람으로 극작의 길을 걷기 시작했다. 그의 첫 번째 희곡인 〈깨어나 노래하라! *Awake and Sing!*〉(1935)는 가족극으로 빈곤의 문제와 사회주의에 대한 호소가 덧씌워진 작품이다. 〈레프티를 기다리며 *Waiting for Lefty*〉(1935)는 더욱 명백히 정치적 색채를 보이는데, 파업을 할 것인가에 대한 고민을 하는 택시 기사들을 그린 작품이다. 오데츠는 또한 〈골든 보이 *Golden Boy*〉(1937)

라는 작품도 썼는데, 이것은 그룹 시어터의 가장 주목할 만한 성공작 중 하나였다.

그룹 시어터는 해롤드 클러만(Harold Clurman), 셰릴 크로퍼드(Cheryl Crawford), 리 스트라스버그(Lee Strasberg)가 1931년 설립하였다. 클러만은 연출가 겸 비평가였고, 크로퍼드는 캐스팅 감독으로 출발하여 후에는 저작권 관리자의 역할을 담당했으며, 스트라스버그는 배우이자 연출, 연기 지도자였다. 그룹 시어터에서는 극작가, 이론가, 연출가를 양성하였지만, 미국 최고의 유명한 재능인들을 배출한 배우 극단으로 가장 유명하다. 예를 들어 루터 애들러(Luther Adler)와 남매인 스텔라 애들러(Stella Adler), 프랑코트 톤(Franchot Tone), 존 가필드(John Garfield), 프란시스 파머(Francis Farmer), 로버트 루이스(Robert Lewis), 모리스 카르노브스키(Morris Carnovsky), 윌 기어(Will Geer), 리 J. 콥(Lee J. Cobb), 샌포드 마이스너(Sanford Meisner) 등이 있다. 1940년 그룹 시어터가 해체된 후 이 배우들은 미국 전역에 걸쳐서 연극계와 영화계를 풍요롭게 채웠다.

그룹 시어터의 뒤를 이은, 가장 중요한 미국 내 배우 훈련기관인 액터스 스튜디오(Actors Studio)가 사실주의 연기양식인 아메리칸 메소드 확산에 전념했다. 1947년 로버트 루이스, 엘리아 카잔, 셰릴 크로퍼드가 설립했다. 루이스와 카잔은 배우로 시작했다. 루이스는 유명한 연기지도자가 되었고 카잔은 연극과 영화에서 대단히 성공한 연출가요, 소설가가 되었다. 1951년 액터스 스튜디오의 연출을 맡은 리 스트라스버그의 지도 아래 아메리칸 메소드 연기는 발전했고 연극과 영화에 큰 영향을 미쳤다.

연방 연극 사업

연방 연극 사업(The Federal Theatre Project, FTP)은 미국에서 볼 수 있었던 정부 지원 국립극장에 가장 가까운 형태였지만 오래가지는 못했다. 1935년 출범한 FTP는 국민들에게 일자리를 제공하기 위해 1930년대부터 시작된 수많은 연방정부의 프로그램 중 하나였다. 공공사업촉진국(WPA) 산하의 연방정부는 대공황 시기에 공공사업에 수백만 명을 고용했다. WPA는 많은 다리와 도서관, 우체국, 미국 국립공원의 인공 시설들을 맡고 있다. FTP는 연극예술인들을 보조하는 데 목적을 두고 있었다. 이 프로그램의 흥미로운 점은 일정 부분 국가적 성격에 있다. 이를테면 거의 모든 주에 관련 부처가 세워졌다. 또 다른 흥미로운 점은 문화적 다양성에 전념했다는 것이다. 예를 들어 유대인 극단과 흑인 극단이 다 있었다. 혁신적인 예술이라는 점 또한 흥미로웠다.

뉴욕에서는 FTP의 후원을 통해 미국 최초의 산 신문(living newspaper)이 초연되었다. 산 신문은 일종의 무대화된 문서라는 형태로 사회의 가장 긴급한 문제들, 예를 들어 주

부두교 맥베스

오손 웰즈는 스무 살의 나이에 스코틀랜드의 비극을 하이티와 같은 허구의 섬으로 옮겨 놓았다. 웰즈는 전통적인 마녀를 부두교의 이미지로 대체했다. 사진은 1936년 할렘에서 공연되었고 후에 브로드웨이로 옮겨 온 연방 연극 사업 공연으로 무대는 아마도 '가마솥/마녀들' 장면으로 추정된다.

거, 농업 정책, 성병, 전쟁과 같은 문제들을 극화하면서 곧바로 전국으로 퍼져 나갔다. 하지만 정부의 반공 조사 시기에 공산주의적 구성이라고 고발당했다. 1939년 정부가 FTP에 대한 예산 책정에 실패하면서 연극예술을 후원하는 국가 최초의 원대한 실험이 끝나게 되었다. 하지만 중단되기 전에 FTP는 수많은 재능 있는 신인 예술가와 연극을 소개해 주었는데, 이 중에는 이후 영화배우가 된 존 하우스만(John Hausmann), 조셉 코튼(Joseph Cotton), 아렌느 프란시스(Arlene Francis), 버트 랭카스터(Burt Lancaster) 등이 있다. 오손 웰즈(Orson Welles)도 FTP에서 활동했는데, 〈맥베스〉를 전부 아프리카계 미국인들로 만든 기념비적인 연출을 하면서 '부두교 맥베스'라는 별칭을 얻기도 하였다. 웰즈는 계속해서 영화계에서 배우이자 감독으로 스스로 명성을 쌓았고 또 무너뜨리기도 하였다.

예술 연극 운동

사실주의와 상업연극에 대한 반응은 새로운 종류의 연극 형태로도 나오게 되었다. 사실주의자들이 최초의 '독립' 극단을 시작했던 것과 마찬가지로, 이들에 대한 대응 역시 '예술' 연극의 확산을 불러일으켰고, 19세기 후반부터 1960년대에 이르기까지 또 다른 급진적이고 '실험적인', 혹은 '소규모' 연극들이 뒤따라 나오게 되었다. 일반적으로 예술 연극 운동(art theatre movement)은 전통적인 프로시니엄 아치 무대의 환영주의를 거부하였다.

유럽의 예술 연극 개척자

예술 연극의 초기 창시자들은 다음과 같다.

- 윌리엄 포엘(William Poel)은 골동품 전문가로 과거를 숭상했다. 포엘은 빅토리아 후기의 상업 공연들에 반발하며 셰익스피어나 기타 엘리자베스 시대 극작가들의 공연 연출을 정통적이라고 여겨지는 방식(예를 들면 1881년 〈햄릿〉의 텅 빈 무대)을 활용하였다. 그는 1895년에 영국무대협회를 창립하여 엘리자베스 시대의 무대를 복원하려고 하였다. 포엘은 셰익스피어에 대한 현대적 관점과 돌출 무대나 아레나 무대의 대중성에 모두 영향을 주었다. 포엘이 셰익스피어를 프로시니엄 무대의 극장에서 공연할 때 그는—사실적 무대가 아니라—일련의 텅 빈 플랫폼을 사용하였고 아치 무대의 중요성을 축소하기 위해서 중앙 무대를 프로시니엄 아치 앞쪽으로 이동시켰다.

- 오렐리앙-프랑수아 뤼네-포(Aurélien-François Lugné-Poë)는 앙투안에서 연기했었다. 후에 그는 파리에서 테아트르 다르(Theatre d'Art, 1891)에서는 폴 포트(Paul Port)와 함께, 테아트르 드뢰브르(Theatre de l'Oeuvre, 1893)에서는 혼자서 작업하며 반사실주의 공연으로 전향하였다. 뤼네-포는 새로운 스타일, 특히 상징주의적 작업을 추구하며 '실험적인' 무대를 만들었다.

- 자크 코포는 배우 겸 감독으로 1913년 파리에서 비에 콜롱비에 극장을 세웠고, '곁 무대와 옛날식의 액자틀 무대를 없애고', 평면 무대와 아래쪽 내부 무대, 위쪽의 발코니 무대를 고정 구조로 설치하였다. 코포는 비록 대체적으로는 전통적인 프랑스

액자틀 프로시니엄 무대는 끝났다

자크 코포는 많은 프랑스의 동료들과 마찬가지로 반사실주의적인 공연을 선호했다. 사진은 코포의 극장인 비에 콜롱비에의 실내를 보여준다. 아치는 객석 쪽으로 이동해 있지만 프로시니엄 아치는 없다. 무대는 고정 무대로 다양한 작품을 위해 변형될 수 있다.

레퍼토리 작품을 올렸지만, 관습적이고 사실주의적인 무대 배경을 거부하는 연출을 하였다. 코포는 1920년대에 학교를 설립하여 현대 프랑스, 영국, 미국 연극계에 큰 영향을 주었다.

- 알렉산더 타이로프(Alexander Tairov)는 1915년 이후 모스크바 카메르니('챔버') 극장에서 활동했다. 그는 확고한 반사실주의 색채를 보였지만 자신의 스타일을 한 가지에 국한하지 않았고, 그의 모더니즘은 '입체파'라고 불렸다. 그는 매우 다양한 작품을 몇 가지 비재현적인 방식으로 공연하며 이후 연출가들의 절충주의와 고전에 대한 이단적 접근 방식에 영향을 주었다.

- 프세볼로드 메이예르홀트는 1922년부터 1938년 소비에트 정권에 의해 문을 닫을 때까지 모스크바의 메이예르홀트 극장에서 활동했다. 메이예르홀트는 사실주의 연극을 '학구적'인 것으로 보고 단호한 반대 입장을 취했다. 그의 무대 접근 방식은 '서커스와 유사한' 것으로 설명된다. 이 시기는 구성주의가 발전해 가던 시대였다(1920~1935년). 비록 초창기에 메이예르홀트는 스타니슬랍스키의 실험적 작품들을 연출했지만, 1920년대에는 기계 시대에 걸맞은 연극예술 발전에 전념하였다. 그는 생체역학(biomechanics)과 구성주의라는 두 가지 주요 기법에 기반을 두었다. 생체역학은 산업적 이론에 근거한 배우들의 훈련 체계와 연기 양식이었다. 배우는 주어진 임무를 수행하는 훈련이 잘된 '기계'가 되어야 했고, 따라서 발레, 체조, 서커스 기술과 같은 철저한 신체 훈련을 필요로 했다. 메이예르홀트는 배우라면 특정 자세나 제스처, 움직임을 취하면서 감정을 끌어올릴 수 있어야 한다고 믿고 이에 대한 목록을 만들어 가르쳤다. 실제로 메이예르홀트 공연의 무대 디자인은 플랫폼, 계단, 경사로, 바퀴, 공중 그네 등이 합해진 것이었다. 스탈린이 사회주의 연극은 사실적이어야만 한다고 법령을 제정한 직후, 메이예르홀트는 고문을 당하다 1940년 총살형으로 사망했다.

예술 연극 운동은 이러한 다양한 시도에 대한 사후 용어로, 1903년에 창설되어 지금까지도 공연을 하고 있는 아일랜드 더블린의 애비 극장과 같은 다른 극장들도 포함한다. 예술 연극에서 '예술'은 여전히 부분적으로는 낭만적이지만, 변화된 문화, 세기 전환기 유럽의 제국주의적이고 고루하며 계층과 돈을 의식하는 배경에 계속해서 대항하고 있다. 예술 연극은 삶을 향상시키는 아름다움의 힘에 대한 어느 정도 표면적이고 때로는 말뿐이거나 감상적인 믿음을 강조했다. 그러한 믿음은 예술 연극이 그러했듯이 대체로 엘리트주의적이었다.

영향력 있는 반사실주의적 무대 디자이너

디자이너 아돌프 아피아(Adolphe Appia, 1862-1928)는 상징주의자로 자주 불린다. 그는 예술적 통일성이 연극 제작의 근본적인 목표이며, 조명을 다른 모든 요소들을 예술적인 전체로 융합할 수 있는 최고의 요소라고 생각했다. 음악처럼 조명은 지속적으로 변화가 가능하여 하나의 작품 안에서 분위기와 감정의 전환을 반영할 수 있고, 방향이나 세기, 색감 등의 다양한 변화를 통해 극적 행위와 조화를 이루는 리듬을 만들어내도록 조정할 수 있다. 아피아는 3차원의 배우와 2차원의 그림으로 이루어진 배경 사이의 미학적 모순을 발견했기 때문에 무대 바닥과 배경을 많은 것으로 채웠다. 그는 살아 움직이는 배우들이 편안하게 이동할 수 있는 계단, 경사로, 플랫폼으로 이루어진 3차원의 무대를 고안함으로써 그 문제를 부분적으로는 해결하였다.

구성주의

사진은 조명 디자이너가 경사로, 사다리, 러닝머신을 밝히는 방법을 발견하는 데 도움을 주고자 한 〈목욕탕 *The Bath House*〉의 1928년 공연 장면이다.

고든 크레이그(Gordon Craig, 1872-1966)는 아피아와 마찬가지로 무대배경의 환상에 반대하고 그 대신 중요하지 않은 사실적 세부사항들을 제거하고 사진과 같이 재생하는 것을 피하면서 단순한 시각적 표현을 선호하였다. 그는 우선은 디자인의 통일성, 그리고 궁극적으로는 전체적인 공연의 통일성을 얻기 위하여 선과 양의 조작을 강조하였다. 크레이그는 아피아에 비하여 배우와 텍스트의 중요성에 대해서는 덜 강조했지만, 공연의 시각적 요소에 대한 중요성은 공감하였다. 아마도 아피아를 이러한 이론의 창시자로 보고, 크레이그를 이후에 대중화시킨 사람이라고 본다고 해도 부당한 일은 아닐 것이다. 아피아와 크레이그는 새로운 무대기법과 상업연극 디자인에 영향을 끼친 인물들

고든 크레이그
사진은 일정하게 줄어드는 아무런 장식도 없는 입구들이 계속되는 무대로 사실적인 세부묘사를 피하고 있다. 아피아와 크레이그는 둘 다 조명을 3차원적인 무대와 3차원적인 배우를 통합하기 위해 사용하였다.

이다. 이것들은 모두 기술적 발전, 특히 전기 무대 조명에 의해 가능했다.

미국의 예술 연극

예술 연극은 미국에는 조금 뒤늦게 나타났다. 그러면서 몇 개의 다른 유행들과 문화적으로 결합했는데, 이를테면 고상하고 '예술적'이기도 한 도시의 야외극, 대학 최초의 '연극예술' 프로그램, 그리고 신무대술 등이다.

신무대술(new stagecraft)은 무대 디자인에 있어서 아방가르드한 성향이었는데, 단순화되거나 때로는 추상적인 무대, 반사실주의, 디자인의 주요 구성요소로서의 조명, 프로시니엄을 대체하는 무대 등을 선호하였다. 유럽에서 기원하여 아피아와 크레이그의 개념에 많은 비중을 두면서, 미국에서는 샘 흄(Sam Hume, 모스크바예술극장에서 일한 경험이 있었던 디자이너)이 1914~1915년에 보스턴과 뉴욕에서 신무대술 전시회를 기획하면서 수면에 떠오르게 되었다. 사실, 그다음에는 노만 벨 게데스(Norman bel Geddes), 로버트 에드먼드 존스(Robert Edmond Jones), 리 시몬슨(Lee Simonson)과 같은 디자이너들이 1930년까지 미국 디자인계에서 지배적이었던 신무대술을 만들어냈다.

미국 최초의 예술 연극은 어느 정도는 신무대술과 함께 나왔다. 이는 곧 '소규모' 극장들로 알려졌는데, 이것이 중요한 이유는 소규모의 관객들을 끌어 모았기 때문이었다. 1911년 애비 극장의 미국 순회공연이 미국 최초의 예술 연극이 생기는 데 영향을 주었던 것으로 보인다. 1912년에 시작한 시카고 소극장, 그리고 보스턴 토이 시어터와 위스콘신 연극협회가 거의 동시에 생겼다. 1925년까지 소극장들은, 어느 초기 예술 연극에 대한 역

신무대술

로버트 에드먼드 존스는 1920년대에 〈햄릿〉의 이러한 무대를 고안했다. 단순화되고 공간을 살린 구조와 무대의 모양을 강조해주는 조명의 표현주의적인 사용에 주목하라.

사가의 발언대로, "헛간, 술집, 교회, 스튜디오, 그 외 잡다한 신식 건물에서, 메인 주에서 캘리포니아 주에 이르기까지, 사람들이 몰리는 복잡한 그리니치 빌리지에서부터 밴쿠버 공터에 이르기까지 모든 곳에" 있었다. 아마추어적이고 예술적이며 대체로 엘리트주의적이었던 그들의 가장 대표적인 예는 프로빈스타운 극단으로, 1915년 여름에 매사추세츠 주 프로빈스타운의 예술인 마을에 있는 어느 판잣집에서 시작하여 뉴욕의 그리니치 빌리지로 옮겨 갔다. 프로빈스타운 극단은 오닐의 초기 작품들을 무대에 올렸고, 기자 존 리드(John Reed)와 시인 에드나 세인트 빈센트 밀레이(Edna St. Vincent Millay) 등과 같은 사람들도 속해 있었다. 프로빈스타운 극단의 몇몇 주요 인사들은 시어터 길드 설립을 지원하였다.

소극장들은 하나의 운동이 되고 영향력을 갖게 되었는데, 그 이유는 즉각적인 목소리를 낼 수 있었기 때문이다. 기관지로 「연극예술 잡지(Theatre Arts Magazine)」를 발행했는데, 이것을 통해 그들의 생각을 전국에 배포하였다. 개별적인 극장에 대해서 설명하고 독자들에게 국내와 유럽에서 진행되고 있는 소식들을 알려주었다. 하지만 1930년에 「연극예술」은 출간을 뉴욕 기반의 상업극장 쪽으로 전환하였다. 소극장들은 여전히 존재했지만, 많은 극장이 예술에 대한 열정을 소진해버리고 지역 극단, 주로 아마추어 극단이 되었고, 처음 브로드웨이에 등장했었던 중도적 인기작들을 공연했다. 예술과 미(美)는 돈을 지불하거나 사회 문제를 해결하는 것 어디에서도 그 힘을 증명하지 못했는데, 이는 놀라운 일도 아니었다. '전쟁'(제1차 세계대전) 전에 나온 사상들이었고, 1920년대의 냉소주 오닐의 〈느릅나무 밑의 욕망〉을 위한 존스의 무대. 집의 정면은 에프레임 캐봇의 집 내부를 드러내기 위해 들어 올려져 있다. 이 극의 핵심은 에프레임의 어린 새 부인과 양아들 사이의 성적 긴장감이다.

의와 고군분투는 그들과 맞지 않았다. 대공황과 유럽의 파시즘 발발로 예술과 미를 더 이상 영향력 있는 개념으로 보지 않게 되었는데, 이는 특히 그러한 개념들이 독일 문화와 연관이 있었기 때문이었다.

「연극예술 잡지」가 사라진 것은 소규모 극장 운동의 종식을 가리켰지만 미국에서 아방가르드주의의 종식은 아니었다. 그만큼의 에너지가 1930년대에는 좌파 연극으로 흘러들어가게 되었고, 제2차

연극은 연극이다

유진 오닐의 〈밤으로의 긴 여로〉, 1956년

유진 오닐은 1936년 노벨문학상을 수상했고, 1940년 〈밤으로의 긴 여로〉 집필 당시에는 파킨슨병을 앓고 있었다. 그는 이 자전적 희곡을 결혼기념일 선물로 아내에게 주었는데, 그녀의 사랑 덕분에 그는 '마침내 자신의 죽음을 대면하고 이 극을 쓸 수 있게 되었다'고 썼다. 오닐은 이 작품을 사후 25년까지는 출판하지 말 것을 부탁했었는데, 그의 아내가 출판을 하도록 했고 그의 사후 3년 만에 공연되었다.

이 작품은 오닐의 가족을 그대로 복제한다. 극 중 아버지 제임스 타이런(James Tyrone)은 아일랜드계 미국인 배우로 하나의 역할로 수년 동안 엄청난 성공을 이어 갔지만 원하는 대로 정극 배우로서 성장하지

는 못했다. 오닐의 아버지 이름도 역시 제임스였는데, 〈몬테 크리스토 백작〉의 주인공 역할을 6,000번 이상 했었다. 두 아들은 유진 오닐과 그의 형 제이미의 실제 모습에 대한 메아리로 극에 담은 것이다.

극 중 어머니 메리 타이런(Mary Tyrone)은 모르핀에 중독되어 있다. 모르핀은 1914년까지는 규제 약품이 아니었고, 작품이 쓰일 당시 많은 모르핀 중독자들은 메리 타이런 같은 중산층 여성이었다. 오닐의 어머니 메리 엘런 오닐도 모르핀 중독자였다.

작품 줄거리　극은 1912년 8월의 어느 하루, 오전 8시 30분에 시작하여 자정 즈음에 끝을 맺는다. 장소는 해

(계속)

연극은 연극이다 유진 오닐의 〈밤으로의 긴 여로〉, 1956년

변가 여름 별장이며 그렇게 고급스러운 집은 아니다. 처음 4막까지는 가족들이 방금 중독 치료를 받고 돌아온 메리가 다시 모르핀을 맞을 것인지에 대해 걱정한다. 마지막 막에서도 가족들은 의사가 에드먼드의 기침과 체중 감소가 요즘에는 폐결핵이라고 부르는 병에 걸린 징후인지를 알아낼 것인지에 대해 걱정한다. 2막 첫 장 초반부에 메리는 다시 모르핀을 맞는다. 3막에서 가족들은 에드먼드가 결핵에 걸렸고 요양원에 가게 될 것임을 알게 된다.

극의 초반부에 최악의 방식으로 해결된 이 두 가지 문제 외에도 작은 이야기 전개가 있다. 다양한 조합으로 모르핀이나 알코올로 만취 상태가 진행되면서 인물들은 자신에 대해서, 자신의 과거와 서로에 대해서 이야기한다. 서로 다투다가 과거를 회상하다가를 반복한다. 이 극은 어느 하루 동안 일어나는 일이지만, 이러한 대화나 그와 같은 일들은 그들의 평생 동안 계속되어 왔었다. 인물은 한 겹 한 겹 드러난다. 가족 구성원들은 자신들이 스스로를 어떻게 보는지, 서로에 대해서 어떻게 바라보고 있는지에 대해서 말한다. 극이 끝나갈 때 가능성이 제한적이었던 그들의 삶은 거의 불가피했던 것처럼 보인다.

가족들은 제임스 타이런이 인색하다는 데 동의한다. 그는 자신이 인색하지 않다고 언쟁한다. 나중에 그는 돈이 모두 부동산에 묶여 있기 때문에 정말로 부유한 것은 아니라고 말한다. 아니면 아마도 자신이 인색할 수도 있겠지만 가난하게 자라서 열 살 때부터 주당 50센트씩 벌며 일을 시작했어야 했기 때문에 당연한 것이라고 말한다. 메리 타이런은 부유한 집안 출신의 수녀같은 소녀로 피아니스트나 수녀가 되기를 꿈꾸다가 제임스를 만나 사랑에 빠지게 되었다. 순회공연 배우이자 매니저였던 제임스와의 삶은 싸구려 호텔방을 전전하며 정착할 집도, 친구나 사회적 삶도 없었다. 메리는 절반쯤은 약물과용으로 죽기를 원했지만 성모마리아가 용서를 하지 않을 것이기 때문에 절대로 자살을 할 수는 없었다.

마지막 막에서 세 남자는 술을 마시고 집에 늦게 돌아온다. 오닐은 남자들이 술을 마심으로써 감정과 우울에서 벗어나는 필요성을 메리의 모르핀 복용과 동일시한다. 마침내 메리가 다락방에서 찾아낸 낡은 웨딩드레스를 들고 아래로 내려온다. 그녀는 수녀원 시절의 몽상에 빠져 완전한 환각 상태이다. 그녀는 갑자기 기억을 떠올린다—"나는 제임스 타이런과 사랑에 빠져서 얼마 동안은 너무나 행복했죠."

세계대전 이후에 새로운 형태로 다시 나타나게 되었을 뿐이었다.

때로는 상업적이고 때로는 그렇지 않은 극작가들

유진 오닐

미국에서 유진 오닐은 연극을 예술의 경지로 끌어 올리는 것을 목표로 삼은 가장 유명한 초기 극작가였다. 2011년 한 비평가는 다음과 같이 말했다. "유진 오닐 이전에 미국에는 오락뿐이었고, 그 이후로 드라마가 생겼다." 오닐이 사용한 한 가지 전략은 자신의 희곡을 고대의 이야기에 기반하도록 하는 것이었다. 그의 많은 작품들이 처음에는 비상업적인 프로빈스타운 극장과 시어터 길드에서 공연되었고 그 후에 브로드웨이로 가게 되었다. 그는 30편 이상의 장편 희곡과 수십 편의 단막극을 썼다. 〈안나 크리스티 *Anna Christie*〉(1920), 〈얼음장수 오다 *The Iceman Cometh*〉(1946), 〈사생아를 위한 달 *A Moon for the Misbegotten*〉(1947)은 자주 공연된다.

오닐의 작품은 난해하고 비관주의적인 것이 많다. 그리스 신화의 파이드라에 대한 미국적 각색 작품인 〈느릅나무 밑의 욕망〉(1925)이나 오레스테스 신화를 미국 내전을 배경으로 옮겨 놓은 각색 작품 〈상복이 어울리는 엘렉트라 *Mourning Becomes Electra*〉(1931) 등을 생각해보라. 〈상복이 어울리는 엘렉트라〉는 5막극 3부작(총 15막)으로 이루어져 공연되는 경우가 드물다. 그의 작품은 진지하고 야심에 차 있다. 그는 1936년 노벨상과 4번의 퓰리처상을 수상하면서 존경을 한 몸에 받았지만, 초기의 공연 이후에는 널리 재공연되지는 않았다. 그의 희극 작품 중 하나인 〈아, 황야! *Ah, Wilderness!*〉(1933)는 자주 공연된다. 그러나 그의 모범과 성실한 노력은 미국 연극을 문학의 경지로 올리는 데 일조하였다. 1953년 사망 시에는 오닐의 자전적 희곡인 〈밤으로의 긴 여로 *Long Day's Journey into Night*〉가 아직 공연되지 않았었지만, 일단 공연이 되고 난 후에는 위대한 미국 희곡 작품 중 하나로 널리 인정받고 있다.

20세기 전반기에 주목받은 다른 미국 극작가들은 새로운 진지한 이야기를 들려줄 혁신적인 스타일을 위해 사실주의 그 이상을 바라보았다.

엘머 라이스 : 브로드웨이의 표현주의

엘머 라이스(Elmer Rice)의 〈계산기 *The Adding Machine*〉(1923)는 브로드웨이 정상에 오른 주목할 만한 미국의 표현주의 희곡으로 드문 작품이다. 주인공인 미스터 제로는 거대한 유령 회사의 회계사였다가 계산기로 대체되면서 심리적으로 악화된다. 라이스의 극은 증가하는 작업 공간에서 인력을 대체할 것이라는 두려움을 주었던 기계화와 자동화에 대항한다. 2007년 이 극은 시카고에서 초연되어 성공적인 오프 브로드웨이 공연을 한 뮤지컬 작품의 기반이 되었다. (오닐 역시 브로드웨이에 등장하게 될 〈털복숭이 원숭이 *The Hairy Ape*〉(1922)와 〈황제 존스 *The Emperor Jones*〉(1920)라는 표현주의 극을 썼다.)

손턴 와일더

브로드웨이에서 성공한 또 다른 반사실주의적 극으로 비영리 교육 극장에서 오랫동안 공연된 작품이 바로 손턴 와일더(Thornton Wilder)의 〈우리 읍내 *Our Town*〉(1938)이다. 작은

동네의 삶이 무대감독이라는 이름의 1인 코러스에 의해 펼쳐진다. 주인공인 에밀리는 어릴 때 죽는데 마지막 하루를 다시 살 수 있도록 지구로 돌아가는 것이 허락된다. 〈우리 읍내〉가 1901년에서 1913년까지 20세기의 여명이 밝아오던, 하지만 제1차 세계대전이 미국과 세계의 많은 국가들을 변화시키기 전에 나온 것은 우연의 일치가 아니다. 비록 〈우리 읍내〉의 대표적인 주제는 아니더라도 중요한 한 가지 요소가 바로 잃어버린, 더욱더 고요하고 더욱 가족 지향적이었던 시대에 대한 향수이다. 이 극을 하나의 특정 연극 양식으로 규정하기는 어렵다. 요즘에는 〈우리 읍내〉를 비록 브레히트의 이론이 널리 퍼지기 전에 쓰여진 작품이지만 서사극에 가깝다고 보기도 한다. 〈우리 읍내〉는 비재현적인 무대배경과 의상, 상징적인 연출, 극행위에 대해 논평하고 방해하는 무대감독이 관객의 감정이입을 막는다는 점 등에서 서사적이다.

공연 횟수는 적지만 훨씬 더 실험적인 작품으로 와일더의 1942년 브로드웨이 연극 〈위기 일발 The Skin of Our Teeth〉이 있는데, 한 가족의 이야기로 시간이 순차적으로 이어지지는 않는다. 1막은 빙하시대의 삶을(공룡이 하나의 캐릭터로 등장한다), 2막은 광란의 20년대와 같은 시대, 3막은 지구 종말과 같은 전쟁의 끝에 가족이 방공호에서 나오는 내용이다. 이 극은 제1차 세계대전의 공포와 2차 전쟁이 일어날지도 모른다는 두려움으로부터 문명이 '위기 일발'로 살아남았다는 것을 인식하는 당시의 이야기다. 다시 말하지만 와일더의 극은 당대의 연극 양식과 연결하기는 어렵다. 요즘에는 그러한 양식을 통일성을 무시한다는 점에서 포스트모던하다고 볼 수 있겠으나, 그때는 아직 그 용어가 만들어지기 전이었다.

루이지 피란델로

루이지 피란델로(Luigi Pirandello, 1867-1936)는 이탈리아인으로 시대를 앞서갔다. 로마와 밀라노의 많은 초기 관객들은 그가 제정신이 아니라고 확신했다. 예를 들어 〈작가를 찾는 6인의 등장인물 *Six Characters in Search of an Author*〉(1921)에서 피란델로는 이 극이 현실이 아니라 단지 연극이라는 것을 인지시켰다. 극중극의 리허설을 하는 동안에 여섯 명의 사람이 예기치 않게 등장하며 연출가에게 자신들의 이야기를 써줄 작가가 필요한 등장인물들이라고 말한다. 〈작가를 찾는 6인의 등장인물〉은 1922년 브로드웨이에서 번역극으로 공연되었다. 피란델로는 20편 이상의 희곡을 썼다. 영어로 공연되는, 극장에 가장 자주 올라가는 작품은 〈작가를 찾는 6인의 등장인물〉, 〈헨리 4세〉(1922), 〈여러분이 그렇다면 그런거죠 *Right You Are if You Think You Are*〉(1917) 등이 있다. 피란델로의 연극성은 분명히 이후 포스트모더니즘이라고 불리게 될 것의 초창기 선구자격이다.

페데리코 가르시아 로르카

페데리코 가르시아 로르카(Federico García Lorca, 1898-1936)는 스페인에서 〈피의 결혼 *Blood Wedding*〉(1932)이나 〈베르나르다 알바의 집 *The House Bernarda Alba*〉(1936)과 같은 상징주의 희곡을 썼다. 로르카는 1936년 스페인 내전 당시 파시스트에 살해당했다. 로르카는 스페인 중산층의 삶을 살았던 좌파 비평가로, 그의 작품은 1939년부터 1953년까지

포스트모던 로르카

사진은 페데리코 가르시아 로르카의 1932년 작 〈피의 결혼〉을 2002년 버틀러대학교에서 올린 공연 장면이다. 전체적으로는 상징주의적인 무대에 포스트모던한 무대장치로 거대하고 균열된, 군데군데가 투명한 기타를 사용했다.

프란시스코 프랑코 총통의 전체주의 정권의 철저한 검열을 받았다.

상업극장의 희극

희극은 시사적일 경우가 많다. 시사적이지 않을 때조차도 변화에 열려 있는, 특히 20세기 급격한 변화의 시기에 변화하고자 하는 사회적 태도를 반영하는 경우가 많다. 예를 들어 전형적인 이민 집단을 웃음의 원천으로 삼는 유머-믹 조크, 폴락 조크, 칭크 조크, 왑 조크, 카이크 조크(각각 아일랜드, 폴란드, 중국, 이탈리아, 유대인에 대한 민족적인 조롱)-는 20세기 초에는 대중적이었지만 오늘날에는 받아들여지지 않는다. 희극은 물론 예외는 있지만, 지속적으로 활성화되어야 한다.

상업주의 시기에 성공한 희극 작가들이 많이 있었으나 그들의 작품은 최초의 성공 이후에는 다시 정상에 오르지 못했다. 그 한 예로, 19세기 후반 클라이드 피치(Clyde Fitch, 1865-1909)는 6편 이상의 작품을 썼는데 대부분이 가벼운 희극으로 뉴욕과 런던에서 엄청난 인기를 얻었다. 그는 박스오피스 스타 작가로 스타 배우들을 위해 작품을 썼다. 그의 〈기병대장 징크스 *Captain Jinks of the Horse Marines*〉는 1901년 에델 배리모어(Ethel Barrymore)를 위한 스타 등용작이었다. 한때는 브로드웨이에서 동시에 다섯 작품이 상연된 적도 있었지만, 요즘에는 거의 보기 힘든 희귀작품으로만 남아 있다.

조지 S. 카우프만

지속적으로 공연된 작품을 쓴 작가로 조지 S. 카우프만(George S. Kaufman, 1889-1961)이 있는데, '위대한 협업가'라고 자주 일컬어진다. 그는 50편 이상의 희곡, 뮤지컬, 시사 풍자극, 영화와 비평을 남겼다. 퓰리처상을 두 번 수상했다. 카우프만은 자신의 작품뿐 아니라 다른 작가의 작품 연출가로서도 인기가 있었다. 40년의 경력 동안 카우프만은 소설가 에드나 퍼버(Edna Ferber), 마크 코넬리(Marc Connelly), 막스 형제(Marx Brothers) 등과 함께 작업했다.

비평가들은 카우프만의 최고 작품은 모스 하트(Moss Hart)와의 협업을 통해 나왔다고 생각한다. 그들은 이색적인 인물들을 만들어냈고 희극에 대한 더욱 민주적인 접근 방식을 보여주었다. 하지만 사회적으로는 보수적이고 어느 정도는 감상적이었다. 카우프만과 하트는 1936년에 〈그것을 가지고 갈 수는 없다 *You Can't Take It with You*〉와 1939년에 〈만찬에 온 사나이 *The Man Who Came to Dinner*〉를 공동 집필하였다. 이 두 극은 수십 년간 지역사회 극장과 교육 연극의 주요 작품이 되었고 여전히 공연되고 있다. 그들은 대공황 시기에조차 상업적 브로드웨이에서 감당할 수 있는 대규모 출연진이 등장하는

시어터 길드의 최초의 시카고 재공연

사진은 2004년 시카고 굿맨 시어터가 공연한 조지 버나드 쇼의 〈상심의 집 *Heartbreak House*〉이다. 무대는 땜질이나 발명을 좋아하는 숏오버(Shotover) 대령의 개성을 확실하게 반영한다. 시어터 길드는 1920년에 이 작품을 처음으로 미국에 들여왔다.

작품들을 썼다.

조지 버나드 쇼

조지 버나드 쇼(1856-1950)는 영국에서 활동한 아일랜드 작가로 비상업주의 극장에서 출발하여 상업연극에서 성공을 거두었다. 쇼는 19세기 후반에 극작을 시작했지만 주요 작품들은 20세기 초반에 나왔다. 사실주의자이자 사회주의자인 쇼는 역설적이게도 그 시대 최고의 희극 작가이자 동시에 정극 작가이기도 하였다. 그의 작품은 비록 플롯은 사랑, 결혼, 돈과 같은 오래된 것들이 많긴 하지만, 언어적 향연과 현실적 아이디어들(가난, 산업주의, 전쟁, 국가주의 등)의 충돌로 가득 차 있다. 쇼는 악역의 인물들에게 최고의 논쟁을 하도록 해주는데, 이 점이 극작가로서의 그의 강점 중 하나이다. 그가 상류층과 하류층의 대조를 다룰 때에는 양측 모두에게 풍자적인 비판을 한다. 그는 영국에서 헨릭 입센에 대해 가장 강력한 목소리를 낸 영향력 있는 지지자 중 하나였다. 비록 쇼의 극은 입센과는 달랐지만, 그는 노르웨이 극작가들과 중산층 여성들의 밝혀지지 않은 삶에 대한 관심을 함께 했다. 그의 작품은 오늘날까지 계속해서 공연되고 있다. 60여 편이 넘는 쇼의 작품들 중 〈바바라 소령 *Major Barbara*〉(1905), 〈부적절한 결혼 *Misalliance*〉(1910), 그리고 1950년대에 뮤지컬 〈마이 페어 레이디 *My Fair Lady*〉로 개작된 〈피그말리온 *Pygmalion*〉(1912-1913) 등이 있다. 그는 이 뮤지컬 제작을 볼 수 있을 때까지 살았고

1950년 94세의 나이로 사망했다.

노엘 카워드

당대의 중심에는 가벼운 풍속 희극 작가이자 간결한 연극 음악 작곡가 겸 작사가인 영국인 노엘 카워드(Noel Coward, 1899-1973)가 있었다. 카워드는 양차 대전 사이, 그리고 그 이후에도 〈즐거운 영혼 *Blithe Spirit*〉, 〈사생활 *Private Lives*〉, 〈현재의 웃음 *Present Laughter*〉, 〈생활의 설계 *Design for Living*〉 등과 같은 위트와 사회적 관행에 관한 희극을 썼다. 카워드는 1921년 미국을 방문하여 브로드웨이 연극의 에너지가 극작에 영향을 주었고 런던과 미국에서 처음으로 대성공을 거두게 해주었다고 말했다. 오랜 세월 동안 카워드는 50편이 넘는 연극, 시사풍자극, 뮤지컬을 썼다. 제2차 세계대전 시기에 그는 아이러니한 제목을 가진 '독일인들에게 짐승처럼 굴지 맙시다'라는 유명한 노래와 특히 영국 해군에 관한 〈토린호의 운명 *In Which We Serve*〉이라는 극적이고 애국주의적인 영화 대본으로 영국의 선전 기관을 지원하였다. 전쟁이 끝난 후 카워드는 계속해서 작품을 썼지만 이전 만큼의 성공작은 없었다. 1950년대에 자작곡이나 동료들의 노래, 때로는 카워드가 희극적으로 개사한 노래들로 이루어진 카바레 공연을 만들었는데, 이는 런던, 파리, 라스베이거스 등에서 성공을 거두었다.

카워드에게 가장 도전적인 작품 중 하나는 〈생활의 설계〉였는데, 런던 심의기관에서 1939년까지 공연 허가를 받지 못해서 1933년 뉴욕에서 공연을 올렸다. 카워드는 두 명의 친구와 함께 이 극을 썼는데, 그들은 바로 국제적으로 유명했던 부부 공연팀인 알프레드 런트(Alfred Lunt)와 린 폰탄느(Lynn Fontanne)였다. 1막에서 오토(Otto)는 자신의 아내 길다(Gilda)가 오랜 친구인 레오(Leo)와 함께 잠자리를 갖고 도망을 쳤다는 것을 알게 된다. 2막에서 길다와 레오는 함께 산다. 오토는 길다와 함께 식사를 하고 그 둘은 다시 사랑의 마음이 생겨나 포옹을 하며 끝난다. 아침에 길다는 그 둘 모두를 포기하고 오토가 아직 자고 있을 때 쪽지를 남겨두고 나간다. 레오가 돌아와서 오토와 함께 길다의 쪽지를 발견하고는 흥분한다. 3막은 시간이 흐른 뒤 뉴욕이 배경이 된다. 길다는 또 다른 사람과 결혼한다. 레오와 오토가 결혼식을 망치고 하객들을 모두 내쫓는다. 길다는 그들도 가라고 큰소리쳤지만, 뒤로는 그들에게 아파트 열쇠를 넘겨준다. 마지막 장면에서 길다의 남편이 돌아와 레오와 오토가 자신의 잠옷을 입고 누워 있는 것을 발견한다. 길다는 오토와 레오를 거부할 수 없다고 선언하고, 그녀의 남편은 역겨워하며 뛰쳐나간다. 셋은 웃으며 소파에 쓰러진다. 〈생활의 설계〉는 1920년대의 성적으로 자유로운 정신, 그리고 1930년대로 오면서 삼자 동거에 관한 것을 극적 재미를 담아 쓴 작품이다.

점령기의 연극과 전체주의

전체주의 정권과 외세의 점령은 일반적으로 연극과 다른 예술을 규제하고 검열한다. 소비에트 정권 초기에 실험적 예술이 번창하였다. 스탈린 지배하에서 정부의 예술에 대한 태도는 바뀌었다. 정부는 1932년에 오직 사회주의적 사실주의(socialist realism)만이 소비에트 사회주의 공화국 연방과 동맹국에서 예술에 적합하다고 규정하였다. 사회주의적 사실주의의 기본 교리는 비재현적인 예술은 노동계층이 이해할 수 없다는 것이었다. 사실주의 외에 그 어떤 것도 퇴폐적이고 반동적인 것이었다. 오직 재현적 예술만이 국가의 교육적, 선동적 요구를 성취해줄 수 있었다. 사회주의적 사실주의 작품에 대한 요구를 따르지 않았던 많은 예술가들은 검열을 받거나 추방당하거나 강제 노동 수용소로 보내지거나 사형당했다.

히틀러가 등장하기 전에 독일은 연극을 비롯한 예술계에서 실험으로 들끓고 있었던 나라였다. 나치 독일은 스탈린주의 러시아와 비슷한 태도가 지배적이었다. 게다가 많은 예술가들이 유대인, 공산주의자, 혹은 둘 다였기 때문에 가능한 사람들은 모두 더욱 적합한 나라들로 이민을 떠났다. 이상하게도 나치 점령기의 파리에서는 예술이 최소한의 검열로 지속될 수 있었다. 관객과 검열관들은 때로 똑같은 작품에 상반된 반응을 보였다. 장 아누이(Jean Anouilh)는 고대 그리스의 〈안티고네〉를 파리 관객을 위해 각색하였다(1943).

새로운 경쟁자 : 영화

1915년 D. W. 그리피스(D. W. Griffith)는 장편 영화 〈국가의 탄생〉을 개봉하였다. 영화는 많은 관객들을 극장에서 빼내 가면서 주식회사, 보드빌, 그리고 대부분의 경로를 모두 막아 버렸다. 이는 그리피스 영화에서 볼 수 있는 것과 같은 포드 시어터에서의 에이브러햄 링컨 대통령의 암살 장면으로 1915년 기념 프로그램의 사진이다.

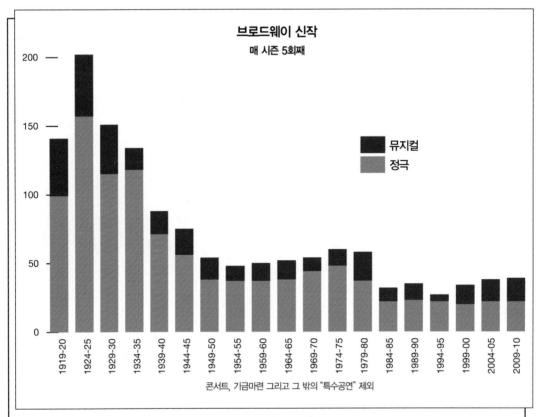

브로드웨이에서 제작되는 공연의 수는 1920년대에 정점에 이른다. 대공황과 유성영화, 그리고 마침내 TV가 등장하면서 20세기 내내 연극의 수요는 감소했다.

프랑스 관객은 극 중 비타협적인 지도자와 자신이 옳다고 믿는 일을 하는 소녀 사이의 싸움에서 자신들의 점령당한 상황에 대한 우화를 보았다. 나치 검열관들은 그 점을 알아보지 못했다. 장 폴 사르트르는 아버지의 죽음에 대한 복수를 하려는 그리스의 오레스테스와 엘렉트라 신화를 각색하여 〈파리떼 *The Flies*〉라는 작품을 썼다. 파리떼라는 캐릭터는 오레스테스를 괴롭히고 홀리는 초자연적인 존재인 복수의 여신들이다. 관객들은 파리떼를 그들의 도시에 돌아다니는 나치 병사들과 동일시하였다. 나치 검열관은 그 점 역시 파악하지 못했다.

상업연극의 쇠퇴

20세기 초에 연극은 이전에는 알지 못한 분야인 영화와 상업적 경쟁에 직면하게 되었다. 최초의 장편 영화 〈국가의 탄생 *The Birth of Nation*〉(1915)이 엄청난 인기를 얻으며 박스오피스에서 대성공을 거두었다. 1927년에 영화에 사운드가 도입되었다. 1930년대 후반에 〈바람과 함께 사라지다 *Gone with the Wind*〉와 같은 총천연색의 영화가 나오며 총 7,000만 달러 이상을 벌어들였고, 2011년에는 대략 10억 달러 이상에 육박하게 되었다. 보드빌 스타들은 연극과 경쟁하게 될 또 다른 새로운 매체인 라디오로 이동하고 있었다. 미국 전역의 정극 극장이 문을 닫거나 영화관으로 개조되고 있었다. 1948년 미국에 텔레비전이 상업적 현실이 되기도 전에 이러한 다른 새로운 경쟁자들이 경제적으로 미국 연극의 회로와 '경로'를 황폐화시키면서 보드빌과 벌레스크 등이 사라지고 연극 주식회사를 문 닫게 했다.

브로드웨이 또한 심각한 타격을 받았고 오래갔다. 제1차 세계대전이 끝나면서(1918년) 브로드웨이에서는 연간 200~300여 편의 공연이 만들어졌다. 한 공연에 대한 투자는 소규모 공연을 기준으로 2,000달러 정도로 적절한 수준이었고, 1만 달러 이상이 되는 경우는 드물었다. 티켓 가격은 낮았는데, 극장에서 가장 좋은 좌석이 3달러 정도였다. 관광객들과 뉴욕 시민들은 극장으로 몰려들었다.

하지만, 1930년대가 지나고 대공황이 끝나면서 1920년대의 활기찼던 상업연극은 어려움을 겪었다. 가끔씩 좋을 때도 있었지만, 브로드웨이 상업연극은 제2차 세계대전과 그 이후에 계속해서 쇠퇴하였다. 뉴욕 극장들은 갈수록 문을 닫게 되거나 헐리거나 영화관이나 '누드쇼' 극장으로 바뀌었다. 다른 많은 극장들도 문을 여는 것만큼 문을 닫는 일이 많았다.

양차 대전 사이에 상업연극의 쇠퇴에는 몇 가지 다른 원인도 있었다. 1930년대 대공황은 다른 분야와 마찬가지로 연극계에도 심한 타격을 주었다. 연극 조합은 매우 강력해져서 임금 인상과 작업 환경 개선을 요구하게 되었고, 이제는 능력이 되지 않는 극장에도 그러한 조건을 요구하게 되었다. 공연 제작비가 증가하면서 티켓 가격도 올라가게 되었다. 따라서 이전의 극장 애호가들이 더 이상 관객이 될 수 없는 정도로까지 오르게 되었다. 분명히 상업연극은 어려움에 처했고 그 끝은 자주 – 정확하지는 않더라도 – 예견되어 있었다. 브로드웨이는 '근사한 환자'로 널리 불렸는데, 항상 임종에 임해 있지만 때로 너무나 근사하게 흥미로움을 주었다. 살아남았지만 영광의 나날들은 연극이 대중 오락의 주요 근원이었던 제1차 세계대전 이전이었다.

중심용어

중심용어는 본문에서 굵은 활자로 표시되어 있다. 아래 목록을 참고하여 이해도를 측정하라. 인명은 색인에 쪽 번호로 나와 있다.

구성주의	모더니즘
부조리주의	사회주의적 사실주의
산 신문	상징주의
생체역학	서사극
선택적 사실주의	소외 연극
소외 효과(A효과)	신무대술
아메리칸 메소드	예술 연극 운동
잔혹극	초현실주의
큐비즘	포스트모더니즘
표현주의	

본문 요약

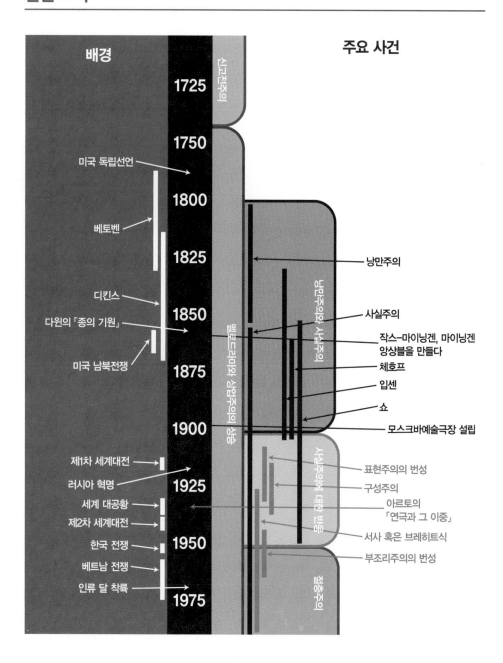

배경		주요 사건

배경

미국 독립선언
베토벤
디킨스
다윈의 『종의 기원』
미국 남북전쟁
제1차 세계대전
러시아 혁명
세계 대공황
제2차 세계대전
한국 전쟁
베트남 전쟁
인류 달 착륙

1725 · 1750 · 1800 · 1825 · 1850 · 1875 · 1900 · 1925 · 1950 · 1975

신고전주의
낭만주의와 사실주의
멜로드라마와 상업주의의 상승
사실주의에 대한 반응
절충주의

주요 사건

낭만주의
사실주의
작스-마이닝겐, 마이닝겐 앙상블을 만들다
체호프
입센
쇼
모스크바예술극장 설립
표현주의의 번성
구성주의
아르토의 『연극과 그 이중』
서사 혹은 브레히트식
부조리주의의 번성

12

CHAPTER

뮤지컬 연극

학습목표

이 장을 마치면 여러분은

- 오페레타(operetta)에서 레뷔(revue)에 이르기까지 미국 뮤지컬의 발자취를 따라갈 수 있다.
- 대본 뮤지컬과 종합 뮤지컬의 본질을 비교할 수 있다.
- '팝 오페라'의 특성을 묘사할 수 있다.
- 스티븐 손드하임, 앤드루 로이드 웨버, 카메론 매킨토시가 미국 뮤지컬 발전에 미친 중요한 영향을 설명할 수 있다.
- 주크박스 뮤지컬의 본질과 그 대표적인 예를 열거할 수 있다.

배경

제1차 세계대전 이전에 음악은 유사 연극적 공연물과 일부 연극에서 본질적인 요소였다. 멜로드라마의 주요 구성요소이기도 했다. 다양한 종류의 '발라드 오페라'는 낭만주의 이전 시대의 특징이 되었는데, 그 예가 18세기 존 게이(John Gay)의 〈거지 오페라 *The Beggar's Opera*〉다. 19세기 초반에 오페레타는 파리에서 흥행했다. 오페레타(operetta)의 줄거리는 낭만적이었고 등장인물들은 주로 귀족이거나 적어도 상류층이었다. 일반인이 등장한다면 그들은 희극적인 하인들이었다. 오페레타는 혼란스러운 음악, 행진곡, 사랑의 찬가, 특히 왈츠로 엮어져 있었다. 그랜드 오페라보다는 정도가 덜 하지만 오페레타도 확실히 훈련된 목소리를 요구했다. 주로 프랑스에서 시작한 노래들은 유럽과 미국 전역에서 공연되었고 최초의 진정한 대중무대음악이 되었다. 대본 또한 도처에서 제작되었는데, 베를린, 런던, 뉴욕 관객을 위해 번역보다는 번안이 더 많았다.

1871년부터 1896년까지 런던에서 성공한 W. S. 길버트(W. S. Gilbert)와 아서 설리번(Arthur Sullivan)은 〈미카도 *The Mikado*〉(1885), 〈군함 피나포 *HMS Pinafore*〉(1878), 〈펜잔스의 해적 *The Pirates of Penzance*〉(1879) 등의 작품들로 영국 뮤지컬계를 지배했다. 길버트와 설리번의 오페레타는 대륙에서 흥행한 낭만적인 오페레타와는 달랐다. 그들은 대체로 희극적이었고 영국 사회와 오페라 관습에 대해서 적당히 풍자적이었다. 길버트와 설리번의 오페레타는 미국에서 재빨리 표절되었고 작가들에게는 작품료가 없거나 극히 적었다. 오늘날에도 정기적으로 재공연되고 있다.

노동계층 지역에서는 뮤직홀이 선술집이나 바에서 파생되었고 뮤직홀(music hall)이라는 용어는 낮은 계층을 위한 사회자, 노래, 코미디언, 무용수를 포함하는 버라이어티 음악쇼를 가리키는 영국식 표현이 되었다. 이와 비슷한 사이비 오락물이 미국에서도 발전했다. 여기서는 보드빌(vaudeville)과 벌레스크(burlesque)라는 이름이 붙었는데, 19세기 전반에 시작되었다. 원래 다양한 관객층을 겨냥한 희극 형식인 벌레스크는 특히 리디아 톰슨(Lydia Thmpson)의 '영국의 금발들(British Blondes)'이 1869년 미국을 순회한 이후

오페레타

길버트와 설리번의 1871~1896년에 쓰여진 14개 코믹 오페레타들은 빅토리아 시대 뮤지컬 극장을 장악했다. 여기, 그들의 가장 자주 공연되던 작품들 중 하나인 〈미카도〉(1885)의 포스터가 있다. 〈미카도〉는 명목상 일본에 위치해 있었지만 실제로는 영국 문화와 정치를 풍자했다.

압도적인 남성 오락물이 되었다. 살색 타이즈를 신은 금발들은 당시 성적인 자극제였다. 희극과 노래와 춤과 패러디, 동물행동, 남장여성들, 거창한 무대효과가 저속한 농담이나 선정적인 의상과 뒤섞인 '영국의 금발들'은 미국 벌레스크를 영원히 바꾸어 놓았다. 그리하여 벌레스크는 볼거리, 노래, 춤, 그리고 여성의 몸을 특징으로 한다. 제1차 세계대전 이후 스트립쇼가 더해지면서 벌레스크는 사람들의 존중 밖으로 밀려났다. 반면 보드빌은 가족오락물로 번성했다. 이후에 유명한 보드빌 배우들 다수가 1930년대 영화와 대공황으로 인해 보드빌이 자멸하자 라디오, 브로드웨이 레뷔(revue), 영화계로 진출했다. 그때

까지 보드빌은 화려한 볼거리와 옷을 입은 듯 만 듯한 여성의 몸이 희극과 음악, 춤과 스토리 없이 혼합된 브로드웨이 레뷔의 등용문이었다. 미국 레뷔의 본보기는 지그펠드 폴리스 (Ziegfeld Follies)인데 1907년부터 1931년까지는 매년, 그리고 1957년까지는 행사성으로 공연된 오락물이었다. 폴리스의 출연 여성들은 미모와 몸매를 가지고 있고 정교하고 꼭 끼는 의상을 입고 기상천외한 모자와 머리장식을 하고 무대를 가로질러 걸을 수 있기에 고용된 것일 뿐 노래하고 춤추고 농담을 던질 수 있다고 고용되지는 않았다.

지그펠드 출연 여성

지그펠드 폴리스는 노래, 춤 또는 대화할 필요가 없는 '잘 걷는 여자들'을 주연으로 하였다. 대신에 그들은 미모, 키, 그리고 거대한 머리장식과 정교하고 가릴 듯 말 듯한 의상을 입고 계단을 오르락내리락할 수 있는 능력 때문에 고용되었다.

미국 뮤지컬의 등장

미국의 뮤지컬은 결국 다른 방향을 택했다. 새로운 방식으로 노래와 춤을 이야기에 결합시킨 뮤지컬은 대중문화로 세계를 지배하려는 미국의 독보적인 공연수출품이 되었다.

일부 연극사가(演劇史家)들은 1866년의 〈검은 악당 *The Black Crook*〉이 최초의 뮤지컬이었다고 말한다. 그들은 이 작품에 이야기와 훈련된 오페레타 공연자들과 다른 유쾌한 목소리의 배우들이 부르는 대중가요와 춤이 있음에 주목한다. 대본은 어느 미국 작가가 썼으며 음악은 당시의 대중가요를 〈검은 악당〉에 맞도록 편곡했다. 3,200석의 니블로스 가든(Niblo's Garden)이라는 초대형 극장에서 당시로서는 기록적인 474회의 공연이 이루어졌고 수십 년간 미국을 순회했다.

그런데 〈검은 악당〉은 우연하게 만들어졌다. 그렇기 때문에 일부 역사가들은 이 작품을 미국 뮤지컬 형식의 출발로 보는 건 맞지 않다고 한다. '우연하게'란 바로 미국으로 순회 온 파리의 발레단이 극장이 화재로 유실되자 뉴욕에서 일자리를 잃었기 때문이다. 다른 일자리를 찾다가 무용수들이 5시간 길이의 '뮤지컬 스펙터클'이었던 당시의 멜로드라

검은 악당

몇몇 사람은 이 공연이 미국 뮤지컬의 선구자이며, 고유하게 미국적인 장르라고 한다. 이 포스터는 스펙터클로 채워진 네 시간의 피날레를 보여준다.

마에 투입되었다. (제목의 '검은'이라는 말은 아프리카계 미국인을 뜻하는 것이 아니라 악마의 검은 마술을 지칭한다.) 그 당시에 〈검은 악당〉이 어떻게 보였는지는 해석하기 나름이다.

본격적인 미국 뮤지컬(American musical) 형식은 1900년경 이후 미국 뮤지컬이 유럽의 오페레타나 뮤지컬 레뷔와 분리되면서 발전하였다. 미국 뮤지컬의 주인공은 오페레타에서처럼 제목이 되지는 않았다. 오페라 훈련을 받은 목소리가 아닌 보통 목소리로 노래를 불렀고 뮤지컬 레뷔와 달리 이야기가 있었다. 그러나 간혹 이야기가 중심이 아닐 때도 있었다. 출발부터 미국 뮤지컬은 음악과 볼거리의 이중적 매력을 지녔다. 볼거리는 화려한 의상을 입고 춤추는 '코러스 걸'의 여성적 몸이었다.

작곡가

20세기 전반 브로드웨이 작곡가들은 미국 뮤지컬 코미디가 된 이야기 기반의 새로운 형식을 만들어 가면서 오페레타나 레뷔를 작곡했다. 그들은 작사가(lyricist)와 대본가(librettist)[이는 노랫말을 만들거나 희곡이나 대본(book)을 쓰는 작가들을 가리킨다]와 협업했다. 작곡가들과 그들의 작품은 다음과 같다.

- 빅터 허버트(Victor Herbert) 오페레타(1859-1924) : 〈장난감 나라의 아기들 *Babes in Toyland*〉(1903), 〈붉은 물레방아 *The Red Mill*〉(1905), 〈버릇없는 마리에타 *Naughty Marietta*〉(1910)

- 제롬 컨(Jerome Kern), 뮤지컬(1885-1945) : 〈오, 보이! *Oh Boy!*〉(1917), 〈샐리 *Sally*〉(1920), 〈연예선 *Show Boat*〉(1927)

- 시그먼드 롬버그(Sigmund Romberg), 오페레타(1887-1951) : 〈화려한 시절 *Blossom Time*〉(1921), 〈학생 왕자 *The Student Prince*〉(1924), 〈사막의 노래 *The Desert Song*〉(1926)

- 어빙 벌린(Irving Berlin), 뮤지컬과 레뷔(1888-1989) : 〈뮤직박스 레뷔 *Music Box Revue*〉(1921), 〈애니여 총을 잡아라 *Annie Get Your Gun*〉(1946), 〈콜 미 마담 *Call Me Madam*〉(1950)

- 콜 포터(Cole Porter), 뮤지컬 (1891-1964) : 〈모든 게 가능해 *Anything Goes*〉(1934) 〈레드, 핫 앤 블루! *Red, Hot and Blue!*〉(1936), 〈키스 미 케이트 *Kiss Me, Kate*〉(1948)

- 조지 거슈윈(George Gershwin), 뮤지컬(1898-1937) : 〈레이디 비 굿 *Lady, Be Good*〉(1924), 〈스트라이크 업 더 밴드 *Strike Up the Band*〉(1930), 〈걸 크레이지 *Girl Crazy*〉(1930), 〈그대를 위해 노래 부르리 *Of Thee I Sing*〉(1931, 최초의 퓰리처상 수상 뮤지컬), 〈포기와 베스 *Porgy and Bess*〉(1935)

- 리처드 로저스(Richard Rodgers), 레뷔와 뮤지컬(1902-1979) : 〈개릭의 명랑 시리즈 *Garrick Gaieties*〉(1925년과 1926년 두 버전), 〈정신 차려 *On Your Toes*〉(1936), 〈친구 조이 *Pal Joey*〉(1940), 〈오클라호마! *Oklahoma!*〉(1943), 〈회전목마 *Carousel*〉(1945), 〈사운드 오브 뮤직 *The Sound of Music*〉(1959)

그런데 이들 작곡가들의 배경이나 음악이 전적으로 '미국적'이지는 않았다. 허버트는 아일랜드에서, 롬버그는 헝가리에서, 벌린은 러시아에서 태어났다. 그들의 뮤지컬 교육은 미국적이거나 대중가요가 아니라 유럽식으로 고전음악 중심이었다. 거슈윈은 개인 고전음악 교사들로부터 훈련받았고 롬버그와 허버트는 유럽에서, 컨은 뉴욕음악대학과 유럽에서, 포터는 예일과 하버드에서 수학했다. 반면, 러시아계 유대인 이민자인 어빙 벌린은 전혀 교육을 받지 않았고 악보를 읽지도 못했다.

20세기가 진행되면서 그들의 음악적 특징을 이룬 것은 대중적인 춤곡의 리듬을 채택한 것이다. 그런 음악은 19세기 아프리카계 미국인의 음악적 형식에 근원을 두고 있었고 1900년에는 미국 내에서 유명한 작곡가들이 나타났다. 그들은 민스트럴 쇼(minstrel show, 흑인 분장을 하고 흑인 가곡을 부르는 백인의 공연)나 흑인 얼굴의 보드빌(blackface vaudeville acts), '깜둥이 쇼(coon show)' 등 아프리카계 미국인들을 후원하는 연극적 형식으로 인기를 얻었다.

일부에선 작곡가들 중에서 유대인의 우월함이 미국 대중음악의 소리에 영향을 끼쳤다고 주장한다. WASP(White Anglo-Saxon Protestant의 약자로 미국 주류 계급을 뜻함)인 콜 포터는 유대인인 리처드 로저스에게 보다 성공적인 대중가요를 쓸 수 있는 비결을 찾았다고 말했다. "유대인의 음조를 쓰겠어"라고 말했다. 이때 그는 특히 단조(minor key)를 사용한다는 뜻이었다. 이 일화가 사실이든 아니든, 모든 성공작들은 그 근원과 관계없이 대단한 미국 흥행작을 가지려는 희망에서 재빨리 복제되었다. 인종과 민족성이 20세기 전반 미국 내에서 한데 뭉쳤지만 대중오락물은 도가니였다.

코러스 걸
이 미인들은 합창뿐만 아니라 아름다워 보이게 노래하고 춤추는 것을 요구받았다.

작사가

작사가는 뮤지컬에서 빠질 수 없었다. 수요가 늘면서 인기 작곡가들은 뮤지컬마다 동일한 작사가들과 협업했고, 작사가들은 음악의 톤과 형식에 뚜렷한 모양새를 부여했다. 리처드 로저스가 이 부분에서 가장 명확했다. 1940년까지 그의 작사가는 재치있고 가끔 위험하지만 창의적인 로렌즈 하트(Lorenz Hart)였고 그들의 뮤지컬은 하트의 감상적이지 않은 마음을 보여준다. 로저스와 하트의 노래 제목에는 '그 숙녀는 매춘부(The Lady Is a Tramp)', '작은 호텔이 있네(There's a Small Hotel)', '홀린, 괴로운, 당황한(Bewitched, Bothered, and Bewildered)' 등이 있다. 로저스는 이후 1943년 오스카 해머스타인 2세(Oscar Hammerstein II)와 연합하며 뮤지컬은 훨씬 낭만적으로, 때로 달콤한 정도로까지 변했다. 로저스와 해머스타인 사이에서의 노래 제목들은 '절대 혼자 걷지 마(You'll Never Walk Alone)', '내가 좋아하는 것들(My Favorite Things)', '봄이 오면 좋겠어(It Might as Well Be Spring)'이다. 해머스타인의 가사와 만난 로저스의 음악은 하트의 가사들보다 훨

어빈 벌린의 〈애니여 총을 잡아라〉

벌린은 이 1946년 히트작과 자신의 브로드웨이 공연의 음악과 가사를 모두 썼다. 뮤지컬은 '쇼 비즈니스만한 비즈니스는 없어'를 포함한다. 사진은 라스 베이거스 네바다 콘서바토리 극장 공연의 두 장면이다. 왼쪽의 애니 오클리(Annie Oakley)가 '총을 들고 남자를 얻을 수 없다'를 부르고 있다.

씬 더 인기를 얻었다. 모든 작곡가가 작사가와 작업하지는 않았고 어빙 벌린이나 프랭크 로서(Frank Loesser), 콜 포터는 작곡과 작사를 혼자 다 했으나 그들은 이례적인 경우였다.

해머스타인은 로저스와 만나기 전인 1925년 이후 협업한 제롬 컨에게도 똑같이 큰 영향을 주었다. 그 협업의 결과물이 지금까지도 널리 알려진 〈연예선〉이다. 이 작품은 컨이 다른 작사가들과 작업한 이전의 작품들보다 더 진지하고 더 감상적인 뮤지컬이다. 사실 〈연예선〉은 그 당시에는 작가 미상의, 많은 주에서 그 당시 불법이었던 다른 인종 간 결혼의 책임에 무게를 둔 불행한 결말의 뮤지컬이었다. 그 당시 다른 뮤지컬들은 약간은 냉소적이었으나 그런 심각한 주제를 절대 다루지 않았다. 대부분의 뮤지컬들은 돈과 낭만적 사랑을 좇는 희극적인 계략에 초점을 맞추었다.

대본 뮤지컬 1920년대 오페레타와 레뷔가 시들해지자 **대본 뮤지컬**(book musical)이 그 자리를 대신했다. 보통 사소하고 사건을 발전시키기보다 사건에 막힌 노래를 담은 뮤지컬들은 오락물로 기능했기에 대본은 얼빠진 농담이나 멋진 멜로디를 위한 구실에 불과했다. 그들은 무대와 라디오, 음반, 낱장 악보로까지 인기를 얻은 미국 연극의 위대한 곡들을 만들어냈다. 예를 들어 제롬 컨은 영원히 계속될 것처럼 보이는 아름다운 멜로디를 쏟아냈다. 조지 거슈윈은 그의 짧은 생애 동안 귀감이 되는 많은 곡을 썼다. 이들 작곡가들에게서 가장 중요한 점은 그들이 원칙적으로 곡을 쓰는 사람들(songwriters)이었다는 것이다. 그들 다수는 러브송, 참신한 곡, 남부의 노래, 패터송(patter song), '박수를 유도하는 노래(showstoppers)'(뮤지컬에서 보통 코믹한 곡으로 사건의 진행을 막을 정도의 박수를 유도하는 노래) 등 대본에서 요구하는 순간을 위해 노래를 썼다. 이 노래들은 여러 중산층 가정에 피아노가 있어서 낱장 악보가 싸구려 잡화점에서 팔리던 시절에 국민문화생활의 일부가 되었다. 노래는 뮤지컬에서 떨어져 나와 낱장 악보와 라디오를 통해 대중화되었고 나이트클럽이나 극장식당, 그리고 가정에서 불리고 연주되었다. 나중에 이 노래들은 그레이트 아메리칸 송북(Great American Songbook)에 실린다. 아래는 몇 가지 예다.

- '누가 나를 감시하고 있네(Someone to Watch over Me)' 조지 거슈윈과 아이라 거슈윈(Ira Gershwin)이 뮤지컬 〈오, 케이 *Oh, Kay!*〉(1926)에서
- 절대 혼자 걷지 마 리처드 로저스와 오스카 해머스타인 2세가 뮤지컬 〈회전목마〉(1945)에서
- 파리의 4월(April in Paris) 버논 듀크(Vernon Duke)와 E. Y. '입' 하버그(E. Y. 'Yip' Harburg)가 〈조금만 더 빨리 걸어서 *Walk a Little Faster*〉(1932)에서
- 내가 종이라면 (If I Were a Bell) 프랭크 로서가 〈아가씨와 건달들 *Guys and Dolls*〉(1950)에서
- 그의 품에서 길을 잃었네 (I Got Lost in His Arms) 어빙 벌린이 〈애니여 총을 들어라〉(1946)에서
- 사랑과 사랑에 빠져 (Falling in Love with Love) 리처드 로저스와 로렌즈 하트가 〈시라큐스에서 온 소년들 *The Boys from Syracuse*〉(1938)에서

종합 뮤지컬

극의 목적이 아주 서서히 진지해지기 시작했다. 이 진지함은 〈연예선〉(1927)에서 그 전조가 보였고 〈친구 조이〉(1940)를 통해 발전되었으며 〈오클라호마!〉(1943)에서 완성되었다. 이후, 다시 말해서 1940년 이후 움직임은 행복한 결말의 진지한 희극을 향했다. 이들은 낭만적 사랑에 초점을 맞추고 주로 동시대인들이 등장하고 노래가 성격을 드러내거나 플롯을 발전시키는, 소위 종합 뮤지컬(integrated musical)이라는 용어가 생겼다. 대본, 노

연극은 연극이다

〈걸 크레이지〉, 1930년

조지 거슈윈과 아이라 거슈윈 형제는 1924년부터 약 12편의 브로드웨이 뮤지컬에서 호흡을 맞추었다. 그들은 함께 20세기의 기념비적인 노래들을 만들어냈다. 〈걸 크레이지〉처럼 이 뮤지컬들은 모두 초기의 '대본 뮤지컬'이었다. 이는 노래나 대배우들을 돕기 위한 다소 뻔한 플롯이라는 뜻이다. 춤도 있었지만 플롯을 전개하지는 못했다. 그저 보잘것없는 플롯에 끼어들어 흥을 돋울 뿐이었다. 〈걸 크레이지〉에는 서른 명의 노래하고 춤추는 코러스가 있었다.

볼품없는 〈걸 크레이지〉의 반복적인 플롯은 수준 낮은 대본의 본성을 드러낸다. 분명 이 플롯은 사람들에게 믿음을 주려는 목적이 아니었다. 다만 거슈윈 형제의 멋진 노래들을 스타들이 부를 수 있도록 느슨하게 묶을 장치가 필요했던 것이다. 에델 머만(Ethel Merman)과 진저 로저스(Ginger Rodgers)는 이 공연으로 공연계에 데뷔했다. 또한 그 당시의 중요한 보드빌 스타였던 사투리 광대 윌리 하워드(Willie Howard)를 위한 작품이기도 했다. 〈걸 크레이지〉의 여섯 곡은 이제 그레이트 아메리칸 송북에 등장하는 고전이 되었다—'안을 수 있는 당신(Embraceable You)', '샘과 데릴라(Sam and Delilah)', '나의 시간을 팔아서(Bidin' My Time)', '아이 갓 리듬(I Got Rhythm)', '나를 위한 것은 아니네(But Not for Me)', '오! 사랑이 대체 나한테 뭘 한 거지(Boy! What Love Has Done to Me)'.

〈걸 크레이지〉는 세 번 영화로 만들어졌고 주디 갈랜드(Judy Garland)와 미키 루니(Mickey Rooney)의 1943년 판이 가장 유명하다. 1992년에는 완전히 새로운 대본과 거슈윈의 노래를 추가한 〈걸 크레이지〉가

〈당신에게 미쳐서〉라는 제목으로 1992년 개작된 〈걸 크레이지〉의 한 장면

(계속)

연극은 연극이다 〈걸 크레이지〉, 1930년

〈당신에게 미쳐서 *Crazy for You*〉라는 제목으로 브로드웨이와 런던에서 대성공을 거두었다. 이 작품은 토니 시상식에서 최고 뮤지컬상을 받았다.

작품 줄거리 〈걸 크레이지〉는 커스터빌(Custerville)이라는 애리조나 주의 아주 작은 시골을 배경으로 한다. 주민 대부분이 남자인 이곳으로 뉴욕의 플레이보이인 주인공 대니 처칠(Danny Churchill, 낭만적인 주인공)이 온다. 그의 부친이 대도시에서의 빠른 삶에서 구제하고자 가족목장인 버저즈(Buzzards)로 보낸 것이다. 그는 기버 골드파브(Gieber Goldfarb, 걸쭉한 유대인 사투리를 쓰는 희극적 주인공)가 모는 택시를 타고 커스터빌까지 3,000마일을 여행한다.

대니는 지방 여성우체국장 폴리 그레이(Polly Gray, 낭만적 주인공)를 만난다. 대니는 뉴욕의 쇼걸들을 데리고 와서 버저즈를 도박꾼의 휴양 목장으로 바꾸겠다고 결심한다. 새롭게 태어난 버저즈는 동부와 서부

인들의 관심을 끌면서 곧바로 성공한다. 슬릭 포더길(Slick Fothergill)과 카지노 공연의 주인공인 섹시한 가수 케이트(슬릭 포더길의 아내)가 도박장을 운영한다. 두 명의 여인이 알 수 없는 이유로 커스터빌에 나타난다. 전화연결 상담원 팻시 웨스트(Patsy West, 희극적인 여성)와 뉴욕에서 온 대니의 전 여자친구 테스 하딩(Tess Harding)이 그들이다.

조금 복잡하다. 기버 골드파브는 운전기사 선발에서 승리하고 미국 인디언 추장 얼굴때려(Push-in-the-Face)로 위장해서 라이벌의 복수를 피한다. 나중에 골드파브는 노상강도를 잡기 위해 여장을 한다.

지역이 멕시코의 산 루즈(San Luz)로 변한다. 여기서 몰리는 샘에게 속아서 그가 부부로 예약한 호텔에서 함께 밤을 보내게 되었음을 깨닫는다. 그때서야 대니에 대한 감정을 알아차린다. 그들은 (결혼식) 제단으로 향하고 행복한 결말을 맞는다.

래, 춤이 한데 엮여서 이야기를 전달한다. 이 종합이라는 개념의 예가 로저스와 해머스타인의 〈회전목마〉에 나오는 '내가 당신을 사랑했다면(If I Loved You)'이라는 곡이다. 낱장 악보만 보면 이 곡은 두 개의 후렴(chorus)과 하나의 브리지(bridge, 노래의 대조적인 중간 부분을 가리키는 음악용어), 그리고 3분 동안 후렴이 반복되는 전형적인 노래다. 공연에서 빌리 비글로(Billy Bigelow)와 줄리 조르단(Julie Jordan)이 각각 어떤 부분은 노래를 하고 음악이 반주로 진행되는 동안 얘기를 하고 또 누구는 노래를 더 하고 또 누구는 얘기를 더 하다가 다시 듀엣으로 노래를 한다. 17분도 더 되는 길이의 이 곡 끝에서 그들은 사랑하는 사이가 되고 관객은 노래와 대사와 반주가 서로 맞물려 진행되는 동안 이를 알게 된다. 이 새로운 뮤지컬은 선행 작품들만큼 시시하기도 했지만, 보다 큰 문제들을 다룰 수도 있었다. 일례로, 로저스와 해머스타인의 〈남태평양 *South Pacific*〉은 최소한 유럽 남자와 아시아 여자 사이의 로맨스라는 관점에서 인종주의를 심도 있게 다루었다.

원형무대에서의 〈오클라호마!〉

아레나 스테이지는 2011년에 여러 인종의 배우를 캐스팅하여 이 고전적인 종합 뮤지컬을 공연했다. 라틴계 배우 니콜라스 로드리게스(Nicolas Rodriguez)가 농장노동자 컬리(Curly)를 연기했고 그가 사랑하는 로리(Laurey)는 아프리카계 미국인 배우 엘리샤 갬블(Eleasha Gamble)이 맡았다. 로리의 이모 엘러(Eller)도 아프리카계 미국인 페이 버틀러(Faye Butler)가 연기했다. 사진에서 보듯 워싱턴 D.C.에서 새롭게 개관한 미국 연극을 위한 미드 센터에서 공연하고 있는 코러스도 여러 인종의 배우가 섞여 있다.

성별, 인종, 미국 뮤지컬

앞서 거론한 유명 작곡가와 작사가들은 백인이었다. 뮤지컬 제작자나 연출가도 마찬가지였다. 도로시 필즈(Dorothy Fields)와 베티 콤든(Betty Comden) 등 소수의 백인 여성들이 그나마 유명한 작사가들이다. 다수의 작곡가, 작사가들이 유럽 이민자 혹은 이민자 후손이었음에도 모두 미국 대중문화에 사로잡혔다. 그리하여 1970년대까지 뮤지컬은 주로 낭만적인 사랑과 물질적인 성공에 집착하는 백인들의 미국을 다루었다. 지그펠드 폴리스의 홍보용 문구를 빌리자면, '미국 여자를 찬미함(glorification of the American girl)'은 순전히 백인 남성의 약속이었다. 백인 남성이 지배하는 사회를 반영했다.

보이지는 않지만 음악에 꼭 필요했던 것이 아프리카계 미국인 연주자들이었다. 개개인 백인 작곡가들이 아프리카계 미국인에 빚을 지고 있음을 인정했지만 음악 산업은 대체로 인정하지 않았다. 이 음악은 미국 뮤지컬이 혁명을 시작할 태세를 갖추었을 무렵에 이미 미국의 산물이었다. 아프리카계 미국인 작곡가들은 브로드웨이로 진출하지 못했다. 윌 마리온 쿡(Will Marion Cook)과 유비 블레이크(Eubie Blake)는 예외였다. 쿡의 뮤지컬 코미디 〈클로린디; 또는 케이크워크의 기원 *Clorindy; or The Origin of the Cakewalk*〉(1898)은 브로드웨이 최초의 아프리카계 미국인의 공연이었다. 블레이크는 아프리카계 미국인 작가와 출연진으로 브로드웨이에서 최초로 성공을 거둔 〈셔플 얼롱 *Shuffle Along*〉(1921)을 공동 창작하기 전에는 작곡가 겸 보드빌 공연자였다. 〈셔플 얼롱〉은 1921년부터 1924년까지 뉴욕에서 막을 올린 아프리카계 미국인 뮤지컬 아홉 편이라는 작은 유행을 일으켰다. 상업극에서 성공은 항상 모방작을 만든다.

일부 흑인 연주자들이 거슈윈의 〈포기와 베스〉를 미국 남부 아프리카계 미국인의 삶이라는 백인의 버전으로 바꾼 것에 분개했다. 막이 오르자 논객들은 두 파로 나뉘었다. 악보가 담긴 대본에는 아프리카계 미국인의 삶이나 노래 형식에 대해서 근거 있는 설명이 없었을지라도 최소한 아프리카계 미국인 배우들이 일자리를 얻을 수는 있었다. 시대의 사회구조가 요구하는 대로 아프리카계 미국인이 공연할 수 있도록 아프리카계 미국인이 만든 재료들은 대중적인 백인의 취향과도 맞을 수 있었다. 아프리카계 미국인 작가 유비 블레이크의 1921년 성공작 〈셔플 얼롱〉의 제목만 봐도 그렇다. 아프리카계 미국인 은어인 **셔플**은 상냥하고 순종적인 노예나 하인의 느린 움직임을 가리키는 용어다. 한 명 이상의 역사가가 〈셔플 얼롱〉이 오늘날 무대에 올라가면 민스트럴 쇼의 양식과 조건을 반영하기 때문에 모욕이 될 수 있다고 주장한다.

노래의 형식

- 공연 초반부에 나오는 '나의(I) 노래' 또는 '내가 하고 싶은(I want) 노래'는 주요 인물을 소개하고 그들이 추구하거나 대항하는 것을 보여준다. 메릴(Merrill)과 스타인(Styne)의 〈퍼니 걸 *Funny Girl*〉(1964)을 예로 들면, 패니(Fanny)가 부르는 첫 번째 노래는 '나는 가장 위대한 스타(I'm the Greatest Star)'다. 희극적인 '나의' 노래는 유명한 희극배우가 될 여자에 맞춘 곡으로 패니의 꿈을 믿지 않는 패니 브라이스(Fanny Brice)의 가족과 친구들에게 패니가 유명 배우가 될 것임을 말해준다.

- 리듬송(rhythm song)은 대대적으로 끝나는 춤에 동기를 부여하는 명랑한 곡이다. 보통 사람들이 극장을 나설 때 기억하고 따라 하게 되는 곡이다. 제리 허먼(Jerry Herman)의 뮤지컬 〈헬로 돌리 *Hello, Dolly*〉(1964)의 같은 제목의 곡이 좋은 예다.
- 코믹송(comic song)은 음악에 맞춰 웃을 수 있게 해준다. 프랭크 로서의 뮤지컬 〈아가씨와 건달들〉(1961)의 '애들레이드의 탄식(Adelaide's Lament)'에서 성공하려고 애쓰는 나이트클럽 가수 애들레이드는 심리학 책을 보고 자신의 코감기가 14년 동

우리가 어떻게 아는가

뮤지컬 보존하기

학자들이라면 미국 뮤지컬 원작의 악기 구성, 성악부의 구성, 대본을 심도 있게 파헤쳐야 하는 때가 있기 마련이다. 때로 실패하기도 한다. 원본들은 제대로 보존되어 있지 않아서 미래 세대는 원작이 처음에는 어떻게 공연되었는지 정확히 알 수가 없다. 예를 들어 이 장에서 언급한 거슈윈 형제의 1930년 뮤지컬 〈걸 크레이지〉를 '원작과 똑같이' 만들겠다는 음악학자가 이런 상황에 처할 수 있다.

20세기 초반의 뮤지컬이 제대로 보존되어 있지 않은 것은 이해할 수 있다. 만든 사람들은 뮤지컬을 불멸의 예술이 아니라 한 시즌 동안 관객에게 즐거움을 주고 미국과 런던을 순회하고 끝나는 일시적인 것으로 여겼다. 그 당시에는 음악 편성을 출판할 시장도 없었다. 훨씬 이후까지 부주의했다. 〈지붕 위의 바이올린〉(1964), 〈헬로, 돌리!〉(1964), 〈코러스라인〉(1975) 등 큰 성공을 거둔 작품의 오리지널 편성은 사라지고 없다.

특히 유실되기 쉬운 것이 모든 악기의 음계가 표시된 원본인 총보(partitur)다. 편곡자가 총보를 만들고 이 총보에서 필경사가 개개 악기별로 악보를 추려낸다. 총보는 한 편의 뮤지컬이 끝날 때 작곡자의 소유였지만 늘 작곡자의 품으로 돌아가지는 않았다.

공연은 대개 브로드웨이 공연 이후 수정되었다. 순회공연이나 아마추어 공연용에 맞춰 악기편성은 단순해지거나 영화용으로는 확장되었다. 음역대가 다른 배우들을 위해 음계가 바뀌었다. 노래보다는 춤을 잘 추는 배우들을 위해서 댄스브레이크가 삽입되거나 춤을 못추는 배우들일 경우엔 삭제되었다. 이런 변화를 가하려면 편곡자는 오리지널 브로드웨이 편성을 빌려야 했고 그러고는 주인에게 되돌려주지 않았다. 그 결과 실패작보다 성공작의 오리지널 편성을 찾기가 통계상 더 힘든 것이다. 실패작의 총보를 빌리는 사람은 아무도 없었다.

오리지널 캐스트의 레코딩에서 연극역사가들은 어떤 역사적인 정보를 얻기도 하지만 신뢰도가 높지는 않다. 진정한 오리지널 캐스트 레코딩은 1943년 〈오클라호마!〉가 처음이었다. 그 당시 기술력의 산물인 78-rpm 디스크는 한 면당 3분 30초 정도만 가능하여 어떤 노래는 원 박자보다 빠르거나 잘려나가거나 임의로 두 면으로 분할되어 있기도 했다. 오래 플레이되는 33-rpm 디스크는 한 면당 20분 정도가 허용되는 큰 발전이었지만, 여전히 문제가 많았다. 연주자들이 공연 횟수에 따라 급여를 받는 것이 아니었으므로 바이올린이나 팀파니를 추가한다고 해서 오케스트라 비

(계속)

우리가 어떻게 아는가 ─ 뮤지컬 보존하기

용이 늘지 않았다. 따라서 오리지널 캐스트 레코딩이 무대에서 공연된 상태의 뮤지컬을 반영한다고 생각할 수 없다.

마찬가지로 대본도 관객의 구미에 맞게 오랜 시간에 걸쳐 변화되었다. 가장 좋은 본보기가 획기적인 작품인 〈연예선〉(1927)이다. 1880년을 배경으로 한 이 뮤지컬은 아프리카계 미국인 인부들이 면을 나르면서 흑인들과 백인들의 삶 사이의 거리를 노래하는 모습으로 막을 연다. 이는 공연에서 반복되는 주제다. 오스카 해머스타인 2세가 처음에 쓴 가사는 다음과 같다.

검둥이들(niggers)은 모두 미시시피 강에서 일하네,
검둥이들은 모두 일하네 백인들이 놀고 있을 때─

해머스타인의 이 대담한 시작은 관객에게 충격을 주려는 의도였다. 검둥이(nigger)라는 단어는 그 시대를 가리키는 말이지 아프리카계 미국인을 가리키는 말이 아니었다. 1936년 영화에서 가사는 '검은 피부(darkies)가 미시시피 강에서 일하네'로 바뀌었고 1946년 공연에서는 '유색인종(colored folks)이 미시시피 강에서 일하네'로 한결 완화되었다. 오늘날 관객들의 귀에는 검은 피부나 유색인종이나 해머스타인이 원작에서 쓴 폭탄발언보다 더 나을 게 없다.

이제 작곡가들은 총보라든가 가사나 음악의 초안의 역사적인 가치에 더욱 주의를 기울인다. 미국 뮤지컬에 관한 오리지널 본들은 국회도서관에 가장 많이 보관되어 있다. 그러나 여전히 일부 중요한 정보들이 창고나 영화촬영소, 누군가의 지하실에 있다. 원작 뮤지컬의 초연 음악이 어땠는지 알려진 사실에는 간극이 있다. 역사적인 기록에 남은 이 간극을 메울 수 있는 연극역사학자들이 있어 천만다행이다.

안 사권 남자친구가 결혼하지 않으려 하기 때문에 생긴 '심신상관(psy-co-so-mat-ic)' 병임을 발견한다.

- 발라드는 느린 곡으로 러브송이나 실연의 슬픔을 노래하는 곡으로, 인물의 소망을 표현하지만 이어지는 리듬송이나 코믹송이 대대적으로 끝날 수 있는 여지를 만들면서 극의 속도를 떨어뜨리는 기능을 한다. 하나만 고르기 힘들 정도로 그 예가 무수히 많다. 〈남태평양〉의 '뭔가에 홀린 저녁(Some Enchanted Evening)', 〈아가씨와 건달들〉의 '알게 될 거야(내 사랑이 찾아오면) [I'll Know(When My Love Comes Along)]', 〈퍼니 걸〉의 '사람들(People)', 〈헬로 돌리〉의 '잠깐이면 돼(It Only Takes a Moment)' 등이다. 발라드는 낱장 악보로 팔리고 라디오 가수들이 음반에 수록하고 싶어 하는 곡들로 작곡가와 작사가에게는 금전적인 성공도 가져다주었다.

위에 언급한 노래들 외에도 전통적으로 뮤지컬의 목록에는 두 개의 노래 형태가 더해진다. 오프닝 넘버(Opening Number)와 마지막 넘버인 패널티메이트 넘버[penultimate number, 또는 브로드웨이 뮤지컬이 11시 전에는 끝나지만 '11시의 넘버(eleven o'clock number)'라고 불린다]가 그것이다. 오프닝 넘버는 맨 처음 나오는 뮤지컬 넘버로서 작품

의 전반적인 색깔, 시간, 장소, 분위기를 보여준다. 〈애니여 총을 들어라〉의 오프닝 넘버는 출연진 전원이 부르는 '대장 버펄로 빌(Colonel Buffalo Bill)'인데, 도시를 찾아온 버펄로 빌 대서부 쇼의 매력을 늘어놓는다. 이 곡은 또한 낭만적 주인공인 프랭크 버틀러를 소개한다.

마지막 넘버 바로 직전에는 보통 희극적이고 관객을 기분 좋게 만들어 박수를 유도하려는 넘버가 위치한다. 〈애니여 총을 들어라〉에서 11시의 넘버는 '뭐든 할 수 있어(난 더 잘할 수 있어)[Anything You Can Do(I Can Do Better)]'인데, 우스꽝스러운 대결이 펼쳐지고 피날레가 바로 이어진다.

로저스와 해머스타인의 〈오클라호마!〉(1943)는 표현적인 스토리텔링 댄스로서 드림 발레라는 형식을 수립했다. '꿈속에서(Out of My Dreams)'라는 제목의 곡에서 여주인공 로리(Laurie)는 자신이 사랑하는 착한 남자와 위협적이고 불안정한 남자 사이에서 어쩔 줄 모르는 처지에 대해 꿈을 꾼다. 이를 표현한 아그네스 드 밀(Agnes De Mille)의 15분간의 안무가 아주 효과적이어서 드림 발레는 성공적인 스토리텔링 장치를 만들어낼 재능이 없는 작가나 안무가들이 적극 활용하는 상투적인 수단이 되었다.

1950년 이후의 뮤지컬

1950년 이후 종합뮤지컬을 쓴 브로드웨이 작곡가와 작사가의 목록은 다음과 같다.

- 프레데릭 로어(Frederick Loewe, 1901–1988)와 앨런 J. 레너(Alan J. Lerner, 1918–1986) : 각각 〈브리가둔 *Brigadoon*〉(1947), 〈마이 페어 레이디 *My Fair Lady*〉(1956), 〈카멜롯 *Camelot*〉(1960) 등의 작곡가와 작사가

- 줄 스타인(Jule Styne, 1905–1994) : 〈집시 *Gypsy*〉(1959)와 〈퍼니 걸 *Funny Girl*〉(1964)의 작곡가

- 레너드 번스타인(Leonard Bernstein, 1918–1990) : 〈캔디드 *Candide*〉(1956)와 〈웨스트사이드 스토리 *West Side Story*〉(1957)의 작곡가

- 제리 허먼(Jerry Herman, 1931–) : 〈헬로, 돌리!〉(1946), 〈메임 *Mame*〉(1966), 〈라카지 *La Cage aux Folles*〉(1983)의 작사 · 작곡가

- 스티븐 손드하임(Stephen Sondheim, 1930–) : 〈집시〉, 〈웨스트사이드 스토리〉의 작사가, 〈포럼으로 가는 길에 생긴 우스운 일〉(1962), 〈컴퍼니 *Company*〉(1970), 〈폴리스 *Follies*〉(1971), 〈소야곡 *A Little Night Music*〉(1973), 〈스위니 토드 *Sweeney Todd*〉(1979)

등의 작사·작곡가

- 스티븐 플래허티(Stephen Flaherty, 1960-)와 린 아렌스(Lynn Ahrens, 1948-) : 〈섬에서의 한때 *Once on this Island*〉(1990), 〈래그타임 *Ragtime*〉(1998), 〈수시컬 *Seussical*〉(2000)의 작곡가와 작사가

이 뮤지컬들은 대개 낙천적이고 종합 뮤지컬의 전통을 잇고 있다.

개념 뮤지컬

이 시기 후반의 뮤지컬은 전통적인 플롯이 아닌 직선적인 플롯에 압도적인 개념만 가진 채 발전하기도 했다. 〈헤어〉, 〈코러스라인〉, 〈컴퍼니〉가 이 미국 뮤지컬 가운데 '콘셉트' 또는 개념이라는 범주를 가장 잘 보여주는 예다.

헤어 1967년 〈헤어 : 미국 토종 러브-록 뮤지컬 *Hair : The American Tribal Love-Rock Musical*〉 공연은 음악의 사용, 기성세대에 반발하는 인물들(반체제 징병기피자), 이상주의("전쟁 말고 사랑을 하라"), 당시의 비상업적 실험극의 영향에 있어서 시대가 변했음을 인정하는 뮤지컬이었다. 갈트 맥더모트(Galt MacDermot)가 록 음악을 작곡했고 제임스 라도(James Rado)와 제롬 라니(Gerome Ragni)가 대본과 가사를 썼다. 오프-브로드웨이의 비영리극단 퍼블릭 시어터에서 발전과정을 거친 〈헤어〉는 히피, 마약, 베트남전쟁에 대해 이야기했다. 공연이 인기가 있자 이전에는 상업극장에서 절대 허용될 수 없었던 관행들, 가장 명확하게 금지된 것들만 인용하면 나체, 욕, 반체제 분위기 등이 가능해졌다.

코러스라인 1975년 〈코러스라인〉이

미국 토종의 러브-록 뮤지컬

1967년 초연된 〈헤어〉는 줄곧 대학과 대학교 극장에서 꾸준히 사랑받는 작품이다. 원 제작자인 퍼블릭 시어터는 2008년 여름 센트럴 파크에 마련된 극장에서 〈헤어〉를 다시 올렸다. 이후 브로드웨이로 옮겨져 강력한 반응을 얻었고 2009년 토니상 최우수 재공연작품상을 받았다. 사진은 바로 그때의 공연 장면이다.

Joan Marcus

컴퍼니
조지 퍼스의 11개 단편 공연은 〈컴퍼니〉의 기초가 되었고, 해롤드 프린스(Harold Prince)가 연출을 맡고 스티븐 손드하임이 음악을 맡았다. 사진의 장면은 볼주립대학교에 의해 제작된 것이다.

〈헤어〉와 같은 뉴욕의 비영리극단에서 양육되었다. 연출가, 작가, 실험극장의 호의적인 기술팀과 토론하는 과정에서 무용수들이 대본을 발전시켰다. 이후 소설가이자 극작가인 제임스 커크우드 주니어(James Kirkwood Jr.)와 무용수 중 한 명인 니콜라스 단테(Nicholas Dante)가 대본에 뼈대를 만들고 살을 붙였다. 마빈 햄리시(Marvin Hamlisch)가 작곡을, 에드워드 클레반(Edward Kleban)이 작사를 맡았다. 이 뮤지컬은 브로드웨이의 직업 무용수들이 겪어야 하는 어려움을 다루었다. 작품의 성공은 1990년대를 통틀어 지속된 무용과의 브로드웨이식 연애를 되살렸다. 역동적인 탭댄스 뮤지컬 〈브링인다 노이즈, 브링인다 펑크 *Bring in Da Noise, Bring in Da Funk*〉도 포함된다. 이 작품은 아프리카계 미국인 작곡가와 공연자들이라는 특성을 갖는 또 다른 개념 뮤지컬이다. 〈헤어〉와 〈코러스라인〉 모두 무대장치를 없애고 배우들이 계속 무대를 메웠다. 이는 또한 실험극에 대한 무의식적인 동의기도 했다.

컴퍼니 또 다른 개념 뮤지컬은 1970년 브로드웨이에서 막을 올린 〈컴퍼니 *Company*〉다. 스티븐 손드하임이 음악과 가사를, 그리고 조지 퍼스(George Furth)가 대본을 쓴 〈컴퍼니〉는 35세 생일을 맞이한 독신 미혼남 바비(Bobby)에 대한 이야기다. 바비는 결혼을 할 만큼 진지한 관계를 맺기 어렵다. 그의 친한 친구인 다섯 부부가 그에게 결혼하라고 재촉한다.

일련의 희극적인 장면과 노래에서 이 부부들이 결혼생활을 제대로 대변해주고 있지 않다는 사실이 분명해진다. 바비는 마침내 클라이맥스 곡에서 결혼은 '살아있는 것'이라고 단정한다. 〈컴퍼니〉는 최우수 뮤지컬을 포함, 5개의 토니상을 수상했다.

스티븐 손드하임 : 작사가이자 작곡가

1970년대와 1980년대는 작사가 겸 작곡가 스티븐 손드하임의 전성기였다. 노래가 드라마와 분리될 수 없을 정도로 그의 작품은 인물과 노래가 유기적으로 통합되어 있다. 객석의 일부 관객에게 극적인 힘은 풍부한 음악성과 과거의 열정적이고 박력 있던 뮤지컬을 희생해서 얻어진 것으로 보였다. 이런 한계에도 불구하고 몇몇 그의 곡들은 카바레나 재즈 공연자들이 정기적으로 공연하고 그의 곡으로 이루어진 레뷔는 큰 성공을 거두며 공연되고 있다.

　그는 두 편의 고전적인 뮤지컬 〈웨스트사이드 스토리〉(1957)와 〈집시〉(1969)의 작사가로 뮤지컬계에 입문했다. 손드하임이 작사, 작곡한 첫 번째 뮤지컬은 〈포럼으로 가는 길에 생긴 우스운 일〉(1962)이다. 이후 〈폴리스〉(1971), 〈소야곡〉(1973), 〈스위니 토드〉(1979), 〈숲속으로 *Into the Woods*〉(1987), 〈어쌔신 *Assassins*〉(1990) 등 15편의 뮤지컬이 대부분 성공을 거두며 뒤따랐다. 가장 최근의 뮤지컬은 2008년의 〈로드쇼 *Road Show*〉인데 그다지 성공하지는 못했다.

뮤지컬과 대중가요

라디오에서 들려오는 히트곡은 록 시대 이전만 해도 브로드웨이 뮤지컬에서 유래했는데 그것이 변했다. 최근 광범위하게 연주되는 뮤지컬 히트곡이 두 곡 있는데, 피프스 디멘션(Fifth Dimension)의 앨범에 수록되어 유명해진 〈헤어〉의 '아쿠아리우스/태양을 빛나게 하라(Aquarius/Let the Sun Shine In)'(1967)와 주디 콜린스(Judy Collins)의 음반에 수록된 손드하임의 뮤지컬 〈소야곡〉의 '어릿광대를 보내주오(Send in the Clowns)'다.

　총체적인 대본 뮤지컬이 기본이지만, 1980년대에 시작한 변형된 뮤지컬 형식이 있는데 이름 하여 노래 뮤지컬과 주크박스 뮤지컬이다.

노래 뮤지컬

'팝 오페라'로도 알려진 노래 뮤지컬(sung-through musical)은 대사가 거의 혹은 아예 없이 노래로 진행되는 특징을 지닌다. 이런 뮤지컬 상당수가 음악에 대사를 맞춰 반은 노래로, 반은 말처럼 하는 정통 오페라 기법인 레시터티브(recitative)를 사용했다. 또는 이야기가

NOW AND FOREVER

시집에 기초를 둔 〈캣츠〉는 슬로건 'now and forever'를 채택하였다. 그러면 안 될 이유가 있는가? 이것은 18년 동안 뉴욕에서 공연되었다. 사진의 모습은 미국 서던 일리노이대학교에서 제작된 것이다.

대화나 레시터티브 없이 무대 이미지들을 통해 암시되었다. 다수의 이런 공연들에서 악보는 팝 음악의 리듬과 베르디나 푸치니 오페라의 아리아를 연상시키는 긴 멜로디를 혼합했다.

이러한 팝 오페라는 기막힌 볼거리에 힘을 실었다—무대에 착륙하는 헬리콥터[〈미스 사이공〉(1989)], 관객 위를 지나 무대로 떨어지는 샹들리에[〈오페라의 유령〉(1986)], 혁명을 위해 싸우는 사람들이 관객 맞은편으로 거대하게 쌓아올린 바리케이드[〈레미제라블〉(1985)], 프로시니엄을 관통해 관객의 머리 위 천장을 이동하는 고양이를 나르는 커다란 타이어[〈캣츠〉(1981)]. 이런 공연을 하려면 대개 강렬한 목소리가 필요했지만, 티켓 판매에 스타가 도움이 되지 않았다. 공연 초기에는 제작비용이 많이 들었지만 공연을 진행하는 데 주당 소요되는 비용은 꽤 타당했다. 1980년대는 팝 오페라의 전성기였다.

앤드류 로이드 웨버 영국의 작곡가 앤드류 로이드 웨버는 대성공을 거둔 초대형 스펙터클 노래 뮤지컬을 작곡했다. 〈오페라의 유령〉은 미국 역사에서 최장기 뮤지컬이 되었다. 2010년 10월, 〈오페라의 유령〉은 1만 번째 런던 공연을 기념했고 2012년 2월에는 1만 번째 브로드웨이 공연을 기념했다. 〈오페라의 유령〉은 뉴욕에서만 8억 4,500만 달러의 수입을 거뒀다. 27개국 145개 도시에서 공연을 가졌고 전 세계적으로 56억 달러의 매표수익을 이루었다.

작사가 팀 라이스(Tim Rice, 1944-)와 작업하는 웨버(1948-)는 첫 번째 성공작인 〈지저스 크라이스트 슈퍼스타 *Jesus Christ Superstar*〉 이전에 수많은 팝송을 썼다. 〈지저스 크라이스트 슈퍼스타〉는 1971년 브로드웨이 무대에 오르기 전 2,500만 장이 팔린 2장짜리 앨범으로 발매되었다. 전통적인 뮤지컬이라기보다 예수의 생애 마지막 몇 주간을 록 형식에 담은 모음곡에 가깝다. 무대는 화려하고 연극적이었으며 700회 이상 공연되었다.

〈에비타 *Evita*〉(1976년 런던, 1979년 미국) 역시 뮤지컬로 공연되기 전에 먼저 2장짜리 음반으로 발매되었다. 본질적으로 이 작품은 1950년대 아르헨티나 대통령 후안 페론(Juan Perón)의 영부인 에바 페론(Eva Perón)의 삶을 다루고 있다. 〈에비타〉 이후 웨버와 라이스는 협업관계에 종지부를 찍었고 웨버의 뮤지컬은 음악적 양식에 있어서 더욱 오페라 풍이 되었다. T. S. 엘리엇이 아이들을 위해서 쓴 고양이에 관한 시를 기초로 하여 만들어진 뮤지컬은 그리 잘 될 것 같지 않았지만, 웨버의 〈캣츠〉(1982)는 18년간 브로드웨이에서 공연되었다.

쇤버그와 부브리 프랑스 작곡가/작사가 팀인 클로드-미셸 쇤버그(Claude-Michel Schönberg)와 알랭 부브리(Alain Boublil)는 빅토르 위고의 1862년 소설 『레미제라블』을 노래 뮤지컬로 개작했다. 쇤버그-부브리의 음악작업 결과물 역시 제목이 〈레미제라블〉(1980)로서 세계적으로 큰 성공을 거두며 오랜 기간 동안 무대에 올랐다. 2012년 2월 현재 〈레미제라블〉은 42개국에서 공연되었고 21개 언어로 번역되었다. 어린 학생들이 공연할 수 있도록 마련된 단순한 공연만도 2,500개가 된다. 나중에 이 팀은 미국의 리처드 몰트비 주니어(Richard Maltby Jr.)와 협업하여 지아코모 푸치니의 오페라 〈나비부인〉에서 영감을 받아 〈미스 사이공〉(1989)을 썼다. 〈미스 사이공〉은 미국인 병사와 베트남 소녀와의 사랑이야기다. 미국이 베트남 전쟁에서 떠날 때 여자의 탈출을 도울 수 없었던 미국인 병사는 절망하지만 계속 삶을 살아간다. 5년 후 베트남으로 돌아온 그는 아들이 있고 그 아이의 엄마가 전에 사랑한 여인이며 무슨 수를 써서라도 병사가 아들을 데려가도록 하려 한다는 것을 알게 된다. 혼혈아이기에 소년은 베트남에서는 미래가 없지만 미국에서는 행복한 삶을 살 수 있을 것이다.

코제트
레미제라블 프로듀서들은 공연의 로고로 빅토르 위고의 1862년 소설의 초기 판에서 가져온 비쩍 마른 사람 코제트 판화를 사용하였다.

제작자 카메론 매킨토시 카메론 매킨토시(Cameron Mackintosh, 1946-)는 작가도, 연출가도, 디자이너도, 배우도 아니다. 그는 제작자로서 런던, 뉴욕 등 전 세계에서 재정적으로 큰 성공을 이룬 뮤지컬의 운영을 책임져 왔다. 그는 웨버의 〈캣츠〉, 〈오페라의 유령〉 등을 제작했다.

　매킨토시는 프랑스에서 빅토르 위고가 1852년 프랑스혁명에 이르기까지 수년 간 일어난 일을 쓴 소설 『레미제라블』(1862)에 기초한 짧은 음악을 듣고 뮤지컬이 될 수 있겠다고 생각했다. 프랑스 작곡가와 작사가인 쇤버그와 부브리를 만나 자신에게 저작권을 달라고 설득했다. 그는 허버트 크레츠머를 고용해 영어 대본을 쓰도록 했다. 뮤지컬보다는 팝 오페라에 가까운 결과물은 국제적으로 막대한 성공을 거두었다.

　위고 소설의 원작 삽화에서 가져온 고아 코제트의 이미지는 매킨토시의 끈질기고 때로 기발한 광고를 통해서 국제적으로 인정받는 극의 로고가 되었다. 제작자가 예술가는 아니지만, 성공한 제작자에게는 재능이 필요하고 이윤이 남는 공연을 만들기 위해 그 재능을 발휘해야 한다. 2010년 매킨토시의 순자산은 6억 3,500만 파운드로 추정되며 이는 10억 달러에 해당하는 액수다.

주크박스 뮤지컬

주크박스 뮤지컬은 이름 난 작곡가가 쓰거나 특정 가수나 음악팀과 관련된 팝송 모음에 기초한다. 창작자들은 노래들이 사용될 수 있는 최소의 이야기를 고안한다. (주크박스는 주로 레스토랑이나 술집에서 흔히 볼 수 있는 기계로 1940년대 미국에서 처음 유행했다. 동전을 넣고 노래를 선택하면 그 노래가 기계에서 나온다.) 버디 홀리(Buddy Holly), 빌리 조엘(Billy Joel), 프랭키 밸리(Frankie Valli)와 포 시즌즈(Four Seasons), 아바(ABBA)의 노래들이 이 장르 뮤지컬의 악보가 되었다. 제작자들은 주크박스 뮤지컬(jukebox musical)의 장점이 뮤지컬이 공연되기 전에 대중이 이미 노래를 알고 좋아한다는 것이라 믿고 있다.

　〈맘마미아!〉(1999), 〈무빙 아웃 *Movin' Out*〉(2002), 〈저지 보이즈 *Jersey Boys*〉(2006)가 성공한 주크박스 뮤지컬이다. 디스코그룹 아바의 히트곡들이 〈맘마미아!〉를 이룬다. 엄마의 전 남자친구 세 명을 결혼식에 초대하는 딸의 이야기다. 딸은 이들 중 한 명이 자신의 아버지라 믿는다. 〈맘마미아!〉는 디스코 히트곡인 '댄싱퀸'을 포함, 26곡의 뮤지컬 넘버로 구성되어 있다.

　빌리 조엘의 노래로 만든 주크박스 뮤지컬 〈무빙 아웃〉은 독특하다. 이 작품은 트와일라 타프(Twyla Tharp)가 안무한 무용공연으로, 대사 없이 행위는 무용으로 표현되고, 노래는 1인의 가수-피아노 연주자가 부른다. 이야기는 1960년대 롱아일랜드에서 자란 젊은이들과 그들의 사랑, 베트남 전쟁이 그들에게 미친 영향에 초점을 맞춘다. 29개의 뮤지컬 넘버로 구성된 공연은 국제적인 성공을 거두었고 9개 부문의 토니상을 수상했다.

〈저지 보이즈〉는 1960년대 많은 히트곡을 낸 프랭키 밸리와 더 포 시즌즈의 생애와 시대를 기초로 한 전기적 뮤지컬이다. 공연은 오로지 이 그룹이 부른 노래로만 만들어졌는데, 히트곡은 '오 멋진 밤(Oh, What a Night)', '내 눈은 당신만을(My Eyes Adored You)', '셰리(Sherry)', '당신에게서 눈을 뗄 수가 없어요(Can't Take My Eyes Off You)'도 포함되어 있다. 〈저지 보이즈〉에는 모두 합해서 34개의 뮤지컬 넘버가 있다.

이 3편의 뮤지컬은 주크박스 뮤지컬을 만드는 접근 방식에는 여러 가지가 있을 수 있음을 시사한다. 옛날 노래들을 끼워 넣을 수 있는 독창적인 이야기, 이야기가 움직임과 무언극을 통해 유추될 수 있는 춤으로만 이루어진 공연, 전기적인 '그리고 우리는⋯ 노래했다' 식의 이야기가 그것이다. 모든 주크박스 뮤지컬이 성공한 것은 아니다. 엘비스 프레슬리(Elvis Presley)나 조니 캐시(Johnny Cash), 존 레논(John Lennon)의 곡으로 만든 공연은 망했다. 버디 홀리의 음악으로 만든 뮤지컬은 토론토와 런던에서는 성공했지만 뉴욕에서는 실패했다.

맘마미아!

2008년 맘마미아의 영화 각색은 나중에 이 주크박스 뮤지컬의 국제적 인기로 빛났다. 공연은 7개의 언어로 번역되었다. 이 작품은 전 세계 수십 개 도시에서 장기 공연되고 있다. 이 사진은 2001년 브로드웨이 공연의 한 장면이다.

Joan Marcus

디즈니의 재활용과 뮤지컬 재공연

값비싸고 정교한 디즈니(Disney) 공연이 1990년대 〈미녀와 야수 *Beauty and the Beast*〉(1994)를 필두로, 이어 엘튼 존(Elton John)이 음악을 맡고 놀랄 만한 시각효과를 얻기 위해 사실적이라기보다 상징적인 무대장치와 거대한 인형을 사용한 〈라이온 킹 *The Lion King*〉(1997)과 함께 등장했다. 다시 한 번, 실험극이 철저하게 상업적인 뮤지컬에 영향을 미쳤다. 디즈니는 2000년 엘튼 존과 팀 라이스가 음악을 맡은 〈아이다 *Aida*〉 등 뉴밀레니엄에도 계속해서 브로드웨이 공연을 제작했다. 이 작품은 상업적 조직이 기업으로 변화되는 모습과 재활용의 좋은 본보기다. 디즈니의 모든 공연은 디즈니 영화로 먼저 만들어졌고 그 대부분이 애니메이션 영화였다.

만화나 영화 이야기를 뮤지컬 무대로 옮기는 데 있어서 단순한 공식은 없다. 디즈니의 전략을 답습한 최근의 실패작들에 〈슈렉 더 뮤지컬 *Shrek the Musical*〉(2008), 디즈니의 〈타잔 *Tarzan*〉(2006), 〈지킬박사와 하이드 *Jekyll & Hyde*〉(1997)가 있다.

〈스파이더맨 : 어둠을 물리쳐라 *Spider-Man : Turn off the Dark*〉는 거의 세밀하게 디즈니의 공식을 따랐다. 〈라이온 킹〉을 연출한 줄리 테이머(Julie Taymor)와 록 음악 작사-작곡가의 음악, 이 경우엔 U2의 보노와 에지가 함께 했다. 그러나 이 작품의 제작자들은 브로드웨이 경험이 적었고 제작비가 통상 1,200~1,500만 달러일 때 7,500만 달러라는 천문학적인 수치에 이르러도 속수무책이었다. 〈스파이더맨〉의 주간 소요비용 또한 상대적으로 높아서 거의 100만 달러에 육박했다. 시연회만 25주라는 기록적인 기간 동안 진행되었다. 마침내 막이 올랐을 때 비평가들은 작품이 조잡하고 지루하다고 했지만 관객은 매주 150만 달러 이상의 티켓을 구매했다.

2000년경 또 다른 추세는 많은 브로드웨이 뮤지컬 극이 이전 시즌의 성공작들을 재공연했다는 것이다. 〈오클라호마!〉(1944년 초연), 〈카바레〉(1966), 〈플라워 드럼 송 *Flower Drum Song*〉(1958), 〈파자마 게임 *The Pajama Game*〉(1954), 〈그리스 *Grease*〉(1972)가 1994년과 2007년 브로드웨이에서 재공연되었다. 〈시카고〉(1975), 〈사업에서 성공하는 법 *How To Succeed in Business*〉(1961)은 1995년과 2011년에 재공연되었다. 그리고 〈브리가둔 *Brigadoon*〉(1947), 〈남태평양〉(1947), 그리고 오프-브로드웨이의 〈서 푼짜리 오페라〉(1954년, 초연은 1928년 베를린 아방가르드)가 있다. 이들 작품은 브로드웨이가 고의든 아니든 새로운 세대의 관객에게 과거의 성공작들을 소개해준 것이기도 했다.

뉴 밀레니엄이 시작하면서 장기 공연하는 뮤지컬이 브로드웨이를 꾸준히 지배하고 사람을 불러들였다. 2000년 1월 브로드웨이에서 공연 중이던 〈오페라의 유령〉, 〈맘마미아!〉, 〈시카고〉, 〈라이온 킹〉이 2013년 겨울에도 여전히 공연 중이었다. 흥행에 성공한 다른 뮤지컬들도 이 기간에 막을 올렸다. 이 더 새로운 뮤지컬은 양식상의 돌파구, 시의 적절한 주제, 극장 밖에서도 누구나 부르고 싶은 노래들의 측면에서 그다지 성과가 없었다. 브로드웨이에서 성공한 몇몇 뮤지컬은 금방 잊히고 말 값비싼 기구 타기나 다채롭고 속도감 있는 전환에 주력한다. 그럼에도 불구하고 성공을 거둔 뮤지컬은 막대한 돈을 벌었다.

　요약하면 미국 뮤지컬을 그 예술적 성과보다는 상업적인 마케팅 전문가의 승리, 돈을 찍어내는 기계로만 보기는 어렵지 않다. 일부 예술가들에게는 의미 있고 지속력 있는 표현장르이다. 적어도 가장 위대한 뮤지컬극의 노래들, 그레이트 아메리칸 송북은 영원한 유산이다.

중심용어

중심용어는 본문에서 굵은 활자로 표시되어 있다. 아래 목록을 참고하여 이해도를 측정하라. 인명은 찾아보기에 나와 있다.

그레이트 아메리칸 송북	노래 뮤지컬
대본	대본 뮤지컬
대본가	레뷔
레시터티브	뮤직홀
미국 뮤지컬	벌레스크
보드빌	오페레타
작사가	종합 뮤지컬
주크박스 뮤지컬	총보

본문 요약

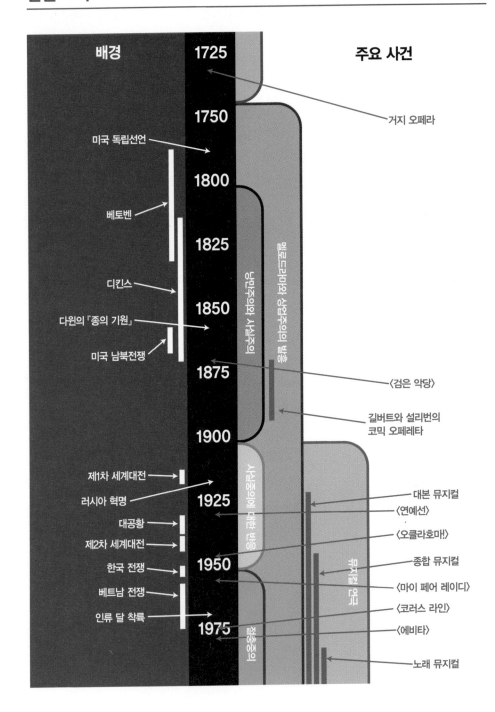

배경

주요 사건

1725

거지 오페라

1750

미국 독립선언

1800

베토벤

1825

디킨스

1850

다윈의 『종의 기원』

미국 남북전쟁

1875

〈검은 악당〉

길버트와 설리번의
코믹 오페레타

1900

제1차 세계대전

러시아 혁명

1925

대본 뮤지컬

〈연예선〉

〈오클라호마!〉

대공황

제2차 세계대전

한국 전쟁

1950

종합 뮤지컬

〈마이 페어 레이디〉

〈코러스 라인〉

베트남 전쟁

인류 달 착륙

1975

〈에비타〉

노래 뮤지컬

낭만주의와 사실주의

낭만주의와 상업주의의 발흥

사실주의에 대한 반응

뮤지컬 연극

절충주의

절충주의 :
1950년부터의 미국 연극

이 장을 마치면 여러분은

■ 전문 상업연극과 비영리 연극을 구별할 수 있다.

■ 이 시기의 주요 연극의 경향을 인지하고 논할 수 있다.

■ 이 시기에 있었던 세 가지 정치연극운동을 확인하고 논할 수 있다.

■ 부조리주의를 정의하고 논할 수 있다.

■ 미국 연극에서의 절충주의의 예를 들 수 있다.

■ 정체성 연극을 묘사할 수 있다.

■ 이 시기의 아방가르드 연극을 설명하고 논할 수 있다.

■ 모더니즘과 포스트모더니즘이 어떻게 다른지 논할 수 있다.

■ 9/11 테러에 연극이 반응한 방식들을 열거할 수 있다.

■ 제한된 기간 동안 공연되는 비뮤지컬 상업공연 제작의 본질과 이점을 묘사할 수 있다.

배경

불안의 시대

제2차 세계대전 이후의 시기는 '불안의 시대'라는 이름이 붙는다. 사람들은 수만 가지 이유로 불안해했다.

- 독일 나치 정부가 홀로코스트를 저질렀다. 600만 명의 유럽 유대인이 체계적이고 공업화된 학살을 당했다.

- 미국은 일본의 두 도시(히로시마와 나가사키)에 원자폭탄을 투하했고 약 15~24만

명의 사람들이 죽었다.

- 서양과 소련 국가들 사이에 새로이 형성된 적대감이 냉전(Cold War)을 부추겼다.

소련과 미국, 유럽의 의존국들 사이에서 실제로 전쟁이 발발했다. 이들 전쟁에는 미국인의 값진 희생이 따른 두 전쟁인 한국 전쟁과 베트남 전쟁이 포함된다.

1960년대에는 TV라는 매체가 기세등등한 미국인들의 충격적인 암살 소식을 바로바로 전해주었다.

- 1963년 방송으로 중계된 리 하비 오스월드(Lee Harvey Oswald)라는 살인자의 존 F. 케네디 대통령 암살
- 1965년 아프리카계 미국인 시민권 운동의 무장 세력 지도자 말콤 X
- 1968년 시민권 운동의 시민불복종 세력 지도자 마르틴 루터 킹 주니어 목사
- 1968년 케네디 대통령의 동생이자 당시 대통령 후보였던 로버트 케네디 상원의원

리처드 닉슨은 1974년 정치적 속임수를 은폐하려 한 일에 가담한 혐의로 탄핵되어 대통령직에서 물러나야 했다. 1981년 취임 직후 로널드 레이건은 자칭 암살자의 공격을 받았으나 목숨을 건졌다. 일각에서는 미국이 진정 투표소를 통한 정치적 변화가 가능한 성숙하고, 안전하고, 견고한 민주주의 국가인지 묻는다.

사회 변화

수천 명의 군인들이 제2차 세계대전으로부터 새로운 사상과 유산을 가져왔다. '핫도그와 애플파이'라는 단순한 경구가 점점 세련되어지고 근심에 가득 찬 대중들에게는 충분하지 않았다. 복원병 원호법(GI Bill) 덕에 수천 명의 퇴역군인들(주로 남자들)이 처음으로 대학에 들어갈 수 있었다. 이후 정부는 공산주의와의 경쟁에 대한 보호막으로서 중등과정 이후 교육 확대에 돈을 쏟아부었다.

아프리카계 미국인 군인들은 흑인차별법(Jim Crow law)의 유산이 존재하지 않은 유럽에서 투쟁하며 살면서 변화되었다. 여성들은 전쟁 동안 공장과 사무실에서 일했고 도시 근교 현관 너머 삶의 가능성을 보았다. 아프리카계 미국인과 여성들의 전쟁 경험 속에서 인권운동 및 여성운동이 시작했다.

1950년대 후반과 1960년대에는 아프리카계 미국인들이 공공숙박이나 투표에서 동등한 대우를 요구하기 시작했다. 여러 도시가 폭력적인 인종폭동으로 파괴되었고 TV를 통해 그 광경을 볼 수 있었다. 거의 같은 시기에 TV는 이전의 전쟁 동안에는 볼 수 없었던

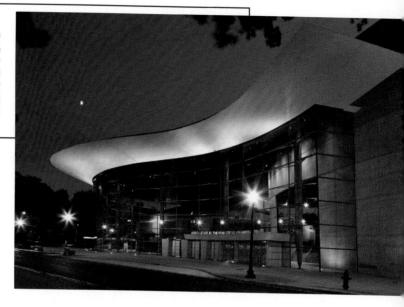

즉각성과 사실적인 폭력을 담은 베트남 전쟁의 현실을 보여주었다. 또한 베트남에서 점
점 확장되고 있는 반전운동을 보도하기도 했다.

　미국과 유럽의 대중문화는 무질서해졌다. 1970년대까지 TV, 광고, 로큰롤, 훨씬 이후
의 힙합이 미국과 세계 문화를 지배했다. 역사와 권위는 앎의 방식으로서 퇴화했다. 연극
을 포함한 예술에 절충주의적 접근 방식이 명확했고 이 시대를 특징짓는다.

기술

기술의 발전이 연극과 제작의 개념을 바꾸었다. 1950년대 후반까지 TV 수상기는 미국
가정에서는 일반적이었다. 1980년대에는 PC가 등장했고 1990년대 초에는 광범위하게
접근한 인터넷이 사람들의 개인적 소식 교환이나 뉴스 전달, 오락의 방식을 바꾸었다. 새
로운 기술은 소통과 문화의 속도를 증대시켰다. 혁신의 수명이 기술과 예술에서 가속화
되었다. 새롭고 충격적인 것을 아는 순간 이미 충격이 아니다. 제2차 세계대전 이후 시대
의 기이한 미국 예술가 앤디 워홀(Andy Warhol)이 1968년에 "미래에는 모든 사람이 15분
동안 세계적으로 유명해질 것이다"라고 정확하게 예언했다. 유행, 문화, 정치의 변화속
도는 매우 증가하여 느려지지 않고 있다.

테러리즘의 발발

1991년 미국과 유럽 여러 국가들이 소련의 붕괴를 축하했지만 승리감은 오래 가지 못했다. 중동과 아프리카 지중해 연안의 이슬람 민족들이 '부적절한 수단', 다시 말해 테러리즘을 통해 독립에의 욕구를 부추겼다. 서양의 돈과 군대와 기술에 직접적으로 겨룰 수 없었던 테러리스트들은 자신들의 무력감의 원인이라고 여긴 국가들의 시민과 재산에 상징적이고 종종 치명적인 공격을 가했다. 이제껏 가장 성공한 테러리스트의 공격은 맨해튼에 있는 세계무역센터의 붕괴였다. 2001년 9월 11일에 일어나 지금은 '9/11'이라고 부르는, 승객을 태운 비행기에 폭탄을 장착하여 상공에서 그대로 부딪쳐 폭발한 사건이다. 근심의 시대는 온건한 조건에서 지속되고 있다.

연극, 절충주의가 되다 : 개관

제2차 세계대전 이후 사회, 과학, 기술의 놀라운 변혁으로 예술과 연극에서 변화가 나타날 수밖에 없었다. 그리고 사실상 연극 제작 관행을 지켜온 더 오래된 관습들은 다수의 새로운 대안들의 공격으로 약화되었다. 그리하여 1950년대부터 현재까지의 연극(상업극, 비상업극 모두)을 규정하고자 한다면 그 표현은 절충주의(eclecticism)라 할 수 있겠다. 절충주의는 다양한 양식적 영향을 받은 하나의 작품 내에서의 결합이다. 대체로 보수적

파리의 오페라 하우스

2,700석 규모의 이 극장은 1989년 개관했다. 후기 모던 산업주의 양식의 영향에 주목하라. 특히 주 무대와 객석을 에워싸는 격자 유리벽과 노출된 외관의 콘크리트가 그 영향을 나타낸다.

인 상업극은 함께 존재하는 다수의 양식과 관행들을 수용하고 이용했다. 심지어 이 시기의 새로운 극장 건물은 모양과 위치가 다양하다. 연극 제작은 가지각색으로 계획되었다. 희곡은 뒤섞인 관객 및 비평적 수용과 더불어 형식의 혼합, 매체의 혼합, 이론의 혼합이었다.

우리가 오늘날 당연하게 여기는 몇몇 연극 제작 단체가 이 기간 동안 일반화되었다. 지역사회 극장들도 그 수가 계속 늘어갔다. 교육연극단체의 수도 이 기간 동안 폭발적으로 증가했다. 대부분의 대학에 최초로 연극과가 개설되어 학부와 대학원 과정이 생긴 것도 바로 이 제2차 세계대전 직후 붐의 시기였다. 연극과와 학위제도와 더불어 캠퍼스 내에 활발한 제작 프로그램이 생겼고 고등학교, 중학교, 초등학교로 급속도로 침투했으며 미국에서는 주요 프로덕션 현장으로 교육연극이 자리를 잡았다.

그중 가장 중요한 것은 오프-브로드웨이였다. 1952년으로 거슬러 올라가는 테네시 윌리엄스(Tennessee Williams)의 〈여름과 연기 *Summer and Smoke*〉는 30년 만에 맨해튼의 42번가 어느 극장에서 첫 번째 중요 히트작이 되었다. 그때부터 1970년대까지 오프-브로드웨이는 새로운 재능이나 '실험적인' 연극의 시연장 역할을 했다. 그러나 20세기 말에는 오프-브로드웨이가 상업주의를 지향했다.

제2차 세계대전 직후에는 서서히, 그러다가 1960년대에는 가속이 붙으며 새로운 형태의 전문극이 전국에 파생되었다. 비영리단체인 지방극단(regional theatre)은 연극이나 뮤지컬을 올리기 위해 매표 수입과 기부 모두에 의지하고 있었다. 1980년대에는 비영리극장들이 미국 내 새로운 연극의 발전 및 점차 새로운 뮤지컬의 잉태에도 필수적인 엔진이 되었다. 이러한 발전의 정점은 세 곳의 주요 비영리극장이 브로드웨이를 식민지로 삼은 일이었다.

브로드웨이 연극은 거의 독보적으로 상업적인 출발점으로서 존속했다. 연극은 한때 영화의 온건한 스토리텔링에 대한 왕성한 대안이었으나 밀레니엄 말기 상업극은 오히려 영화와 TV에서 이야기나 이미 팔린 제목들을 차용했다. 절충적 연극의 기술은 연극과 문화의 관계를 유지하고 연극에 새롭고 독특한 특성을 부여하기 위한 시도로서 상업극에 의해 모방되었다.

본질적으로 1950년 이후 연극은 다음과 같은 특징을 갖는다.

- 새로운 연극의 발전에 있어서 비영리연극의 중요성이 점차 증대함
- 국제적으로 성공을 거둔 브로드웨이 뮤지컬의 거대한 자본력
- 실험적이고 정치적으로 급진적인 연극의 영향이 감소하고 혁신의 일부가 온건한

상업극으로 흡수됨
- 주류 제작물에서 새로운 목소리의 영향이 커짐—아프리카계 미국인, 여성, 동성애자, 라틴계
- 미국에서 전문연극의 중심으로 남은 뉴욕
- 브로드웨이 티켓가격의 꾸준한 상승과 비영리 전문연극의 가격이 그 선례를 따름
- 아마추어 지역사회 극단들은 다양한 기술과 수적 증가와 더불어 계속해서 성공한 뮤지컬과 브로드웨이와 오프-브로드웨이에서 검증된 연극들(주로 희극)을 미국의 여러 도시에서 공연함

전문연극

전문연극(professional theatre)은 미국에서 2개의 가지를 가진다. 투자자들에게 이윤을 남기기 위해 존재하는 상업극과 점점 그 수가 늘어가고 있는 전문 비영리극단이 그것이다. 뉴욕 시는 타의 추종을 불허하는 극장의 수와 높은 예산, 매년 무대화되는 공연의 규모 덕에 미국 전문연극의 중심이다. 게다가 다른 지역사회의 많은 극단들이 뉴욕 시의 배우, 디자이너, 연출가들을 고용한다. 최근 수십 년간 뉴욕은 브로드웨이 40개 극장의, 오프-브로드웨이는 대략 80개 공간의, 그리고 오프-오프-브로드웨이의 수백 개의 작은 '스튜디오'의 고향이었다.

상업극장들보다 비영리 전문극장들이 훨씬 더 많다. 두 가지 법적 조직 유형 사이의 구분은 세금 자격이 우선한다. 모든 상업적 공연물은 세금을 완납하고 일회성 투기의 대상인 반면, 비영리극장은 기부자에게 세금혜택을 주는 기부자선을 허용하는 진행 중인 조직이다.

제2차 세계대전 후, 브로드웨이에 자리 잡은 연극들이 이후에 지방의 비영리극장들에서 제작되는 것이 전형적이었다. 1960년대 말 이후에는 상업극과 비영리극 사이의 상이한 시너지가 나타났는데, 상업적인 브로드웨이 흥행을 위해 비영리에서 전체 프로덕션이 이동하는 것이다. 비영리 프로덕션의 브로드웨이로의 이동은 워싱턴 D.C.의 아레나 스테이지(Arena Stage)에서 시작했다. 1967년 〈위대한 백인의 희망 *The Great White Hope*〉 공연이 브로드웨이로 이동한 것이다. 이 공연은 토니상과 뉴욕 드라마비평가상, 퓰리처상 연극부문을 수상했다. 2000년에는 미국 여러 지방의 비영리 공연물과 브로드웨이 무대 사이의 연결은 흔했다.

Courtesy Mead Center for American Theatre

최초의 전환

워싱턴 DC 아레나 스테이지의 첫 공연은 제임스 얼 존스(James Earl Jones)와 제인 알렉산더(Jane Alexander)를 주인공으로 한 하워드 새클러(Howard Sackler)의 〈위대한 백인의 희망〉이었다. 1968년에 브로드웨이로 이동한 것이 지역공연에서 상업적인 브로드웨이 연극으로 옮겨진 첫 번째 중요한 전환이었다. 오늘날 비영리 연극이 상업극장으로 옮겨가는 일은 흔하다. 존스와 알렉산더 모두 토니상을 수상했고 동명의 영화에도 출연했다.

상업극

1980년대 후반 관객 수의 침체를 제외하고 브로드웨이의 관객 수는 이 기간 동안 상승세를 탔다. 그러나 새로운 공연물의 수는 전보다 훨씬 적었다. 1950~1960년 사이에는 매년 약 55편의 공연이 브로드웨이에서 막을 올렸다. 최근 시즌에는 연평균 40편의 공연이 제작되었다. 제작비용은 꾸준히 상승했다. 1964년 〈지붕 위의 바이올린 *Fiddler on the Roof*〉의 오리지널 공연은 380,000달러가 들었는데, 1976년 재공연 때에는 거의 2배가 들었다. 1994년 뮤지컬 〈렌트 *The Rent*〉는 대략 1,000만 달러를 들여 첫 공연을 올렸다. 브로드웨이에서 비뮤지컬 공연에의 투자도 상승했다. 극작가 에드워드 올비(Edward Albee)는 "1962년 총제작비 45,000달러에 〈누가 버지니아 울프를 두려워하랴?〉를 올렸다. 지금 (2005년)은 재공연인데도 200만 달러 가까이 든다. 7달러 하던 티켓이 지금은 75달러가 되었다"고 말했다.

　뮤지컬에 드는 사전 오프닝 제작비의 상한선이 지속적으로 조사되었다. 영화 및 TV의 주요 제작사인 드림웍스(Dreamworks)는 2008년 영화 〈슈렉 *Shrek*〉을 브로드웨이 뮤지컬 무대에 올리는 데 2,500~4,500만 달러가 소요되었다고 보고한다. 초보 연극 제작자들은

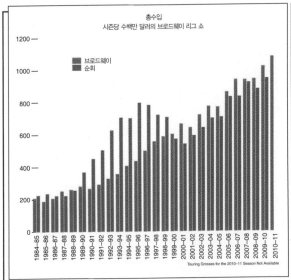

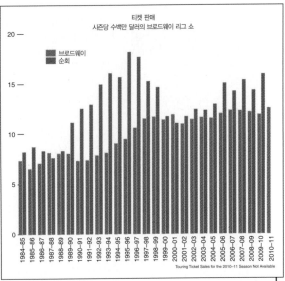

브로드웨이와 브로드웨이 리그 순회의 총 티켓 판매는 1980년대 중반 이후 꾸준히 증가하고 있다.

2011년 〈스파이더맨 : 어둠을 물리쳐라〉의 브로드웨이 공연을 위해 연출가 줄리 테이머와 작사-작곡가로 U2의 보노, 에지와 작업하면서 7,500만 달러를 투자했다.

제작비용이 상승함에 따라 장기공연과 높은 티켓가격이 중요해졌다. 평균 브로드웨이 티켓 가격은 연극과 뮤지컬을 포함해서 1975년에는 약 10달러, 1985년에는 약 30달러, 1995년에는 45달러 이상, 그리고 2011년에는 약 90달러로 책정되었다. 어느 연극관계자에 따르면, 1956년에는 초기 투자원금을 회수하기 위해 연극을 10주 정도 공연했다면, 1970년대 중반에는 20주가 걸렸고, 1956년 뮤지컬은 20주 공연을 했고 1970년대 중반에는 1년 이상을 공연해야 원금을 맞출 수 있었다.

비용과 티켓가격이 상승하니 관객과 제작자들은 점점 보수적으로 변했다. 1990년대 말에는 브로드웨이에서 재공연(revival)이 제작물의 상당수를 차지했고 점점 뮤지컬의 비중이 커졌으며 비뮤지컬 연극은 드물어졌고 주로 오프-브로드웨이에서만 있었다. 예를 들어 브로드웨이의 2010-2011년 시즌에는 43편의 신작이 만들어졌다.

- 6개 작품은 콘서트
- 12개 작품은 뮤지컬 신작
- 14개 작품은 재공연

- 11개 작품은 연극 신작
- 연극 신작 중 5편은 런던 연극에서 가져온 것이었다.
- 또 다른 연극 신작 5편은 비영리 브로드웨이 극장에서 무대화되었다.

　뉴 밀레니엄에는 라스베이거스의 호텔 카지노에서 브로드웨이와 오프-브로드웨이 뮤지컬이 공연되었고 재정적으로 훌륭한 결과를 만들어냈다. 라스베이거스는 우선 관광도시다. 그 인구는 평균적으로 유럽과 아메리카의 모든 사회계층의 방문객들에 따라 3일마다 변한다. 다수의 영어 사용 여행객들은 연극 관람자가 아니다. 비영어권 여행객들에게 연극의 언어는 너무 어렵다. 그 결과 라스베이거스 극장들은 브로드웨이 장기 흥행 덕에 사전에 표가 팔린 이름값 하는 뮤지컬에 집중한다. 공연을 유치하고 자금을 대는 카지노 소유주들이 연극 관람자들이 객석을 떠나 도박을 하길 원하기 때문에 공연 길이가 축소되었다.

　〈오페라의 유령 *The Phantom of the Opera*〉은 이야기의 배경인 파리의 오페라하우스를 반영하도록 공간적으로 디자인된 새로운 극장에서 공연되었다. 〈팬텀―라스베이거스의 장관 *Phantom―The Las Vegas Spectacular*〉으로 제목을 바꾼 이 작품은 뉴욕에서 2시간 이상이었던 공연길이를 90분으로 축소했다. 라스베이거스의 〈팬텀〉은 2012년 9월 2일 2,691회의 공연을 끝으로 막을 내렸다.

　〈맘마미아!〉는 라스베이거스에서 2,000회 이상 공연되었다. 〈헤어스프레이 *Hairspray*〉, 〈프로듀서스 *The Producers*〉〈애비뉴 Q *Avenue Q*〉, 〈스팸어랏 *Spamalot*〉도 공연했다. 오리지널 브로드웨이 제작진이 라스베이거스에서 이 브로드웨이 성공작들을 재창작하는 과정에 관여했다.

　라스베이거스는 군중을 즐겁게 하는 하이테크놀로지 무대장치, 의상, 조명, 광대, 절제된 스토리 라인, 전통적인 서커스 행위 등 유사 연극적 혼합물인 일부 태양의 서커스단 공연의 고향이기도 하다. 그들의 모습과 느낌은 다른 세상 같기도 하고 꿈같기도 하며 초현실주의를 닮았다. 일반적으로 드라마로 지칭되는 바는 아니더라도 이 공연물들은 매우 연극적이며 재정적인 성공을 거두었다.

라스베이거스의 〈팬텀〉

〈오페라의 유령〉은 1988년에 시작하여 현재 브로드웨이 최장기 공연이다. 세계적으로 큰 성공을 거두며 공연 중에 있다. 사진은 공연 길이와 제목을 짧게 줄인 라스베이거스 공연 현수막이다. 또 다른 라스베이거스의 공연장에서 벌어지는 마술쇼를 광고하는 택시에 주목하라.

Amanda Ortland/Guthrie Theatre

비영리연극

1940년대 후반 늦게 출발한 후 전문 **비영리연극**(not-for-profit theatres)은 1960년대에 붐을 이루었다. 그 당시에 통용된 뉴욕의 관행에서 시작하여 몇몇 극장들은 원형극장을 선호하여 프로시니엄이 없는 공간을 만들었다. 소위 아레나극장이나 돌출무대로 불리었다. 1970년대 중반에는 전국적으로 그런 극단이 60개가 넘었고 1990년대 말에는 몇백 개 극단에 달했다. 미국의 비영리극단을 위한 무역기관인 시어터 커뮤니케이션 그룹(Theatre Communications Group)은 오늘날 700개의 회원단체를 보유하고 있다.

비영리극단의 강점과 지속성의 예는 미니애폴리스의 거스리극장(Guthrie Theatre)이다. 캐나다 온타리오 주의 스트랫퍼드 셰익스피어 페스티벌(Stratford Shakespeare Festival)

Tony Penna

에 자극을 받은 거스리극장은 1963년에 4개 연극시즌(four-play season)의 일부로 셰익스피어의 〈햄릿〉 공연을 시작했다. 2006년 6월에는 미시시피 강을 따라 3개의 무대 건물을 신축 오픈했다. 이제는 900명 이상의 관객이 찾아오고 해마다 3,300만 달러 이상의 예산을 확보한다. 극장은 대학 교육기간 동안 광범위한 학교용 교육 프로그램을 가진다.

비영리극장들은 상업극장들에 대한 대안으로서 뉴욕 시에서도 개관했다. 이들 중 라운드어바웃 시어터 컴퍼니(Roundabout Theatre Company)가 가장 성공을 거두었다. 1965년 문을 연 이 극장은 1970년대에 파산했지만 1980년대에 회복하여 번성했다. 1980년대 말에는 뉴욕의 가장 큰 회원관객을 가졌고 정기적으로 브로드웨이에 공연을 내보냈다. 1990년대에는 영구 브로드웨이 극장[현재 아메리칸 에어라인 시어터(American Airlines Theatre)]으로 옮겼고 두 번째 브로드웨이 극장(스튜디오 54)을 더했으며 2010년에는 세 번째 브로드웨이 극장[현재 스티븐 손드하임 극장(Stephen Sondheim Theatre)]을 추가했다. 라운드어바웃 시어터 컴퍼니는 아주 많은 상을 수상했다. 거스리 극장처럼 라운드어바웃은 중요한 교육-봉사 프로그램을 후원한다.

뉴 밀레니엄 시대에는 국가의 비영리극장들이 새로운 희곡과 연극예술가들을 발굴했다. 20세기 후반에 명확해진 이 추세는 훨씬 더 두드러졌다. 다수의 새로운 희곡들이 워크숍이나 독회, 미국 지방극장에서 초연 제작되어 개발되었다. 1999-2000 시즌부터 2007-2008 시즌 내내 341편의 공연이 브로드웨이에서 오픈했다. 이들 중 반 이상인 175편이 비영리극장에서 비롯되었다.

1950년 이후 연극

미국에서 가장 중요하고 영향력 있는 세 명의 극작가가 진정한 도전, 대담한 표현성을 가진 작가들로서 상업극에 처음 등장하여 30년 이상 동안 '진지한' 연극을 지배했다.

테네시 윌리엄스

테네시 윌리엄스(Tennessee Williams, 1911-1983)는 첫 번째 주요 브로드웨이 공연인 〈유리동물원 *The Glass Menagerie*〉(1945)으로 드라마 비평가협회상을 수상했다. 이 작품은 상징주의자들과 안톤 체호프를 연상시키는 간절한 회상극이다. 〈욕망이라는 이름의 전차 *A Streetcar Named Desire*〉(1947)는 퓰리처상과 드라마 비평가협회상 모두를 수상하며 윌리엄스를 주요 극작가의 반열에 올렸다. 이 두 작품과 이후 15년간 그가 쓴 5개 작품은 미국 연극의 고전이 되었다. 〈여름과 연기〉(1948), 〈장미문신 *The Rose Tattoo*〉(1950), 〈뜨거운 양철지붕 위의 고양이 *Cat on a Hot Tin Roof*〉(1954), 〈젊음의 달콤한 새 *Sweet Bird of Youth*〉(1959), 〈이구아나의 밤 *The Night of the Iguana*〉(1961)이 그것이다. 윌리엄스는 30편 이상의 희곡을 썼고 지금도 여전히 세계 여러 곳에서 제작되고 있다.

심리학과 정신의학은 인간 생활의 성적 무의식에 대한 연구와 토론에 문을 열었고, 윌리엄스는 이 주제를 바탕으로 무대에서 섹슈얼리티에 시적 표현을 부여했다. 윌리엄스는 살아남으려고 발버둥치는 상처 받은 여성들에 대한 초상화로 유명하다. 그러나 그는 〈뜨거운 양철지붕 위의 고양이〉의 빅 대디(Big Daddy)나 〈욕망이라는 이름의 전차〉에서의 스탠리 코발스키(Stanley Kowalski), 〈이구아나의 밤〉에 등장하는 성직을 박탈당한 섀넌 신부(Reverend Shannon) 등 강력하고 잊을 수 없는 남자 역할도 썼다. 윌리엄스의 이야기는 보통 남부를 배경으로 하며 남부 방언을 환상적인 시로 탈바꿈했다.

아서 밀러

아서 밀러(Arthur Miller, 1915-2005)는 윌리엄스와 마찬가지로 일종의 사실주의자였으나 윌리엄스의 작품들이 꿈결 같고 인상주의적이었던 반면, 밀러의 작품들은 더 거칠고 표현주의적인 방식을 띠었다. 윌리엄스의 연극은 역경을 딛고 살아남는 내용을 다루었고 밀러는 압도적인 죄의식에 집중했다. 〈모두 내 아들 *All My Sons*〉(1947)은 이윤을 남기기 위해 품질이 떨어지는 제품을 고의로 미군에 판매하는 미국의 사업가를 다룬다. 〈세일즈맨의 죽음 *Death of a Salesman*〉(1949)에서는 사실적인 장면들과 정신적으로 뒤죽박죽된 주인공 윌리 로먼(Willy Loman)의 기억 속 장면들이 교차한다. 〈세일즈맨의 죽음〉은

테네시 윌리엄스의 고전 〈욕망이라는 이름의 전차〉

시애틀의 인티맨극단(Intiman Theatre)이 새롭게 구상해서 올린 〈욕망이라는 이름의 전차〉는 뉴 올리언스의 프랑스인 구역을 나타내는 전통적인 장식, 특히 복잡하게 얽힌 철제 발코니를 피했다. 미국 내 여러 비영리극단처럼 인티맨극단도 최근의 경기후퇴의 영향을 심하게 받아 2011년 문을 닫았고 2012년 다시 돌아오기로 계획했다.

연극은 연극이다

테네시 윌리엄스의 〈욕망이라는 이름의 전차〉, 1947년

테네시 윌리엄스가 쓴 25편의 장막희곡 중 하나인 〈욕망이라는 이름의 전차〉는 위대한 미국 극작가로 그의 자리를 확고히 한 사실주의적인 가정극이다. 〈욕망이라는 이름의 전차〉는 광기에 의한 추락, 성적·감정적 남용, 자살, 분열된 가족, 인간 혐오 등 폭력에 물든 세상의 단면을 그린다. 〈욕망이라는 이름의 전차〉에는 중요한 표현주의적 장치들도 있다. 폴란드 음악과 블랑쉬만 듣는 것으로 보이는 정글소리의 사용이 그것이다. 규칙적으로 등장해서 "죽은 사람들을 위한 꽃이요"를 외치며 장례식용 꽃을 파는 이상한 노부인도 그러하다.

작품 줄거리 달리 갈 곳이 없는 블랑쉬 뒤부아(Blanche Dubois)가 뉴올리언스 슬럼에 있는 동생 스텔라의 아파트에 도착한다. 블랑쉬는 한눈에 봐도 남부 미인지만 터무니없이 우아하다. 내면적으로 그녀는 알코올중독과 고독과 절망의 희생자다. 그녀는 동생 스텔라와 블랑쉬가 '상스럽다'고 부르는 동생의 남편 스탠리 코발스키(Stanley Kowalski)의 환경을 혐오한다.

그러나 스탠리는 상스러움을 넘어선다. 그는 가부장적이고(스텔라는 임신 중이다) 짐승같은 현실주의자다. 그는 블랑쉬가 그와 스텔라와의 관계(둘은 서로 강력한 성적 관계를 맺고 있다)와 스텔라에 대한 '소유'를 위협한다고 꿰뚫어본다.

스탠리의 친구 미치(Mitch)가 블랑쉬에게 매료되고 블랑쉬는 그에게서 보호받을 곳을 찾는다. 그녀와 미치는 결혼까지 생각하지만, 스탠리가 미치에게 블랑쉬의 과거에 대해서 들은 대로 전달한다. 17세 남학생을 유혹했기 때문에 선생 자리에서 쫓겨났고 싸구려 호텔에서 하룻밤 상대로 유명했다고 전해준다. 블랑쉬는 스텔라에게 자신에 대한 진실 이상을 말해준다. 그녀는 죽음의 그림자 속에서 어머니를 간호했다. 돈 한 푼 없었기 때문에 가족의 집을 잃었고 아주 낭만적으로 말하던 '예민한 젊은이'가 사실은 그녀의 남편이었고 그 남편이 다른 남자와 한 침대에 있는 걸 봤고 혐오스럽다고 말하자 자살했다.

미치는 스탠리가 말한 내용 때문에 블랑쉬를 버린다. 스탠리는 블랑쉬에게 도시를 떠나라며 버스표를 사준다. 그때 스텔라가 아기를 낳기 위해 병원에 갔고 스탠리가 그녀를 강간한다. 얼마 후 스텔라가 집으로 돌아온다. 블랑쉬는 옛날 남자친구가 그녀를 구하러 올 거라는 환상에 사로잡혀 현실감을 잃었다. 대신 의사와 간호사가 그녀를 정신병원으로 데려가려 한다. 그녀는 의사의 품에 안겨 "나는 낯선 사람들의 친절에 항상 의지해 왔어요"라고 중얼거린다.

퓰리처상과 드라마 비평가협회상을 수상했다. 밀러는 자신을 헨릭 입센의 계승자로 여긴 도덕주의자였다. 때때로 그는 자신의 작품들이 도덕적 선택에 의해 파멸하는 결점을 가진 주인공을 다룬 고대 그리스의 비극과 비슷하다고 생각했다.

밀러는 〈시련 *The Crucible*〉(1953), 〈다리에서 본 풍경 *A View from the Bridge*〉(1955년 단막, 1956년 2막으로 재공연), 〈추락 이후 *After the Fall*〉(1964), 〈대가 *The Price*〉(1968) 등 30편 이상의 희곡을 썼다. 지금도 여전히 이 작품들이 전 세계에서 공연되고 있지만 그의 후기 작품들은 덜 인정받았고 브로드웨이에서도 거의 공연되지 않는다.

월리엄스와 밀러는 가족 이야기를 말하고 있지만 밀러의 희곡은 가족의 원동력과 심리보다 더 큰 문제들을 환기시켰다. 〈세일즈맨의 죽음〉의 주인공 윌리 로먼(Will Loman)은 회사생활을 하느라 늙은 나이에도 떠돌아다니는 계층의 사람을 대표한다. 〈시련〉에서 세일럼의 마녀재판 이야기는 이 작품이 처음 무대에 오른 시대에 의회가 추진한 공산당 마녀재판을 연상시킨다.

월리엄스와 밀러는 그들의 새 대본이 유행에서 벗어난 시대까지 오래 살았다. 제2차 세계대전이 끝났을 때 상업극은 그들을 환영했고 이후 관객이 뭔가 다른 작품을 원하자 두 작가의 말년에는 이들의 작품이 브로드웨이에서 거의 제작되지 않았다.

에드워드 올비

〈동물원 이야기 *The Zoo Story*〉(1958), 〈모래함 *The Sandbox*〉(1959), 〈미국의 꿈 *The American Dream*〉(1960) 등 재기발랄한 단막극으로 극작가에 입문한 에드워드 올비(Edward Albee, 1928-)는 브로드웨이와 전 세계적으로 크게 성공한 〈누가 버지니아 울프를 두려워하랴〉(1962) 공연으로 탁월한 극작가의 반열에 올랐다. 1966년 영화로 선보여 아카데미 최우수영화상을 수상했다. 엘리자베스 테일러(Elizabeth Taylor), 리처드 버튼

Anita Tripathi Easterling

아서 밀러의 〈시련〉

1692년 세일럼의 마녀재판에 기초한 〈시련〉은 밀러와 다른 사람들에게 미국 내 공산주의 동조자들의 이름을 대라고 강요한 비미국적 행위에 대한 대표위원회장(House of Representatives Committee on Un-American Activities)을 공격했다. 밀러는 거부했다. 〈시련〉은 1953년 토니상 최고희곡상을 수상했다. 사진은 노스캐롤라이나대학교 샬럿극장에서의 공연이다.

(Richard Burton), 조지 시걸(George Segal), 샌디 데니스(Sandy Dennis)가 아카데미 연기상을 수상했고 감독 마이크 니콜스(Mike Nichols)는 오스카상을 수상했다.

올비는 지금까지 약 30편의 희곡을 썼고 20세기 후반부에 주로 활발하게 활동했다. 그는 드라마부문에서 세 차례나 퓰리처상을 수상했고 토니상의 평생공로상과 1966년에는 예술부문 국가훈장을 받았다. 〈누가 버지니아 울프를 두려워하랴〉 이후 올비의 희곡은 브로드웨이에서 흥행에 성공을 거두지 못했다. 오랫동안 그의 신작들은 오프-브로드웨이와 유럽에서 공연되었다.

그의 후기 작품들은 상업적으로는 성공을 거두지 못했지만 비평적으로는 호평을 받았다. 20세기가 지나서도 그는 여전히 최고 예술상을 수상하면서 미국 연극계의 주요 거물로 남아 있었다. 1994년에는 〈키 큰 세 여자 *Three Tall Women*〉로 퓰리처상을 받았다. 74세 되던 해에는 〈염소 혹은 실비아는 누구인가? *The Goat, or Who is Sylvia?*〉(2002)가 브로드웨이에서 초연되었다. 이 작품은 염소와 사랑에 빠져 섹스를 하는 한 남자에 대한 황당한 희극이다. 주인공의 부인이 부부의 멋진 아파트 정문을 통해 죽은 염소를 끌면서 끝난다. 브로드웨이에서 성공을 거둔 이 작품은 미국 전역에서 공연되었다.

올비는 의사소통이 어렵거나 불가능하고 궁극적인 의미에서 삶은 아무것도 주지 않는다는 훈시를 반영한 부조리주의의 후발 계승자였다.

그 외 미국의 희곡과 극작가

1970년대와 1980년대에 데이비드 마멧[David Mamet, 〈글렌게리 글렌 로스 *Glengarry Glen Ross*〉(1984)]과 샘 셰퍼드[Sam Shepard, 〈매장된 아이 *Buried Child*〉(1978)]는 모두 주요 상을 받았고 지속적으로 중요한 작품을 썼다. 그러나 뉴 밀레니엄 시대에는 브로드웨이에서 성공을 거둔 진지한 신예작가들이 드물었다. 데이비드 어번(David Auburn)의 〈프루프 *Proof*〉(2000)는 정신질환을 앓지만 명석한, 최근에 죽은 어느 수학천재의 딸을 그리며 출간되지 않은 논문들에 중요한 발견을 숨겨둔 것 아니냐는 질문에 대답하려 했다. 존 패트릭 샌리(John Patrick Shanley)의 〈의심: 우화 *Doubt: A Parable*〉(2004)는 가톨릭 학교의 남학생이 괴롭힘을 당했고, 당하고 있는 문제에 대해서 수녀와 수도사 사이의 교착상태를 극화했다. 약물 남용으로 유명한 오프-브로드웨이 작가이자 공연자인 찰스 부쉬(Charles Busch)는 중상층 여자의 중년의 위기를 다룬 상투적인 희극 〈알레르기 전문의의 부인 이야기 *The Tale of Allergist's Wife*〉(2000)의 작가로 브로드웨이에서 성공을 거두었다. 모두 장기 흥행했다. 2010-2011 시즌에는 스타 배우들이 출연한 두 편의 신작이 기간 한정 공연(limited runs)에도 불구하고 막대한 성공을 거두었다. 보비 카나베일(Bobby Cannavale)과 크리스 록(Chris Rock)이 출연한 스티븐 애들리 가이기스(Stephen Adly Guirgis)의 〈모자를 쓴 개** *The Mother****** with the Hat*〉(2011)와 죽은 호랑이의 유령으로 로빈 윌리엄스(Robin Williams)가 출연한 라지브 조셉(Rajiv Joseph)의 〈바그다드 동물원의 벵갈 호랑이 *Bengal Tiger in the Bagdad Zoo*〉(2011)가 그것이다.

수입된 연극

미국 상업극은 수입작품이 없었다면 빈곤했을 것이다. 1950년대부터 현재까지 브로드

우리가 어떻게 아는가

영화와 테이프로 보존되는 연극

1970년에 시작한 뉴욕 공립도서관 빌리 로즈 시어터 컬렉션은 영화와 테이프로 보존되는 연극(Theatre on Film and Tape, TOFT)이라 명명되는 연구기록물로서 브로드웨이, 오프-브로드웨이와 미국 내 다른 전문 극단들로부터 라이브 퍼포먼스 기록물을 여전히 왕성하게 수집하고 있다. 이 수집을 통해서 연극 전문가들과 연극역사가들은 공연물 기록을 보며 관객과 만난 연극 속에서 배우, 연출가, 디자이너의 작업을 알 수 있다. 이는 대단한 역사적 가치를 지닌 수집이다.

연극은 순간적이다. TOFT가 시작되기 전에는 제작의 요소들이 어떻게 한데 모이게 되었는지 알기 어렵거나 불가능했다. 움직임, 음성의 결, 신체적 행위와 행동선, 관객 반응이 모두 사라졌다. 연극사 전체가 이런 식이었다.

TOFT 컬렉션은 성공작과 실패작 구분 없이 1,600편 이상의 영화와 실황테이프를 보유하고 있다. 해마다 300편 이상의 공연을 더하고 있는데 이 중 적어도 50편은 도서관에서 기록되었다. 다른 공연영상들은 제작자나 비영리극단들이 기부한 것이다.

배우조합이 회원의 창작물들의 수입을 잃고 그 통

(계속)

윌리엄 켐프(William Kempe)를 그린 이 판화는 살아있는 그를 볼 수 있는 유일한 모습이다. 켐프는 챔벌린 경 극단의 공동 주주였다. 그 이유는 알 수 없지만 켐프는 런던에서 노리치까지 160km가 넘는 거리를 모리스댄스(Morris dance, 로빈 후드의 복장을 하고 허리나 손목, 발목에 모리스 벨이라는 장식을 하고 추는 2박 또는 4박의 영국 민속무용)를 추었다. 『9일의 기적(Nine Days Wonder)』(1600)이라는 제목의 묘기에 대한 책에 그의 생전을 보여주는 유일한 이 판화가 수록되어 있다.

우리가 어떻게 아는가　영화와 테이프로 보존되는 연극

제를 상실하게 될까 두려워했기 때문에 TOFT 기록실은 착수하기가 어려웠다. 지금은 모든 연극조합들이 TOFT와의 계약에 동의했다. 조합원들은 특히 재공연에서는 필수적인 조사로서 이 기록물을 이용한다. TOFT 기록물 관람자들은 조합의 이해관계와 도서관의 제한된 재생장비 때문에 자격을 갖춘 전문가여야 한다. 기록물들은 학생, 연극전문가, 연구원에 제한된다. 해마다 대략 5,000명의 사람들이 컬렉션을 이용한다. 도서관은 자산이 없기에 모든 공연을 다 기록하지는 못한다. TOFT는 국립예술기금(National Endowment for the Arts), 뉴욕 주 예술위원회(New York State Council on the Arts), 그리고 개인으로부터

기금을 받는다.

공연 영화와 실황 보존회 회장 패트릭 호프먼(Patrick Hoffman)은 보존회의 역사적 중요성을 강력하게 주장한다. "〈햄릿〉에 등장하는 사라 베른하르트(Sarah Bernhardt)의 비디오테이프를 갖고 있다고 상상해 보시라. 얼마나 많은 배우들이 그걸 보고 싶어 하겠는가?" 배우들은 물론 연출가, 역사가, 의상 디자이너 등이 보고 싶어 할 것이다. 미래에 1970년 이후 미국의 전문연극에 대한 정보가 필요할 때 TOFT가 연극역사가들이 알게 될 주요 방법 중 하나가 될 것이다.

웨이 최고 작품들의 일부는 이미 해외에서 성공을 거두었다. 영국의 해럴드 핀터(Harold Pinter, 1930-2008)는 부조리주의의 영향을 드러내는 희곡들로 미국 관객들의 흥미를 끌고 때로 그들을 어리둥절하게도 했다. 〈로젠크란츠와 길덴스턴은 죽었다 *Rosencrantz & Guildenstern Are Dead*〉(1966)와 〈도약자들 *Jumpers*〉(1972), 〈아카디아 *Arcadia*〉(1993)로 톰 스토파드(Tom Stoppard)가 유명해졌듯이 영국의 여성주의자 카릴 처칠(Caryl Churchil)－오프－브로드웨이에서 1981년 첫 공연을 한 〈클라우드 나인 *Cloud Nine*〉, 1982년 첫 공연을 한 〈최상의 여성들 *Top Girls*〉－이 존재감을 가졌다. 남아프리카의 아돌 푸가드의 반인종격리정책에 관한 연극, 〈주인 해롤드와 소년들〉(1982)이 런던을 경유하여 뉴욕에 당도했다. 예를 들어 2010-2011 시즌에는 〈짧은 만남 *Brief Encounter*〉, 〈광부화가들 *The Pitmen Painters*〉, 〈엘링 *Elling*〉, 〈아카디아〉, 〈워 호스 *War Horse*〉, 〈야수 *La Bête*〉가 런던에서 브로드웨이로 들어왔다. 이들 정극 중에서 2편이 재공연이었다. 런던은 그 시즌에 2편의 신작 뮤지컬, 1992년 우피 골드버그(Whoopi Goldberg) 주연의 미국 영화에 기초한 〈시스터 액트 *Sister Act*〉와 1994년 호주 영화에 기초하여 런던에 앞서 호주에서 초연된 〈프리실라 사막의 여왕 *Priscilla Queen of the Desert*〉을 선보였다.

희극, 주로 닐 사이먼

상업극은 티켓 판매 수익을 올리기 위해 희극에 의지했다. 닐 사이먼(Neil Simon)은 가장

Craig Schwartz

바그다드 동물원의 벵갈 호랑이

라지브 조셉의 이 작품을 로스앤젤레스의 센터 시어터 그룹이 처음 제작했다. 벵갈 호랑이의 영혼이 바그다드 동물원을 떠나 2003년 이라크 침공이 불러일으킨 혼란과 시민들에게 끼친 영향을 관찰하면서 도시를 배회한다.

꾸준하게 관객과 성공한 – 현상적으로 성공한 – 극작가였다. 〈이상한 부부 *The Odd Couple*〉와 같은 1960년대와 1970년대의 주요 희곡들로 그는 거장 희극작가로서 자리매김했고 영화와 TV로도 제작되었다. 1991년에는 〈사랑을 주세요 *Lost in Yonkers*〉로 풀리처상을 받았다. 모두 합하여 35편의 브로드웨이 초연 희곡과 뮤지컬 대본을 썼다. 그는 또한 창작자들이 플롯을 명확히 하고 시연회 동안 연극이나 뮤지컬에 우스갯소리를 더하도록 도와주는 비공식적인 '연극 의사'로 일했다. 다른 어떤 미국 희극작가도 사이먼의 능력이나 지구력을 이기지 못한다.

웬디 와서스타인(Wendy Wasserstein)은 희곡 2편으로 상업희극 작가로서의 명성을 굳건히 했다. 〈하이디 연대기 *The Heidi Chronicles*〉는 1989년 비영리 오프-브로드웨이로부터 브로드웨이로 옮겨왔고 토니상 최우수작품상과 드라마데스크 어워드, 뉴욕비평가협회상을 수상했다. 〈로젠스위그 자매 *The Sisters Rosensweig*〉(1992)는 브로드웨이에서 초연을 하고 성공을 거두었다. 와서스타인은 2006년 55세로 사망하기 전 5편의 희곡을 써서 호평을 받았다.

몇몇 영국 극작가들이 브로드웨이의 희극을 더욱 풍성하게 했다. 마이클 프레인(Michael Frayn)은 연극에 대한 탁월한 소극 〈노이즈 오프 *Noises Off*〉(1983)로 성공을 거두었다. 앨런 에이크본(Alan Ayckbourn)은 75편 이상의 희곡을 썼고 9편이 1971년부터 2005년 사이 브로드웨이에서 공연되었다.

브로드웨이에서 비뮤지컬 공연의 쇠퇴

대략 1980년대에 시작한 비뮤지컬 연극이 브로드웨이에서 점점 드물어졌다. 뉴 밀레니엄에서는 스타를 내세워 한시적으로 공연한 희극과 진지한 연극의 수가 늘어나며 브로드웨이의 성공을 주도했다. 이들 공연은 공연기간은 짧고 〈맥베스〉의 패트릭 스튜어트(Patrick Stewart), 〈버티컬 아워 *The Vertical Hour*〉의 줄리안 무어(Julianne Moore), 〈사생아

Jason Ayer

매장된 아이
샘 셰퍼드는 1970년대와 1980년대 가장 중요한 극작가 중 한 명이 되었다. 그는 아메리칸 드림에 대한 소름끼치는 탐구로 1979년 퓰리처상을 받았다. 사진의 사우스캐롤라이나 극장에서 공연된 〈매장된 아이〉는 극작가로서 셰퍼드에게 첫 번째 성공을 가져다주었다.

를 위한 달〉의 케빈 스페이시(Kevin Spacey), 〈시라노 드 베르주라크 *Cyrano de Bergerac*〉의 케빈 클라인(Kevin Kline)과 제니퍼 가너(Jennifer Garner), 〈대학살의 신 *God of Carnage*〉의 제임스 간돌피니(James Gandolfini), 〈시골 소녀 *The Country Girl*〉의 모건 프리먼(Morgan Freeman), 〈드라이빙 미스 데이지 *Driving Miss Daisy*〉의 제임스 얼 존스(James Earl Jones), 〈산꼭대기 *The Mountaintop*〉의 안젤라 바세트(Angela Bassett)와 사무엘 잭슨(Samuel L. Jackson) 등 TV, 영화, 연극에서 이미 친숙한 이름들로 무장했다. 스타배우들의 출연료는 비쌌지만 그들의 인지도가 그만큼 관객을 끌어들였다.

연극에서의 정치적 아방가르드

1950년 이후 미국과 유럽의 연극 상당수가 더 많은 사람을 즐겁게 해주려는 상업적인 오락물이 되었지만 비상업적인 아방가르드 운동도 있었다. [아방가르드(Avant-garde)는 '전방 부대(advanced guard)'를 뜻하는 프랑스어로서 가장 실험적인 예술을 설명하기 위해 군 사용어에서 차용한 것이다.] 아방가르드 그룹은 일부는 예술에, 일부는 정치에, 그리고 대부분은 예술과 정치 모두에 집중했고 베트남 전쟁에 대한 저항이나 1960년대와 1970년대 시민권 분쟁, 대안문화운동 등에서 새로운 생명을 얻으며 한동안 활발하게 움직였다. 이 새로운 예술개혁가들의 세대는 다시금 연극을 중요하고 진지하게 만들고자 했다. 다시 말해서 미국 문화의 중심에 연극을 두고자 했던 것이다. 정치개혁자들은 명백한 메시지를 전달하고 양심을 부추기고 행동을 촉구하기 위해 연극을 사용하려고 했다. 예술

성 이브로 가다

32편이 넘는 희곡을 쓴 리 블레싱(Lee Blessing)은 미국 내 비영리극장들에서뿐만 아니라 런던, 브로드웨이, 오프-브로드웨이에서도 자신의 작품이 올라가는 것을 볼 수 있었다. 그럼에도 그의 연극은 등장인물 수가 적고 제작이 용이하였기에 주로 오프-브로드웨이와 지역극단들이 올렸다. 사진의 볼주립대학교가 공연한 〈성 이브로 가다 Going to St. Ives〉는 두 명의 범상치 않은 여인의 삶을 파헤치고 있는데, 한 명은 유명한 안과의사고 다른 한 명은 잔인한 독재자(이디 아민을 연상시킨다)의 어머니다.

적, 정치적 아방가르드는 연극과 삶의 관계, 연극과 상업의 관계, 배우와 관객의 관계, 텍스트와 공연의 관계를 재고하고자 했다. 그러나 주류에 영향을 끼쳤으나 1890~1900년의 아방가르드만큼이나 주류가 되지 못했다. 이 연극의 대안문화는 오프-브로드웨이와 미국 내 다른 지역에서 출발했다.

1960년대와 1970대 초 한 가지 주목할 만한 정치적 아방가르드의 예는 거리극(street theatre) 또는 게릴라연극(guerilla theatre)이다. 이들은 처음에는 거리로, 그다음에는 치고 빠지는 '게릴라' 전투를 통해서 예를 들어 엘리베이터와 백화점 등 사람들이 모이는 곳이면 연극공간이 아닌 곳에서도 관객에게 접근한 정치적 공연에 부여된 이름이다. 이러한 무대접근법에 대한 구실은, 만일 극장에서 공연되는 어떤 정치적 행위에 가격이 매겨지고 정기 공연 일정이 짜여진다면 관객은 연극의 정치적 성향에 동의한 사람들로만 구성될 것이다. 어떤 연극은 성가대에 설교했다. 업무시간이나 쇼핑 중에 전혀 뜬금없이 '관객'을 방해함으로써 정치극은 더 충격적이고 정신적인 변화를 주게 될 것이다.

정치적 아방가르드의 축소판 : 리빙 시어터

정치적 아방가르드 운동의 궤도는 가장 중요한 조직체 가운데 하나인 리빙 시어터(Living Theatre)의 역사를 잠시 살펴봄으로써 파악할 수 있다. 1947년 줄리안 벡(Julian Beck)과 주디스 말리나(Judith Malina)가 창설한 리빙 시어터는 뉴욕에서 예술연극으로 출발했다. 처음에는 이전의 유럽 아방가르드를 따르는 것으로 보였고 가르시아 로르카, 루이지 피란델로, 베르톨트 브레히트 등 유럽의 작품을 공연했다. 1950년대 후반에 이 극단은 당시만 해도 거의 알려지지 않은 약물 문화를 사실적으로 조망한 잭 겔버(Jack Gelber)의 〈관계 The Connection〉라든가 군대 감옥의 난폭한 처우를 다룬 케네스 브라운(Kenneth Brown)의 〈해군 교도소 The Brig〉 등 미국의 신작으로 방향을 돌렸다. 1960년대 말 유럽

투어 후 '선의의 무정부상태'를 통한 혁명을 고취시키는 코뮌(commune, 공동자치제)을 인식하면서 정치연극이 되었다. 목표가 바뀌자 연극에 대한 접근도 달라졌다. 관객의 직접참여, 즉 저항 시위로 돌변한 공연이나 나체와 음란 등 충격적인 전략으로 재빨리 유명해졌다. 모더니즘에서 포스트모더니즘으로 이동했다.

아마도 이 시기 가장 유명한 공연은 공동창작 〈천국은 지금 *Paradise Now*〉일 것이다. 이 공연은 배우들이 관객 주위를 떼 지어 돌아다니며 시작한다. 4시간이 넘는 공연 동안 배우들은 혐오스러워하거나 적대적인 관객들에게 슬로건이나 음란한 말을 외치며 말로 공격한다. 때로는 나체로도 벌어지는 그런 대결은 공연에서 다반사였고 종종 연극의 끝에 가서는 배우들이 극장을 뛰쳐나와 거리로 나가 혁명에 동참하라고 관객을 설득했다. 공연자들은 종종 체포되거나 평화를 방해했다거나, 지나친 노출, 공무집행 방해 등으로 벌금형에 처해지기도 했다.

또 다른 해외 순회공연 후 극단은 1970년대 미국으로 돌아왔다. 급진주의의 쇠퇴(베트남 전쟁의 실패와 시민권운동의 침묵)와 더불어 리빙 시어터는 새로운 국면에 들어갔다. 4개의 '지부(cell)'로 분열하여 각각 다른 도시에서 정치, 환경, 문화, 정신 등 각각 다른 목표를 가졌다. 극단은 활발하게 활동했지만 1980년대까지 미국 연극과 문화에 미친 영향은 감소해 혁명에 대한 줄어 가는 관심의 희생자가 되었다.

그 당시 리빙 시어터는 초기 유럽의 방식에의 뿌리로부터 혁명적인 정치의 기간을 지나 관심과 지역을 확장시켜 마침내 자기도입의 소멸로 아방가르드의 중요한 이동노선을 밟았다. 뉴 밀레니엄까지 활동을 이어갔지만 거의 눈에 보이지 않았다. 그 중요성은 파급효과와 두 창시자의 에너지와 혁신에 있다. 리빙 시어터는 20세기 미국 아방가르드주의의 두 가지 주요 요소인 정치와 예술을 형상화했다.

리빙 시어터와 말리나는 정치적 아방가르드를 다시 깨우고자 했지만 정치적 아방가르드의 쇠퇴라는 잠재적 징후만을 제공했을 뿐이다. 리빙 시어터는 1993년 뉴욕극장의 문을 닫았지만 2007년 공동창립자인 말리나의 지도로 재개관했다. 이후 의미 있는 성공작인 〈관계〉(1959)와 〈해군 교도소〉(1963)를 다시 제작했다. 원래 영향력이 크고 획기적인 아방가르드 작품이 새롭고 흥미로운 방식으로 제시되었지만 다른 시대에 속한 빛 바랜 유물로 받아들여졌다.

연극에서의 예술적인 아방가르드

사회 변화를 추구한 정치연극과 달리 일부 아방가르드 연극은 연극예술을 변화시키고자 고군분투했다. 예술과 정치의 구분이 항상 명확하게 이루어지지는 않았다. 예를 들어 리빙 시어터는 매우 예술적으로 시작했지만 급속하게 매우 정치적으로 변했다. 예술단체들은 혼자서든 여러 단체가 연합해서든 연극의 본질과 다른 종류의 공연이나 매체와의 관계, 제작 요소, 공연에서 대본과 관객의 역할을 탐구하고 싶었다. 목표에 있어서 정치연극보다는 이전의 유럽 아방가르드에 더 근접한 이 예술연극단체들은 이전의 예술연극이나 그들과 동시대의 정치연극과 근본적으로 구별된다.

예술적인 아방가르드의 축소판-조셉 체이킨과 오픈 시어터

가장 영향력 있는 예술적인 아방가르드 연극은 엄격하고 대본 중심의, 창의적이지 않다고 여긴 브로드웨이의 '닫힌' 연극과 구별하기 위해 '열린' 연극을 제안한 조셉 체이킨(Joseph Chaikin)이었다. 대부분의 연극들이 비본질적인 것들로 채워졌다고 믿은 체이킨은 일차적인 초점을 배우와 같이 작업하는 예술가들 그룹에 둔 공연을 추구했다.

그리하여 앙상블이 오픈 시어터(Open Theatre)의 시금석이 되었고 배우들은 개인이 아니라 그룹으로 작업하도록 훈련받았다. 그런 앙상블을 이루기 위해 체이킨은 그룹의 리듬과 역동에 대한 감수성을 개발하고 상호신뢰를 높이고 관객의 관심을 끌기 위한 경쟁을 그룹의 협업으로 대체할 수 있는 다양한 연극놀이와 즉흥을 사용했다. 극작가도 앙상블의 일원으로 여겨지고 그룹이 만든 생각들로부터 집단을 위한 텍스트를 발전시키려고 노력한다. 전형적으로 작가는 대본, 즉 상황에 대한 개요를 제공하고 그룹은 대사와 행동을 즉흥으로 만든다. 즉흥이 몇 차례 반복되면 작가가 그들 중 최고를 가려내고 필요시에 새로운 소재를 추가하고 부분들을 재배열하고 마침내 '텍스트'로 발전시킨다.

연극은 매우 다양하지만 다음의 속성을 공유한다.

- 이야기가 아니라 중심 사상이나 주제를 탐구함으로써 이룩한 통일
- 시간과 장소를 자유자재로 분절적으로 사용
- 배우가 상응하는 의상이나 분장의 변화 없이, 대사가 제공하는 명확한 전이 없이 처음에 한 역할을 맡고 또 다른 역할을 연기하는 기술인 **변형**(transformation)의 사용
- 배경과 소리가 '됨'으로써 그들 자신의 환경을 제공하는 배우에 의지(예 : 한 배우는 들판의 양을 연기했고 다른 배우는 나무의 뱀을, 몇몇은 구급차 사이렌이 되었다.)

오픈 시어터가 약 10년간만 존속했지만(1963~1973년) 그 영향은 지속적이고 심오했다. 공연에서 배우에 중심을 두었다. 일반적인 배경, 조명, 의상을 관객의 상상력으로 대체하려는 관객의 자발성을 보여주었다. 배우 훈련의 도구로서 그리고 집단에게 영감을 주는 원천으로서 연극놀이와 즉흥을 대중화했다. 통상적인 연극의 위계질서(연극 전문가들을 이끄는 연출가)가 연극 제작을 조직하는 유일한 방법이 아님을 보여주었다. 그 기술과 이론은 이제 연극적 주류의 일부가 되었고 연극의 절충주의에 기여한다.

아방가르드의 쇠퇴

정치 사회적 불안이 고조되는 동안에는 정치적 아방가르드가 꼭 필요했다. 그러나 1980년대 미국은 베트남 전쟁의 가장 극심한 분열을 겪었고 겉으로 보기에 낙관적이고 신뢰감을 주는 장소가 되었다. 사회는 더 이상 증명하거나 저항하려 하지 않는 듯 보였다. 1980년대 말에 이론가들은 아방가르드가 죽었다고 선언했다. 1990년대 전자상거래와 거대자본의 시대에는 지역적인 흔적만이 남았다. (연극적 아방가르드의 중요한 흔적이 여전히 고등교육연극에서 발견되고 있다.)

그럼에도 불구하고 제한적인 아방가르드가 소수의 극단에서 지속되었다. 예를 들어 마부 마인(Mabou Mines) 극단은 입센의 〈인형의 집〉(1879)을 포스트모던 식으로 공연하였다. 즉 대폭 수정한 대본, 유사 시대음악, 인형극 오페라의 삽입, 가장 놀라운 요소는 모든 남성 역할은 난쟁이가 연기했다는 것이다. 장신의 여성 배우들은 남성 역할에 맞춰진 작은 가구에 거의 앉기도 어려웠다. 배역과 무대화는 원작의 주제를 터무니없이 과장했다. 대본에서 남자는 속이 좁다. 여기서 그들은 문자 그대로 작다. 무대장치는 문자 그대로 성인 여자에게 맞지 않는 인형의 집이다.

20세기 후반 아방가르드의 요소들 대부분이 주류 공연에 담겨 있었고, 거의 아무 설명 없이 관객이 수용할 수 있었다. 스티븐 손드하임의 오페라 형식 뮤지컬 〈스위니 토드

Sweeney Todd〉 재공연에서는 전통적인 오케스트라 없이 공연이 올라갔다. 대신 배우들이 노래나 대사가 없을 때 다양한 악기를 연주했다. 주연 여배우는 트라이앵글과 튜바를 연주했다.

프랑크 베데킨트(Frank Wedekind)의 십대의 성적 동요를 그린 연극 〈사춘기 *Spring's Awakening*〉(1891)가 거의 같은 제목의 뮤지컬[〈스프링 어웨이크닝 *Spring Awakening*〉(2007)]로 변형되었다. 대사 장면들은 원작의 후기 빅토리아 시대를 배경으로 하지만, 노래는 21세기 록 양식을 따랐다. 두 공연 모두 처음에는 비영리극단에서 제작된 후 브로드웨이 무대로 진출했다.

크고 작은 방식으로 어조의 통일과 진보는 21세기 연극에서 계속 무너져 갔다. 즉 절충주의가 뉴 밀레니엄 시대에 연극의 큰 특징을 이루었다. 불일치가 줄거리와 사상을 보조할 때 그 결과가 고무적으로 보였다(〈스프링 어웨이크닝〉). 또 다른 경우 형식상의 파열은 최신의 선두주자처럼 효과가 없고 상투적으로 보였다.

정체성 연극의 등장

1960년대부터 정체성 연극(identity theatre)이라는 이름을 단 정치극의 한 형식이 등장했다. 이 집단들에서 창작자들은 그들의 정체성(인종, 성별, 성적 기호) 때문에 연극에서 제 목소리를 내지 못해 온 다른 사람들을 표현하고 관심을 돌렸다―아프리카계 미국인, 여성, 게이와 레즈비언이 그들이다. 이후 미국 내 스페인어 사용자의 자신들을 위한 연극이 성장했고 이는 히스패닉(Hispanic) 또는 라틴(Latino)연극이라 명명되었다. 주로 서해안에서 1990년경 시작한 아시아 출신 민족들이 아시아계 미국인을 위한 정체성 연극을 만들기 시작했다. 정체성 연극은 연극의 매체와 소수집단의 사회적 위상을 바꾸려고 했을 뿐만 아니라 냉대받은 집단을 위한 예술적 표현의 중심으로서 역할하려고 했다. 다양한 종류의 정체성 연극은 기본적인 전제를 대부분 공유했지만 몇 가지 측면에서 달랐다.

이전에는 주로 인종과 성별로 정체성이 구분된 연극들이 점점 시대가 지나며 주류에 편입되었다. 그렇지만 이러한 주장은 여성 예술가나 게이 예술가들, 아프리카계 미국인 예술가, 라틴 예술가가 미국 연극에서 동등한 대접을 받았다는 의미는 아니다.

아프리카계 미국인을 위한 정체성 연극

미국에서 아프리카계 미국인 공연자들의 역사는 남북전쟁 이전으로 족히 거슬러 올라간다. 그리고 아프리카계 미국인 연극(African American Theatre)단체들은 제2차 세계대전 이전에 이미 그들이 속한 지역사회에 확고하게 자리 잡았다. 그러나 이 공연자들은 주류연극에는 거의 알려지지 않았다.

제2차 세계대전 직후 백인과 아프리카계 미국인 관객들이 본 중요한 작품인 로레인 한스베리(Lorraine Hansberry)의 〈태양 속의 건포도 *A Raisin in the Sun*〉(1959)가 브로드웨이에서 제작되었다. 아프리카계 미국인 가정의 삶을 그린 이 연구서는 남성과 여성 사이의 긴장을 공감이 가도록 예민하게 극화하여 드라마 비평가상을 수상했다. 같은 해 프랑스의 극작가 장 주네(Jean Genet)의 〈흑인들 *The Blacks*〉이 오프-브로드웨이에서 제작되었다. 이 작품은 전통적인 민스트럴 쇼를 뒤집어 아프리카계 미국인 배우들이 백인 분장을 하고 백인의 권력 남용을 드러냈다. 다수의 아프리카계 미국인들이 이 작품의 가설-흑인들이 그들의 백인 압제자들의 작전을 채택함으로써 권력을 잡을 수 있다-을 거부했지만 이 작품이 아프리카계 미국인들이 연극에서 그려지는 모습에서 한 전환점을 대표한다는 사실을 깨달았다. 이 두 연극 사이의 본질적인 차이에 주목하라. 한스베리는 그 자신이 아프리카계 미국인으로서 〈태양 속의 건포도〉는 사실적인 가족극이다. 주네는 유럽인이었다. 프랑스인에 백인이었고 1950년대 후반부터 1960년대 초반까지 프랑스 정부의 알제리 식민 지배를 혐오했다. 〈흑인들〉은 가면을 사용하고 가면과 유사한 분장을 사용하는 포스트모더니즘 작품이었다.

혁명적인 흑인연극(black theatre)은 1950년대와 1960년대의 인종적 혼란 속에서 성장했다. 그때 아프리카계 미국인들은 대다수가 변화를 촉구하고 분열된 사회를 재정비하는 수단으로서 예술에 의지했다. 이 연극운동은 르로이 존스(LeRoi Jones)의 〈화장실 *The Toilet*〉(1964)과 〈네덜란드인 *Dutchman*〉(1964)이 오프-브로드웨이에서 제작된 1964년 으로 거슬러 올라간다. 이 두 작품 모두 인종의 장벽과 인간의 증오, 인종주의가 초래한 고통을 냉정하게 그려냈다. 그 후 전형적인 무대의 흑인(Negro)은 마음에 들지는 않지 만 보다 정직한 흑인 인물로 점차 대체되었다. 1960년대와 1970년대 초반 내내 1934년 에 태어난 시인이자 극작가요, 지금은 자신의 이름을 이마무 아미리 바라카(Imamu Amiri Baraka)로 바꾼 존스가 가장 호전적이고 유명한 아프리카계 미국인 극작가로 남았다.

같은 해(1964년) 에이드리언 케네디(Adrienne Kennedy, 1931 -)는 〈어느 검둥이의 정신 병원 *Funnyhouse of a Negro*〉이라는 단막극으로 주목을 받기 시작했다. 케네디는 클리블랜 드의 평등한 동네에서 성장했다. 처음 본 연극은 테네시 윌리엄스의 〈유리동물원〉이었고 오하이오주립대학교에 다니면서 인종적 편견을 경험한다. 그녀는 최소 13편의 희곡을 썼 다. 뉴욕의 시그니처극장(Signature Theatre)은 그녀를 1996-1997 시즌에 상주작가로 삼 았고 거기서 그녀의 희곡 7편이 공연되었다. 케네디의 작품은 비선형의 초현실주의적이 고 표현주의적이며 시적이다. 한마디로 포스트모더니즘적이다. 〈어느 검둥이의 정신병 원〉의 주인공인 사라(Sarah)는 흰색에 사로잡힌 아프리카계 미국인인데, "나는 지금의 나

연극은 연극이다

어거스트 윌슨의 아프리카계 미국인의 삶의 세기

어거스트 윌슨(August Wilson)은 아프리카계 미국인 의 경험에 집중한 연작에 착수했다. 각각은 20세기의 매 10년을 배경으로 한다. 배경이 되는 도시의 이름을 따 〈피츠버그 연대기 *Pittsburgh Cycle*〉로 통칭되는 이 작품은 비영리극단에서 발전된 후 뉴욕에서 제작되었 다. 서너 편의 지역 공연의 형식들에서 윌슨은 브로드 웨이와 오프-브로드웨이를 위한 연극을 준비할 수 있 었다.

1편은 1985년의 〈엄마 레이니의 검은 엉덩이 *Ma Rainey's Black Bottom*〉이고 마지막은 2005년의 〈라디 오 골프 *Radio Golf*〉였다. 그 20년 동안 윌슨은 그가

속한 세대의 가장 중요한 작가가 되었다. 그의 희곡들 은 아프리카계 미국인의 문화사, 미국문학사, 브로드 웨이 연극사에서 이정표가 된다. 아마도 과거 25년간 가장 존경받은 극작가인 윌슨은 여러 권위 있는 상을 수상했는데, 토니상을 두 차례 받았고 뉴욕드라마비 평가협회상을 7번이나 받았으며 퓰리처상, 올리비에 상(토니상에 비견되는 영국의 시상식)을 수상했다.

작품의 제목과 시대는 다음과 같다―〈바다의 보 석 *Gem of the Ocean*〉(1900년대), 〈조 터너의 탄생 과 죽음 *Joe Turner's Come and Gone*〉(1910년대), 〈엄 마 레이니의 검은 엉덩이〉(1920년대), 〈피아노 수업

(계속)

연극은 연극이다 어거스트 월슨의 아프리카계 미국인의 삶의 세기

The Piano Lesson〉(1930년대), 〈일곱 개의 기타 *Seven Guitars*〉(1940년대), 〈담장 *Fences*〉(1950년대), 〈달리는 두 대의 기차 *Two Trains Running*〉(1960년대), 〈소형버스 *Jitney*〉(1970년대), 〈헤들리 2세 *King Hedley II*〉(1980년대), 〈라디오 골프〉(1990년대). 그렇지만 이 순서대로 써지거나 제작되지는 않았다.

이 작품들은 몇 가지 공통된 특징으로 연결된다. 한 작품을 제외하고 피츠버그 힐 지역의 아프리카계 미국인 동네를 배경으로 한다. 한 작품에 나온 인물이 다른 작품에도 간혹 등장한다. 인물들은 피츠버그 힐의 속어를 쓰지만 월슨은 대사가 시적이고 음악적으로 들리도록 만든다. 플롯보다 인물에 초점을 맞춘다. 초자연적인 요소가 풍부하다. 연대기를 인도하는 영혼은 3세기 이상을 살았다고 전해지는 에스더 이모(Aunt Esther)다.

2005년 그가 사망한 직후 브로드웨이의 한 극장이 그를 기리며 어거스트 월슨 극장(August Wilson Theatre)으로 이름을 바꾸었다.

Ella Bromblin

바다의 보석

어거스트 월슨의 10편으로 이루어진 연대기 연극 중 2004년 브로드웨이에서 공연된 〈바다의 보석〉의 한 장면이다. 사진은 티쉬예술대학원의 공연 모습이다.

보다 훨씬 창백하게 되기를 열망한다"고 말한다. 남자친구는 백인이다. 취미는 '모든 새하얀 페이지를 채우는' 시를 쓰는 것이다. 그녀는 빅토리아 여왕과 합스부르크의 공작부인에 사로잡혀 있고 사라의 심리에 대한 표현주의적 투영인 흰 얼굴을 한 아프리카계 미국인 여배우가 이 사라를 연기했다. 사라와 그녀의 분신들은 사라의 자기혐오와 내면화된 인종주의의 정신병적 환영을 보여준다.

그 외 아프리카계 미국인의 연극은 아프리카계 미국인 공동체 안에서 삶의 정치

경제학을 연구했다. 더글러스 터너 워드(Douglas Turner Ward)의 〈부재의 날 *Day of Absence*〉(1967)은 아프리카계 미국인들에게 속은 백인을 조롱한다. 그들이 하루 동안 사라짐으로써 백인의 사회구조가 붕괴하고 만다. 앨리스 차일(Alice Childress)의 〈모조 *Mojo*〉(1970)는 아프리카계 미국인 남녀가 서로 사랑하고 존경한다면 그들의 차이를 극복하고 평등한 위치에서 행복하게 살 수 있음을 제안했다.

1970년대 중반 아프리카계 미국인 작가들은 자신이 속한 공동체를 비판한다. 엔토자케 샹게(Ntozake Shange)의 〈무지개가 뜨면 자살을 꿈꾸는 여자들〉(1976)은 아프리카계 미국인이자 여성으로서의 이중적 억압을 파헤쳤다. 흑인 남자들이 백인들에 의해 짐승처럼 다루어지듯이 일부 흑인 남자들이 흑인 여자들을 짐승처럼 다루는 즐겁지 않은 모습이었다. 어느 아프리카계 미국인의 극장에서 처음 공연된 이 강력한 '안무시(choreopoem)'(포스트모던한 형식)는 마침내 브로드웨이로 진출, 토니상을 받았다.

아프리카계 미국인의 지위가 점진적으로 개선되고 1980년대 중반에는 보수주의가 미국을 휩쓸면서 혁명적인 흑인연극의 에너지도 가라앉았다. 아프리카계 미국인의 연극과 혁명적인 극작가들과 비평이 지속되었지만 극작가들은 점차 주류 연극으로 편입되었고 아프리카계 미국인 비평가들을 끌어들였다. 주류 언론으로 편입된 아프리카계 미국인 비평가의 예가 힐튼 알스(Hilton Als)라는 연극비평가로 2002년부터 뉴요커(New Yorker)에 기고했다. 2002년 이전에 알스는 빌리지 보이스(Village Voice), 더 네이션(The Nation), 바이브(Vibe)에 기고했고 〈기절 *Swoon*〉과 〈랭스턴을 찾아서 *Looking for Langston*〉의 대본작업에 참여했다. 주류 연극계로 편입된 아프리카계 미국인 극작가들의 작업에는 어거스트 윌슨의 거의 모든 작품과 수잔-로리 파크스(Suzan-Lori Parks), 린 노티지(Lynn Nottage), 스튜(Stew), 애나 데버 스미스(Anna Deavere Smith)의 희곡들이 포함된다. 파크스와 노티지는 퓰리처상의 드라마부문에서 수상했다.

앨리스 워커(Alice Walker)의 원작소설을 뮤지컬로 만든 〈컬러 퍼플 *The Color Purple*〉이 2005년부터 2008년까지 브로드웨이에서 공연되었고 흥행적인 성공을 거두며 미국을 순회했다. 로레인 한스베리의 고전적인 1959년 아프리카계 미국인 연극 〈태양 속의 건포도〉는 랩스타 션 '디디' 콤스(Sean "Diddy" Combs)가 출연하면서 2004년 브로드웨이에서 성공적으로 재공연되었다. 브로드웨이에서는 모두 흑인들이 출연한 테네시 윌리엄스의 〈뜨거운 양철지붕 위의 고양이〉와 보통은 백인이 연기하는 주인공 역할을 아프리카계 미국인 TV 여배우 머커슨(S. Epatha Merkerson)이 연기한 윌리엄 인지(William Inge)의 〈사랑하는 시바여 돌아오라 *Come Back, Little Sheba*〉를 인종과 무관하게 재공연했다. 그러나 흑인이 출연

연극은 연극이다

타일러 페리와 치틀린 서킷

하버드대학교의 저명한 아프리카계 미국인 헨리 루이스 게이츠 주니어(Henry Louis Gates Jr.) 교수는 아프리카계 미국인의, 그들을 위한, 그들에 의한 동시대의 순회 연극을 묘사하기 위해 **치틀린 서킷**(chitlin' circuit)이라는 용어를 차용했다. 치틀린 서킷은 브로드웨이, 오프-브로드웨이, 비영리연극과 동떨어져 번성한다. 참가한 모든 사람이 보수를 받는다는 점에서 전문연극이지만, 철저하게 조합의 영향권에서 벗어나 있다. 이 연극의 관련자들에게 많은 돈을 만들어주었다.

치틀린 서킷 연극의 등장인물들은 코메디아 델라르테의 인물들처럼 표준화되어 있다. 전형적인 인물들에는 수다스러운 풍보 여자, 도덕관념이 희박한 미녀, 상식을 벗어난 여성스러운 게이, 잘생겼지만 밝히는 남자가 포함된다. 희극은 조잡하고 욕설과 험담이 난무한다. 어떤 부분에서 가스펠 곡이 힘차게 울려 퍼진다. 플롯상 위기에서 가족의 일원이나 친구를 갱단이나 약물, 감옥, 매춘으로 잃게 된다. 기도하는 사람이나 때로 천사나 유령의 형태로 신이 개입하여 행복한 결말에 이른다.

게이츠는 관객은 "기본적으로 노동자나 여성 직종 종사자들이지 전통적으로 극장에 다니는 유형이 아니다.", "대본이나 공연이 아무리 조잡하더라도 극작가들이 꿈꾸는 관객 반응을 보인다."고 강조한다.

일부 치틀린 서킷 참가자들은 그들의 시도를 **도시연극**(urban theatre)이라 부르는 것을 선호한다. 이는 아마도 아프리카계 미국인에게 어필하려는 음악을 설명하기 위해 '도시'라는 단어를 사용하는 음악 산업의 용어를 채택한 것 같다.

치틀린 서킷의 전방위 재정적 스타는 분명 타일러 페리(Tyler Perry)다. 1998년 그는 자신의 첫 작품 〈내가 변한 거 알아 *I Know I've Been Changed*〉(1998)를 애틀랜타의 블루스하우스에서 공연했다. 그는 블루스하우스에서 8일 밤 공연했고 4,500석의 폭스 시어터에서 이틀 밤을 공연했다. 곧 페리는 예산을 최소화하기 위해 대본, 연출, 제작, 작곡뿐만 아니라 분장과 무대 디자인까지도 직접 했다.

치틀린 서킷 형식에 페리가 몰고 온 혁신은 190cm의 장신인 그가 여장을 하고 어머니 역할을 연기한 것이다. 이 마데아(Madea)라는 역할은 가족을 부양하는 강한 흑인 어머니라는 개념을 한층 진전시킨다. 마데아는 핸드백에 총 두 자루를 갖고 다니며 필요할 때마다 휘두른다. 또한 대마초를 피우며 직설적이다.

2005년과 2006년에 페리는 총예산 1,100만 달러에 첫 두 편의 마데아 영화를 제작했다. 모두 박스오피스 1위를 기록하며 개봉되었다. 모두 1억 1,000만 달러 이상의 수익을 냈다. 그의 11편의 무대희곡은 1억 5,000만 달러 이상의 흑자를 거두었으며 영화와 연극 DVD는 1,100만 부 이상이 팔렸다. 심지어 2006년에는 『흑인여자의 귀걸이를 떼지 마라 : 사랑과 삶에 관한 마데아의 거침없는 해석 *Don't Make a Black Woman Take Off Her Earings: Madea's Uninhibited Commentaries on Love and Life*』이라는 제목의 베스트셀러를 쓰기도 했다.

하는 극장[치틀린 서킷(chitlin' circuit)]의 가스펠 연극을 제외하고 아프리카계 미국인 관객들은 전반적으로 그다지 성장하지 못했다.

뮤지컬 〈패싱 스트레인지 *Passing Strange*〉와 역사 1인극 〈서굿 *Thurgood*〉을 포함해서 아프리카계 미국인들이 출연하는 아프리카계 미국인의 희곡과 공연이 최근 몇십 년간 대규모로 브로드웨이에 진출했다. 사라 존스(Sarah Jones)의 1인 여배우극 〈다리와 터널 *Bridge & Tunnel*〉은 브로드웨이에서 성공적으로 흥행했다.

'다리와 터널'은 뉴욕 주변 도시에서 맨해튼으로 오가는 사람을 가리키는 멸시적인 표현이다. (맨해튼은 주로 다리와 터널을 통해야 닿을 수 있는 섬이다.) 공개 시독회로 설정된 이 작품은 시의 다른 지역에 살면서 위엄과 의미를 찾으며 그럭저럭 지내는 다양한 국적의 남성과 여성의 희극적인 콜라주다. 최소한의 의상으로 존스는 중국계 미국인 어머니, 러시아계 유태인 아버지, 나이지리아의 정치적 망명자, 87세의 독일 이주민 미치(Mitzi)로 등장한다.

애나 데버 스미스 사라 존스처럼 애나 데버 스미스(Anna Deavere Smith)도 1인극으로 광범위한 호응을 얻었다. 스미스는 특정 주제와 사건에 연루된 여러 사람을 인터뷰하고 편집한 후 자신이 공연할 다중역할극을 만든다. 최근작 〈렛미 다운 이지 *Let Me Down Easy*〉는 2008년 비영리극단 두 곳에서 발전되어 2009년 근본적인 수정을 거친 후 뉴욕 시에서 개막, 열렬한 호응을 받았다. 그리고 전국 순회공연으로 이어졌다. 〈렛미 다운 이지〉에서 스미스는 심한 부상을 입은 로데오선수부터 사이클 챔피언 랜스 암스트롱과 음악학 연구가에 이르기까지 등장인물 20명의 핵심을 꼬집는다. 이들은 모두 의학, 건강관리, 도덕성

애나 데버 스미스의 〈렛 미 다운 이지〉
20명의 등장인물을 한 사람의 배우가 연기하는 1인극은 몇몇 비영리극단에서 오랫동안 발전과정을 거친 후 2010-2011 시즌에 미국을 순회하며 극찬을 받았고 매진사례를 이어갔다.

Joan Marcus

이라는 주제로 결합되어 있다.

스미스의 첫 번째로 전국적으로 성공한 1인 다역 다큐멘터리 연극이 1992년에 나타났다. 〈거울 속의 화재 *Fires in the Mirror*〉는 인종적으로 분리된 뉴욕의 브루클린과 크라운 하이츠에서 일어난 폭동에 관련된 사람들과의 인터뷰들로 집대성되어 있다. 그녀는 하시딕 유대인 운전자에 의해 일곱 살짜리 아프리카계 미국인 아이가 죽은 사고에 반응하는 29명의 인물을 연기했다. 이듬해인 1993년 스미스는 다섯 명의 캘리포니아 고속도로 순찰경찰들이 어느 아프리카계 미국인을 구타한 사건에 대한 공동체 사회의 반응을 담은 〈여명 : 1992년 로스앤젤레스 *Twilight: Los Angeles 1992*〉라는 모노드라마 시리즈를 내놓았다. 난폭한 구타는 광범위하게 배포된 가정용 비디오에 포착되었지만 경찰관들은 주로 백인 시민들로 이루어진 배심원들에 의해 석방되었다. 석방 후 6일간의 폭동이 뒤따랐다.

단막극은 모두 인물의 음성과 화술 형태의 기발한 의인화와 섞여 있다. 성격 묘사는 분명하고 개성이 있지만 풍자적이지 않아서 인물들이 실제와 같고 때로는 감동을 주고 때로는 웃음을 유발하기도 한다.

여성을 위한 정체성 연극

최근 들어 여성들이 동시대 연극에서 성역할에 대한 편견을 피력하고자 노력하고 있다. 증거는 2009년 프린스턴대학교 경제학 박사 논문(여성이 조사하고 쓴)에 의해 편견이 존재한다는 증거가 제공되었다. 결론은 다음과 같다.

- 여성 극작가보다 2배 많은 남성 극작가가 있으며 그 남성들이 더 많은 희곡을 쓴다.
- 비영리극단의 예술감독에게 대본이 보내질 때 때로 남성 작가의 이름으로, 때로 여성 작가의 이름으로 보내지는데, 같은 대본이라도 남성 작가가 썼다고 여겨지면 더 긍정적인 반응을 얻는다.
- 여성 작가의 연극과 뮤지컬이 남성 작가보다 18%의 수익을 더 거두었음에도 불구하고 브로드웨이에서 8편의 공연 중 1편(12.5%)이 여성 작가의 작품이다.
- 여성이 주인공인 연극은 제작 기회가 적다.

이 역사가 기록된 대로 여성들은 극장 작업에서 종종 금지당하거나 제한받았다. 20세기 후반까지 성적 불평등이 공개토론의 주제였고 일단 토론한 후에는 극장이나 그 밖의 다른 곳에서 불평등을 수정하려는 시도로 이어졌다. 아프리카계 미국인 연극과 희곡이 1950년대 후반과 1960년대의 사회적 격변에서 발생했다면, 여성의 연극(women's theatre)

〈여명 : 1992년 로스앤젤레스〉
애나 데버 스미스는 원래 이 작품을 1인 여성 공연으로
생각했으나 1인 다역배우라는 장치로 공연되었다. 사진은
볼주립대학교의 공연 장면이다.

은 1970년대의 현상이었다. 점점 많은 사람들, 주로 여성들이 여성주의의 목표나 여성 예술가들의 경력 혹은 둘 다를 추진하려는 연극적 조직체들 안에서 함께 단결했다. 1970년대 중반에는 40개 이상의 단체가 번성했다. 1980년에는 100개 이상이 형성되었다. 아프리카계 미국인 연극(African-American theatres)과 달리 여성의 연극은 뉴욕 시, 사우스캐롤라이나의 그린빌(Greenville), 몬태나의 미줄라(Missoula) 등 다양한 지역에서 생겨났다.

극단은 1~2명의 무보수, 무경험 자원봉사자에서부터 수백 명의 전문인으로 구성된 조직까지 그 규모가 다양했다. 예산도 천차만별이었다. 친구들의 격려와 적은 자금으로 근근이 버티는 단체가 있는가 하면, 수십만 달러의 금전출납부를 보여주는 단체도 있다. 조직체, 레퍼토리, 작업 방식, 예술적 능력이 극도로 다양했지만, 단체들은 모두 여성들이 성별에 근거한 불평등한 차별을 받아 왔고 연극이 어떤 방식으로 불평등을 개선하기 위해 기능할 수 있다는 확신을 공유했다.

아프리카계 미국인 극단들처럼 여성 연극단체들도 여러 관객을 여러 방식으로 만족시키려 시도했다. 일부 단체들은 뉴욕 시의 여성 쌍방향예술(Interart)처럼 일차적으로 여성 예술가의 일자리 창출을 위해 존재했다. 그런 단체들은 여성 극작가, 디자이너, 연출들의 작업을 위한 시연장의 역할을 했다. 그들의 목표는 가장 호의적인 빛으로 여성의 예술을 보여주는 것이었기 때문에 예술적 탁월함이 모든 프로덕션의 일차적인 목표였다. 연극적 주류에 의한 평단의 인정이 궁극적인 성공의 척도였다. 그러나 지금은 소멸된 뉴욕 시의 여성 연극이어도 괜찮아(It's All Right to Be Woman Theatre) 등 다른 단체들은 여성의 문제가 사회에 너무도 깊이 뿌리 박혀 있기에 중요한 사회적 격변만이 그걸 고칠 수 있다고 믿었다. 그런 단체들은 혁명적이었고 무기력한 사회가 올바른 행동을 하도록 꾸짖고 충격을 주고 모욕하는 전술을 채택하려는 경향이 있었다. 이들 단체는 전통적인 연극이 남성이 지배하기에 억압적인 제도라고 믿었기 때문에 기존 비평가의 인정에는 아랑

곳하지 않았다.

특히 2개의 기술이 혁명적인 여성의 연극과 제휴하게 되었다. 집단적인 또는 공동체적 구성에 대한 선호와 상당 부분 몹시 개인적인 즉흥 공연 소재의 사용이 그것이다.

그러나 1990년 선두 여성주의 극작가들이 다른 문제로 이동하자 여성 극단들도 변했다. 제작을 그만둔 단체도 있었고 여성주의와 결별한 단체도 있었다. 또 여성들 사이의 차이를 강조하면서 여성주의 자체에 의해서 새롭게 지정된 방향으로 나아간 단체도 있었다. 수백 편의 여성주의 희곡이 써졌지만 널리 알려진 작품은 없었다. 허나 그 영향은 웬디 와서스타인의 〈별난 여자들과 타인들 *Uncommon Women and Others*〉(1977), 마샤 노먼(Marsha Norman)의 〈출옥 *Getting Out*〉(1979), 베스 헨리(Beth Henley)의 〈마음의 범죄 *Crimes of the Heart*〉(1981) 등 여성 극작가들의 작품에서 뚜렷하게 나타났다.

최근 몇십 년간 중요한 극작가, 연출가로 인정받는 여성들이 점점 늘어갔다. 클라우디아 쉬어[Claudia Shear, 〈더러운 금발 *Dirty Blonde*〉(2000)], 수잔-로리 파크스[〈승자/패자 *TopDog/Underdog*〉(2002)], 린 노티지[〈폐허 *Ruined*〉(2009)], 마샤 노먼[뮤지컬 버전 〈컬러 퍼플〉(2009)], 사라 럴[Sarah Ruhl, 〈에우리디케 *Eurydice*〉(2003), 〈클린하우스 *Clean House*〉(2004), 〈옆방에서(또는 비브라토 연극) *In the Next Room (or the Vibrator Play)*〉(2009)]이 타고난 극작가들이었다.

이들 혹은 다른 여성 극작가들의 희곡은 주로 비영리극단에서 발전된 후 브로드웨이와 오프-브로드웨이, 그리고 미국 전역에서 공연되었다. 1990년대에 폴라 보겔(Paula Vogel)

별난 여자들과 타인들

극작가 웬디 와서스타인은 마운트홀리요크대학에서의 경험을 바탕으로 〈별난 여자들과 타인들〉과 그 밖의 여러 작품을 썼다. 점심에 만나 대학생활을 토론하는 성인 여성 집단에 중심을 둔다. 대학 시절을 회상하는 장면들이 많다. 이 희곡은 그녀의 예일드라마스쿨 석사학위논문이었다. 사진은 미시간대학교의 공연 모습이다.

Peter Smith

이 중요한 인물로 등장했다[〈볼티모어 왈츠 *Baltimore Waltz*〉(1992), 〈운전교습 *How I Learned to Drive*〉(1997)]. 아프리카계 미국인 여류 극작가 수잔–로리 파크스와 린 노티지는 퓰리처상을 받았다.

여류 극작가들이 사용한 양식은 절충적이었다. 사라 럴의 〈클린하우스〉에서 브라질 출신 여자 청소부가 관객에게 포르투갈어로 오랫동안 농담을 던진다. 수잔–로리 파크스의 〈승자/패자〉는 링컨(Lincoln)과 부스(Booth)라는 이름의 아프리카계 미국인 의형제를 그린다. 링컨은 카드게임 전문가이며 에이브러햄 링컨을 연상시키는 백인의 분장을 하고 있다. 부스는 좀도둑인데 쓰리카드몬테(three-card monte) 같은 좀 더 세련된 사기꾼이 되고 싶다.

여성 연출가들도 주요 작품을 이끌었다―줄리 테이머[〈라이온 킹〉(1994), 〈스파이더맨 : 어둠을 물리쳐라〉(2011)], 수잔 스트로만[Susan Stroman, 〈영 프랑켄슈타인 *Young Frankenstein*〉(2009)], 필리다 로이드[Phyllida Lloyd, 〈맘마미아!〉(2001), 〈메리 스튜어트 *Mary Stuart*〉(2009)], 에밀리 만[Emily Mann, 〈열대의 애나 *Anna in the Tropics*〉(2003)], 애나 D. 샤피로[Anna D. Shapiro, 〈어거스트 : 가족의 초상 *August: Osage County*〉(2007)], 다이안 폴러스[Diane Paulus, 〈헤어 *Hair*〉(2009), 〈거슈윈의 포기와 베스 *The Gershwins' Porgy and Bess*〉(2012)]. 이들 연출가들의 배경은 가지각색이었다. 테이머, 샤피로, 폴러스, 만은 비영리극단 출신이다. 로이드는 처음에는 BBC에서 재능을 익혔고 이후 정부보조를 받는 영국의 여러 지방극단과 해외 오페라하우스에서 연출을 맡았고 이후 런던의 상업극 중심지인 웨스트 엔드에서 연출했다. 스트로만은 뮤지컬 코미디의 안무자로 시작해서 연출로 전향했다.

게이와 레즈비언을 위한 정체성 연극

미국의 여러 도시에는 1960년대 훨씬 이전에 스스로를 게이나 레즈비언으로 알고 있는 사람들의 공동체가

Ella Bromblin

의도하지 않은 자극

사라 럴의 희극 〈클린하우스〉는 어느 칵테일파티에서 들은 얘기에서 영감을 받았다. 사진은 티쉬예술대학원의 공연 모습이다.

연극은 연극이다

폴라 보겔의 〈볼티모어 왈츠〉, 1992년

〈볼티모어 왈츠 *Baltimore Waltz*〉는 에이즈에 대한 미국의 초기 연극적 대응이었다. 듣고 느끼는 것을 이해할 수 없는 환자의 고통에 당황해하는 가족이나 친구의 관점에서 에이즈를 위기로 보고 있다.

세 명의 배우가 등장한다―애나(Anna)는 2학년 교사다. 그녀의 오빠 칼(Carl)은 도서관 사서다. 그리고 여러 역할을 담당하는 제3의 남자가 있다. 보겔은 연극이 메릴랜드 주 볼티모어의 어느 병원에서 일어나도록 한정하였지만, 영화와 민담에서 따와 상투적인 느낌을 주는 장소들을 배경으로 짧고 희극적인 장면들이 이어진다. 반복되는 소재는 제2차 세계대전 후 비엔나를 배경으로 한 서스펜스 영화 〈제3의 인간 *The Third Man*〉이다.

작품 줄거리　애나는 오빠 칼과의 유럽여행에 대비하여 외국어를 배우려고 애쓴다. 샌프란시스코 공립도서관에서 칼은 그의 마지막 '칼 아저씨와의 독서시간'을 진행하고 있다. 그는 동성애자임을 드러내는 나치 수용소의 상징인 핑크색 트라이앵글을 달았다는 이유로 해고당했다.

의사가 그들에게 시간이 얼마 없다고 말한다. 할 수 있는 건 없다. 이 치명적인 병에 대해 의학적으로 알려진 것도 없다. 의사가 생각하기에 어린아이들과 변기를 같이 사용해서 걸린 후천성 화장실 질환(Acquired Toilet Disease, ATD)을 앓고 있다. 애나와 칼은 애나의 건강이 허락하는 동안 함께 유럽여행을 가기로 결정한다. "왜냐하면" 애나가 말한다. "이 교사에게 남겨진 시간 안에 난 내 뇌를 내던지려고 해."

칼은 비엔나의 대체의학박사 토데스로쉘른(Dr. Todesrocheln)이 도와주려 한다는 사실을 알게 된다. 칼은 제3의 인간에게 토데스로쉘른 박사를 찾을 수 있다고 전화에 대고 말한다. 칼은 토끼를 가져와야 한다.

애나와 칼이 공항 검색대를 지날 때 칼은 애나에게 박제토끼를 주며 자기 대신 가져가라고 한다.

칼과 애나는 파리를 걷고 있다. 애나는 에펠탑이 남자의 성기라고 여긴다. 그들은 칼처럼 박제토끼를 들고 있는 제3의 인간을 본다. 애나는 그가 자신들을 따라온다고 생각한다. 웨이터와 애나가 서로 끌리고 그가 섹스를 뜻하는 카페의 스페셜(la specialité de la maison)을 그녀에게 대접한다. 호텔에서 애나와 웨이터가 침대 커버 밑에서 요란한 섹스를 한다. 그들의 말은 외국어 수업의 패러디다.

애나가 엘리자베스 퀴블러-로스(Elizabeth Kübler-Ross, 실존 인물) 박사가 규정한 죽음의 다섯 가지 감정 상태를 보여준다. 제3의 인간의 해설과 더불어 그녀는 부정, 고립, 분노, 거래, 우울, 그리고 수용을 그려낸다. 애나는 퀴블러-로스에게서는 발견되지 않은 여섯 번째 단계를 형상화한다. 희망이다. 제3의 인간은 일곱 번째 단계를 제안한다―성욕(lust)이다.

기차에서 입국 수속을 받을 때 칼은 다시 애나가 토끼를 갖고 있도록 한다. 그녀는 토끼 안에 뭐가 있는지 묻는다. 마약? 보석? 칼은 모르는 게 낫다고 대답한다.

네덜란드에서 애나는 손가락으로 제방의 구멍을 막아 네덜란드를 구한 전설의 인물, 어린 네덜란드 소년(Little Dutch Boy)을 만난다. 소년은 50세지만 애나는 그와도 섹스를 한다. 칼은 애나에게 토끼에 대해 말한다. 어렸을 때 그는 애나의 인형들을 갖고 놀 수 없었다. 그래서 부모가 그에게 박제 토끼를 주었다. 그는 토끼 없이는 잠도 잘 수 없었다. 어디든 가지고 다닌다.

칼과 애나는 유럽여행에서 찍은 슬라이드를 보여

(계속)

연극은 연극이다　폴라 보겔의 〈볼티모어 왈츠〉, 1992년

준다. 칼은 유럽의 경치를 묘사하지만 슬라이드는 거의 볼티모어다. 뮌헨에서 애나는 처녀 짐꾼을 유혹한다. 베를린에서는 과격한 학생 활동가를 만나고 똑같은 결과를 갖는다. 비엔나에서 그녀가 검사실에서 토데스로쉘른 박사를 기다릴 때 칼은 페리를 타고 제3의 인간을 만난다. 그들은 왈츠의 움직임을 따르면서 토끼를 차지하려고 싸우고 제3의 인간이 왈츠를 그만두고 토끼를 가져간다.

토데스로쉘른 박사가 애나의 검사실로 소변 샘플을 가져온다. 소변을 소유하려고 그의 오른쪽 손으로 왼쪽 손을 누르고 있다. 그는 등을 돌리고 반을 마신다.

토데스로쉘른 박사가 갑자기 "오빠는 어딨나요?"(Wo ist dein Bruder?)라고 묻는다. 애나가 검사실을 나가려다 머리를 천으로 덮고 병원침대에 누워 있는 칼을 본다. 그녀는 천을 벗기고 침대에서 빼내려 한다. 칼의 다리는 뻣뻣하고 움직이지 않지만 침대에 다시 쓰러질 때까지 다소 왈츠를 추는 듯 움직인다. 토데스로쉘른 박사가 아닌 진짜 의사가 애나에게 그들이 할 수 있는 일은 없다고 한다. 그는 칼의 침대 머리맡 탁자에서 토끼와 여행 안내서를 가져다 애나에게 준다. 칼은 누군가에게는 에이즈에 비해 상대적으로 쉬운 질병인 폐렴으로 죽었다.

있었지만 모두 은밀하게 '감춰져' 있었다. 호모섹슈얼에 대한 행동들은 거의 미국 전역에서 불법이었다. 공개적인 동성애적 행위나 언어까지도 풍기문란죄로 처벌받는 경우가 있었다. 그리하여 동성애의 정체성을 다룬 희곡은 금지된 연설의 주제가 되었다. 예를 들어 릴리언 헬만(Lillian Hellman)의 〈아이들의 시간 *The Children's Hour*〉(1934)처럼 예외작들은 안전장치를 부착하거나 거의 암호화되었다. 법정판결이 자유토론과 사생활이라는 개념을 확장시키면서 이러한 상황은 1960년대에 달라졌다.

1968년 마트 크롤리(Mart Crowley)의 〈밴드의 소년들 *The Boys in the Band*〉이 오프-브로드웨이에서 제작되었고, 주류 공연장에서의 최초의 동성애적 성공작이었다. 게이 남성들의 삶과 문제에 공감하는 크롤리의 작품은 동성애가 받아들여질 수 있으며 위협적이지 않고 재미있어서 상업극의 하나로 자리 잡을 수 있도록 했다. 자기를 부정하고 심한 경우 자기파괴적인 유머는 동성애자들을 희생자로 바라보게 했지만 감상주의에 빠질 위험도 있었다.

게이의 권리운동은 보통 1969년으로 거슬러 올라간다. 경찰이 뉴욕 시의 스톤월 인(Stonewall Inn)이라는 게이 전용 술집을 습격하여 체포하려 하자 저항한 소위 스톤월 폭동(Stonewall Riot)이 일어난 해다. 게이와 레즈비언 연극(gay and lesbian theatre)은 존 글라인스(John Glines)가 뉴욕 시에 극장을 연 1976년에 시작했다. 글라인스 극장은 레즈비언을 포함한 게이들이 쓰거나 그들을 다루는 연극만 공연했다. 특히 레즈비언 극단은 1980

'벤트'의 의미

마틴 셔먼의 1979년 작품 〈벤트 *Bent*〉는 나치 독일에서 동성애자 학대에 초점을 맞추었다. 제목은 유럽 일부 국가에서 동성애자를 부르는 속어다. 스트레이트(straight : 곧은, 이성애자)의 반대가 벤트(bent : 비뚤어진, 동성애자)다. 사진은 프로스트버그주립대학교의 공연 모습이다.

년대에 표면화되었다[예 : 찢어진 엉덩이(*Split Britches*)]. 1980년대에는 공감을 얻은 게이 연극들이 주류 연극에 보편적인 현상이 되었다. 에이즈의 유행이 전국적인 화제가 되자 '에이즈 연극(AIDS plays)'이 하위 장르가 되었다.

　상업극이 게이와 레즈비언 연극을 신속하게 수용한 것은 아마도 연극계 내부에서는 동성애를 오래전에 수용했다는 사실에 일부 기인한다. 게이와 레즈비언 연극에서 논리적인 이론은 정의를 내려야 하는 실질적인 문제들 때문에 파악이 어렵다. 게이 연극이란 무엇인가—게이를 다룬 연극인가? 게이가 쓴 연극인가? 게이나 레즈비언 작가의 작품이라면 다른 주제를 다루고 있어도 게이 연극인가? 게이를 비평하는 연극이 게이 연극인가? 과거 동성애 작가들(오스카 와일드나 테네시 윌리엄스)이 쓴 겉으로 보기에 동성애적 내용을 담고 있지 않은 작품들에 대해서는 어떠한가? 혹은 어느 게이 극작가가 우스갯소리로 말한 대로 다른 연극과 동침하는 연극이 게이 연극인가? 이론적인 문제들을 다루는 과정에서, 포괄적이면서 동시에 정치적인 용어, 즉 '적'에게서 빼앗은 무기인 **퀴어(queer) 연극**에 대한 개념과 연구가 진화했다. 퀴어 연극은 자기를 주장하고 자부심이 강해서 암호를 쓰지도, 변명하지도 않는다.

　게이들에게 특별한 흥미를 유발하는 연극들은 최근 몇십 년간 비영리극단에서 브로드웨이의 상업극장을 교차하고 있다. 예를 들어 더그 라이트(Doug Wright)의 〈나는 나의 부인이다 *I Am My Own Wife*〉(2004)는 독일의 익살꾼 샤를로트 폰 말스도르프(Charlotte von Mahlsdorf)에 대한 자전적 1인극이다. 그녀는 나치와 동독의 사회주의 지배체제에서 살았다. 질문은 이것이다—그녀는 이 억압적인 지배체제에서도 성별을 넘나드는 옷을 입으며 개방적인 삶을 산 게이의 영웅인가, 아니면 살아남기 위해 취한 불미스러운 행동들 때문에 게이의 악당인가? 또 다른 브로드웨이 흥행 성공작인 리처드 그린버그(Richard Greenburg)의 희극 〈테이크 미 아웃 *Take Me Out*〉(2002)은 잘생기고 말을 잘하고 돈을 잘

벌고 남성답지만 본인을 게이라고 선언한 유명 야구선수를 그리고 있다. 라커룸이나 샤워실에서 선수들 사이의 놀림은 전혀 똑같지 않다.

커밍아웃하지 않은 동성애자 시인 하우스만(A. E. Housman)에 대한 톰 스토파드의 역사극 〈사랑의 발명 *The Invention of Love*〉(1997) 역시 브로드웨이에서 공연되었다. 뮤지컬 〈렌트〉(1994년 작, 1996년 브로드웨이 공연)와 〈라라미 프로젝트 *The Laramie Project*〉(2000) 등 게이 주제의 작품들이 교회와 지방극단, 지역극단, 대학극단에서 제작되었다.

테크토닉 시어터 프로젝트(Tectonic Theatre Project)는 매튜 셰퍼드(Matthew Shepard)의 야만적인 피살 후 와이오밍의 라라마 거주자들과 인터뷰를 진행했다. 공개적인 게이 대학생 셰퍼드를 남자 두 명이 술집에서 유인하여 갈취하고 두들겨 패서 죽였다. 그의 시체는 시골 길가에 버려졌다. 그 결과를 보여주는 기록연극 〈라라미 프로젝트〉에서는 여덟 명의 배우가 일련의 짧은 장면들 속에서 60명 이상의 인물들을 그려냈다.

1990년대 눈에 띄는 진지한 연극은 토니 커쉬너(Tony Kushner)의 〈미국의 천사들 *Angels in America*〉이었다. 이 작품은 1993년, 1994년에 권위 있는 상을 수상했다. 작품의 부제는 〈국가적 주제에 대한 게이의 환상 *A Gay Fantasia on National Theme*〉이다. 작품의 주요 주제는 최근 들어서야 대부분의 미국인들에게 현실이 된 동성애적인 삶이었다. 이 작품이 발표된 때보다 10년 정도 된 전염병 에이즈, 사랑과 개인적인 충실, 변호사 로이 콘(Roy Cohn)이라는 실제 역사적인 인물을 통한 정치적, 도덕적 부패 등이다.

라틴계의 정체성 연극

라틴계 극작가들에는 마리아 이레네 포르네스(Maria Irene Fornes), 닐로 크루즈(Nilo Cruz), 에두아르도 마카도(Eduardo Machado), 실비아 보필(Sylvia Bofill), 리카르도 브라초(Ricardo Bracho), 에드 카르도나 주니어(Ed Cardona Jr.) 등이 속하고 이들은 최근 몇 년 간 점진적으

토니 커쉬너의 상징적인 연극

〈미국의 천사들 : 국가적 주제에 대한 게이의 환상〉은 브로드웨이에서 1993년 처음 공연되었다. 1부 〈밀레니엄의 도래 *Millenium Approaches*〉가 5월에 나왔고 11월에는 2부 〈페레스트로이카 *Perestroika*〉가 이어졌다. 각각 한 편의 공연으로 손색이 없었다. 사진은 볼주립대학교의 공연이다.

히스패닉 미국인이 사는 동네에서

린-마누엘 미란다는 라틴계의 삶을 열정적으로 응시하는 가운데 〈인 더 하이츠〉를 구성해 작사, 작곡, 그리고 주연까지 맡았다. 대본은 키아라 알레그리아 후데스가 썼다. 브로드웨이에서 1,000회 넘게 공연을 했고 최우수뮤지컬상과 4개의 토니상을 수상했다.

Joan Marcus

로 주류에 진입했다. 이들 작가들의 작품은 영어 작품을 하는 뉴욕 시의 비영리 라틴 극단(Latino/Latina theatre, INTAR)에서 개발되었다.

닐로 크루즈는 〈열대의 애나〉로 퓰리처상을 받았다(2003). 1930년대 대공황이 시작될 무렵을 배경으로 이 작품은 탬파(Tampa)의 스페인-쿠바 지역 시가공장에서 벌어진다. 작업하는 동안 낭독자가 일꾼들에게 톨스토이의 『안나 카레니나(Anna Karenina)』를 읽어준다. 마이애미의 비영리극장에서 첫 공연을 가졌고 퓰리처상을 받았으며 2001년 브로드웨이에서 제작되었다. 크루즈의 희곡들은 다수의 선도적인 비영리극단에서 제작되고 있다.

마리아 이레네 포르네스(1930-)는 작가 겸 연출가로서 크루즈의 극작 선생이었다. 포르네스는 자신의 40편의 희곡, 번역, 개작 중 〈탱고 팰리스 *Tango Palace*〉가 1963년 처음으로 무대에 올랐을 때 오프-브로드웨이 운동을 발발시켰다. 쿠바 태생의 포르네스는 1982년 연극에서의 부단한 업적을 기리는 상을 포함, 9번이나 오비상(Obie Awards)을 받았다. (오비는 오프와 오프-오프-브로드웨이 공연과 아티스트를 대상으로 뉴욕의 주간지 빌리지 보이스가 수여하는 상이다.) 그녀의 희곡들은 비선형의 비관습적인 구조를 특징으로 한다. 추종자들은 그녀에게 '아방가르드의 어머니(Mother Avant Garde)'라는 별명을 붙여주었다. 그녀의 작품 다수가 여성 극단에 의해 무대에 올랐다. 뉴욕 시의 시그니처 시어터는 1999년 시즌 전체를 포르네스의 희곡으로 채웠다.

라틴계 예술가들은 현재에도 상업극에서 간혹 활동한다. 린-마누엘 미란다(Lin-Manuel Miranda)와 키아라 알레그리아 후데스(Quiara Alegría Hudes)의 활기찬 뮤지컬 〈인 더 하이츠 *In the Heights*〉는 라틴계가 뒤섞인 뉴욕의 한 동네를 다루며 오프-브로드웨이의 상업공연을 떠나 브로드웨이의 상업극으로 진출, 바로 수익을 거두었고 순회공연까지 했다. 이 작품은 영화로 만들어질 계획이다.

주류에 편입된 정체성 연극 — 두 가지 예시

정체성 연극이 더 넓은 연극문화로 진입하도록 힘을 쓴 두 작품이 있다. 토니 커쉬너가 작곡가 제닌 테소리(Jeanine Tesori)와 협업해서 뮤지컬 〈캐롤라인 또는 동전 *Caroline, or Change*〉(1999년 제작, 2004년 브로드웨이 공연)을 썼다. 1963년 루이지애나의 중산층 유대인 가정에서 일하는 아프리카계 미국인 가정부 캐롤라인은 그 집 아들에게 좀 더 조심하라고 가르치는 수단으로 세탁할 때 그 집 아들의 주머니에서 잔돈을 발견하면 다 가지라는 지침을 받는다. 잔돈은 소년의 가족에게 그리 중요하지 않았지만 캐롤라인의 가난한 살림에는 중요해진다. 20달러 지폐가 세탁물에서 발견되는 순간 위기가 닥친다. 〈미국의 천사들〉의 작가 커쉬너는 게이다. 그와 테소리 모두 유대인이다. 뮤지컬은 아프리카계 미국인 게이인 조지 C. 울프(George C. Wolfe)가 연출했다. 중요한 것은, 어떤 논평가도 백인 남성과 여성이 아프리카계 미국인의 이야기를 하는 데 있어서 어떤 갈등도 알아차리지 못했다는 점이다.

아프리카계 미국인 극작가들의 주류 편입에 항상 반대가 없었던 것은 아니다. 2009년 어거스트 윌슨의 〈조 터너의 탄생과 죽음〉은 브로드웨이에서 재공연되었다. 연극의 배경은 과거 노예의 후예들이 일자리를 찾고 새 출발을 하기 위해 북부의 공업도시로 이주한 20세기 처음 10년간의 '대이민(great migration)' 동안 아프리카계 미국인들을 위한 임시 거처로 기능한 피츠버그의 한 기숙사다. 아프리카계 미국인 연극에서 활동하는 일부 사람들이 170만 달러의 공연을 백인인 바틀렛 셔(Bartlett Sher)가 연출했다는 점을 한탄했다. 어거스트 윌슨은 평생 그의 작품 어느 것에도 백인 연출을 허락하지 않았다. 이 고집은 그의 이야기들 중 어떤 것도 영화로 만들어지지 않은 이유가 된다. 아프리카계 미국인 연출가를 요구한 근거는 백인 남성의 직업에 아프리카계 미국인의 자리를 마련해주기 위함이다. 그러나 극작가의 미망인 콘스탄자 로메로(Constanza Romero)는 "내 일은 이러한 얘기를 드러내서 관객이 이 미국의 이야기와 우리의 문화들이 서로 얽혀 있는 방식을 더 깊이 이해하면서 연극과 함께 걷도록 돕는 것이다"라고 말하며 개인적으로 이 공연과 연출가에 찬성했다.

로메로의 작업 — 거기에서 이야기를 추출하기 — 은 정체성 연극의 목표의 심장부에 있었다. 그러나 상업극과 비영리 전문연극은 점점 여러 인종과 남녀들 속에서 인간 경험의 통일을 인정하고 시연한다.

부조리주의, 행위예술, 그리고 포스트모더니즘

예술운동은 때로 의도를 갖고 – 초현실주의조차도 선언문을 만들었다 – 출발하지만, 종종 사실 이후에 인정을 받는다. 부조리주의(absurdism)와 행위예술은 모두 20세기 후반 연극의 장르인데 지금은 연극 너머로 확장하는 예술의 장르와 철학인 포스트모더니즘(postmodernism)의 형태로서 특징지어진다.

부조리주의

작가들이 아니라 비평가들이 '부조리주의자'라 부른 희곡들이 제2차 세계대전 직후 유럽에 등장했다. 몇몇 신예 극작가들이 비평가들에 의해 같은 집단으로 분류되었다. 부조리주의(1950년대와 1960년대에 번성)는 그 자체가 혼합물이었다. 인생의 무의미함과 예술의 무관함을 강조한다는 점에서 다다이즘(Dadaism, 1920년대 번성)과 공통점을 갖는다. 초현실주의와는 공통적으로 무의식을 강조한다. 존재와 행위의 철학인 실존주의와 섞여 있다. 부조리주의가 비이성과 허무주의에 전념한 것은 방금 대량학살을 경험한 세계, 전쟁으로 인한 유럽의 파괴, 히로시마와 나가사키 원자폭탄 투하에 대한 반응이었다. 부조리(absurd)는 '우스꽝스러운(ridiculous)'이 아니라 '의미가 없음(without meaning)'을 뜻했다. 부조리주의자들은 이야기와 인과관계를 바탕으로 한 극적 통일을 버렸다. 희곡은 순환구조(일련의 연관 없는 사건들을 보여준 후에 시작한 곳에서 끝난다)를 띠거나 단일한 사건을 강화(시작한 곳에서 끝나지만, 더 많은 사람 또는 사물 한가운데서 끝난다)한다. 보통 희곡의 당혹스러운 특질은 의미를 전달하는 수단으로서 언어의 가치절하에서 비롯된다. 극 중 무대에서 일어난(happened) 일은 무대에서 한 말(said)을 초월하거나 대조된다. 부조리작가들에는 사무엘 베케트(Samuel Beckett), 외젠 이오네스코(Eugene Ionesco), 에드워드 올비, 아서 코피트(Arthur Kopit)가 속하고 그들은 해럴드 핀터 등 이후의 작가들에게 영향을 끼쳤다.

행위예술

행위예술(performance art)은 아마도 20세기 초 유럽의 예술동호회에서 다다주의자들 사이에서 시작했고 1960년대 해프닝(happenings)에서 그 자취를 찾을 수 있다. (해프닝은 일회에 그치고 반복되지 않으며 연극은 무엇을 의미하는지를 다시 정의하려 했던 비선형의, 일부러 무의미한 사건들이었다.) 1980년대 행위예술의 재등장은 아방가르드 최후의 활기찬 표현이었다. 연극이나 무용, 회화 등 전통적인 범주를 거부하고 그 형식은 실행자

느릅나무 아래 욕망

유진 오닐의 1920년대 희곡 〈느릅나무 아래 욕망〉을 축소한 공연이 시카고 굿맨시어터에서 초연된 이후 2009년 브로드웨이로 옮겨져 왔다. 극의 배경이 되는 무자비한 뉴잉글랜드의 풍경이 포스트모던적인 이미지들로 구현되어 있다. 이 극은 원래 1924년 오프-브로드웨이에서 초연된 후 브로드웨이에서 흥행에 성공했다.

Liz Lauren

들마다 천차만별이다. 그 이름이 시사하듯이 행위와 예술 모두에 의존하며 다양성에도 불구하고 어떤 특질을 공유한다.

- 플롯보다는 이미지와 개념으로 결합되는 비선형 구조에 대한 선호
- 문학적 요소보다 시청각적 요소 강조
- 몇몇 예술, 특히 음악, 무용, 회화, 연극의 요소를 혼합하는 경향

일부 행위예술이 유사 연극적인 데 반해, 일부 행위예술은 연극이라는 엄격한 정의를 만족시키는 것 같다.

행위예술은 시간, 공간, 공연자의 신체, 관객과의 관계를 포함한다. 회화나 음악처럼 지속적인 사물을 생산하지 않는다. 행위예술이 다수의 집단작업을 포함한다 해도 혼자 작업하는 개인 예술가가 구상하고 공연하는 행위예술이 큰 비중을 차지한다.

행위예술은 삶과 예술의 경계, 몇몇 예술 사이의 경계를 파헤친다. 그 솔직한 실험은 예술의 경계를 지우는 데 저항하는 사람들뿐 아니라 불쾌한 생각이나 행동의 도식적인 묘사에 분개하는 사람들 사이에서 행위예술을 논란의 대상으로 만들었다. 행위예술은 사실주의와 거리가 멀지만 많은 장치들(솔로 공연자, 고백적인 방식, 정교한 기술의 부족)은 사실성을 증명하고자 한다.

포스트모더니즘

부조리주의와 행위예술 모두 소위 **포스트모더니즘**이라는 더 큰 예술운동의 표현들이다.

포스트모더니즘은 1960년대와 1970년대에 나타난 예술과 문화의 변화들을 지칭하는, 여전히 진화하고 있는 용어이다. 일단 이름이 붙자, 포스트모더니즘의 예들은 1950년대의 비평가들에게서 발견되고 있으며 그 이전에도 아마 찾을 수 있을 것이다.

포스트모더니즘을 정의하려면, 지난 100년 이상 동안 예술과 건축을 상당 부분 지배한 예술운동인 모더니즘(modernism)의 특징을 파악하는 것이 중요하다. 모더니즘은 빅토리아 시대 유럽과 미국의 안락하고 편협한 세상에 반대하는 반응이었다. 연극에서 그 반응은 주로 사실주의 멜로드라마에 대한 반대였다. 모더니즘은 주로 종교와 국가의 경건함을 거부했고 과학과 기술을 의심했으며 과학과 기술에 기뻐했다. 모더니스트 연극은 보다 더 비재현적인 디자인 양식에 개방적이었다. 연극에서는 상이한 스토리텔링 접근법을 수용하고 사회 문제를 드러냄으로써 모더니즘이 반영되었다.

이와 대조적으로, 포스트모더니즘의 기반이 되는 가정들은 다음과 같다.

- 객관성과 진실의 개념에 대한 의심
- 절대적인 의미라는 개념에 대한 의심
- 위에서 아래로 향하는 명령이 아니라 아래에서 위로 향하는 참여에 대한 믿음
- 흑/백 대조보다 의미의 다양성과 미묘한 차이에 대한 믿음
- 진보, 객관성, 이성, 확실성, 개인의 정체성이라는 개념에 대한 의심
- 문화적 편견을 드러내고 신화, 상투어, 은유를 파헤침으로써 진실에 근접할 수 있다는 믿음

일부 포스트모더니즘 연극은 패러디, 풍자, 자기참조, 냉소, 재치의 특징을 띤다. 또 다른 포스트모더니즘 작품들은 소통의 불가능 또는 정치적, 사회적 진보의 불가능을 강조했다—전반적인 허무주의.

개념으로서 포스트모더니즘은 프랑스 이론가들의 저작에서 정리되었다. 한 분파는 문학은 현실이 아니라 이전의 문학에 대한 것이라 주장했다. 극단적인 예를 보면, 이 분파는 언어는 현실과 너무 떨어져서 무의미함을 드러내

VanderVeen Photographers

유리 위에서의 〈유리동물원〉
사진은 트리아드 스테이지(Triad Stage)가 테네시 윌리엄스의 1930년대 세인트루이스를 배경으로 한 회상극 〈유리동물원〉을 포스트모던하게 올린 공연이다.

기 위해서 언어가 의미를 갖지 않고 똑똑한 비평가들에 의해서 해체되었다고 주장한다. 또 다른 분파는 언어가 단어의 뜻과 함축적인 의미를 정의함으로써 다른 사람을 통제하기 위한 사회의 지배적인 부분들의 수단이라고 단정했다. 새로운 언어를 발명하지 않고서는 어떤 것들은 말로 표현될 수 없을 정도로 통제가 심하다. 프랑스 포스트모던 이론가들의 토론은 매우 단순화된다. 포스트모더니즘 학자들이 그 의미에 반대하기도 한다.

1960년대 이후 발전해 온 포스트모더니즘 연극은 어조나 시간, 양식에 있어서 통일성이 없었다. 심리와 인과관계에 따라 조직되는 선형적인 사건들 대신, 포스트모더니즘 연극은 이미지와 암시, 비유를 통해 통일성을 창조했다. 대중문화의 이미지와 이야기를 채택하여 파괴적인 방식으로 사용했다.

9/11과 새로운 전쟁들에 대한 연극적 반응

상업극, 비영리연극, 민중정치극은 관객이 이 2001년 테러리스트의 잔인함을 받아들이게 돕고자 했다. 정치적인 아방가르드 연극이 쇠퇴했지만, 연극은 분명하게 테러리즘의 영향과 그 이후의 이라크와 아프가니스탄 전쟁들을 반영했다. 5편의 공연이 9/11과 이후 미국의 조치에 대한 연극의 반응을 대표한다.

〈변형〉: 뉴욕

메리 짐머만(Mary Zimmerman)은 몇 년간 시카고에서 로마 작가 오비드(Ovid)의 〈변형 *Metamorphoses*〉을 무대에 맞춰 개작하는 작업을 했다. 그 결과 온건하고 유머가 있고 또 감동적이기도 한 짧은 저녁용 이야기가 되었다. 이야기들은 신비로운 방식으로 죽음을 초월한 사랑을 다루었다. 이 작품은 2001년 10월 뉴욕의 비영리극장 세컨드

변형

〈변형〉은 노스웨스턴대학교에서 초연된 후 〈6개의 신화 *Six Myths*〉라는 제목으로 시카고의 비영리극장 룩킹글래스극장으로 이동했다. 뉴욕으로 옮겨와서는 다시 〈변형〉이라는 제목을 달았다. 사진은 버지니아코먼웰스대학교가 올린 공연의 한 장면이다.

스테이지 극장에서 공연되었다. 뉴욕타임스 비평가 벤 브랜틀리(Ben Brantley)는 "9월 11일 테러리스트의 공격이 있은 지 채 한 달도 되지 않았는데 그 공연이 그리는 제의적인 사랑과 죽음, 변형은 충격을 받은 도시의 집단 무의식으로부터 직접 흘러나온 것처럼 보였다"고 썼다.

스타 배우의 힘
사진은 시의적절하게 관객을 공략하는 주제를 가진 강력한 공연 〈모두가 내 아들을 보려고 모여든 관객의 모습이다. 아서 밀러의 연극에 네 명의 스타배우가 출연했다는 사실이 관객 동원에 영향을 끼쳤다.

〈관타나모〉: 영국

〈관타나모: 자유를 지키는 명예 *Guantánamo : Honor Bound to Defend Freedom*〉는 영국에서 시작한 기록극으로 2004년 8월 컬처 프로젝트에 의해 뉴욕에서 공연되었다. 연극은 다른 죄수들의 편지와 가족, 법률가, 공무원들의 증언들을 포함해서 쿠바 관타나모에 있는 미군 감옥에서 풀려난 다섯 명의 영국 억류자들이 실제로 한 말들에서 발췌한 놀랄 만큼 재치 있는 교차 독백으로 구성된다. 뉴욕 공연 이후 이 작품은 미국 전역에서 공연되었다.

리시스트라타 프로젝트: 국제

평화행위로서 캐스린 블럼(Kathryn Blume)과 샤론 바우어(Sharon Bower)는 '리시스트라타 프로젝트: 최초의 전 세계적인 연극적 반대행위(The Lysistrata Project: The First-Ever Worldwide Theatrical Act of Dissent)'를 조직했다. 그리하여 2003년 3월 3일에는 고대 그리스 연극인 〈리시스트라타 *Lysistrata*〉가 미국의 50개 주와 해외 59개국에서 1,029회 공연되었다. '리시스트라타 프로젝트'는 독회와 무대공연을 통해 다양한 성과를 보였다. 그중 아마추어 공연자들이 한 것도 있고, 세계적으로 유명한 배우들의 공연도 있었다.

〈검은 시계〉: 스코틀랜드

2006년 스코틀랜드 국립극장에서 스코틀랜드 군대의 군사들이 경험한 이라크 전쟁의 모습인 〈검은 시계 *Black Watch*〉가 탄생했다. 공연은 전쟁 이후 술집에서 한 인터뷰와 테러의 순간에만 반짝 정신을 차리고 나머지는 끔찍한 지루함을 그리는 애도 장면 사이를 이동한다. 모두 군대음악과 백파이프로 흥취를 돋우었다. 공연은 스코틀랜드, 미국, 호주,

스코틀랜드와 미국에서 다시 순회했고 이후 런던에서 공연하여 2009년 뉴욕의 토니상에 비견되는 런던의 올리비에상을 4개 받았다. 공연은 2011년 뉴욕으로 돌아왔다.

〈모두가 내 아들〉 : 뉴욕

2008년 아서 밀러의 1947년 작 〈모두가 내 아들〉의 상업적인 재공연이 브로드웨이에서 막을 올렸다. 제2차 세계대전 직후 중서부 지역의 어느 가족이 오랫동안 간직한 비밀이 드러나면서 분열된다. 군대에 납품하며 부유해진 아버지가 공공연하게 알려진 바로는 결함 있는 비행기 엔진 부품을 선적해서 20명의 비행기 조종사가 사망했다. 그 조종사 중 한 명은 죽은 것으로 추정되는 실종 비행사로 그 집의 장남일 가능성이 높다. 전쟁에서의 죽음으로 이윤을 거두었다는 수치가 이라크 전쟁과 재건을 위한 정부 단독계약의 시대에도 관객에게 여전히 효과가 있었다.

연극의 문화적 이동

상업적인 성공에도 불구하고 20세기 후반의 미국 연극은 경고신호를 보내고 있었다. 1960년대부터 1980년대의 아방가르드는 1990년대에 이르면 거의 죽었다. 식당극장 — 아방가르드의 정반대 — 역시 쇠퇴하고 있었다. 긍정적인 측면에서 비영리극, 교육연극, 지역사회연극들은 활발한 활동을 펼쳤다. 그러나 브로드웨이 연극(미국 사람들이 연극을 생각할 때 가장 많이 떠올리는 형태)은 상승하는 비용, 상승하는 관람료, 늘지 않는 관객과 사투를 벌이고 있었다.

2008년에 시작된 전 세계적인 불경기로 몇몇 비영리극단들과 오케스트라, 미술관, 무용단 등 다른 비영리 예술 활동가들이 파산했다. 교육연극도 기금의 삭감으로 심각하게 약화되었다. 여러 공립학교 지역들은 낮은 예산과 연방 의무 시험의 압박으로 연극을 포함한 예술교육을 폐지했다. 대학과 대학교도 힘든 상황이었다 — 일부 교육프로그램이 축소 또는 폐지되었다.

어떤 연극의 문제들은 단순히 오락용 달러를 노린 경쟁이 늘어나면서 생겨났다. 라디오와 영화가 제2차 세계대전 이전에 관객을 놓고 연극과 경쟁했듯이 TV, DVD, 컴퓨터, 휴대전화 모두가 전쟁 이후 관심을 받으려 경쟁했지만 결국 기술이 승리했다. 1940년대 후반까지는 상업적인 이용이 가능하지는 않았지만 1960년대 후반에는 미국 가정 10가구 중 9가구에 TV 수상기가 있었다. 케이블 TV는 1950년대에 15,000명의 가입자가 있었다면 2010년에는 1억 300만 명의 가입자가 있었다. 1990년대 컴퓨터가 이메일과 인터넷 통신을 가능케 했을 때 DVD와 휴대전화도 널리 퍼졌다. 기술이 영화, 스포츠, 스펙터클을 공정한 연극티켓 값보다 더 적은 금액으로 거실로 들여왔다. 심지어 자동차나 산꼭대기에서도 그것들을 즐길 수 있게 되었다.

　변화하는 기술이 사람들의 필요와 바람에 있어서 변화를 주도하는 것 같았다. 어쩌면 기술은 이미 진행 중인 변화를 반영했다. 관객처럼 단일한 사건으로 모인 집단으로 참여하고자 하는 바람은 기계 앞에서 개개인의 즐거움에, 또는 얼굴 없는 기계와 상호작용하는 즐거움에 밀려난 것 같았다. 사람들은 점점 자신의 일정에 따라 자신의 환경 속에서 미디어를 경험하고 싶어 한다. 출발부터 연극은 예술적인 경험일 뿐 아니라 공동체의 구성원들이 한 공간에서 보고 보여지는 기회로서 사회적인 경험이었다. 구전문화의 산물인 연극은 전자문화가 지배하는 세계에서 점점 제자리를 찾지 못하는 것 같다. 그렇지만 이것이 연극의 구원이 될 수도 있을 것이다. 영화, TV, 심지어 책도 전자를 매개로 전달될 때, 연극은 손으로 만든 인간 척도의 예술로 남을 수 있다.

중심용어

중심용어는 본문에서 굵은 활자로 표시되어 있다. 아래 목록을 참고하여 이해도를 측정하라. 인명은 찾아보기에 나와 있다.

게이와 레즈비언 연극	기간 한정 공연
라틴 극단	리빙 시어터
모더니즘	부조리주의
비영리연극	아프리카계 미국인 연극
여성의 연극	오픈 시어터
재공연	절충주의
정체성 연극	지방극단
포스트모더니즘	행위예술
흑인연극	

1950년대 이후 유럽 연극

학습목표

이 장을 마치면 여러분은

■ 베르톨트 브레히트와 베를리너 앙상블의 관계와 그와 베를리너 앙상블이 유럽 전역에 끼친 영향을 기술할 수 있다.

■ 왕립국립극장과 로열셰익스피어 컴퍼니를 구별할 수 있다.

■ 톰 스토파드와 카릴 처칠의 연극이 그 관점과 구조에서 어떤 차이를 갖는지 설명할 수 있다.

■ 주요 프랑스 극작가를 나열하고 묘사할 수 있다.

■ 예지 그로토프스키의 연극적 이상을 기술할 수 있다.

배경

제2차 세계대전 말기에 대부분의 유럽은 파괴되었다. 극장이 음식이나 따뜻한 집만큼 중요하지는 않지만 대부분의 나라들은 극장 복원을 초기에 시작했다. 대부분의 유럽 국가들에게 극장은 국가적 삶의 중심이 되는 오랜 전통을 갖고 있었다.

비공산국가에서의 극장은 공공극장과 사설극장으로 나뉜다. 사설극장은 대부분 영리를 목적으로 한다. 공공극장은 상당 부분 50%나 그 이상의 예산을 정부 기금으로 충당했다.

2008년 시작된 세계 불황이 많은 유럽 극장과 예술 프로그램에 대한 정부 지원을 위협하고 있다. 공무원들은 매표소 판매 혼합, 기업·재단·개인의 자선 기부와 적은 정부의 지원 등 미국 비영리극장의 사례를 따르라고 권한다.

오늘날 미국에서는 연방정부의 돈은 비영리극장 예산의 1.5%보다 적게 차지하고 있다. 주정부나 지방정부도 평균적으로 5%보다 적게 기여하고 있다.

서유럽 국가는 전면전에 관여했을지라도 국가 간의 예술을 공유하며 언어를 포함한 장벽을 빠르게 극복하였다. 이 나라들은 유럽경제공동체로 움직이게 되었고 사람들이나 상품들의 이동이 쉬워졌으며 연극 또한 국가들을 여행하였다. 특히 상업적인 극장의 관객취향은 절대 획일적이지 않게 되었지만, 최고의 비상업적인 연극이 유럽과 미국 모두에게 영향을 주었다. 이 역사는 국제적인 영향을 끼친 소수의 유럽 연극 예술가들에 초점을 맞춘다.

전쟁 후 구소련의 경계에 있는 많은 나라들은 그 나라의 지배 아래 있게 되었다. 이 나라들(동유럽)과 소련에서는 다른 기관처럼 극장이 정부의 소유물로 보였고, 정부의 목표에 부응하기 위해 정교한 관료적 구조에 의해 운영되었다. 이 나라에서는 정부가 티켓판매에서 나오는 잔액을 포함한 거의 모든 공연 예산을 지원하였다. 티켓의 가격은 서유럽의 티켓가격에 비해 낮은 수준으로 유지되었고 이는 모든 사회계층의 참여를 유도하기 위한 것이었다. 1991년 소련의 붕괴는 동구권 연합 국가들에 다양한 기간과 정도로 자유를 가져다주었다.

제2차 세계대전에 의한 유럽의 파괴에서 제외된 곳은 전쟁에 참가하지 않은 스페인이었다. 스페인은 1936년부터 1939년까지 내전을 겪었다. 파시스트가 이겼고 프랑코(Francisco Franco) 장군은 독재자가 되었다. 스페인 정부는 1975년 프랑코가 죽을 때까지 연극을 포함한 예술을 검열하였다. 정부는 새로운 헌법을 승인했고 1978년 민주주의가 되었다.

오늘날 다른 나라들(루마니아, 그리스, 슬로바키아, 세르비아, 스페인, 노르웨이, 오스트리아, 불가리아, 루마니아, 헝가리, 폴란드, 핀란드, 영국, 프랑스, 크로아티아)에 있는 국립극장들이 정부 지원을 받고 있다. 이 극장들 중 일부는 그들의 기원을 100년 전보다 이전으로 찾고 있다. 한 가지 주목할 만한 예외는 연극보다는 몇 세기 동안 오페라에 더 많은 관심을 가진 이탈리아다. 이탈리아는 연극을 지원하지 않는다.

독일

패전국으로서 프랑스, 영국, 미국, 소련에 의해 네 부분으로 분할된 독일의 연극은 전쟁 이후 즉각적으로 검열당하고 통제되었다. 서구 점령 국가들은 제작 가능한 검증된 희곡의 목록을 출판하였고, 독일 관객을 위한 특정 극의 번역에 대가를 지불하였다. 서독의 점령은 1949년 끝났지만 러시아 점령 지역은 분리된 채 남아 있었다. 그에 따라 독일은

민주주의 서독과 사회주의 동독 두 나라였다.

1950~1966년에 서독은 전쟁 동안 손상된 극장 건물들을 고치고 다시 짓고 새 극장을 세웠다. 프랑스(장 지로두, 장 폴 사르트르), 스위스(막스 프리쉬, 프리드리히 뒤렌마트), 미국, 영국(T. S. 엘리엇, 손튼 와일더, 유진 오닐)의 작품이 제작되었다.

전쟁 이후 동독에서 극장은 베를린을 중심에 두었고 서독의 작품은 금지되었다. 처음 주요 레퍼토리는 러시아의 번역 작품이었다. 정부는 훈련과 시설은 지원해주었지만 대본의 선택은 제한적이었다.

두 독일은 1990년 통일되었다. 1991년 독일 공공극장에서 35,000회의 공연이 있었고 사설 극장에서는 28,000회, 투어를 통해서는 7,700회의 공연이 있었다. 오늘날 독일은 연극을 주로 올리는 2개의 국립극장이 있는데 만하임과 뮌헨에 있다.

중요한 독일 작가들

베르톨트 브레히트 공산주의자, 시인, 극작가로 브레히트(Bertolt Brecht, 1898-1956)는 독일을 탈출하여 결과적으로 몇 년을 미국에서 살았다. 동독이 극장과 극단을 제공했을 때, 그는 동독으로 이주, 세계적으로 유명한 브레히트의 소외 연극의 해석자가 된 베를리너 앙상블(Berliner Ensemble)을 설립하고 연출했다. 그러나 그는 오스트리아 여권, 외국 은행 통장, 작품의 저작권을 버리지 않았다. 아마도 그는 소련동독 정권을 믿지 않았거나 아니면 유럽이든 미국이든 어느 나라의 경계로부터 충분히 긴 시간 동안 추격당했을지

모른다.

세계 도처의 정치극에 브레히트가 끼친 영향의 범위를 과장한다는 것은 어렵다. 소외효과에 관한 그의 이론은(11장의 논의 참조) 그의 대본 및 순회공연을 할 때의 베를리너 앙상블의 영향과 결합해 거대하고 지속적인 영향을 끼쳤다. 〈억척 어멈과 그 자식들〉(1939), 〈갈릴레이의 생애 *Life of Galileo*〉(1939), 〈코카서스의 백묵원〉(1945), 〈사천의 선인〉(1942) 같은 극은 미국에서는 주로 교육극장에서지만, 세계 도처에서 계속 공연되고 있다. 1920년대부터 쿠르트 바일의 음악에 맞춘 그의 가사는 세계적인 노래 레퍼토리의 귀감이다. 브레히트의 '연극적' 효과의 편린들은 다른 사람들의 극이나 연출 콘셉트에서 나타난다―투사, 타이틀 카드, 무대 끝에 남아 있지만 극에는 등장하지 않는 배우, 비환영적인 조명, 장면의 감정효과를 높이는 대신 극에 대한 논평이나 극의 몰입을 방해하는 음악의 사용 등.

페터 바이스　페터 바이스(Peter Weiss, 1916-1982)는 독일의 극작가, 소설가이자 화가로 그의 아버지가 유대인이었기 때문에 부분적으로 영향을 받아 나치를 피해 스웨덴으로 이사했다. 그의 작품 중 가장 널리 번역되고 공연되는 것은 〈마라/사드 *Marat/Sade*〉(1964)로 언급되는 〈사드 후작의 연출 아래 샤량통 정신병원 입원환자들에 의해 그려진 장 폴 마라의 박해와 암살 *The Persecution and Assassinaton of Jean-Paul Marat as Performed by the Inmates of the Asylum of Charenton Under the Direction of the Marquis de Sade*〉이다. 바이스는

마라/사드

페터 바이스의 〈사드 후작의 연출 아래 샤량통 정신병원 입원환자들에 의해 그려진 장 폴 마라의 박해와 암살〉은 1964년 서독에서 처음 공연되었다. 같은 해 피터 브룩이 세계적으로 유명한 로열셰익스피어컴퍼니에서 연출하였다. 바이스는 독일에서 태어났지만 스웨덴 국적을 갖고 있었다. 사진은 퍼듀대학교에서 올린 공연 모습이다.

앙토냉 아르토와 브레히트의 영향을 받았으며, 극은 노래에 의해 차단된다. 1790년대 프랑스 혁명 얼마 후 미치광이 정신병동에서 사건이 벌어진다. 작가이자 나중에 성도착증을 가리키는 명칭인 사드 후작(Marquis de Sade)은, 프랑스 혁명의 리더인 장 폴 마라의 살인자에 대한 극에서 입원환자들을 연출한다. 이 아이디어는 역사에서 영감을 받았다. 사드는 정신병자였고 이 시대, 이 기관에서 극을 연출하였다. 바이스의 대본에서 병원 연출가는 정신병원 환자들이 너무 흥분하지 않게 작품을 검열하고 대본은 나폴레옹 정권 당시의 정부를 지지한다. 사드와 환자들이 〈마라〉를 공연하는 것은 정치적 논쟁에 관계되어 있다. 마라는 무자비한 혁명이상을 지지하고 사드는 실존주의적 개인주의자 같은 모습을 표현한다. 삶의 의미는 내적 성장으로부터거나 원인에 대한 집착으로부터 오는 걸까? 미치광이들은 혁명이라는 개념에 사로잡혀 자신들의 개인적 병리를 실연한다. 정신병원은 혼란에 빠진다. 1964년 베를린에서 초연된 〈마라/사드〉는 영어로 번역되어 영국의 로열셰익스피어컴퍼니에서 같은 해 공연되었고 브로드웨이에서는 그다음 해에 145회의 공연을 하고 여러 부분에서 토니상을 수상하였다.

독일어를 쓰는 스위스 작가들 : 뒤렌마트와 프리쉬 프리드리히 뒤렌마트(Friedrich Dürrenmatt, 1921-1990)와 막스 프리쉬(Max Frisch, 1911-1991)는 독일어를 사용하는 스위스 작가다. 뒤렌마트는 브레히트 연극의 기법을 많이 사용하였다. 그는 〈방문 *The*

Visit⟩(1956), ⟨물리학자들 *The Physicist*⟩(1962)로 미국에서 가장 잘 알려졌다. ⟨방문⟩은 사치스러운 귀부인 클레어가 자기가 살던 가난한 동네로 돌아오는 이야기이다. 그녀는 두 보디가드와 집사, 남편, 두 장님 내시, 흑표범, 트렁크, 그리고 관과 함께 온다. 젊었을 때 성적으로 타락한 마을 사람 중 하나인 알프레드를 누군가가 죽이는 조건으로 (정확한 화폐 단위는 없지만 중요하지 않은) 10억 정도의 돈을 마을에 준다. 마을 사람들은 깜짝 놀랐지만 그들의 수입 수준 이상의 외상으로 클레어의 돈이 아니면 결코 갚을 수 없을 정도로 새로운 것들을 산다. 이 사치는 모두 노란색 신발을 사는 것으로 형상화된다. 알프레드는 많은 사람들(경찰, 시장, 목사)에게 도움을 요청하지만 아무도 도와주지 않는다. 각각의 사람들은 사회의 각 부처(법, 정부, 종교)를 반영한다. 마을 모임에서 알프레드는 군중에 의해 죽임을 당한다. 시장은 알프레드가 심장발작으로 사망했다고 발표한다. 기자들은 알프레드가 행복하게 죽었다고 소리쳤다. 돈은 지불되었고 클레어의 방문은 그녀가 갖고 온 관에 알프레드의 시신을 넣는 것으로 끝난다.

⟨비더만과 방화범 *Biedermann and Firebugs*⟩(1958)은 미국에서 막스 프리쉬의 작품 중 가장 자주 공연된다. 방화범으로 곤경에 빠진 도시에서 비더만은 신문에서 이들에 관해 읽지만 속임수라고 믿는다. 슈미츠라 불리는 사람이 나타나 괴롭힘과 설득을 이용해 비더만을 그의 다락방에서 밤을 보내도록 한다. 슈미츠는 다른 이방인인 아이젠링과 곧 함께하게 되었다. 잠시 후 비더만은 다락이 기름통으로 가득 차 있는 것을 발견한다. 그는 두 이방인에게 성냥을 주기까지 한다. 마지막 장면에서 비더만과 그의 부인은 슈미츠와 아이젠링을 지옥에서 다시 만났고 그 두 사람이 마왕과 악마였음을 알게 된다.

대영제국

정부 보조 혹은 상업적인 공연장 모두에서 영국의 연극은 중요하다. 영국에서 정부로부터 그들 예산의 반 정도를 받는 공공극장은 드물다. 그렇기 때문에 티켓가격은 다른 유럽의 국가들보다 비싸고 공공극장은 관객의 반응에 긴장한다. 미국의 비영리극장이 상업극의 조사-개발 부서의 역할을 하듯 영국의 공공극장은 정부 보조 극장의 제작물을 상업극장, 특히 뉴욕의 브로드웨이 연극 지구에 상응하는 런던의 웨스트 엔드로 정기적으로 이동시킨다. 2000년 현재 영국에는 500개의 극장이 있다. 300개 정도의 공연 공간들을 방문한다.

오랜 민주주의에도 불구하고 영국은 1968년까지 공연에 대한 검열이 있었다. 검열은

Stephen Cummisky

정치적인 것보다 종교, 정권, 가족, 영국식 삶을 보호하기 위한 것이었다. 사전검열이 중지된 후에도 '문제의 공연이 드라마, 오페라, 발레 등의 예술이나 문학과 교육에 관심을 둔다는 이유로 공공선에 기반한 것으로 정당화되지 않는다면' 외설적인 것은 아직 처벌될 수 있다. 성공적인 외설이란 거의 없었다.

로열셰익스피어컴퍼니와 왕립국립극장

제2차 세계대전 전후에 셰익스피어가 태어난 스트랫퍼드 온 에이번에서 셰익스피어 극을 공연하는 것이 여러 차례 시도되었다. 1961년 로열셰익스피어컴퍼니(RSC)가 스트랫퍼드에 설립되었다. 원래 독립적인 비영리단체였지만 1963년 정부로부터 보조금을 받기 시작했다. RSC의 발견은 영국이 전쟁으로 인한 박탈감으로부터 오는 표시로 보일 수 있었다. 오늘날 700여 명이 일하고 있고, 정통 셰익스피어 극, 현대판 셰익스피어 극, 새로운 창작극 등 20개의 작품을 공연하고 있고 정기적으로 런던에서 공연하고 영국 전체, 미국에서까지 공연하고 있다. 2개의 극장이 있는데 하나는 1,000여 명의 관객을 수용하고 하나는 500석 규모이다. RSC는 케네스 브래너(Kenneth Branagh), 팀 커리(Tim Curry), 주디 덴치(Judi Dench), 마이클 갬본(Michael Gambon), 존 길거드(John Gielgud), 나이젤 호손(Nigel Hawthorne), 제레미 아이언스(Jeremy Irons), 데릭 제이코비(Derek Jacobi), 벤 킹슬리(Ben Kingsley), 주드 로(Jude Law), 알렉 맥코웬(Alec McCowen), 이안 맥켈런(Ian McKellen), 이안 맥디어미드(Ian McDiarmid), 헬렌 미렌(Helen Mirren), 게리 올드만(Gary Oldman), 피터 오툴(Peter O'Toole), 바네사 레드그레이브(Vanessa Redgrave), 앨런 릭맨(Alan Rickman), 패트릭 스튜어트(Patrick Stewart), 데이비드 테넌트(David Tennant) 같은 배우, 피터 브룩(Peter Brook), 트레버 넌(Trevor Nunn), 피터 홀(Peter Hall), 매튜 워츄스(Matthew Warchus) 같은 연출가를 포함하여, 전쟁 이후 영국의 유명한 배우, 연출, 디자이너를 양산해 냈다.

관객친화극장

왕립국립극장은 여름 동안 무료로 관객을 끌어들이기 위한 야외공연에 공을 들인다. 사진은 작은 보드빌 공연단이 모든 계층이 즐길 수 있는 공연을 하고 있는 모습이다. 공연장도 공연 전에 로비에서 무료 음악회를 연다. 백스테이지 투어는 공연이 없는 때 이루어진다.

이런 예술가들은 공연장, 특히나 영어 사용 극장을 부유하게 만들었다.

　어떤 면에서 RSC의 주 상대자는 적어도 명성과 정부의 지원에서 런던에 있는 왕립국립극장(Royal National Theatre, NT)이다. 2010년 RSC는 예산의 30%에 해당하는 1,930만 파운드를 정부에서 지원받았고, NT는 더 적은 예산의 56%인 1,560만 파운드를 받았다. [미국 달러로 정부는 RSC에는 3,000만 달러를 지원했고 NT에는 2,500만 달러를 지원한 것이다. 비교해 보면, 국립예술기금(NEA)은 2011년 미국 내 모든 연극에 450만 달러보다 적게 지원했다.] NT는 1976년 템스 강 남쪽에 거대한 콘크리트 시설로 이사하기 전 1963년에 설립된 올드 빅(Old Vic) 극장 건물을 운영했다. 셰익스피어를 포함한 다른 고전극, 창작극을 혼합한 프로그램을 공급했다. NT 공연은 어떤 때는 런던 웨스트 엔드에서 상업적으로 변환되기도 하고, 브로드웨이나 해외 순회공연을 하기도 한다. 가장 최근 웨스트 엔드와 브로드웨이로 옮겨간 공연에는 앨런 베넷의 〈히스토리 보이즈〉와 어린이 소설을 각색한 닉 스태퍼드의 〈워 호스〉가 있다. 창립 이래 50여 년간 (역대 NT 예술감독 목록은) 피터 홀(Peter Hall), 리처드 에어(Richard Eyre), 트레버 넌, 니콜라스 하이트너(Nicolas Hytner), 그리고 초대 연출가이자 배우인 로렌스 올리비에(Lawrence Olivier)등 영국의 중요 연극 연출가를 포함한다. RSC와 NT의 예술가들은 장소가 어디든 상관없이 영어권 연극에 영향을 미쳤다.

　스코틀랜드는 영구적인 전용 극장 건물이 없고 스코틀랜드 내 공간들에서 공연을 한다. 2006년 국립극장을 설립했다.

영국 작가

존 오스본 영국은 영국과 미국 연극에 중요한 많은 작가들을 양산했다. 제2차 세계대전 이후 첫 번째로 알려진 작가는 〈성난 얼굴로 돌아보라 *Look Back in Anger*〉를 들고 나온 존 오스본(John Osborne, 1929-1994)이다. 〈성난 얼굴로 돌아보라〉가 당시 얼마나 충격을 주었는지 재생하기는 어려운데 그것은 오스본의 심한 비꼼과 아이러니와 오랜 전통에 대한 질문이 평범한 사고방식의 일부가 되어야 하기 때문이다. 그리고 단일무대장치와 일상적인 가족 드라마가 극장의 일상사가 되었다. 그러나 오스본 이전의 영국 연극이 그린 온건한 세계와 비교하면 오스본 극의 잔인함과 성적인 내용은 수치심을 느끼게 했다.

극중에서 지미는 노동계층이고 그의 아내 앨리슨의 가족은 중산층이다. 지미는 끊임없이 화내고 앨리슨을 하찮게 만들어 그의 친구 클리프에게 가게 한다. 앨리슨은 지미를 사랑하는데 그의 좌파시각을 존경하고, 자신의 가정교육에 반항하기 때문이다.

앨리슨의 아버지, 레드펌 대령은 그녀를 집으로 데리고 온다. 전쟁 이후 영국 사회를 언급하면서 앨리슨은 아버지에게 말한다. "아버지는 모든 것이 바뀌어서 가슴 아프죠, 지미는 모든 것이 그대로여서 가슴 아픕니다." 지미가 돌아왔을 때 헬레나는 그대로 있고 그들은 싸운 후 키스하고 같이 침대에 든다.

몇 달이 지난다. 지미는 앨리슨에게 했던 것보다 헬레나에게 더 친절하게 대한다. 지미는 아파 보이는 앨리슨을 발견하고 앨리슨은 헬레나에게 아기가 유산되었다고 말한다. 헬레나는 떠나고 혼자 남겨진다. 지미와 앨리슨은 전에 했던 놀이를 하는데 화해한 것 같이 보인다.

해럴드 핀터 해럴드 핀터(Harold Pinter, 1930-2008)의 극은 종종 가족 드라마처럼 보인다. 하지만 늘 뭔가 빠져 있고, 말해지지 않고, 위협적이고, 불안정하다. 관객은 극이 끝난 후 무슨 사건이 발생했는지 정확하게 말하지 못하고 인물에 대해서도 애매모호하게 묘사할 뿐이다. 핀터는 많은 비평가들에게 부조리주의자로 간주된다. 〈귀향 *Homecoming*〉(1964)과 함께 전문적으로 만든 첫 번째 극인 〈생일파티 *Birthday Party*〉(1958)가 아마도 가장 잘 알려진 극일 것이다. 〈생일파티〉의 초연은 호평을 받지 못했지만 한 비평가가 옹호하였고 "핀터는 최고의 독창성을 갖고 있지만 런던의 연극이 그의 재능을 방해하고 가두었다"고 썼다.

〈생일파티〉에서 30대에 들어선 성공하지 못한 피아노 연주인인 스탠리 웨버는 메그와 피티가 운영하는 하숙집에서 피곤하게 살고 있다. 골든버그와 맥캔이라는 두 이상한 자매가 스탠리의 생일파티에 도착했고 그를 찾는다. 스탠리는 그들이 하려는 일에 관한 모호하고 진부한 관료적인 대화를 피한다. 스탠리는 메그가 준비하고 있는 생일파티를 거부한다. 맥캔은 스탠리에게 "왜 조직을 떠났어요?", "왜 우리를 배신했어요?"라는 질문을 하며 맞선다. 그래도 생일파티는 시작된다. 스탠리를 제외하고 모두가 술에 취한다. 다음 장면에서 맥캔이 스탠리를 불러들이는데 컵은 깨져 있고 말을 못하는 상태다. 골드버그와 맥캔은 누군지 알 수 없지만 '몬티'에게 데리고 갈 차로 스탠리를 데리고 나온다. 메그는 들어가고 피티는 스탠리가 떠났다는 말을 하지 않는다.

앨런 베넷과 마이클 프레인 각각 1935년, 1933년에 태어난 앨런 베넷(Alan Bennett)과 마이클 프레인(Michael Frayn)은 다른 길로 극작가가 되었다. 둘은 중산층에서 태어나 케임브리지대학교에서 공부했지만 베넷은 옥스퍼드대학교에서도 공부했다. 프레인은 대학에서 러시아어와 윤리학을 전공했지만, 대학을 나온 후 풍자작가로 알려지기 시작한 첫 저널리스트가 되었다. 베넷도 러시아와 역사를 공부했지만 더들리 무어(Dudley Moor, 나중에 유명해진 코미디 영화배우), 조나단 밀러(Jonathan Miller, 나중에 특히 오페라에서 유명한 연출가), 피터 쿡(Peter Cook, 코미디에 사로잡혀 무대, 영화, 텔레비전에서 활동한

세계적인 흥행작품
베넷의 〈히스토리 보이즈〉는 국립극장에서 처음 공연을 하고 홍콩부터 뉴질랜드 웰링턴, 호주 시드니 투어공연을 하였고, 최우수 작품으로 토니상을 수상하였다. 〈히스토리 보이즈〉는 다시 런던에서 재공연을 가졌다. 사진은 학생 중 한 명과 함께 있는 헥터 역의 리처드 그리피스(Richard Griffiths)이다.

Joan Marcus

배우 겸 작가)을 포함한 네 명의 코미디 그룹에서 처음으로 활동하며 알려지게 된다.

앨런 베넷은 책을 집필하고 TV, 영화, 라디오, 무대용 대본을 썼다. 그의 극은 대부분 놀라운 내용을 담은 가벼운 오락물이다. 〈더 레이디 인 더 밴 *The Lady in the Van*〉(1990)은 베넷이 다니는 길의 트레일러에서 몇 년 동안 살았던 미친 여자 노숙자에 관한 실화를 바탕으로 한다. 〈조지 3세의 광기 *The Madness of George Ⅲ*〉(1991)는 미국 독립전쟁에서 그의 왕실은 어리석은 군주와 무엇을 해야할지 모르다. 식민지를 잃어버리고 말년에 정신병으로 고통 받았던 영국 왕에 대해서 쓴 것이다.

〈히스토리 보이즈〉(2004)는 1980년대 케임브리지대학교와 옥스퍼드대학교를 합쳐 옥스브리지(Oxbridge) 입학시험을 저소득계층의 문법학교에서 교장선생님이 소년들에게 시행하는 동안 발생하는 일들을 쓴 것이다. 두 대조적인 스타일의 선생이 있다—시험에서 이기는 기술에 포커스를 맞춘 젊은 어윈 선생과 모험과 즐거움, 넓은 영역을 가르치는 동성애자인 늙은 헥터 선생이다. 여덟 명의 소년들은 모두 다 합격하고, 우리는 그들의 출발점인 저소득층에서 다는 아니지만 하나의 성공을 배우게 된다. 어윈이 학교에 들어가는 데 아마도 더 많은 일을 하였음에도 불구하고 그들은 그들의 인생에서 가장 중요한 사람으로 헥터를 기억한다. 이 작품은 세계적으로 순회공연을 하였고 브로드웨이에서 6개 부문에서 토니상을 수상하고 공연이 연장되었고, 다시 런던의 웨스트 엔드에서 재공연을 하였고 그러던 중 공연 중인 배우들을 써서 성공적인 영화로 만들어졌다.

마이클 프레인은 〈노이즈 오프 *Nosies Off*〉(1982)라는 제목의 빠른 속도의 소극으로 공연장에서 세계적인 성공을 얻었고 몇 년 후 지적인 드라마 〈코펜하겐 *Copenhagen*〉(1998)과 〈데모크라시 *Democracy*〉(2003)를 내놓았다. 〈노이즈 오프〉는 별로 재능 없는 영국 지방 극장 극단이 'Noises on'이라는 소극을 하는 동안 배우들 사이의 험담이나 뒷이야기를 그린다. 1막은 좌절된 리허설, 2막은 무대 뒤에서 벌어지는 첫 공연이고 3막은 순회공연 마지막, 모든 사람이 그저 공연을 끝낼 수 있을 만큼 지치고 적대적인 상황의 객석이다.

〈코펜하겐〉은 자세한 사항이 확실하게 알려지지 않은 실제 사건에 근거한다. 덴마크의 물리학자 닐스 보어(Niels Bohr)와 독일의 베르너 하인스베르크(Werner Heinsberg)는 제2차 세계대전 때 만났다. 프레인은 이 문제적 시대에 그들의 대담을 상상한다. 1960년대 말부터 1970년대 초의 냉전시대에 민주주의는 또 다른 실제 이야기로 그려진다. 서독 수상 빌리 브란트의 보좌관 귄터 기욤은 동독 스파이로 밝혀졌다. 지나치게 지성적이었으나 이 두 극은 국제적인 성공을 거두었다. 프레인은 소설 10편도 썼다.

톰 스토파드 톰 스토파드(Tom Stoppard, 1937-)도 극작가로 데뷔하기 전에는 기자였다. 체코슬로바키아의 유대인 가정에서 태어난 톰 스토파드는 어렸을 때 나치를 피해 싱가포르로 이주했다. 일본이 싱가포르를 위협할 때 가족은 일본 포로수용소에서 죽은 스토파드의 아버지를 제외하고 호주로 이주했다. 다섯 살 때 그의 가족은 인도로 이주했고 모친은 영국인과 결혼해 스토파드를 양자로 입양하고 전쟁 후 영국으로 돌아왔다. 스토파드는 자신의 이런 성장배경이 아웃사이더의 감각을 주었다고 말하고, 그의 작품에도 이런 것들이 투영되어 있다. 그의 중요한 첫 성공작은 〈로젠크란츠와 길덴스턴은 죽었다〉였다. 로젠크란츠와 길덴스턴은 셰익스피어의 〈햄릿〉에 등장하는 역할이다. 스토파드의 극에서 그들은 그들 뒤에서 간간이 셰익스피어 극의 일부가 일어나고 있는 동안에 계속 농담을 하며 시간을 보낸다. 여기 포스트모더니즘의 문체, 모순된 방식으로 되살아난 과거의 고전과 영웅이나 비극의 주인공과는 정반대의 우연적이고 무의미한 삶을 사는 인물들이 있다.

정체성, 목적 의식, 때로 정치학의 주제를 파헤치더라도 역사나 학식 있는 인물의 전기에 영감을 받고 이를 해체하는 작업이 스토파드의 작품에서 계속되었다. 몇몇 작품은 관객에게 퍼즐로 보인다. 〈익살 *Travesties*〉(1974)은 제1차 세계대전 때 취리히를 배경으로 모더니즘 작가 제임스 조이스(James Joyce)가 『율리시스 *Ulysses*』를 집필할 때 다다로 불리는 주요한 예술운동에서 활동한 트리스탕 차라(Tristan Tzara)와 러시아 혁명을 위해 일한 레닌이 서로 뒤엉킨 상황을 상상한다. (역사적으로 당시 모두 취리히에 있었지만 그들이 만났다는 기록은 없다.) 〈아카디아〉(1993)는 1800년대 초반과 1993년에 영국의 시골 대저택의 한 방에서 일어나는 일이다. 현재 철학자들이 1800년대 그 집에서 무슨 일이 있었는지를 조사하고 논쟁하고, 과거 장면에서는 관객이 실제 일어난 일을 보고 있다. 그러던 중 과학적인 아이디어는 과거와 현재에 유포되었다. 회귀 이론과 그 사촌 격인 혼란 이론, 엔트로피, 윤리(특히 정원), 페르마의 마지막 공식은 당시 스토파드 극에서 처음 제시되었다. 이후 증명되지도, 반박되지도 않았다.

카릴 처칠 스토파드와 비슷한 시기에(1938년) 영국에서 태어난 카릴 처칠(Caryl Churchill)은 유년 시절을 캐나다에서 보냈고, 1960년 문학 학위를 받았던 옥스퍼드대학교에 입학하기 위해 영국으로 돌아왔다. 그녀는 옥스퍼드대학교에서 극작을 시작했다. 극작가로서 그녀는 브레히트와 아르토에게 많은 영향을 받았고 그 형태와 어조는 당시 포스트모더니즘과 혼합되었다. 그녀의 첫 세계적인 성공은 〈클라우드 나인 *Cloud Nine*〉(1979)으로 진지한 성적인 소극이다. 1막은 빅토리아 시대의 영국 식민지인 아프리

미친 숲

처질의 다른 극처럼 〈미친 숲〉은 배우 간의 협력이었다. 이 경우는 영국과 루마니아 연극학교 학생들, 연출가와 작가이다. 처질과 그녀의 그룹은 루마니아에서 두 달을 지냈고 그 후에 이 자료로 그녀는 극을 만들었다. 극은 영어로 창작되었음에도 배우는 루마니아어를 말하고 루마니아 국가를 불렀다.

카에서 벌어진다. 2막은 같은 등장인물들이 1979년 런던으로 나온다. 그렇지만 등장인물들은 25세이다. 재미를 덧붙이는 건지 헷갈리게 하려는 건지 배우들은 같은 장면에 다른 역할을 수행한다. 남자 역은 1막에서 엄마 역할을 하지만 2막에서는 그녀의 동성애적인 아들 역이 된다. 어린아이가 1막에서 아주 큰 어른 역할을 하지만 다른 막에서는 인형이 된다. 1막에서는 흑인 하인이었던 사람이 백인이 되어 연기한다. 1979년에는 가족을 위한 하인이 없다. 성적, 인종적 억압이 함축되어 결합되었다. 막 사이에 설정된 오랜 시간에 거쳐 사회와 그 기대는 바뀌었을지라도 어린이, 여성에 소수자들은 거의 발전하지 않은 것 같다.

처질은 자신이 완성한 대본을 연기하는 극단과 작업하면서 즉흥을 통해 발전시키는 것을 좋아한다. 예를 들면 〈미친 숲 *Mad Forest*〉(1989년 루마니아 혁명에 관한 이야기)과 〈소택지 *Fen*〉(영국 소택지에 사는 하층민에 관한 이야기)는 즉흥적인 작업을 통해 창조되었다.

프랑스

효율적인 검열이 진행된 나치 점령기에도 파리의 연극은 계속되었다. 히틀러는 파리를 좋아했다. 전쟁 이후 긴급한 문제는 누가 연극을 포함해 이 모든 영역을 통제하고 나치와 작업하겠는지, 누가 착한 정통 프랑스 사람인지였다. 책은 점령기 프랑스의 악당을 찾아내려고 아직도 씌여지고 있다. 다른 유럽 국가들처럼 프랑스의 연극도 진지한 국가 지원 연극과 관객에게 잘 알려진 가벼운 여흥거리를 보여주는 상업적인 '볼바르' 공연장으로 나뉜다. 1990년대까지 정부는 지원받는 극장에 예산의 50% 정도를 공급하였다. 동시에 47개의 상업공연장과 전국에 4,000개 이상의 아마추어 극단이 파리에 있었다. 독립적인 아방가르드 공연장도 있었다. 독립적인 제작자, 비외 콜롱비에와 앙투안 극장도 계속되었다.

프랑스 작가들

장 아누이 장 아누이(Jean Anouilh, 1910-1987)는 제2차 세계대전 전부터 극을 쓰기 시작

연극은 연극이다

카릴 처칠의 〈최상의 여성들〉, 1982년

처칠은 작가로서 2개의 대조적으로 보이는 면을 갖고 있다. 그녀는 창의적이고 연극적인 상상력을 발휘하지만 정치적이고 사회적인 주제 안에서는 엄격하다. 그녀의 극에서 자주 반복되는 쟁점은 〈최상의 여성들〉의 주제인 페미니즘이다. 이 작품은 논쟁과 거리가 멀다. 대신 불안정한 변증법, 어느 것에도 치우치지 않는 사상의 교환을 제공한다.

극은 특이한 구조─포스트모던 작가인 처칠에게는 전혀 이상하지 않은─를 갖지만 대부분 극이 그러하다. 첫 번째 장면에서는 무대에 수적으로 가장 많은 배우들이 있다. 화려한 의상에 웃긴 소리를 한다. 이어지는 장면들은 점차적으로 규모가 작아지면서 진행된다. 마지막은 밤이 되면서 두 자매가 이야기를 나누고 술을 마시며 무대를 장악한다.

작품 줄거리 1막은 1980년대 식당에서 발생한다. 마를린(Marlene)은 역사 혹은 신화의 인물인 특별한 사람들과 자신의 승진을 축하하고 있다.

- 에든버러에서 살고 있고 주목할 만한 모험적인 세계를 여행하며 기행문을 쓰는 이사벨라 버드(Isabella Bird, 1831-1904)
- 자서전을 쓰며 일본 전체를 도보로 여행하는 일본 천황의 시녀 레이디 니조(Lady Nijo, 1258-?)
- 1562년 브뤼겔(Brueghel) 화파의 주제인 덜 그렛(Dull Gret), 그림에서 그렛은 지옥을 향해 날뛰는 여자 농민부대를 이끈다.
- 중세시대 남자로 변장해서 살다가 교황이 된 역사적인 조안 교황
- 14세기 말 초서(Chaucer)의 『캔터베리 이야기』에 나오는 순종적인 아내 그리셀다

여자들은 그들의 삶을 묘사한다. 그들의 이야기는 다음의 주제와 일치한다.

- 어렵지만 즐거운 여행
- 아이들을 잃어버리는 것은 종종 남자의 행동에서 비롯됨
- 그들의 시대에 여성적이지 않은 성취와 야망의 수준

다음 장면은 전적으로 여성들을 위한 직업을 찾아주는 사업인 최상의 여성들 직업 알선 기관에서 마를린이 최근 승진해 있다. 스태프들은 어떤 직업을 원하는지 어떤 직업을 제공하는지 모호한 구직자들을 면담한다. 다음 장면에서 마를린의 여동생 조이스의 딸인 16세의 앤지가 12세인 친구 키트랑 뒷마당에서 놀고 있다. 앤지는 또래보다 좀 사교적이고 지성적이어서 두 소녀는 사이 좋게 지내고 있었다. 앤지는 그녀의 바뀐 이모인 마를린에 대해 이야기한다. 앤지는 그녀의 이모가 어린아이라고 상상한다. 앤지는 그녀에게 너무 작은 옷을 입고 있다. 그녀는 키트에게 벽돌로 그녀의 엄마를 죽였던 옷을 입었다고 말한다.

다시 최상의 여성들 사무실로 돌아와서 그동안 보이지 않았던 남자 직원 키드의 부인이 정당한 승진은 자기 남편 것이었다고 마를린을 비난하러 온다. 마를린과 키드의 부인은 불만족스러운 대면을 한다. 사무실에서 키드가 심장발작으로 병원에 있다는 소식이 들려온다.

다음 장면은 1년 전이다. 마를린은 앤지를 위한 전 장면에서 앤지가 입었던 옷을 포함해 몇 개의 선물을 갖고 조이스의 집을 방문한다. 앤지는 잠들었기 때문에 두 자매는 술을 마시면서 어슬렁거리며 논쟁을 한다. 마를린의 자식인 앤지를 조이스가 입양했다는 사실이 드러난다. 마를린은 연인이 많았고 적어도 한 번 이상은 낙태도 하였지만 아무도 만족스럽지 않았다.

연극은 연극이다 카릴 처칠의 〈최상의 여성들〉, 1982년

조이스는 마를린이 차갑고 야심이 있고 행복하지 않다고 본다. 마를린은 그들이 기회가 없는 작은 마을에서 살 수 없다고 주장한다. 그녀는 직장에서 계속 위로 올라간다. 조이스는 마를린이 나중에 총리가 된 마가렛 대처의 추종자인 돈이 목적인 보수주의자들 중한 명이라고 말한다. 마를린은 아이러니하게도 조이

스와 그들의 가난한 부모가 '우리가 멋진 우리가 되어야 한다'는 것에 반박한다. 조이스가 은퇴하고 마를린이 소파에서 잠이 들었을 때 앤지는 무서운 악몽으로 '무서워 무서워'라고 하자 마를린으로부터 위로받고 진정된다.

했다. 그의 극 내용은 신화나 역사적 사실에서 가져와서 접목시킨 것이다. 미국에서 가장 잘 알려진 작품은 〈안티고네〉(1944), 〈성으로의 초대 *Ring 'Round the Moon*〉(1947), 〈종달새 *The Lark*〉(1952), 〈베케트 *Beckett*〉(1959)이고, 연도는 모두 프랑스 개막 기준이다. 〈안티고네〉는 고대 그리스 연극을 각색한 것이다. 〈종달새〉와 〈베케트〉는 신화에서 취했다 해도 역사적인 인물들에 관한 내용이다. 잔 다르크와 토마스 베케트, 영국 왕 헨리 Ⅱ세와의 갈등이 그려진다. 프랑스어로 〈성으로의 초대〉는 상위층의 사랑과 결혼, 성격과 도덕성에 대한 재치있는 시대 로맨스극으로 이전 작품과는 완전히 다르다.

외젠 이오네스코　외젠 이오네스코(Eugene Ionesco, 1909-1994)의 첫 작품 〈대머리 여가수 *The bald Soprano*〉가 1940년에 초연되었다. 이 극은 프랑스에서 가장 많이 공연되는 작품이 되었다. 이오네스코는 루마니아에서 태어나 프랑스에서 자라 루마니아대학교를 다니다가 1930년대 말 프랑스로 돌아와 살았다. 〈대머리 여가수〉는 두 부부와 하녀, 그리고 하녀의 애인의 무의미한 대화이다. 이오네스코는 영어를 공부하려고 보았던 책의 대화에서 영감을 받았다고 말한다. 연인이 떠날 때 그가 지나가는 대머리 여가수를 언급하자 여자들 중 한 명이 '그녀는 항상 같은 스타일로 머리를 한다'라고 대답한다. 대화는 무의미할지라도 두 부부는 화가 나고 그들의 큰소리에 암전이 된다. 조명이 다시 들어오고 극은 같은 대사로, 하지만 이번에는 다른 인물의 같은 대사로 다시 시작하고 조명이 천천히 꺼질 때까지 계속된다. 이오네스코의 극은 소통의 불가능을 보여줌으로써 그를 부조리주의자 중 한 사람으로 만들었다.

사무엘 베케트　사무엘 베케트(Samuel Beckett, 1906-1989)는 아일랜드에서 태어나 대학에서 프랑스어를 공부하고 1930년대 초반에 프랑스에서 살았다. 젊어서 그는 음침하고

성으로의 초대

유명한 영국의 시인이자 극작가인 크리스토퍼 프라이는 아누이의 〈성으로의 초대〉를 개작할 수 있는 권한을 부여받고 제목도 〈달무리〉로 바꿔 달았다. 피터 브룩이 1950년에 이 〈달무리〉를 연출했다.

어려운 소설을 다작하였으나, 존경받는 영향력 있는 작가로 평가받았다. 제2차 세계대전 동안 프랑스 레지스탕스와 일했다. 전쟁 이후 그는 극작을 시작했다. 그는 책의 첫 부분에 프랑스어로 극을 쓴다고 말했다—프랑스어가 '스타일 없이' 쓸 수 있는 유일한 언어라고 해서 책을 영어로 번역하기 전 그 책에 이런 언급을 했다. 이런 의견은 건조한 농담으로 여겨질지도 모른다. 그는 평생 많은 작품을 썼지만 그의 첫 작품 〈고도를 기다리며 *Waiting for Godot*〉(1953)만큼 세계적인 영향을 준 것은 없었다. 그것은 거의 같은 정도로 논쟁과 웃음과 음모를 불러일으킨다.

극은 2막으로 이루어져 블라디미르(Vladimir)와 에스트라공(Estragon) 두 사람이 온다고 하는 고도(Godot)라 불리는 누군가를 황량한 지역에서 이틀 동안 기다린다는 이야기이다. 그들은 무거운 주제를 하찮게 이야기하고, 노래도 부르고, 깜짝 놀랄 만한 말을 하지만 기억 못하는 농담도 하고, 논쟁도 하고 낮잠도 잔다. 어느 순간 잘난 체하는 포조(Pozzo)와 그의 천한 노예 럭키(Lucky)가 지나간다. 블라디미르와 에스트라공은 가혹하게 취급당하는 럭키에게 차이지만 작은 불평만 할 뿐이다. 떠나기 전 포조는 럭키에게 노래를 부르고 춤도 추게 하는 등 불쌍하고 어수선한 일을 시킨다. 1막 마지막에 소년은 둘에게 고도가 오늘은 오지 않겠지만 내일은 올지도 모르겠다고 말한다. 2막은 1막을 반복한다. 기다림, 광대놀음, 포조와 럭키, 살짝 기운이 빠진 채 "오늘은 아니지만 아마도 내일은"이라 말하는 소년, 블라디미르와 에스트라공은 고도를 기다리는 더 좋은 장소를 찾기로 하지만 떠나지 않는다.

Joan Marcus

고도를 기다리며

2009년 사무엘 베케트의 작품을 재공연한 네이던 레인 (Nathan Lane, 왼쪽) 빌 어윈(Bill Irwin) 주연의 브로드 웨이 공연. 이 공연은 3개 부분에서 토니상을 수상했다. 한 비평가는 미국의 위대한 광대 둘이 연기한 '탁월한 작품'이라 평했다.

많은 비평가들은 고도가 무엇이 될 수 있는지, 누가 될 수 있는지 추측하는 데 많은 에너지를 썼다. 베케트는 답을 거부했고, 고도는 신이 아니라고 단호하게 말했음에도 영어로는 그렇게 들린다. (미국에서 고도는 'gou DOE'로 발음이 되고 영국에서 'GOD-oe'로 발음된다.) 베케트는 처음에 프랑스어로 극을 썼다. 그곳에서 God은 'Dieu'로 발음된다. 그것이 무슨 문제인가? 블라디미르와 에스트라공은 그들의 무의미한 세계를 바꿀 바깥세계의 무언가를 기다리고 있고 과장되고 부조리한 방식으로 제2차 세계대전 이후 많은 사람들의 상태를 표현하였다.

베케트는 〈고도를 기다리며〉 이후 극작활동을 계속하였고, 그것들은 좀 더 짧아지고 좀 더 과묵해졌는데 이는 대화가 불가능하다는 부조리주의자들의 믿음을 반영한 듯하다. 그는 1969년 노벨문학상을 수상했다.

이탈리아

이탈리아 비평가들은 일반적으로 전쟁 이후 연극이 결코 이탈리아 문화의 중심이 될 수 없다는 것을 알고 있었다. 관객과 예술가들 모두 영화와 TV로 침몰되었다. 제2차 세계대전부터 1963년까지 연극은 엄격한 검열을 받았고 사회악은 무대에 올릴 수 없었다. 그 결과 무대가 중요한 예술로서 사라졌다. 1960년대 초 뮤지컬은 상업적인 공연장의 아주 큰 부분을 차지하게 되었는데 주로 미국과 영국에서 수입된 뮤지컬이고 이탈리아 뮤지컬도 있었다. 1991~1992년 시즌에 이탈리아 전역의 5개 공연장에서 64,000개의 공연이 이루어졌고 많은 여름 예술 축제가 있었다. 이 숫자들은 오페라를 포함한 것으로, 이탈리아에서는 연극이나 뮤지컬보다 인기 있는 오페라가 장르다.

다른 유럽의 아방가르드 연극처럼 정치적·예술적으로 참여적인 이탈리아 연극은 브레히트와 베를리너 앙상블, 리빙 시어터 순회공연, 예지 그로토프스키(Jerzy Grotoskiw)의 이론, 영국인 프랑스 이민자(English-emigrant-in-France) 피터 브룩의 실험의 영향을 많이 받았다.

극작가, 공연가, 선동가 다리오 포 제2차 세계대전 이후 이탈리아에서 공연자로서 세계적으로 중요한 사람은 다리오 포(Dario Fo, 1936~)다. 풍자작가, 배우, 작곡가, 극작가로서 포는 이탈리아의 코메아디 델라르테에 많은 영향을 받았다. 그의 작품은 범죄, 비효율적인 정부, 가톨릭교의 권력, 반은 지중해를 벗어난 중동의 싸움 등 이탈리아에서 정치적·사회적으로 중요한 주제를 풍자한다. 다른 곳에서 공연을 할 때는 그 지역 사안을 적용하여 작업한다. 그는 순회공연 때 그의 부인 프랑카 라메(Franca Rame)와 같이 했다. 1955년부터 1959년 사이에 둘은 영화에서도 함께 작업했다. 1960년 이후 그의 극단은 이탈리아와 다른 곳에서 열정적인 지원을 받았다. 그들은 마피아, 우익집단, 가톨릭 교회 등 다양한 곳에서 위협을 받기도 하였다. 이탈리아 공산당은 처음에는 포와 라메가 우익을 공격해서 지지했음에도 불구하고 결국 그들을 반대했다.

그의 작품은 30개 이상의 언어로 번역되어 적어도 57개 국가에서 공연되고 있다. 아마도 그의 가장 잘 알려진 작품은 코메디아 라찌와 정치적 논평이 담긴 중세시대 이야기를 열정과 미스터리 극으로 재해석한 〈코믹 미스터리 *Mistero Buffo*〉다. 바티칸은 이를 불경스러운 극이라 선포했다. 포에 의해 공연된 〈코믹 미스터리〉는 1인극이다. 다른 극단에서는 여러 명의 배우와 때로는 인형을 사용하는 극으로 재현하였다. 포는 극작가였음에도 불구하고 코미디의 즉흥적인 감각을 믿었기에 다른 사람들과 작업을 할 때는 대본을 바꾸는 것을 독려하기도 하였다. '중세시대 광대를 흉내 내어 지배계층의 권위를 꾸짖고 억압받는 사람들의 위엄을 보호하려 했던' 작가로 평가받아 1997년 노벨문학상을 받았다.

폴란드

폴란드의 연극은 나치의 점령으로 완전히 파괴되었지만 1945년 5월까지 12개의 극장이 공연을 시작했고, 종종 황폐해진 건물에서 공연이 이루어지기도 하였다. 전쟁 직후 다른

다리오 포의 이상한 미스터리
사진은 이탈리아에서의 공연으로, 다리오의 코메디아 델라르테 테크닉과의 접목이 배경막을 설치한 임시극장처럼 보이는 무대에서도 생생하게 보인다.

공산국가들처럼 폴란드에서도 정부가 연극의 주인이 되고 재정적인 지원을 하였다. 사실주의 극이 선호되었고, 예술은 민중을 위한 것이었다. 이 시기의 연출가들은 폴란드 낭만주의 고전 작품이나 고대 그리스 작품이나 셰익스피어 작품을 선호하였다. 그러나 새로운 극은 공장, 조선소, 농장 등을 배경으로 제작되었다. 연극에 대한 정치적인 규제는 1953년 스탈린의 죽음 이후 완화되었다. 이전 20여 년 동안 중요한 유럽과 미국의 연극이 공연되었다. 브레히트의 극이 무대화되었고 많은 영향을 주었다. 이 시기에는 물리적인 디자인이 중요해졌고 양식은 비사실주의, 환영주의였고 비쌌다—그리고 모든 시대의 극에 사용되었다.

폴란드의 공산주의는 1989년에 무너졌고 연극에 모순된 변화를 가져왔다. 무대는 자유로이 모든 주제와 극작가들을 추구했지만 정부의 보조가 갑작스럽게 없어졌다. 공산주의 정권일 때 그들은 예산의 평균 80~90%를 지원받았다. 1991년에 정부 예산은 국립극장을 위해서만 우선적으로 조금 지원되었다. 1992년에 폴란드에는 69개의 극장이 있었다. 많은 극단에서 보다 많은 유료관객을 유치하기 위한 시도로 희극과 소극이 일반적인 레퍼토리였다. 화려하고 비싼 물리적인 공산주의 시대 공연은 이제 더 이상 존재하지 않는다.

1765년 설립된 폴란드의 국립극장은 현재 바르샤바에 위치해 있으며 전통적으로 오페라, 연극, 발레 등을 공연하고 있다.

이론가, 실험가 : 그로토프스키와 '가난한 연극' 그로토프스키(Jerzy Grotowski, 1933-1999)는 여러 방법으로 새로운 사상의 발전, 자신의 '연구'를 따른 실험극 연출가였다. 그렇게 함으로써 서구세계의 비상업연극에 영향을 끼쳤다. 마음대로 할 수 있는 전형적인 드라마 대본으로 시작한 그는 유럽에 기원을 두지 않은 비드라마적인 텍스트에 기초한 연극으로 이동했다. 1960년대 초 작품은 산스크리트 연극인 〈샤쿤탈라〉(원문에 대한 더 자세한 것은 63쪽 참조)이다. 획기적인 이정표가 된 것은 1904년 스타니슬라브 비스피안스키(Stanislaw Wyspiański)가 쓴 〈아크로폴리스 *Akropolis*〉(1964) 공연이다. 배우는 성경과 그리스 신화로부터 가져온 이야기를 뒤죽박죽 섞어서 관객 주변에 화장터를 만든다. 〈아크로폴리스〉는 영화로 제작되었고 나중에 전 세계를 순회하며 막대한 영향을 끼쳤다.

그로토프스키의 가난한 연극(poor theatre)의 개념은 그가 명확하게 설명하기 힘들다고 썼음에도 넓은 범위의 영향을 가져왔다. '가난한'은 돈이 아니라 효과를 의미한다. 연극은 영화와 경쟁할 수 없다. 그로토프스키는 조명과 장치의 모음보다는 관객과 배우에 더

집중하는 것이 '가난한' 것이 될 수 있다고 말했다. 그는 두 가지 요소야말로 연극의 핵심
이고 다른 것들은 부산물이고 산만하게 하는 것이라 믿었다. 그의 배우 훈련은 발성훈련
이나 스타니슬랍스키 메소드 같은 '기교'의 층을 쌓는 데 반대한다. 그에게 배우 훈련은
일종의 무당 같은 영적인 매개자나 감정을 지우는 것으로 보았다. "배우는 자신의 재능을
이용한다"라고 그로토프스키는 썼다. "이것은 '무아지경'의 기술이며 배우의 심리적, 신
체적 힘의 통합이다."

그로토프스키의 이후의 연구는 그를 연극 대본으로부터 멀리 떨어뜨렸다. '유사 연극
적 시기'라 부르는 기간에 그로토프스키는 나중에 배우와 관객이 포함된 공동체 의식(일
종의 제사의식)의 공연을 발전시키려는 시도를 했다. 그는 제3세계, 멕시코를 포함하여
인도, 아이티공화국 등을 여행하며 그곳의 연극을 배우고 연극을 근원으로 되돌리려는
시도를 했다. 그는 의미나 문화의 인용 없이 행위자에게 영향을 줄 수 있는 노래나 움직
임을 찾는 소위 '객관적인 드라마'라는 것을 발전시키려고 노력했다. 후에 그는 다른 차
원의 인식으로 이끄는 매개물로서 연극을 파헤쳤다. 어떤 사람은 그의 후기 작업이 보통
연극이라 정의하는 바를 넘어섰다고 말하기도 하였다.

그로토프스키는 세계적으로 많은 연출가와 연극에 영향을 주었다. 일찍이 RSC에서 경
력을 쌓은 영국인 피터 브룩(1925-)은 제자이고 추종자였다. RSC에서 브룩은 페터 바이
스의 〈마라/사드〉를 영어로 처음으로 공연했다. 국제연극연구센터(International Center
for Theatre Reseach)를 시작하기 위해 1970년대 프랑스로 이주하기 전에 그는 〈한여름밤
의 꿈〉(1970)을 연출하여 호평을 받았다. 기존의 관습을 멀리하고 무대장치는 하얀 박스
로 디자인되었다. 요정들이 그네를 타고 등장하고, 퍽의 사랑의 묘약은 빨간 접시 돌리기
였다. 보텀의 당나귀 변신은 배우가 빨간 광대의 코를 달아서 상징화되었다. 1985년에는
인도의 서사극을 대본으로 하는 9시간 길이의 〈마하바라타 *Mahabharata*〉를 그의 프랑스
공연장에서 올렸다.

제2차 세계대전 이후 유럽의 연극이 미친 영향

제2차 세계대전 이후 유럽의 연극은 빠르게 재건되었다. 처음에는 대부분 재공연물, 고
전물을 무대에 올렸으나 점차 새로운 작가들이 나타났다. 브레히트와 아르토의 이론은
이 시대 유럽 전체의 정치적으로 참여적인 연극에 영향을 주었다. 얼마 후 그로토프스키
의 실험들은 전 세계 아방가르드 예술가에게 영향을 주었다. 유럽의 많은 연극은 2008년

부터 시작된 경기침체에 드라마를 포함한 모든 예술 분야에 조금씩 깎여 갈지라도 정부의 지원금으로 운영이 되었다. 정부의 지원이 없다면 많은 유료 관객층을 확보하기 위해 극단들은 뮤지컬과 희극을 주로 편성하는 경향이 있다.

중심용어

중심용어는 본문에서 굵은 활자로 표시되어 있다. 아래 목록을 참고하여 이해도를 측정하라. 인명은 찾아보기에 나와 있다.

가난한 연극

CHAPTER 15

1800년대 이후 아시아의 연극

학습목표

이 장을 마치면 여러분은

■ 3장에서 기술되었던 아시아 연극의 발전과 함께 이 장에서 기술된 발달 과정을 연계할 수 있다.

■ 아시아에서 서구 스타일 연극의 시작을 묘사할 수 있다.

■ '발리우드'가 어떻게 인도의 연극을 없앴는지 설명할 수 있다.

■ 북경 오페라와 대사연극과의 차이점을 비교할 수 있다.

■ 중국 연극에 미친 공산주의의 영향을 기술할 수 있다.

■ 일본에서의 대사연극과 부토의 차이를 설명할 수 있다.

배경

서구 국가들은 몇 세기 동안 아시아와 무역을 해 왔지만 이는 실크로드라 불리는 통로로만 상품의 가치를 나누는 많은 중개인을 통해서였다. 조선술, 항해술, 사업조직이 18~19세기에 대폭 발달하면서, 유럽의 열강은 동쪽과 직접 거래하는 방식을 찾았다. 어떤 경우에는 유럽과 북미 국가들이 단지 무역을 위해 무장 함대를 강요하였다. 또는 다른 경우에 그들은 인도, 중국, 일본을 식민지로 찾았다.

인도

영국은 17세기 동인도회사를 시작으로 인도에 영향을 주었다. 그리고 동인도회사는 1763년까지 주요 무역을 독점했다. 2세기 넘게 면, 실크, 인디고, 초석, 차, 아편 등을 거래했다. 영국 왕실 정부가 직접 집권하는 1757년부터 1858년까지 자체 군인 조직을 이용하는 등 인도 전체를 지휘하기에 이르렀다. 근대 인도와 파키스탄은 1947년에 독립했다. 인도의 독립 이후 문화는 지역 영화 사업에 지배당했고 전문 라이브 연극은 위축되었다.

중국

중국 정부가 많은 중국 국민들이 아편에 중독되어 영국과의 아편거래를 중지하려고 하자, 영국은 1839~1842년, 1856~1860년까지 이른바 아편전쟁을 선포했고, 그 결과 많은 다른 유럽 열강들보다 영국은 조약을 먼저 맺게 되어 중국에서 특별하고 정당한 권리를 갖게 되었다. 영국은 안정적인 무역 거래를 유지하기 위해 인도에서 재배한 아편을 거래해야 했다. 중국은 영국이 원하는 차나 비단 같은 많은 상품을 갖고 있었기 때문에 아편 판매 없이는 영국의 입장에서 무역이 불리했다.

중국은 1912년 왕정을 버리고 간단하게 공화국을 설립했는데 당파싸움으로 무너졌다. 이 싸움은 1949년 마오쩌둥 아래 중국공산정부를 설립할 때까지 계속되었다. 중화인민공화국은 연극을 포함한 전 영역에 치명적인 영향을 주었다. 새 천년을 시작하는 때부터(2000년) 중국의 경제성장은 미래 세계 권력으로서 확실하게 자리를 잡았다.

일본

1854년 미국의 매튜 페리(Matthew Perry) 제독은 통상압박을 가하기 위해 무장한 배를 이끌고 일본에 갔다. 다른 서양 열강들도 곧 따라갔다. 이 낯선 외국의 방해로 인하여 일본에서 혁명은 천황을 부활시키고 처음으로 현대화되기 시작했다. 특히 서구의 기술과 관리 방식을 흡수하는 노력의 결과로 제2차 세계대전 시 아시아 주변국가에 침략적 접근을 하고 서구 열강들과 전쟁을 하기에 이르렀다.

두 번의 세계대전으로(특히 제2차 세계대전) 아시아와 서양은 좀 더 깊게 통합되었다. 이 점령한 패망국 일본은 남아 있는 일본의 것도 포함하여 서구 문화에 집중되게 되었다. 전후 시대 아시아는 미국과 소련 두 강국의 주도권 싸움의 목표물로 남게 되었다.

인도의 유사 연극적 제의식

떼이얌(Theyyam) 힌두교 제의는 적어도 1,000년 이상 동안 행해졌지만 그 기원은 아마도 더 오래되었을 것이고, 인도 남쪽 케랄라 지방에서는 계속되고 있다. 형형색색의 의상을 입은 하층 카스트의 의식 집행자가 신의 화신으로 여겨지고 군중들에게 숭배를 받는다.

1800년대 이후 인도의 연극

인도 대륙에서 서구의 경제적 · 정치적 지배 이전에 민속극은 도처에서 행해졌다. 지방마다 규모와 양식이 다양했지만 산스크리트 연극은 시각적으로 화려하게 표현되었다. 산스크리트극은 9세기 몽골제국의 정복에 의해 소멸되었음에도 불구하고 최남단 지역에서는 카타칼리(Kathakali)라고 불리는 토착민의 무용극이 지속되었고, 이것이 인도 산스크리트 연극의 직계후손이라 여겨지고 있다. 카타칼리는 제한된 범위의 많은 전통적인 스토리에서 미리 정해진 제스처와 움직임, 그림을 사용하여 고도로 양식화된 분장과 의상으로 행해지는 고전 무용극이다. 이 극은 각 지방 언어와 산스크리트어를 혼합해서 이루어진다. 그런 식으로 여러 인도 지방의 토착적인 연극 형식들과 많은 요소를 공유한다.

서양식 연극의 출현

영국이 1858년 인도 지배를 선포했을 때 많은 서양의 전통들이 인도로 유입되었다. 영국에서 온 식민지 지배자들은 결과적으로 토착민을 교육하는 언어로 영어가 제2언어가 된 대학을 설립했다. 영국은 서구시장에 인도 자원을 효율적으로 개발하고, 극동에서 유럽으로 물품을 이동할 때 거치는 지점으로 콜카타, 봄베이(지금은 뭄바이), 마드라스 3개 도시를 건립했다. 이들 도시를 위해 영국은 런던에 있는 프로시니엄 극장을 모델로 영국 배우와 영국 공연을 들여 왔다. 영국의 연극을 따른 현대극은 인도어로 써지고, 19세기 후반에 등장한 인도 배우들이 공연했다. 이들은 기본적으로 양식 면에서 영국의 드라마를 닮은 사실주의 극, 희극, 멜로드라마였다. 어떤 제작자는 사회, 정치적 사상을 위한 토론회 형식으로 연극을 이용하기도 하였다. 인도 북쪽 시에서 한 백인이 인도 토착민 여자를 강간하는 내용을 담은 자극적인 공연의 결과로 백인들의 작은 폭동이 있은 후에 영국은 1879년 연극 공연물에 대한 법률을 제정하였다. 법률은 인도 연극에 대한 검열이라는 공권력을 발휘했다.

라빈드라나트 타고르　시인, 소설가, 음악가, 화가, 그리고 극작가인 타고르(Rabindranath Tagore, 1861-1941)는 인도에서 가장 유명한 현대 극작가이다. 아마도 서구에서 가장 많이 공연되는 그의 작품은 1912년의 〈우체국 *Dak Ghar(The Post Office)*〉일 것이다.

　타고르는 문학적인 가정에서 자랐고 집에서 교육받았다. 예를 들면 그의 형 조티린드라나트는 몰리에르에 관한 극을 써서 집에서 공연을 했고 나중에 극단을 만들었다. 타고르는 극작이 주가 아니라 소설, 작사, 그리고 정치나 개인적인 수필을 썼다. 1913년 노벨

연극은 연극이다

타고르의 〈우체국〉

타고르의 〈우체국〉은 유럽 전역에서 환영받았다. 아일랜드 시인이자 극작가인 예이츠는 영어 본을 만들었다. 스페인어와 프랑스어로도 번역되었고, 나중에는 제2차 세계대전 동안 파리가 나치에게 함락되기 전 라디오본으로 만들어졌다. 폴란드어 버전은 바르샤바 빈민가 고아들이 공연했다.

〈우체국〉의 내용은 상징주의와 단순함에서 호소력이 있다. 주인공의 조용한 죽음은 살인적인 20세기에 사는 유럽 독자와 청취자들에게 반향을 불러일으켰다. 타고르에 따르면, 〈우체국〉에서 죽음은 '세계의 축적된 부와 증명된 신념'으로부터의 '정신적인 자유'이다.

작품 줄거리 입양된 아이 아말(Amal)은 집 마당에서 지나가는 사람들에게 어디 가고 있냐고 물어보고 있다. 그는 병에 걸려서 떠날 수 없다. 근처의 우체국이 왕으로부터 편지를 받거나 그가 왕의 집배원이 될 수 있다는 환상의 세계로 인도한다. 마을의 촌장은 문맹인 아말을 조롱하고 아말에게 왕실의 의사를 보낸다고 하는 왕의 편지를 받았다는 이야기를 꾸며내도록 만든다. 이상하게도, 왕이 곧 도착한다는 발표를 하는 전령과 함께 왕실의 의사가 진짜로 온다. 아말의 수호자는 그에게 속삭인다. "아가야, 왕은 너를 사랑한단다. 그 분이 직접 오실 거야. 선물을 요청하렴. 너는 우리의 초라한 환경을 알고 있잖아." 아말은 "나는 아무리 멀고 넓더라도 그분의 메시지를 문에서 문까지 배달할 수 있는 우체부가 되게 해달라고 부탁할 거야." 별이 빛나는 하늘을 보면서 아말은 평화롭게 잠이 든다—아니면 그는 죽은 건가?

문학상을 수상했다. 1915년 영국으로부터 기사 작위를 받았지만 영국의 인도 지배에 대한 항의로 반납했다. 그는 인도의 독립을 보지 못하고 세상을 떠났다.

서양식 연극을 쇠퇴시킨 '발리우드' 반 농담처럼 발리우드로 불리는 20세기 인도 영화의 부흥은 상업연극에 불리한 영향을 주었다. [이 단어는 Hollywood에서 온 것으로 'h' 대신 Bombay(지금은 Mumbai지만)의 'b'로 바꾸어 만들어진 것이다.] 발리우드(Bollywood) 영화는 보통 뮤지컬 러브스토리로 많은 음악과 춤으로 이루어졌다. 인도 영화의 부흥은 라이브 연극을 몰살시켰다. 그 효과는 부분적으로 경제에 영향을 미쳤다. 공연자, 극작가, 디자이너들이 극장에서 일하는 것보다 영화에서 일하는 것이 더 많은 돈을 벌 수 있기 때문이다. 발리우드 영화는 색상과 움직임을 강조하고 순회를 다닐 때 연결고리를 찾기 위해 많은 지방언어를 사용한다.

오늘날 인도는 인구 규모에 비해 상업적인 극장이 거의 없다. 큰 도시에 집중되어 있고 콜카타에 가장 큰 규모가 있다. 인도의 연극은 대부분 아마추어이고 크기와 수준이 다양한 범위의 단체를 갖고 있다. 콜카타에만 대략 3,000여 개의 비영리극장이 등록되어 있는

데, 뭄바이에는 500여 개의 극장이 있다. 대본은 공연장이 있는 그 지방의 언어로 써지지만 때때로 영어로 혹은 여러 가지 언어가 섞이기도 한다. 지역 민속극과 춤극은 인도 전역에서 계속 공연되고 있다.

1790년 이후 중국 연극

중국은 1500년대 중반에 시작되어 100년도 넘게 무대를 장악한 낭만적인 내용의 곤곡(Kunqu opera)에서 확실한 대중연극 관습을 갖고 있다.

북경 오페라

곤곡 무대는 유럽의 번역가에 의해 도시의 이름이 바뀌었지만 소위 말하는 북경 오페라(Beijing Opera) 경극이 발전된 무대이다. 경극의 정확한 번역은 '수도의 오페라'라고 할 수 있다. 1790년대 들어 발전되어 남자 배우들에 의해 미리 정해진 움직임을 사용하며 매우 양식화되었다. 격렬한 움직임이 종종 아크로바틱으로 보인다. 분장과 의상은 화려하지만 무대와 소도구는 최소였다. 모든 무대는 관객 앞에서 바뀌고 등장하지 않는 배우는 종종 무대 옆에 보이게 서 있다. 노래와 춤은 해설에 의해 중단될 수도 있다. 북경 오페라는 사각형 무대에 3개 면은 관객석인 형태이다. 악사는 무대 앞쪽 관객에게 보이는 곳에 자리 잡는다. 무대에는 보통 테이블과 의자가 있는데 이는 종종 벽, 침대, 심지어 산을 표현하기도 한다. 북경 오페라는 아직도 공연되고 있으나, 지금은 여자 단원들이 소속되어 있다.

북경 오페라와 곤곡에서 유명한 여성 역할을 했던 배우 메이란팡(Mei Lanfang)은 서양 관객에게 오페라를 연주하기 위해 1930년 미국과 1935년 유럽에서 순회공연을 했다. 그의 순회공연은 브레히트의 서사극에 영향을 주었다고 전해진다. 1949년 혁명 이후 메이란팡은 중국 북경 오페라 극장과 중국 오페라 연구연합에서 연출을 했었다.

대사연극

화극(hauju)으로 불리는 대사 위주의 정통 공연은 1907년 중국에서 처음 공연되었다. 중국에서 최초의 프로시니엄 형태의 공

중국 외교 사절
위대한 중국 배우 메이란팡은 미국과 유럽에 북경 오페라와 곤곡으로 순회공연을 하였다.

오늘날까지 계속되는 북경 오페라
북경 오페라는 관광객들을 위해 오늘날에도 공연된다. 극적인 칼싸움, 음악, 춤, 양식화된 제스처와 함께 형형색색의 의상은 북경 오페라의 특징이다.

연장은 1908년에 만들어졌다. 중국에서 정극공연은 서구의 것을 모색하고 있다. 이는 정치적·사회적으로 연결되어 있다. 첫 작품은 〈천국을 향한 흑인 노예의 절규 *The Black Slave's Cry to Heaven*〉로 해리엇 비처 스토의 흑인노예 반대 소설인 〈톰 아저씨의 오두막〉을 중국 스타일로 각색한 것이었다. 1919년 〈삶의 중대 사건 *The Main Event of One's Life*〉은 입센의 〈인형의 집〉에서 영감을 얻은 것이다. 대사연극은 20세기 중반까지 소수자들의 예술로 남았다.

북경 오페라조차 서양의 영향을 받았다. 오페라나 정극을 위해 틀을 갖추고 무대를 높여 배우와 관객을 분리시키고 어둠 속에 관객이 열 지어 앉는 프로시니엄 극장은 천천히 중국에서 우위를 차지하게 되었다. 서양 오페라에 영향을 받은 새로운 형태의 가극(*geju*)이나 '음악'이 20세기 초반에 발달되었다. 가극은 민속음악과 결합한 정치연극과 민속음악 양식의 새로운 곡에 유럽 악기가 연주되거나 유럽 경희극의 중국 버전, 대사, 장식적이고 정교한 노래가 뒤섞여 있다.

중화인민공화국에서의 연극

중화인민공화국의 전체주의 지도자 마오쩌둥(1893-1976)은 "모든 문화, 모든 문학과 예술은 특정 계층에 속해 있고, 특정 정치 노선을 위해 준비된다. 사실상 예술 자체를 위한 예술 같은 것은 없다. 노동자 계층 문학과 예술은 전체 노동자 계층의 혁명 원인의 부분이다. 그것은 전체 혁명 기계의 톱니바퀴인 것이다."라고 썼다. 1949년 통일된 공산국가

정부의 중국은 연극을 포함한 예술을 통제하였다. 시간이 지나서 극장은 정부의 재산으로서 국유화되었고 모든 사업도 국유화되었다.

스탈린 아래 소련은 노동자 계층의 예술은 사회주의적 사실주의여야 한다는 개념이 명확하고도 불변적이었음에도 중국은 어떤 종류의 연극이 적당한지에 대한 생각이 늘 바뀌었다. 이는 단순한 지적 논쟁이 아니라 정부의 지원이나 검열, 작가를 치켜세우거나 형편없게 생각하기는 문화부의 입장에 따라 달랐다. 소련과의 동맹으로 서양식 연극이 권장되었다. 이후 아니었다. 사람들은 고유의 오페라 형식을 좋아했고 되돌아갔다. 그러나 시간이 흐르고 많은 옛날 오페라들이 봉건주의 지주들에게 지원을 받았기에 공산국가에서 공연될 수 없음이 발표되었다. 다른 오페라들은 만약 편집된 정치적인 메시지가 맞다면 공연될 수 있었다. 새로운 오페라는 정부의 노선을 따르는 것으로 쓰였다. 그러나 봉건주의 오페라가 특별한 때나 휴일에 공연될 수 있었다. 결국 문화혁명 (1966~1976)의 혼돈기간 동안 전통 중국 연극은 규탄받았다.

오늘날 어떤 사람은 연극은 문화에 중요하지 않다고 말한다. 전체주의 국가에서 연극은 그 주장을 반박하는 증거이다. 적어도 엄격히 통제되는 국가들에서 전체 억압과 세밀한 검열의 가치가 있는 연극은 매우 중요한 것으로 보였다. 초기 몇십 년 동안 공산 정부는 연극을 선전을 위한 생생한 도구로 보았다. 모든 사람이 정치적으로 올바른 연극을 볼 수 있기를 원하는 정부는 가난한 시민들조차 참석할 수 있도록 가격을 저렴하게 만들었다.

1960년대 한 유명한 오페라는 역사적인 사실을 근거로 한 것이었다. 중국 사회에서 여자들의 자질을 선동하는 도구로 정부는 〈양씨 집안의 여자 장군들 *Women Generals of the*

공산 중국의 춤극

전례 없이 1972년 중국을 방문한 닉슨 대통령을 위한 공산 시절 춤극 〈붉은 여자 군대 *The Red Detachment of Women*〉의 공연 모습이다.

Yang Family〉작업을 권장하였다. 11세기에 중국은 침공당했다고 오페라의 스토리에 나타나 있다. 양씨 집안의 남자들은 전쟁에서 모두 죽었다. 미망인 타이쥔은 제국을 설득해 백 살 때 손녀와 함께 군대를 이끌었다. 그녀의 지휘 아래 군인은 적들을 물리쳤다. 적들을 패배시킨 후 양씨 집안의 남자 상속자들만을 남긴 채 반대편 군인들을 재교육했다. 미망인과 그녀의 손녀는 침략자들의 진영을 없애고 상속받는 성씨를 구하게 됨으로써 문중의 이름을 유지할 수 있게 되었다.

마오쩌둥 이후 서양은 중국의 연극이 증가하는 데 영향을 주었다. 이러한 변화를 특징짓는 신성한 사건은 1983년 미국의 극작가 아서 밀러가 그의 작품 〈세일즈맨의 죽음〉을 북경에서 연출을 하도록 몇 달 동안 초대받은 일이다. 밀러가 연출한 〈세일즈맨〉이 서양식 정극에 대한 중국 사람들의 관심을 촉진했는지 분명하지는 않지만, 작품은 세계적인 관심을 불러일으켰다.

오늘날 중국 공연 전문가, 연구가는 그들의 연극이 스타니슬랍스키 형태의 사실주의, 브레히트의 서사극 형태, 아니면 부조리극같은 비사실주의 극의 형태로 되어야 할지에 대해 논쟁한다. 대사연극 관객은 전통적인 형태의 공연 관람객보다 젊고, 부자, 좀 더 교육받은 사람들이다.

2011년 10월 청두(Chengdu)국제연극제는 해럴드 핀터의 〈배신 *Betrayal*〉과 대만의 신작 등 9개의 극을 처음 선보였다. 청두국제연극제는 상하이와 베이징의 페스티벌을 따라

서양 연극의 동양적 요소
존 플레처의 〈여인의 상 *The Woman's Prize*〉[또는 〈훈련사 길들이기 *The Tamer Tamed*〉]은 원래는 이탈리아에서 만들어졌다. 버틀러대학교가 아시아식으로 해석했다. 두 사진에서 가면을 사용하고 있음에 주목하라.

갔다. 극작가 리아오 이메이(Liao Yimei)는 "중국 정부는 부자이고 진짜로 문화를 촉진시키고 싶어 한다. 경제 발전 후 나라는 문화를 원한다. 당연한 일이다"라고 말한다.

　많은 중국 방문객은 그럼에도 불구하고 베이징에 있는 치엔먼 호텔의 1,000석 규모의 특별하게 지어진 공연장에서 〈천국의 대혼란 *Havoc in Heaven*〉같은 전통적인 북경 오페라 양식의 공연을 본다. 〈천국의 대혼란〉은 고대 요정 이야기를 기초로 한 것이다. 천국의 제국은 복숭아 만찬을 계획했는데 원숭이 왕은 초대하지 않았다. (원숭이 왕에 관한 많은 이야기가 있고 어떤 것은 무대화되었다. 그는 중국 전설에서 장난꾸러기지만 강력한 반신이었다.) 이에 원숭이 왕은 화가 났고 만찬 앞에서 그는 복숭아와 불사의 약을 먹었다. 그는 많은 천국의 궁전을 망가뜨렸다. 무대는 활발하고 정형화된 무술을 사용하기 때문에 관광객이 가장 좋아하는 오페라 중 하나이다.

　한 시간 정도의 공연 후 관객은 극장 밖 중국전통연극과 관련된, 오로지 관객을 위해서만 만들어진 비싼 상품을 파는 상점 앞에 있게 된다.

최근의 일본 연극

가부키와 노가 일본에서 계속되고 있음에도 연극은 서구 기술의 영향을 받으며 20세기에 시작했다. 처음 전통공연은 '현대극'이라는 의미의 20세기 신극(Shingeki)이 초기에 공연되었다. 첫 서양연극 상설극장은 1924년에 열었고 첫 시즌은 독일, 러시아, 프랑스 극을 포함하였다. 시간이 흘러 일본 작가들이 새로운 양식으로 글을 썼고 특히나 역사극을 중시하였다. 이때 여자 배우가 신극 무대에 섰다.

　일본 현대연극은 사회 개혁적이고, 정치적으로는 좌익 경향이었다. 그리하여 정부가 제2차 세계대전을 이끌며 우익 성향으로 바꾸려 할 때 신작을 억압하고 어떤 때는 주요 주최자나 예술가들을 체포하기도 하였다. 그러나 전쟁 후 연합국에 점령당하자 신극이 일본 연극을 지배했다. 처음에는 스타니슬랍스키식 사실주의 위주였지만 연극 양식은 20세기 후반 서사극이나 부조리극으로 확대되었다.

　일본의 한 인기있는 부조리극은 1960년대 초 베츠야쿠(Betsuyaku)의 〈코끼리 *The Elephant*〉다. 방사능 환자를 치료하는 병원이 배경이다. 지금은 누워서만 지내는 환자(Invalid)라는 이름의 인물이 히로시마에서 자신의 상처를 공개하여 대중의 관심과 자기만족을 얻었다. 논란의 소지가 있는 어린 조카 사람(Man)이 그를 방문한다. 환자는 병원을 떠나 다시 한 번 대중의 관심을 끌고 싶어 한다. 사람은 삼촌이 운명을 받아들이고 평화롭게 지내야 한다고 믿는다. 결국 조카도 방사능 질병의 신호를 드러내면서 같은 병실에서 치료를 받는다. 극의 마지막 부분에서 환자는 죽고 조카인 사람만 홀로 남는다. 이 극은 일본이 히로시마에 대해 어떻게 느껴야 하는지를 파헤친다—자신 있게 반항해야 하는가, 아니면 무관심하게 미래만 바라봐야 하는가. 나아가 이 극은 일본이 제2차 세계대전의 패배를 어떻게 받아들여야 하는지에 대해서도 관심을 기울인다. 극의 결말은 자랑스러워하는 사람에게든 무관심한 사람에게든 상처는 남는다는 것을 보여준다.

부토 : 춤, 연극 또는 그 무엇?

또 하나의 새로운 공연양식은—많은 비평가들이 정통공연보다는 무용에 가깝지만 명확하게 정의 내리기가 불가능하다고 말했다—1959년 시작되는 전쟁 이후에 나온 것이다. 부토(Butoh)는 무용, 행위, 극단적이고 비논리적인 배경으로 언급할 수 없는 주제를 가린 이상하고 장난스러운 비유의 움직임이다. 전통적으로 부토는 몸을 하얀색으로 분장하고 공연한다. 전쟁에 몰입한 국가의 광기와 서양의 무용이나 노를 흉내 낸 당시 일본 무용에 대한 반응이라 일컬어진다. 20세기 후반 몇십 년 동안 많은 초현실주의나 포스트모던 형태와 마찬가지로

뉴욕의 부토 공연

부토 공연은 공연자들이 몸 전체를 하얗게 칠하는 분장을 하기에 강렬하고 몽환적이다. 사진은 부토 창시자 중 한 명인 가즈오 오노(Kazuo Ohno, 왼쪽)가 1999년 아들 요시토(Yoshito)와 뉴욕의 재팬소사이어티에서 공연하는 모습이다.

부토는 비록 소수지만 세계적인 관객을 모으고 있다.

가부키는 계속되다

제2차 세계대전 직후는 가부키에 매우 힘들었지만 점점 일본의 전통공연 중 가장 인기 있는 양식이 되었다. '전통양식 중 가장 인기 있다'는 말은 일본 관객에게 광범위하게 사랑받지 못했다고 이해될 수 있다. 일본에는 도쿄, 교토, 오사카에 가부키 회사가 있고, 전국에 많은 작은 가부키 극단이 있다. 여자 배우가 가끔 가부키에 등장하기도 한다. 셰익스피어를 포함해 가부키 양식으로 무대에 올린 서양연극도 있다. 그러나 가부키 공연 티켓 가격은 매우 비싸다. 요즘에는 영어자막과 헤드폰으로 다른 나라 언어를 사용하여 관객

대부분을 관광객으로 채우고 있다.

왜 아시아 연극은 서양에 초점을 맞추었나

인도, 중국, 일본은 비슷한 목적지를 향해 다른 행로로 여행하고 있다. 각자 독특한 토착 연극양식을 유지하지만 때때로 지역적 현상으로 또는 주로 관광객을 유치하기 위한 모험으로 유지한다. 동시에 서양 연극양식과 결합하기도 한다. 이 사회는 서양연극을 서양에서 온 바람직한 다른 것들, 줄여서 '현대성'이라 부르는 다양한 종류의 식민주의로서 서양 연극양식을 채택한 이유를 알아내려는 시도이다—인도와 영국, 중국과 소련, 일본과 제2차 세계대전 이후 일본을 차지하는 서양 연합국가들.

한편 처음에는 영화가, 이후 TV가 심리적 사실주의에 기초한 강력한 스토리텔링을 전 세계에 퍼뜨렸다. 영화는 연극이 아니지만 20세기 많은 연극이 심리적 사실주의에 의존한다. 현대 아시아 사회는 봉건주의에서 자본주의로, 문맹에서 교육을 통한 문맹퇴치국가로 다양한 속도로 다른 정도로 표류하고 있다. 이 변화는 예술에도 영향을 미쳐 엘리트에 집중하는 것에서 벗어나 개인과 개성에 초점을 맞추고 이상적이고 영웅적인 주제로부터 중산층과 노동자 계층의 삶의 투쟁으로 바꾸고 있다. 서양 연극이 패권을 장악한 원인이 무엇이든 급속한 세계화의 물결은 세계문화에 영향을 주고 있다.

중심용어

중심용어는 본문에서 굵은 활자로 표시되어 있다. 아래 목록을 참고하여 이해도를 측정하라. 인명은 찾아보기에 나와 있다.

가극	발리우드
부토	북경 오페라
신극	카타칼리
화극	

연극의 국제화

배경

국제화는 점점 늘어가고 있는 세계 경제와 연관된 용어이다. 제2차 세계대전 이후 세계 경제는 이전보다 좋고 나쁘고를 떠나 더 연계가 강화되었다. 연극 또한 국제적, 경제적, 문화적, 정치적으로 연계가 증가했다. 이 장은 연극의 국제화에 대한 4개의 예를 들어 잠깐 살펴보겠지만 완전한 것은 아니다.

- 뮤지컬의 세계화
- 서양 예술가들이 세계 연극의 기술을 습득하고 차용하기
- 세계에 영향을 준 셰익스피어
- 서양 민주주의 예술가들이 지원한 전체주의 사회에서의 정치적 공연

코카콜라, 맥도날드, KFC 같은 미국 브랜드 이름은 거의 세계 어느 곳에서도 볼 수 있다.

대중음악, 영화, TV 등 미국의 엔터테인먼트 회사 또한 국제적으로 뻗쳐 있다. 얼마 동안 영어 공연은 영어를 쓰는 국가들 사이에서 쉽게 이동할 수 있었다. 다른 지역에서의 공연은 지난 30여 년쯤까지 이런 경향을 따라왔다. 지금 공연은 국제화되어 가고 있다. 적어도 어느 정도 연극의 국제화는 모든 국제화가 다 그렇듯이 경제에 의해 움직여지고 있다.

브로드웨이 공연을 예로 들면, 다른 나라에서 온 관광객들은 높은 영어 언어 기술이 필요하지 않은 뮤지컬에 특히 관심을 갖는다. 미국에서 브로드웨이연합과 전문 관광 발표에 의하면 매해 외국에서 미국으로 오는 54만 명의 사람 중 일부는 뮤지컬을 보기 위해 뉴욕으로 오고, 그들이 뉴욕에 머무는 동안 쓴 돈은 20억 달러가 넘는다고 주장한다.

모든 사람이 자기 나라의 국제화를 좋아하지는 않는다. 초기 프랑스의 맥도날드는 농부 운동가들이 트랙터를 끌고 맥도날드 매장까지 들어와서 저항을 했었다. 그 사건은 1991년에 발생하였다. 2011년, 프랑스는 800여개가 넘는 McDo를 'mac-dough'로 발음하는 식당을 갖게 되었고 맥도날드 사에서 프랑스가 두 번째로 중요한 나라가 되었다. 브랜드 이름이 강한 맥

경제 동력

회사가 확장할 때 세계 시장의 경제도 확장된다. 한 프랑스 회사는 미국에서 미국 시장을 피곤하게 만들었다. 벨기에 회사는 사우스캐롤라이나에 있는 미군의 규모를 작게 만들었다. 맥도날드는 어디에나 있다.

도날드가 지역의 입맛을 무시하지 않았기 때문에 국제시장에서 받아들여지고 있는 것이다. 2011년 초가을 프랑스 맥도날드는 신선한 바게트 빵을 아침에 공급한다. 다른 예로 인도의 맥도날드는 소고기 햄버거를 팔지 않는다. 힌두교에서는 소를 숭배하기 때문이다. 대신 인도의 맥도날드에서는 닭고기, 생선, 야채 치즈 샌드위치를 공급한다.

세계 브랜드에서 돈은 유혹적일지 모르지만 문화는 다른 문제다. 예를 들면 프랑스의 아카데미 프랑세즈는 최근 이메일, 블로그, 와이파이를 제외하고 자국에서 사용되는 언어를 프랑스어로 규정하고 다른 외국 언어들을 배제하였다. 그리고 아카데미 프랑세즈는 기술용어, 최근까지 슈퍼모델, 패스트 푸드, 저가항공은 제한하지 않았다. 캐나다에서는 주요 시간 동안 자국에서 만들어진 TV 방송 콘텐츠가 적어도 50% 이상 차지하도록 정하고 있다. 다른 예들은 외국의 점유에 대해 저항하려는 시도를 인용할 수 있다.

캐나다보다 미국 TV는 크게 제한되지 않고 미국의 인기 있는 쇼는 국제적으로도 히트를 치기에 종종 자국어를 방송에 더빙하기도 한다. 미국 팝음악은 번역의 필요 없이 전

세계에 퍼져 있다.

예술과 문화에서 수익이 적을지라도 다른 방향에서의 교류는 있다. 영어권 국가는 외국의 예술, 무용, 음악, 영화, 연극에 이르기까지 관심을 갖고 있다. 일부 서양 연극 예술가들은 기술의 레퍼토리 영역을 넓히고 강화하기 위해 아시아와 아프리카에서 스토리텔링 관습을 빌려오고 있다.

아시아에서의 뮤지컬

세계적으로 큰 성공을 거둔 〈맘마미아!〉는 2013년 초에 뮤지컬 공연제작사의 웹 주소 타이틀이었다. 이 판매 과대광고는 현실화되었다. 2011년 7월 〈맘마미아!〉는 중국 본토에서 공연하게 된 첫 서양 작품이 되었다. 〈맘마미아!〉는 영국 이전에 싱가포르에서 4년 동안 공연했고 상하이 공연팀은 자막을 생생한 상하이의 은어와 함께 만다린 중국어로 번역하였고 이는 관객에게 큰 웃음을 가져다주었다. 부드러운 신체의 접촉과 동성애자임을 고백하는 것은 중국 무대에서는 상식적이지 않기 때문에 중국 관객에게는 공연이 매우 짜릿했다. 연기 또한 처음에는 적어도 중국인 관객에게 불편하였다. 극단은 제한적이고 전통적인 중국 오페라 스타일과는 전혀 다른 서양 스타일로 공연을 하였다. 그러나 런던의 텔레그래프지에 의하면 '댄싱퀸(Dancing Queen)', '맘마미아(Mamma Mia)', '워털루(Waterloo)' 음악에 맞춰 관객들은 발을 구르고, 춤을 추고, 손뼉을 쳤다고 했다. 상하이에 이어 중국어 사용지역인 홍콩, 마카오, 대만과 싱가포르 같은 중국 본토 주변의 도시로 순회공연 일정이 잡혔다. 중국은 정부가 통제하는 경제이기 때문에 총 자국 제작품이 5%에 달하도록 하는 5개년 문화발전 계획의 일부로 공연제작팀은 정부의 특혜로 같이하게 된 것이다.

〈맘마미아!〉가 국제적인 작품의 효시가 되었다. 〈맘마미아!〉는 런던에서 추진된 스웨덴 디스코 그룹 아바(ABBA)의 세계적인 음악으로 만들어진 주크박

서울에서 꿈꾸는 여자들
미국과 한국의 합작으로 만들어진 〈드림걸즈 Dreamgirls〉란 뮤지컬이 2009년 서울에서 초연되었다.

스 뮤지컬로 그리스 섬이 주요 배경이었다. 그것은 1999년 런던, 2001년 뉴욕에서 막을 올려 2013년 1월 현재 두 도시에서 계속 공연 중이다. 캐나다 토론토에서 5년 동안 공연되었고 라스베이거스에서는 6년 동안 공연되었다. 이 공연은 17개의 언어로 번역되어 30개국 이상에서 공연되었다.

2008년 영화로 만들어져 엇갈린 평가를 받았지만 총 6억 200만 달러의 수입을 벌었고 이는 그해 15위의 흥행 성적이다.

스웨덴 그룹 아바는 1972년부터 1982년까지 비영어권국가 출신으로 미국, 영국, 캐나다, 호주에서 지속적인 성공을 거둔 첫 그룹이다. 아바는 3억 7,500만 장 이상 앨범을 팔았고 1983년 해체되었음에도 계속 해마다 200~300만 장의 앨범이 팔리고 있다.

〈맘마미아〉의 제작자 주디 크레이머(Judy Cramer)는 15년 동안 공연을 이끌어왔으며 아바 작곡가로부터 저작권을 처음으로 얻었고 대본을 쓸 극작가를 고용했다. 그녀는 공연을 만들기 위해 집을 저당잡혀야 했다. 그 빚은 다 갚았다. 2011년 예상하건대 그녀의 재산은 6,200만 파운드로 이는 약 980만 달러이다.

바르셀로나에서 뮤지컬 〈그리스〉
미국 뮤지컬은 전 세계에서 공연되고 있다. 사진은 10대 관객이 모여든 스페인어 버전 〈그리스〉의 모습이다.

이 뮤지컬은 관객을 즐겁게
해서 돈을 벌려는 목적 말고는
없기에 돈에 초점을 맞추는 것
이 적절한 것이다. 내용은 어처
구니없이 사소하지만 아바의 전
염성 강한 음악의 배열로 우스
꽝스럽게 그렸다. 한 젊은 여자가 결혼을 준비하는데 자신의 아버지가 누구인지 알고 싶
어 한다. 그녀의 엄마는 과거 자유로운 영혼을 가졌기에 세 명의 다른 남자와 거의 같은
시기에 관계를 맺었다. 젊은 여자는 세 사람 모두를 그리스 섬에서 열릴 자신의 결혼식에
초대하고 누가 아버지인지 찾아내는 재미있는 일이 벌어지는 것이다.

〈맘마미아!〉는 서구적 특성에 기초한 마지막 중국 뮤지컬이 되지는 않을 것이다. 영
국 프로듀서 카메론 매킨토시의 제작사는 만다린어로 번역하여 중국으로 뮤지컬을 갖
고 오기 위해 중국 예술 엔터테인먼트 그룹과 계약을 맺었다. 첫 작품은 〈레미제라블〉일
것이라고 한다. 미국의 극장주와 네덜란드 공연 제작사는 무대공연을 미국에서 중국으
로, 또 중국에서 영어권 국가로 옮기겠다는 계획으로 '네덜란드 신세기(Nedelander New
Century)'라는 이름의 미-중 공연단을 만들었다.

이러한 아시아 국가와 영어권 뮤지컬과의 협업의 성장은 다른 식으로도 작동할 수 있
다. 한 미국 제작자는 1981년 뮤지컬 〈드림걸즈 *Dreamingirls*〉를 발전시켜 2009년 한국 회
사와 함께 재공연을 하였다. 재공연에서는 모두 한국인 배우들로 캐스팅하여 서울에서
첫 공연을 올려 열성적인 평가를 받았다. 한국에서의 첫 공연에 대한 재정적인 인센티브
는 중요했다. 무대는 LED 패널로 현지에서 만들어졌고 한국 협업사가 재공연을 만드는
몇 주일에서 몇 달 기간 동안 공연 제작을 위해 체류하는 20여 명의 미국 스태프들의 임
금 및 비용을 포함해 비용 대부분을 한국에서 지불했다. 미국 순회공연팀은 미국 공연팀
을 위해 미국 배우용으로 의상을 다시 만들었고, 뉴욕 아폴로 극장에서 시작하여 13개 도
시를 7개월 동안 순회하여 2010년 말까지 진행할 만큼 성공적이었다.

미국 스타일 뮤지컬은 인기가 많아 다른 나라들도 자국의 뮤지컬을 개발하기 시작했

다. 예를 들면 한국에서는 고유의 뮤지컬 〈영웅 *Hero*〉을 만들었는데 2009년 서울에서 매진되었고, 2011년 해외공연을 시작해서 뉴욕 링컨센터의 코흐(Koch)극장에서 10일 동안 영어 자막의 한국어 공연을 올렸다.

다른 국제적 뮤지컬의 성공

〈맘마미아!〉가 첫 국제 뮤지컬은 아니지만 만다린에서는 처음이었다. 1980년 이전 성공적인 뮤지컬이 미국, 영국, 캐나다, 호주 등에서 드물게 공연되는 정도였다. 이제는 영국이나 브로드웨이에서 성공한 공연이 세계 순회를 하지 않는 것이 이상할 정도이다. 〈오페라의 유령〉(브로드웨이 1988~)은 적어도 23개국에서 공연되고 있다. 〈캣츠〉(1978~1990)는 적어도 30곳에서 공연했다. 〈레미제라블〉(브로드웨이 1978~1990)은 42개국에서 공연하고 있고, 공식적인 출연자들에 의한 녹음 앨범이 65장이나 된다. 〈시카고〉(브로드웨이 1996~)의 재공연은 최소 32개국에서 12개의 아마추어 제작사에 의해 전문적으로 이루어졌다. 디즈니사의 뮤지컬 〈라이온킹〉(브로드웨이 1997)은 14개국 이상에서 공연되고 있고 〈미녀와 야수〉(브로드웨이 1994~2004)는 적어도 9개국에서, 〈아이다〉(브로드웨이 2000~2004)는 15개국에서 공연되고 있다.

이러한 대형 뮤지컬 공연은 남극대륙을 제외한 모든 대륙에서 공연되고 있다. 그러나 뮤지컬은 대도시에서만 경제적 성공을 거두었다. 아르헨티나의 부에노스아이레스, 브라질의 리우데자네이루에서는 공연이 중지되었지만, 남아프리카 요하네스버그, 프리토리아, 더빈, 케이프타운 등 영어권 대도시에서 공연했다. 멕시코에서 극장은 멕시코시티로 인구 900만의 큰 도시였다. 미국에서 성공한 공연이 항상 순회공연을 가는 것은 아니다. 예를 들면 〈저지 보이스〉(2005~)는 미국에서 엄청난 흥행을 거두었지만 다른 영어권 국가에서의 공연은 수입이 적었고 세계 순회를 하지 않았다. 어떤 이는 주제 문제로 추정하는데 뮤지컬은 1960년대의 미국의 팝 가수 프랭키 발리와 포시즌스의 명성에 관한 이야기를 노래 나열의 주크박스 형태 뮤지컬로 만든 것으로 특히나 영어권 관객에게 흥미를 갖게 한다.

문화비평가들은 때때로 영어권, 주로 미국의 문화 산물의 지배가 전 세계에 이르는 것에 대해 비판한다. 그들은 미국의 음악, TV, 영화가 자국의 엔터테인먼트와 문화로 가는 돈과 시간을 빨아들이는 것을 두려워한다. 기술이 진보한다면 미국의 음악이 자국의 음악 성장을 방해한다는 두려움은 아마도 잘못된 것이다. 1등급 녹음·녹화의 창작과 인터

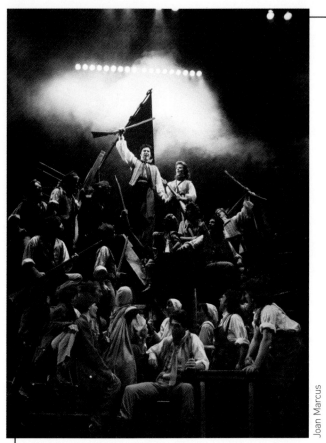

Joan Marcus

여전한 바리케이드의 돌풍

〈레미제라블〉은 런던에서 1985년 처음 공연되었다. 이 작품은 12개 언어로 전 세계에서 공연되었고 메이저 영화사에서 영화로도 만들어지고 있다. 사진은 오리지널 브로드웨이 공연에서의 클라이막스 순간이다.

넷을 통한 보급은 점점 더 저렴해지고 있다. 그러나 재능은 언제 어디서나 공급이 불충분하다.

대형 뮤지컬의 세계 지배를 걱정하는 사람들은 종종 영어 뮤지컬 공연을 식민주의의 일종으로 보곤 한다. 시장성이 높은 뮤지컬이 자국 공연의 성장과 성숙을 방해하여 그들의 공연시장을 잠식해버릴까봐 두려워하는 것이다.

잘못된 것이 없고 모든 것이 옳다고 보는 문화의 세계화에 대한 대안적인 관점은 적어도 두 가지 형태로 표현된다. 자유방임 논쟁이 자본주의에 있다. 사람들은 수입이 제한되어 그만한 가치가 있을 때 가격을 지불한다. 만약 영어권 수입 공연에 돈이 사용된다면 그것은 관객에게는 그만한 가치가 있는 것이다. 미국 시민이 희소성 때문에 다른 나라에서 들여온 미디어의 깊이와 질에 대해 과대평가한다는 논쟁도 있다. 한정되지 않은 양의 자본 투자가 고품격 오락물을 발전시키는 데 필요하고 적어도 지금으로서는 그 자본이 주로 미국에 있다. 심지어 문화의 세계화가 전쟁을 방지할 것이라고 주장하는 사람도 있다.

기술과 양식의 세계 이동

2011년 2월 파리의 코메디프랑세즈는 330년 역사상 처음으로 외국 공연 〈욕망이라는 이름의 전차〉(1941년 테네시 윌리엄스 작)에 문호를 개방했다. 직설적으로 그들은 아방가르드 공연단체인 마부 마인의 설립자 중 한 사람인 미국인 리 브루어(Lee Breuer)를 고용하였다. [마부 마인의 헨릭 입센의 1879년 〈인형의 집〉 포스트모던 공연에 대한 이야기는 이 책 324~325쪽을 보라. 〈욕망이라는 이름의 전차〉 공연에 대한 이야기는 이 책 313쪽을 보라.]

작가, 영화제작자, 연극연출가인 리 브루어(1937-)의 무대작업은 관객과 기자들을 긍정적·부정적 의미의 충격 그 자체를 주어 왔다. 광범위한 지성으로 정치참여적 성향을 띤 브루어는 연극이 반은 무대에서 반은 관객의 머리에서 일어난다고 믿었다. 그는 관객이 보게 되리라 기대하는 바를 방해해서 머릿속에서 일어나는 일이 변증법, 즉 종합이라는 새로운 위치 또는 직관으로 이끄는 내적인 논쟁이 되기를 원한다. 변증법을 강조하는 면에서 브루어의 작업은 브레히트의 작업과 비교될 수 있지만 브루어는 훨씬 파괴적이고 포스트모던적이다. 브루어의 많은 작업은 전위적인 연극제에서 몇 년 동안 순회해 오고 있다. 브루어의 해체된 〈인형의 집〉은 뉴욕에서 2001년 공연되었고, 인형과 사람이 접목된 〈피터팬〉 이야기인 〈피터와 웬디 Peter and Wendy〉는 1996년 사우스캐롤라이나 찰스턴에 있는 '스폴레토 페스티벌'에서 초연되었으며, 두 공연은 여전히 순회 중이다. 그의 작업은 오로지 비영리극장에서 이루어져 왔고 계속 비상업적인 극장을 원하고 있다. 그는 "나는 'blacker'로서 할 수 있는 것보다 더 크고 넓고 이색적으로 작업하고 싶고 더 이상 기다릴 수 없다"고 말한다. 'Black'이란 돈을 버는 사람, '흑자를 보는' 사람들이란 뜻이다.

리 브루어처럼 포스트모더니스트이자 연극 선동가를 고용함으로써 코메디프랑세즈는 전통적인 〈욕망이라는 이름의 전차〉 공연을 올리려고는 하지 않았다. 브루어는 코메디프랑세즈의 예술감독으로서 "그녀는 약간 미치고 싶어 한다"고 말하였다. 그녀는 소원을 이루었다. 미국의 인형가이자 디자이너인 바실 트위스트(Basil Twist)와 같이 작업하면서 브루어는 일본 무대에서 아이디어를 가져온 물리적 디자인을 발전시켰다. 채색 패널이 안쪽, 위쪽, 바깥쪽으로 미끄러지면서 접히고 다른 시각적 효과를 제공하였고, 어떤 때는 일본 인형극 형식에서 가져온 'dogugaeshi'라는 양식으로 원근법을 과장되게 그렸다. 예를 들면 〈욕망이라는 이름의 전차〉의 포커게임 장면에서 각 카드는 채색 스크린에 나타났다. 장면 전환 시, 스크린은 코메디프랑세즈가 이탈리아 르네상스 무대장치에서 배운 기술인 하부 무대의 도르래와 트랙을 사용하여 바뀐다. 이 오래된 장면 전환 기술은 커다란 톱니바퀴의 소음 때문에 요즘에는 거의 사용하지 않는다. 트위스트와 브루어는 그 소리를 좋아했고 "좋아! 전차 트랙이야!" 라고 외쳤다.

제작팀도 '쿠로코(kuroko)'라 부르는 일본 무대 관습인 검정 옷을 입은 무대 도우미들을 썼다. 브루어는 그들이 미니멀한 무대를 유지하는 데 도움을 준다고 생각했다. "블랑쉬가 담배를 피우고 싶을 때 그들은 담배, 라이터, 재떨이를 갖고 온다. 그리고 다 피우고 나면

옛 기술이 새로운 비전을 뒷받침

무대장치 전환방식인 채리엇-앤드-폴 시스템은 코메디프랑세즈에서 아직도 존재하고 있다. 리 브루어같은 포스트모더니스트가 17세기 기술을 21세기 공연으로 통합시켰다.

그것을 치워버린다"고 말하기로 했다. 물론 브루어는 '쿠로코'를 일본적이지 않은 방법으로 이용했다. 스텐리가 블랑쉬를 협박하는 클라이맥스의 강간 장면에서 '쿠로코'는 초반에 스탠리가 썼던 가발과 비슷한 초록색의 섬뜩한 날개를 달고 스탠리가 입고 있었던 옷과 어울리는 보라색 실크 파자마를 입고 있다. 스탠리의 위협은 시각적으로 4개로 늘어났다.

왜 이렇게 미국, 프랑스, 일본 공연이 섞여 있는가? 브루어는 그가 원작의 심리적 사실주의와 말론 브란도를 세계적인 스타로 만든 유명한 영화를 벗어던지고 싶었다고 말했다. 그는 미국 남부와 일본이 형식주의와 숨겨진 폭력을 공유하고 있다고 본다. 프랑스인들은 일본과 같은 것, 즉 '일본풍(Japonism)'이라 부르는 것에 오랫동안 환상을 갖고 있다.

비평가의 반응은 엇갈렸다. 르몽드지는 헤드라인에서 '전차가 권태(Boredom)역에서 멈췄다'라고 썼지만 르 피가로는 '역동적이고, 심오하고, 웅장하고, 톡특하다'고 말했다. 전석 매진이었다. 제작팀은 세계적인 매스컴의 관심을 받았고 이는 훌륭한 연극의 목표였을지도 모른다. 코메디프랑세즈는 2008년 경기침체에 의한 정부의 예산삭감으로 새로운 매출이 필요했다. 단장인 뮤리엘 마예트(Muriel Mayette)는 "우리의 미래는 세계적이기에, 우리의 레퍼토리는 풍부해질 필요가 있다"고 말했다. 적어도 이 예에서 비영리극장에서조차 세계화는 금전적인 색채를 띠게 되었다.

코메디프랑세즈 제작팀은 원하지 않는 관심 또한 받게 되었다. 테네시 윌리엄스의 저작권 소유자인 더사우스대학교 스와니캠퍼스는 변호사를 통해 계약을 무시하고 작품을 '써진 그대로' 올리지 않은 세계 어려 단체에 했듯이 파리 측에 공연 정지명령을 내렸다. 사실 스와니캠퍼스는 테네시 윌리엄스의 작품의 경우에는 인물에 대해 묘사된 성별의 배우가 해당 인물을 연기해야 하다는 규정을 추가했다. 진보적인 극단들은 스와니캠퍼스의 제한적이고 방어적인 입장에 분개했다. 전통주의자들은 남자가 블랑쉬 역을 하는 것을

세계를 향한 사자의 포효

〈라이온 킹〉의 무대 연출가겸 의상 디자이너인 줄리 테이머는 오하이오의 오벌린대학을 졸업한 전미우등생 친목회(Phi Beta Kappa) 회원이다. 대학 졸업 후 인도네시아에서 연극을, 일본에서 인형을 공부했다. 사진은 그녀의 〈라이온 킹〉에서 가면과 인형을 사용하는 아시아 스타일에 기초한 비사실적인 작업의 예다.

보지 않게 되어 행복했다.

　다른 비유럽 기술들은 서양 연극인들에 의해 사용되고 있었다. 가장 최근에 영향을 준 것 중 하나는 인형을 사용하는데 인형을 작동하는 사람을 노출하는 것이다. 극작가이자 연출가, 디자이너인 줄리 테이머(1952-)는 많은 비유럽 연극을 배우고 처음엔 비상업극에서 배웠고 그다음 상업과 오페라에서 배웠던 것을 사용하였다. 그녀는 매사추세츠에서 어린 시절을 보내며 연극에 관심을 갖게 되었다. 고등학교 때 스리랑카, 인도 등 해외에서 시간을 보냈고, 마임을 강조하는 파리의 국제연극학교(L'École Internatioale de Théâtre)에서 공부했다. 대학생 때 그녀는 조셉 체이킨의 오픈시어터에서 일하고 인도네시아 가면무용극과 그림자 연극에 초점을 맞춘 시애틀의 동양 예술을 위한 미국 학회 여름 프로그램에 참가하기 위해 잠시 대학을 떠났다. 나중에는 일본에서 인형극을 배우고 수료증을 받았다. 신화나 신화와 유사한 이야기를 하기 위해 가면이나 인형을 주로 사용한 비상업연극에서의 작업에는 66개국에서 공연된 카를로 고찌의 우화 〈왕사슴 *King Stag*〉을 번안한 공연도 포함된다. 1991년 그녀는 맥아더 펠로우십(MacAthur Fellowship)의 소위 '영재상'을 받았다.

　이후 디즈니 공연팀이 만화영화 〈라이온 킹〉을 뮤지컬로 올리는 방법을 찾고 있던 중 줄리 테이머를 연출가와 제작 협력 디자이너로 고용하였다. 1997년 브로드웨이에서 막이 올랐을 때 의상디자인 부문 토니상을 받았고 토니상 역사상 처음으로 여성으로서 연출가상을 받았다. 이 공연은 팀 라이스(〈에비타〉, 〈지저스크라이스트슈퍼스타〉) 작사, 엘튼 존 작곡의 음악과 순수하고 명확한 스토리와 디즈니의 유머, 상상력을 자극하는 테이머의 인형과 가면의 혼합으로 세계적인 성공을 거두었다. 미국에 이어 런던 등 〈라이온 킹〉은 적어도 13개국에서 공연되었다.

〈라이온 킹〉 이후 테이머는 역시 인형을 사용하여 뉴욕 메트로폴리탄 오페라단의 〈마술피리〉 등 오페라와 보통의 할리우드 영화보다 비사실적인 영화를 연출했다. 그녀는 〈스파이더맨 : 어둠을 물리쳐라〉의 여러 창작자 중 한 명이었다. 가면과 인형, 표현주의적 무대화와 플라잉을 사용하는 이 뮤지컬은 브로드웨이 뮤지컬 역사상 가장 큰 예산을 사용했다는 평가를 받았다. 공연이 공식적으로 오픈하기 전 해고되었지만 그 공연의 시각적 양식에 그녀가 들인 공은 많이 남아 있다.

인형은 2007년 왕립국립극장에서 발전해 〈워 호스〉에서 다소 다른 여정을 보였다. 공연은 상업적인 런던 웨스트 엔드로 옮겨졌고 2011년 뉴욕에서 막을 올렸다. 제1차 세계대전 때 한 소년과 그의 말에 대한 어린이 책에 기초한 〈워 호스〉는 금속, 가죽, 구부린 나무로 만든 실제 말 크기의 인형을 사용했다. 인형 조종자는 인형 안에서도 보이고 어떤 때는 인형 옆에 있기도 한다. 인형 조종자는 당대의 의상을 아래 입고 실제 말 크기의 인형을 쿵쿵거리게 하고, 먹고, 달리고, 앞다리를 들고, 가장 중요하게는 숨쉬기를 한다. 그 매력에 빠진 관객은 말이 인형일 뿐이라는 사실과 진짜 살아있다는 환각 사이에서 분열된다.

인형은 남아프리카 극단 '핸드스프링 퍼펫 컴퍼니(Handspring Puppet Company)'에서 발전되었다. 핸드스프링은 어린이 TV 방송에서 시작했지만 1985년 시작하자 성인 관객을 위해 인형을 사용할 수 있다는 가능성에 매혹당했다. 설립자는 프랑스 샤를빌-메지에에서 열린 세계 인형극페스티벌을 보고 도덕적인 지지를 얻었다. 이 페스티벌은 1961년 이후부터 개최되어 지금은 30개 이상의 나라가 참가하고 있다. 인형극도 세계화되었다.

서양에서의 비유럽화 연극

한때 비유럽 연극에 대해서 배울 수 있는 유일한 방법은 발상국으로 가서 사는 것이었다. 점점 세계화를 통해 고유의 토착적인 연극예술이 주로 비영리연극제의 일부로서 서양에 들어오고 있다. 예를 들면 14세기 중국의 곤곡오페라를 접목한 〈모란정〉은 1999년 링컨센터 공연예술페스티벌에서 무대화되었다. 20시간짜리 공연이 여러 날 동안 공연되었으며 9개 도시를 순회하였다. (〈모란정〉에 대한 자세한 이야기는 68쪽을 보라). 현대 중국-영국의 400년간 불교신화에 무술과 무용을 결합해 공연했던 〈서유기 *Monkey: Journey to West*〉가 2007년 영국 맨체스터 국제페스티벌에서 선보였고 얼마 후 파리, 사우스캐롤라이나 찰스턴의 스폴레토 페스티벌, 런던에서 공연하였다.

워싱턴에 있는 케네디센터에서는 '맥시멈 인디아(Maximum India)' 페스티벌을 2011년 개최했는데, 헨릭 입센의 〈우리 죽은 자들이 깨어날 때 *When We Dead Awaken*〉(1899)를 인도 북쪽의 마니푸리어로 인도 토착연극의 양식화된 움직임을 접목한 인도 극단도 포함되었다. 인도의 또 다른 극단은 우르드어로 쓰인 20세기 짧은 이야기 3편을 낭독극 형식으로 공연하였다. 이시하라 인형극연합회는 마리오네트, 손 인형, 대형 인형을 이용하여 간디의 인생과 철학을 표현한 〈믿음의 모습 *Image of Trust*〉을 공연했다. 페스티벌은 무용, 음악, 영화, 음식 또한 선보였다. 페스티벌에서 극장은 민속 전통의 영향을 받은 현재의 인도 연극을 반영하였다.

비상업적 페스티벌은 다른 혼합된 것을 갖고 온다. 일례로, 18세기 중동과 남아시아의 우화 모음 중 일부를 무대화한 소설과 동명의 〈천일야화〉를 들 수 있다. 제작과 연출을 맡은 영국계 유대인 팀 서플(Tim Supple)은 작품을 중동의 여러 나라 출신 배우들로 구성했다. 서플은 24명의 배우와 음악가를 모으기 위해 시리아의 다마스쿠스와 알레포, 이집트 알렉산드리아, 요르단 암만, 팔레스타인 웨스트뱅크의 라말라 등을 방문했고 2006년 카이로에서 워크숍을 시작했다. 레바논 극작가 다듬은 즉흥적인 결말은 이틀 밤, 6시간짜리 공연이었다. 제작팀은 캐나다 토론토의 아트페스티벌에서 처음으로 선보인 후, 2011년 스코틀랜드 에든버러 페스티벌에서 공연했다. 이 작품의 예술적 가치가 무엇이든 간에 2011년 아랍 세계에서의 혁명적인 사건들 속에서 공연이 만들어졌다는 것 자체가 놀라운 일이다.

세계적인 셰익스피어

18세기 낭만파가 셰익스피어를 자기네 사람으로 채택한 이후 셰익스피어는 세계적인 극작가였다. 2011년 로열셰익스피어컴퍼니와 영국의회의 연구는 전 세계 학생의 절반인 6,400만 명의 학생들이 셰익스피어를 공부한다는 사실을 발견했다. 2001년 9회 세계 셰익스피어협회는 런던이나 스트랫퍼드어폰에이번이 아닌 체코 프라하에서 열렸다. 2012년 런던 올림픽과 관련된 문화 행사 중 하나로 '세계 셰익스피어' 축제가 조직되었다. 셰익스피어의 글로브 극장을 꽤 정확하게 재건축한 새로운 글로브 극장에서 37개의 세계 공연팀이 자국어로 37편의 셰익스피어 공연을 했다. 공연팀은 브라질에서 온 포르투갈어 버전 〈리처드 3세를 위한 두 송이 장미 *Two Roses for Richard III*〉, 러시아어의 〈한여름밤의 꿈〉, 아랍어 버전의 〈맥베스〉인 〈*A Bloody History* 피로 물든 역사〉를 포함했다.

셰익스피어가 국제적인 명성을 얻은 이유에 대해서는 분분하다. 많은 비평가들은 그의 대본이 영어로 써진 가장 훌륭한 작품이라고 평한다. 분명한 것은 그 어떤 대중 작가보다 셰익스피어의 비평이나 전기가 많다는 것이다. 혹자는 셰익스피어의 탁월함이 타이밍, 경제, 그리고 영어권의 문화 지배의 우연한 결과라고 넌지시 말한다. 셰익스피어 극의 혼합된 양식(희극, 시, 사랑 이야기, 파토스, 비극)은 낭만주의에 맞고 어떤 이는 통일되고 잘 짜여진 이야기는 지루하다고 여긴 포스트모던 시대에 적합하다고 말한다. 셰익스피어의 이야기가 생생하고 설득력 있고 극단적이지만 근복적으로 인간을 중심으로 한다. 셰익스피어의 극은 충성, 배신, 사랑, 악, 복수, 용서, 충돌하는 가치관의 균형 잡기, 절망에 맞서 싸우기 등의 문제에 대한 진술을 담고 있다.

셰익스피어 극은 번역해서 공연할 때 관객들이 좀 더 쉽게 접근할 수 있다. 현대 영어 사용권자들에게 4세기 전 셰익스피어의 언어를 이해하기란 어려울 수 있다. 대화를 번역하면 좀 더 이해가 쉬울 수도 있다. 셰익스피어의 대본은 관객과 예술가가 자신의 비유, 비교, 의미를 투자할 강력한 구조가 된다.

〈카타칼리 리어왕 *Kathakali King Lear*〉은 호주의 극작가와 프랑스 배우 겸 연출가가 케랄라 스테이트 예술아카데미와 함께 발전시켰다. 인도인과 유럽인이 뒤섞여 출연한 이 작품은 1989년 인도, 이탈리아, 네덜란드, 프랑스, 스페인에서 공연되었다. 그리고 1990년에는 싱가포르와 영국 에든버러 페스티벌에서 공연되었다. 일부를 생략하여 인쇄된 대본은 약 20페이지이고, 인도의 카타칼리 기술이 동작, 노래, 분장, 의상에 적용되었다. 어떤 인도 배우는 인도 문화에서 80세의 왕이 그렇게 유치하고 순진하다는 게 믿기지 않는다며 리어라는 인물을 받아들일 수 없었다. 어느 영국인 비평가는 공연의 결과물은 〈리어왕〉과 거의 관련이 없다고 말했다. 대본은 모든 부수적인 줄거리를 없애고 리어왕과 세 딸만 남기고 있다. 다른 유럽 이야기, 특히 셰익스피어의 이야기를 접목하려는 시도는 아시아와 아프리카 장르에서 성공과 실패를 거듭하며 이어지고 있다.

이의를 제기하는 안전한 방법

정부 검열을 받는 나라들에서 셰익스피어의 국제적인 명성은 극단이 사회적, 정치적인

논쟁을 확대하기 위한 틈을 엿볼 수 있게 해준다. "이것은 우리나라 이야기가 아니다. 이것은 셰익스피어의 이야기이다. 전 세계적으로 유명한 고전이다." 그래서 〈햄릿〉은 왕좌를 강탈한 왕을 죽이는 내용을 담고 있다. 셰익스피어의 극은 소련 지역 국가에서 반복적으로 이처럼 미묘하게 전복적인 역할을 행하고 유럽, 아시아, 중동의 억압받는 사회에서 여전히 같은 역할을 수행한다.

온건한 예로, 영국의 극단 제리코하우스는 2011년 〈템페스트 *Tempest*〉를 팔레스타인 난민촌에서의 야외공연을 비롯하여 예루살렘, 베들레헴, 나블루스, 하이파에서 공연했다. 연출가 조나단 홈즈(Jonathan Holmes)는 〈템페스트〉는 "다른 문화 사람들과 같은 문화 사람들 사이의 영토싸움이다. 셰익스피어는 정치적 저항의 다른 시스템과 아이디어를 파헤치기 위해 이런 동력을 사용한다. 우리는 이곳의 상황을 명백하게 만들려고 노력하지 않는다. 우리는 중립적인 공연을 제공하고 그에 대한 반향이 들리는지 볼 것이다"라고 말했다.

비슷하게, 2008년 셰익스피어 극은 영화 〈In Fair Palestine: 로미오와 줄리엣 이야기 *In Fair Palestine: A story of Romeo and Juliet*〉 영향을 주었다. 퀘이커교도가 운영하는 학교에서 팔레스타인 학생들에 의해 만들어진 영화는 오늘날 라말라를 배경으로 셰익스피어 이야기를 다시 들려주고 있다. 영화는 몇 가지 변화 외에는 셰익스피어의 이야기를 따르고 있다. 전령자가 이스라엘의 검문소에 가로막혀 로미오는 줄리엣의 가짜 죽음에 대해 듣지 못한다.

머큐쇼 역의 학생은 "우리는 우리가 전 세계 사람들이 공유하는 가치와 원칙을 가진 연극을 이용한다고 생각했다"고 말했다.

셰익스피어 테마파크

분명, 셰익스피어는 많은 나라에서 좋은 사업으로도 보인다. 셰익스피어 극 다수가 초연

Karl Hugh

된 런던의 템스 강 남쪽의 다각형 극장인 글로브 극장이 1997년 원형과 유사하게 복원되었다. 새로운 글로브 극장의 예산은 2010년 1,430만 파운드, 미국 달러로 2,250만 달러이다. 새로운 글로브 극장은 원래 엘리자베스 극장의 위치에 가까운 곳에 지었는데, 런던의 오락장으로 10위 안에 든다. 그러나 엘리자베스 극장의 재건축은 세계 여러 곳에서 이루어졌다.

가장 많은 글로브 극장은 미국에 있는데 애쉬랜드에 있는 오리건 셰익스피어 축제를 포함하여, 캘리포니아 샌디에이고의 올드 글로브 극장, 유타 주 시더 시의 애덤스 셰익스피어 극장, 텍사스 오데사의 그레이트 사우스웨스트 글로브 극장, 또 다른 하나는 댈러스와 버지니아의 부시가든즈 윌리엄스버그가 있다. 독일에서는 라인 강을 따라 노이스에 있는 글로브 노이스(Globe Neuss), 바덴의 유원지에 지어진 러스트 글로브, 바덴-뷔르템베르크의 바비쉬 할에 있는 글로브 극장이 있다. 글로브 극장은 베를린과 폴란드 그단스크를 위해 계획되었다. 로마의 빌라 보르게세 공원 숲 속에 글로브 극장을 재건축하였다. 일본은 지붕이 있고 분홍색 콘크리트로 지어진 글로브 극장을 갖고 있다. 첫 공연은 스웨덴 순회공연팀으로 세계적으로 유명한 영화감독이자 연극 연출가인 잉그마르 베르히만(Ingmar Berman)이 연출한 〈햄릿〉이었다. 분홍색의 도쿄 글로브 극장은 지금은 셰익스피어극보다는 록 콘서트장으로 더 많이 쓰인다. 2011년 여름 6주 동안 영국에서 가져온 이동식 극장구조물을 뉴욕 애비뉴 아모리 공원에서 조립하여 RSC가 공연했다. 글로브 극장의 재건축은 아닐지라도 그 자체로는 영국 스트랫퍼드에 있는 RSC의 엘리자베스 극장 돌출무대의 재건축이었다. 셰익스피어의 작품 일부가 공연된 런던 블랙프라이어스 실내극장은 버지니아 스톤턴에 있는 미국 셰익스피어 센터에 그대로 복제되어 있다.

그리고 2003년 겨울 스웨덴에서는 유명한 얼음 호텔 근처 얼음으로 글로브 극장이 건축되었다. 얼음이 버티지 못하니 발코니는 없었다. 셰익스피어 극 중 〈햄릿〉을 요약해서

토착민인 라플란드 사람들의 말인 '사미어'
로 공연했다.

벨라루스 자유극장

벨라루스 자유극장(Belarus Free Theatre)은
'재미, 독립적, 실험적'인 것을 강조한 세계
연극에 초점을 맞춘 언더 더 레이더(Under
the Radar) 축제의 일부로 2011년 뉴욕 시에
그 모습을 드러낼 수 밖에 없었다. 극단의 단
원 두 명은 벨라루스의 여당이 자신들에게
유리하게 대통령 선거를 조작하였다고 국제
감시단이 고발한 12월 항거기간 동안 체포된

얼음 글로브 극장
셰익스피어는 코카콜라나 맥도날드와는 다른 세계적인 브랜드이다. 사진은 스
웨덴에서 얼음으로 만든 글로브 극장이다. 겨울 한철만 있을 수 있었다.

상태였다. 나머지 단원은 지하로 숨어들었다. 결국 그들은 정부군을 혼란시키기 위해 차
량을 바꿔가며 트럭과 자동차에 숨어 소규모로 벨라루스를 떠났다. 일단 벨라루스를 떠
났기에 다시 벨라루스로 돌아갈 수 있을지는 불투명하였다. 국제연극사회는 단원들을 받
아들였다. 그들은 뉴욕 공공극장의 혜택으로 언더 더 레이더 축제에서 공연을 했고 로스
앤젤레스, 시카고에 있는 펜 아메리칸 센터(PEN American Center), 이후 스코틀랜드의 에
든버러 페스티벌, 런던 및 영국의 각 지역과 홍콩, 그리고 다시 뉴욕으로 돌아와 라마마
극장에서 공연을 했다. 그들의 공연은 정치뿐 아니라 예술에 대해서 힘있고 긍정적인 평
을 받았다.

　벨라루스는 유럽의 마지막 독재국가라 일컬어진다. 러시아와 폴란드에 둘러싸인 작은
내륙국가 벨라루스는 1991년 소련으로부터 독립했지만 1994년 이후 알레산드르 루카셴
코(Alexander Lukashenko) 대통령이 입법 및 사법권을 빼앗고, 부정 선거를 실시하였으며,
폭력적으로 반대정치세력을 억압해 왔다. 라디오, TV, 영화, 그리고 신문은 정부에 통제
되었다. 1,500명 이상의 사람들이 해마다 벨라루스에서 사라지는 일이 발생했는데, 추정
컨대 이는 치안군의 소행일 것이다.

　벨라루스 자유극장은 그런 상황에서 받아들여질 수 없었다. 어떤 배우는 그들의 친척
이 위협받는 일이 발생하거나 일용직에서 해고당했다. 단원들은 카페, 식당, 아파트, 심
지어 숲에서 공연을 하였고 결혼식, 생일, 크리스마스 파티를 가장하여 사람들을 모아 놓

고 공연을 했다. 영국 극작가 톰 스토파드가 그들의 작업을 보고 감동을 받아 도와주려 했다. 배우 주드 로(Jude Law)는 극단을 대신하여 작업했다. 인간의 권리를 억압하는 데 반대하는 국제 운동인 국제사면위원회가 극단의 사건을 맡고 있다.

연극사는 연극이 사회, 정치를 변화시키더라도 장기간에 걸쳐 차츰 진행되고 있음을 보여준다. 벨라루스 자유극장의 경우 적어도 국제연극 사회가 추방당한 단원들에게 도움의 손길을 뻗고 있다.

연극의 운명은 세계화인가?

이 책 도입부에서 우리는 고대 그리스 비극에 기초한 1677년 프랑스 신고전주의의 2009년 현대 영국공연에 대해 기술하였다. 이 공연은 기원전 4세기에 지어진 에피다우르스 그리스 극장에서 이루어졌고 전 세계에 실황으로 전달되었다. 이는 기술이 접목된 공연의 세계화에 대한 특별한 예다.

기원전 4세기 알렉산더 대왕 시대의 극장은 알렉산더 대왕이 지배한 지중해 지역 여러 곳에 세워졌다. 476년 서로마 제국이 몰락할 때까지 고대 로마는 지중해 지역과 유럽 북쪽의 일부까지 극장을 지었다. 몇몇 학자들은 고대 인도의 연극이 오랜 세월 무역로를 따라 아시아 연극에 영향을 끼쳤다고 믿는다. 14세기 르네상스에서 시작한 연극의 기술과 이야기가 처음에는 느린 속도로, 그리고 점점 가속이 붙은 채 서양 국가에 전파되었다. 20세기 유럽 밖의 많은 문화는 서양식 연극을 국제화와 동일시했고 좋든 나쁘든 그 양식을 채택했다.

언어와 문화적 관습이 다르고, 지역적으로 다른 사람들 사이에서 연극을 공유하는 능력이 시간과 더불어 급격하게 변해왔다 해도 연극이 항상 국제적인 활동으로 전진해 오고 있다고 주장하는 것은 과장이 아니다. 지금은 돈, 예술, 신기함, 이해를 좇는 극대화된 연극의 세계화 시대이다.

찾아보기

ㄹ

 ㅁ

ㅇ

ㅈ

ㅊ

 ㅋ

Glossary

What follows is a compilation of *Key Terms* found at the end of each chapter.

absurdism A style of drama originating in France after World War II that viewed human existence as meaningless and treated language as an inadequate means of communication. Major authors include Samuel Beckett and Eugène Ionesco.

actor-manager A starring actor who is head and nominal artistic director of a company; for example, Sir Henry Irving in the late nineteenth century in England.

A-effect See *alienation effect*.

African-American theatre A theatre movement of the 1960s and after, primarily for African-American audiences, actors, and playwrights, originally connected with the black power movement, a political ideology.

afterpiece A short play that followed the main attraction.

Alarinjo The name of traveling theatre groups of the Yoruba people, largely in Nigeria, Africa. Their style grew out of ritual observances for the dead.

alienation effect Customary, but perhaps misleading, translation of the German *Verfremdungseffekt* ("to make strange"). Term now almost always associated with Bertolt Brecht's epic theatre, which aims to distance the spectator from the play's action to force conscious consideration of the political and social issues raised by the play. Shortened often to A-effect.

alienation theatre Plays or production styles associated with the alienation effect.

American Method Term for the dominant twentieth-century acting style and actor training approach, inspired by readings and misreadings of the works of the Russian teacher/director Constantin Stanislavsky. It emphasizes psychological realism and the performance of subtext.

American musical A stage production that uses story, song, and dance,to create a satisfying entertainment.

amphitheatre In Ancient Roman territories, a large public space for paratheatrical entertainments, such as animal and gladiator fights, resembling today's football stadiums.

art theatre movement A theatrical movement of the late nineteenth and early twentieth centuries that tried to separate itself from commercial theatre and the reliance on box office.

Atellan farce A brassy comic indigenous style of theatre before and maybe during the Roman era. Perhaps related to Greek middle comedy, Roman comedy, or *commedia dell'arte*.

autos sacramentales Spanish plays from the sixteenth and seventeenth centuries about the mysteries of the Eucharist, usually allegorical.

avant-garde Art thought ahead of the mainstream, experimental, literally meaning "vanguard."

backdrop Painted two-dimensional hanging, usually as part of a scenic background.

Beijing opera Traditional Chinese theatrical form, spectacular, and nonrealistic; formerly termed "Peking opera."

biomechanics The concept and the complex of techniques devised by Vsevolod Meyerhold to train actors so that their bodies could be as responsive as a machine.

Bollywood An informal name for the Indian film industry centered in Mumbai, formerly called Bombay.

book For this history, the spoken text of a play or musical.

book musical An entertainment with song, dance, and comedy and just enough of a story to hold the event together.

border Curtain, or less often flats or cutouts, suspended at intervals behind the proscenium arch to mask the overhead rigging, particularly important in Italianate settings.

box set Interior setting represented by flats forming three sides (the invisible fourth wall being the proscenium line); first used around 1830 and common after 1850.

burlesque In eighteenth- and nineteenth-century theatre, a form of "minor" drama popular in England and featuring satire and parody. In the United States of the late nineteenth century and the twentieth century, a kind of entertainment originally dependent on a series of variety acts but later including elements of female display (including striptease) in its major offerings. After moving to the fringes of respectability by the 1940s, burlesque disappeared in the United States by the late 1950s.

Butoh A contemporary dance-performance style, originating in Japan after the Second World War, traditionally performed in white body makeup with exaggeratedly slow movement.

chariot-and-pole system An elaborate system for changing elements of the scenery simultaneously. Devised by Giacomo Torelli in the seventeenth century, the system involved scenery attached to poles that rose through slits in the stage floor from chariots that ran on tracks in the basement and depended on an intricate system of interlocking ropes, pulleys, wheels, and windlasses for their simultaneous movement.

chorus In Greek drama of the fifth century BCE, a group of men (number uncertain) who sang, chanted, spoke, and moved, usually in unison, and who with the actors performed the plays. In the Renaissance, a single character named Chorus who provided information and commentary about the action in some tragedies. In modern times, the groups that sing or dance in musical comedies, operettas, ballets, and operas.

circus In ancient Rome, a circular space for performances, especially for horse racing.

closet drama Plays written to be read, not performed.

combination company A theatre company that performed only one play and toured to a new venue when the audience waned. Compare to *repertory company*.

comedy A form (genre) of drama variously discussed in terms of its having a happy ending; dealing with the material, mundane world; dealing with the low and middle classes; dealing with myths of rebirth and social regeneration; and so on.

comedy of manners Refers most often to seventeenth- and eighteenth-century comedies whose focus is the proper social behavior of a single class.

comic opera A "minor" form of musical drama popular first in the eighteenth century and characterized then by sentimental stories set to original music. Later used to mean an opera in which some parts were spoken, in contrast to "grand opera," where everything was sung.

commedia Short for *commedia dell'arte*.

commedia dell'arte Italian popular comedy of the fifteenth through seventeenth centuries. Featured performances improvised from scenarios by a set of stock characters. See also *lazzi*.

commercial theatre A movement after about 1760 that saw the financing of theatre move from the state, a wealthy individual, or the church to companies or individuals that wished to make a profit through the sale of tickets.

confidant(e) In drama, a character to whom another leading character gives private information.

confraternity In France, a religious brotherhood, many of which sponsored or produced plays during the Middle Ages. One, the Confraternity of the Passion, held a monopoly on play production in Paris into the 1570s.

constructivism A nonrealistic style of scenic design associated with Vsevolod Meyerhold and marked by the view that a good set is a machine for doing plays, not a representation of familiar locales. Incorporated simple machines on stage and often revealed the method of their own construction.

continental seating First devised by Richard Wagner in the late nineteenth century for his theatre at Bayreuth; eschews a central aisle in favor of entrances and exits at the end of each aisle and does not generally have boxes for seating elevated above the orchestra.

Corpus Christi plays Medieval cycle plays and cosmic dramas often performed during a spring festival established in the fourteenth century in honor of the Christian Eucharist.

corral Spanish theatre of the late Middle Ages, sited in open courtyards among houses.

Corral del Principe The name of the second corral to open in Madrid; it was used for performances from 1583 to 1744.

cosmic drama Long dramatic presentations popular in the Middle Ages that depicted religious events from the creation to the Last Judgment. Short plays were combined until the total presentation could last several days or weeks and occasionally a month or more. See also *cycle play*.

cothurnus High boot with platform sole for tragic actor, Hellenistic Greece.

court theatre A theatre located at the court of a nobleman. After the Renaissance, Italianate theatre, whose perspective was drawn with the vanishing points established from the chair of the theatre where the ruler sat, making his the best seat in the house.

cubism A twentieth-century art style pioneered by Pablo Picasso and George Braque that broke up the flat plane of conventional realistic painting, presenting objects that were fractured and reassembled in abstracted form. In the theatre of the 1920s and 1930s, primarily used in scenic and costume design.

cycle play Medieval dramas covering the "cycle" of history from the creation of the world to doomsday, mostly found in England. See also *cosmic drama*.

decorum In neoclassical theory, the behavior of a dramatic character in keeping with his or her social status, age, sex, and occupation; based on the requirements of verisimilitude.

denouement From old French for "untie," the last part of a play or story, after the climax, when remaining issues are resolved.

director-manager A type of theatre organization in which it is the director who is responsible for all financial and artistic aspects of the performance. Contrast with *actor-manager* and *producer*.

discovery space Permanent or temporary space in the Elizabethan (Shakespearean) playhouse that permitted actors and locales to be hidden from view and then "discovered" (or revealed) when needed. Location, appearance, and even invariable existence of the space are disputed.

domestic tragedy A serious play dealing with domestic problems of the middle or lower classes. In the eighteenth century, a reaction against "regular" or neoclassical tragedy.

eccyclema In classical Greece, a machine used to thrust objects or people (often dead) from inside the skene into view of the audience. Probably some sort of wheeled platform that rolled or rotated through the skene's central door.

eclecticism Gathering of materials from many sources; popularly, a mixture of styles and methods. In twentieth-century theatre, the idea that each play calls forth its own production style.

elements of drama The six elements of drama that distinguish drama from other literature identified in Aristotle's *Poetics*. They are generally translated as plot, character, thought, diction, melody, and spectacle.

emblematic staging An emblem was a device (usually an object or picture of an object) used as an identifying mark; something that stands for something else. In the Middle Ages, a key stood for St. Peter, a crooked staff for a bishop, and such. Emblematic staging used these devices rather than realistic or illusionistic costuming.

environmental Theatre performed in a space found for it instead of a space made for theatre, especially during the medieval period.

epic theatre Term originated by Erwin Piscator and popularized by Bertolt Brecht to describe a theatre in which the audience response is objective, not subjective, and in which such narrative devices as film projections, titles, and storytelling are used. See also *alienation effect*.

expressionism A style of theatre originating in Europe after World War I and typified by presentation of meaning as viewed from the standpoint of the main character who is undergoing mental pressures. As a result, there are distortions of time, space, and proportion.

facade stage A stage that puts the actors in front of a nonrepresentational background.

false perspective A style of set design that exaggerates the real depth of the stage by building elements smaller than life size that are supposed to be farther from the audience.

fair theatre Theatre in France and England performed at large, periodic fairs rather than in established theatre spaces or licensed theatres.

fourth wall In a box set, the fourth wall of the set is invisible to the audience. It runs along the proscenium opening.

galleries Areas for seating that are above the pit or orchestra, usually at a higher ticket price.

gay and lesbian theatre Theatre of, by, and often for a gay and lesbian community.

geju "Song drama," a form of opera developed in China in the twentieth century, inspired by Western opera.

gentlemanly melodrama Later melodrama for middle-class audiences with upper-middle-class subjects and settings. Also called realistic melodrama.

gesamtkunstwerk (master artwork) Both term and concept popularized by Richard Wagner, who argued that such a work would be the artistic fusion of all major artistic elements, including music, into a single work under the artistic supervision of a single master artist.

glories In medieval and Renaissance art, a cloud or sunburst in which divinities appeared. In the theatre of those periods, a flown platform made to look like a cloud or sunburst.

Golden Age The great age of any culture. In Spain, the period c. 1550–1650, the greatest age of Spanish drama; in France, the age of Louis XIV 1638–1715; and in England, the age of Elizabeth and Shakespeare c. 1558–1603.

Graeco-Roman period That period in Greece and Greek lands when Roman domination had arrived, usually dated from c. 100 BCE to the fall of the Western Roman Empire, c. 550 CE. In theatre architecture, those Greek theatres that were remodeled to bring them in closer accord with the Roman ideals (not to be confused with Roman theatres built in Greek lands.)

Great American Songbook The body of enduring popular songs written from the late nineteenth century through the late twentieth century, performed and recorded regularly still by many singers, many of which originated as songs in US musicals.

Great Dionysia The yearly festival in ancient Athens where Greek drama originated.

griot West African storyteller.

groove system A way of changing scenery using a shallow channel in the stage floor in which a scenic flat rode; a bank of several grooves would allow one flat to be pulled aside while another was pushed on in its place, seemingly in the same plane.

guild Religious and, sometimes, trade or professional organization in the Middle Ages that became the producer of civic medieval theatre.

hanamichi In the Japanese *Kabuki* theatre, a walkway through the audience used by actors to get to and from the stage.

hashigakari In the Japanese Noh theatre, a walkway at the side of the stage for the actors' entrances and exits.

hauju "Word drama," spoken language theatre in China developed in the early years of the twentieth century.

heavens 1. Area above the stage; in the Elizabethan theatre, the underside of the roof that extended over the stage. 2. In the nineteenth century, the highest gallery.

Hellenistic period 1. That period of Greek history dating from the coming of Alexander the Great to his death and sometime after, and the rise of Roman dominance over Greece (c. 336 BCE–c. 146 BCE). 2. In theatre architecture, those Greek theatres built during the Hellenistic period.

hikinuki In Japanese Kabuki performance, the sudden transformation of a costume into a completely different one.

hireling In professional companies of the Renaissance and after, an actor or technician hired by the shareholders to work for a set wage at a set task.

householder Member of an acting company who owns a share of the theatre building itself.

humanism A philosophy that believes that people should be at the center of their own deepest concerns.

hut In Elizabethan public theatre, small space below roof, probably for machinery.

identity theatre Political theatre identified by race, gender, or ethnic origin.

illusionism Scenic practice (with analogs in acting, directing, and other theatre arts) that imitates the real world on stage.

independent theatre movement In nineteenth-century Europe, the appearance of noncommercial theatres in several countries more or less simultaneously, most of them amateur or nontraditional and able to operate outside the usual censorship, "independent" of commercial demands.

integrated musical Musical with songs and dances that are organic parts of story and character.

interlude A short simple play or dramatic entertainment between portions of a larger entertainment, such as a banquet, a drama, a ballet, an opera, and so on.

intermezzi Italian entertainments usually given at courts and presented between other forms of entertainment.

Italianate staging A kind of staging developed during the Renaissance in Italy and marked by a proscenium arch and perspective scenery arranged in wing and shutter.

jukebox musical A musical built around songs written by one composer or lyricist or made popular by one performer.

Kabuki Traditional Japanese theatre beginning in the early 1600s of great spectacle and powerful stories, often heroic and chivalric or military.

Kathakali Traditional dance-drama form of southern India, believed by some to be a direct descendant of *Sanskrit drama*.

Kunqu opera A national genre of China beginning in the mid-1500s and lasting for about one hundred years; romantic and literate with sentimental music.

kyogen Japanese theatre form: comic interludes between parts of a Noh performance.

Latin music drama Medieval dramas performed inside churches by clergy. The dramas unfolded in Latin rather than the vernacular and were sung rather than spoken, thus the name. Also called *liturgical drama*.

Latino/Latina theatre Theatre of, by, and for Latinos/Latinas.

lazzi Stock bits of business designed to provoke a particular response, usually laughter, from the audience. Associated particularly with the commedia dell'arte and the French farce of the seventeenth century.

librettist The author of the book portion of a musical, the spoken parts, which is called the libretto.

limited run Short, predetermined playing period usually with well-known performers.

lines of business A range of roles in which an actor would specialize for the major part of his or her acting career (e.g., young lover, walking gentlewoman, or comic servant), particularly important during the seventeenth and eighteenth centuries.

liturgical drama Plays that were done inside churches as part of the religious services and thus were performed in Latin, by the clergy, and were usually chanted or sung rather than spoken. Liturgical drama is also called *Latin music drama*.

liturgy The rites of worship of the church.

living newspaper A theatrical presentation based on current events, which was created by the Federal Theatre Project of the US Government's Work Projects Administration during the Great Depression. Living newspapers often urged social action.

Living Theatre A highly influential US avant-garde theatre formed in 1947 by Julian Beck and Judith Malina.

lords' room Expansive space close to the tiring house in Elizabethan theatre.

ludi 1. In Rome, festivals given for public worship of a variety of gods and on various public occasions like military victories and the funerals of government officials. As drama was often included as a part of the festivals, they are important in a history of Roman theatre. 2. Early medieval term for plays.

lyricist Author of the words to songs, the lyrics.

machine play Any play written especially to show off the special effects and movable scenery in a theatre. Especially popular during the Neoclassical period, when regular plays obeyed "unity of place" and so had few opportunities for elaborate scenic changes.

mansion The particularized setting in the medieval theatre that, together with the *platea*, or generalized playing space, constituted the major staging elements of the theatre. Several mansions were placed around or adjacent to the platea at once—thus "simultaneous staging."

masque Spectacular theatrical form, especially of the Renaissance and the Neoclassical periods, usually associated with court theatres or special events. Emphasis was put on costumes and effects, with much music and dancing; amateur actors frequently performed. For example, Ben Jonson's many court masques.

masters of secrets That craftsman/artist of the medieval theatre charged with the execution of special effects in the dramas.

mechane Machine, or *machina*. In classical Greece, a crane by which actors and objects could be flown into the playing area.

medieval That period of world history dating roughly from the fall of the Western Roman Empire (c. 550 CE) to the fall of Constantinople and the beginning of the Renaissance (c. 1450). In drama, the period between 975, the first record of drama, and c. 1550, when religious drama was outlawed in many countries throughout Europe.

melodrama Literally "music drama." A kind of drama associated with a simplified moral universe, a set of stock characters (hero, heroine, villain, and comic relief), rapid turns in the dramatic action, and story driven by the villain threatening the hero/heroine. Leading form of drama throughout the nineteenth century.

Middle Ages An early name for the Medieval period.

middle comedy That transitional kind of Greek comedy dating from c. 404 BCE, the defeat of Athens by Sparta, to 336 BCE, the beginning of the Hellenistic period. Less topical than Greek old comedy, middle comedy dealt more with domestic issues and everyday life of the Athenian middle class.

mime 1. A kind of drama in which unmasked actors of both sexes portrayed often bawdy and obscene stories. In Rome, it became the most popular kind of drama after the first century CE. 2. Form of silent modern theatre.

miracle play Medieval play treating the lives of saints.

modernism Name for art of a period (roughly 1890–1950 and maybe beyond) identified by radical experimentation with form and nonrealism.

morality play Allegorical medieval play, like *Everyman*, that depicts the eternal struggle between good and evil that transpires in this world, using characters like Vice, Virtue, Wisdom, and so on.

multipoint perspective Perspective creates the impression of three dimensions in a flat work and in multipoint perspective, there are multiple vanishing points to which the lines in depth meet.

music hall From about 1850, a form of entertainment in England that included song, comedy, dance, novelty acts, and so on.

musicians' gallery A space about stage level suitable for musicians in the theatre of Elizabethan England.

mystery plays Usually drawn from biblical stories, these medieval plays were often staged in cycles, treating events from the creation to the Last Judgment. Often staged in connection with Christian festivals, some mysteries were quite elaborate and took days or even weeks to perform.

naturalism A style of theatre and drama most popular from c. 1880 to 1900 that dealt with the sordid problems of the middle and lower classes in settings remarkable for the number and accuracy of details. Practitioners included Émile Zola, André Antoine, and Maxim Gorky.

Natyasastra Ancient Indian work written in Sanskrit on theatre aesthetics.

neoclassicism A style of drama and theatre from the Italian Renaissance based loosely on interpretations of Aristotle and Horace. Major tenets were verisimilitude, decorum, purity of genres, the five-act form, and the twofold purpose of drama: to teach and to please.

new comedy That form of Greek comedy dating from the Hellenistic and Graeco-Roman periods and treating the domestic complications of the Athenian middle class. A major source for Roman comedy.

new stagecraft A movement in stage design in the United States that favored simplified, often abstract, settings. It was, in effect, a reaction to overly realistic settings. Lighting played an important part in the design. Designers of the new stagecraft often sought alternatives to the proscenium stage like the arena or thrust configurations.

Noh Austere, poetic drama of medieval Japan, based in Zen Buddhism.

not-for-profit theatres Professional theatres whose income comes only partly from ticket sales, the rest from donations and grants; given federal tax breaks.

old comedy That form of Greek comedy written during the classical period and featuring topical political and social commentary set in highly predictable structural and metrical patterns.

onkos The high headdress of the Roman, and perhaps Hellenistic Greek, actor.

Open Theatre A highly influential US avant-garde theatre founded by Joseph Chaikin, operating from 1963–1973.

operetta A usually comic, usually short opera with some spoken dialogue.

orchestra 1. That area of the Greek and Roman theatre that lay between the audience area and the scene house. 2. Originally the circular space where actors and chorus danced and performed plays; later a half-circle that was used as a seating space for important people and only occasionally as a performance area. 3. In modern times, the prized seating area on the ground level of a theatre and adjacent to the stage.

pageant In the medieval period, a movable stage, a wagon on which plays were mounted and performed in parts of England, Spain, and occasionally continental Europe. By extension, the plays performed on such wagons.

pageant wagon See *pageant*.

pantomime In the Roman theatre, a dance/story performed by a single actor with the accompaniment of a small group of musicians, particularly during the Christian era. In the eighteenth and nineteenth centuries, a "minor" form of entertainment marked by elaborate spectacle and often featuring commedia-like characters and scenes of magical transformation. This later form of pantomime, often called "panto," is still performed in Britain at the Christmas holidays as a family entertainment.

passion play A dramatic presentation of the passion of Jesus Christ, that is, his trial, suffering, and death.

Peking Opera Older English term for *Beijing Opera*.

periaktoi Stage machines in use by the Hellenistic period in Greece. An early method of scene changing that consisted of a triangle extended in space and mounted on a central pivot so that when the pivot was rotated, three different scenes could be shown to an audience.

perspective Simulation of visual distance by the manipulation of the apparent size of objects.

pinake In the Greek theatre, a frame covered with stretched fabric that could be painted with scenic elements.

pit 1. Area of the audience on the ground floor and adjacent to the stage. Historically an inexpensive area because originally no seats were provided there and later only backless benches were used. By the end of the nineteenth century, a preferred seating area (now called the orchestra section). 2. Now refers often to the area reserved for members of the orchestra playing for opera, ballet, and musical comedy.

platea The unlocalized playing area in the medieval theatre. See also *mansion*.

Poetics A book by Aristotle in 335 BCE that describes the qualities of ancient Greek tragedies and that was highly influential on European drama after its rediscovery in the 1500s.

poor theatre The twentieth-century theory of Jerzy Grotowski that as theatre cannot compete with the spectacle of film it should make itself "poor," which is, to focus on actors creating theatre together with the audience.

possession of parts During the seventeenth and especially the eighteenth centuries, the practice of leaving a role with an actor throughout a career. Under the system, a sixty-year-old woman playing Juliet in Shakespeare's tragedy was not unheard of.

postmodernism A critical approach that denies the possibility of social or cultural progress and doubts the possibility of objectivity and that favors, consequently, the open acknowledgement of socially constructed meanings and investigates the implications of those meanings. Postmodernism remains a term of controversy.

private theatre In Elizabethan and Stuart England, indoor theatres that were open to the public but were expensive because of their relatively limited seating capacity. Located on monastic lands, these theatres were outside the jurisdiction of the city of London. Initially they housed children's troupes, but later the regular adult troupes used them as a winter home.

problem play Beginning in the nineteenth century, problem plays were well-made plays, melodramas, with a focus on a social problem.

producer Executive who arranges financing and who oversees a commercial production.

proscenium (theatre, arch) Theatre building in which the audience area is set off from the acting area by a proscenium arch that frames the stage. The audience views the onstage action from one side only.

protagonist In Greek theatre, the first (or major) actor, the one who competed for the prize in acting. Later, the leading character in any play (the "hero").

public theatre In Elizabethan and Stuart England, outdoor theatres like the Globe. Because larger than the indoor theatres, public theatres tended to be relatively inexpensive and so attract a general audience.

purity of genres Neoclassical tenet that elements of tragedy and those of comedy could not be mixed. The injunction was not merely against including funny scenes in tragedy but also against treating domestic issues or writing in prose, these elements being of the nature of comedy.

Quem Quaeritis A liturgical trope that opens, "Whom do you seek?" and that has early connection to drama, most especially in Ethelwold's *Regularis Concordia* of the tenth century, in which the trope was accompanied by directions for staging.

raked stage Stage slanted up from front to back to enhance the perspective. Stages began their rakes either at the front of the apron or at the proscenium line.

rasa Important element of Sanskrit aesthetic theory—the inducing of an appropriate emotion in the audience.

realism The style of drama and theatre dating from the late nineteenth and early twentieth centuries that strove to reproduce on stage the details of everyday life.

realistic melodrama Developing about 1850, a form of melodrama that took place in realistic settings and where the conflict between good and evil was less flamboyant than in full-blown melodrama.

recitative Speech set to music; it differs from song by the musical lines not being repeated. Although sung, it resembles speech more than song.

Renaissance Literally, "rebirth"; refers to a renewed interest in the learning and culture of ancient Greece and Rome and the start of the growth of humanism and secularism. Beginning in Italy, the Renaissance spread throughout Western Europe from c. 1450 to c. 1650.

repertory Group of performance pieces done by a company. Also, the practice in such a company of alternating pieces so that they are done in repertory. Loosely, a resident professional theatre company in the United States; a repertory theatre.

Restoration comedy English comedies written after the restoration of the monarchy in 1660 and lasting to c. 1710, characterized by a new explicitness about sexual behavior in the upper classes.

revival A new production of a play after its initial run.

revue A show combining comedy, song, dance, and skits, without a story, sometimes lampooning current events.

romanticism A style of theatre and drama dating from c. 1790 to c. 1850 and marked by an interest in the exotic, the subjective, the emotional, and the individual. Began in part as a reaction against the strictures of neoclassicism; grew out of the eighteenth century's sentimentalism.

royalties Payments made to playwrights and other theatre artists that are a percentage of ticket sales. Prior to royalties, playwrights were paid a lump sum for their plays and had no financial interest in their success.

Sanskrit drama Drama of ancient India, performed in the language of Hinduism, Sanskrit.

sarugaku A Japanese circus-like entertainment beginning in twelfth century, the literal translation: "monkey music."

satyr play A short, rustic, and often obscene play included in the Dionysian festivals of Greece at the conclusion of the tragedies. In neoclassicism, this description was misread and that misreading led to the pastoral play, a play concerned with rustic, country people.

scaffold In medieval staging in England, the localizing structure in or near the platea. See also *mansion.*

scenario In general, the prose description of a play's story. In the commedia dell'arte, the written outline of plot and characters from which the actors improvised the particular actions of a given performance.

secularism Belief in the validity and importance of life and things on earth. Often contrasted with spiritualism, otherworldliness, or religiosity. The Renaissance period was marked by a rising secularism.

selective realism A stage design style of the mid-twentieth century that used some real items—one's that were important to the story—but did not show realistic depictions of all elements of the design.

sentimental comedy A kind of comedy particularly popular during the eighteenth century in which people's virtues rather than their foibles were stressed. The audience was expected to experience something "too exquisite for laughter." Virtuous characters expressed themselves in pious "sentiments."

sentimentalism Prevalent during the eighteenth century, sentimentalism assumed the innate goodness of humanity and attributed evil to faulty instruction or bad example. A precursor of the romanticism of the nineteenth century.

sentimentality The arousing of feelings out of proportion to their cause.

sharing company One made up of shareholders. A member of a sharing company owned a part of the company's stocks of costumes, scenery, properties, and so on. Sharing companies were the usual organization of troupes from the Renaissance until the eighteenth century and beyond, when some actors began to prefer fixed salaries to shares.

shingeki "Modern theatre," Western style theatre in Japan, developed in the early twentieth century.

shutter Large flat, paired with another of the same kind, to close off the back of the scene in Italianate staging; an alternative to a backdrop; sometimes used for units at the sides. When pierced with a cutout, it became a "relieve" and showed a diorama.

signature music Music associated with certain characters or certain types of characters, particularly in the melodramas of the nineteenth century. Stage directions indicate "Mary's music," "Jim's music," and so on.

simultaneous staging The practice, particularly during the Middle Ages, of representing several locations on the stage at one time. In medieval staging, several mansions, representing particular places, were arranged around a *platea*, or generalized playing space.

single-point perspective A technique for achieving a sense of depth by establishing a single vanishing point and painting or building all objects to diminish to it.

skene The scene house in the Greek theatre. Its appearance can first be documented with the first performance of the *Oresteia* in 458 BCE. Its exact appearance from that time until the first stone theatre came into existence is uncertain.

socialist realism A style resulting from the position of the Stalinist Soviet Union that art, literature, and music should reflect and promote socialist ideals, typically in a manner that working people could appreciate.

star system Company organization in which minor characters are played by actors for the season, whereas central roles are taken by well-known actors—stars—brought in for one production; still common in opera, sometimes seen in summer theatres.

stock types Characters who are drawn from cliche and stereotype, not custom-made but "pulled from stock."

stock company Theatre company in which actors play standardized roles and (originally) owned shares of stock in the company.

Sturm und Drang (storm and stress) A theatrical movement in Germany during the 1770s and 1780s that was marked by its militant experimentation with dramatic form, theatrical style, and social statement.

sung-through musical A type of musical, dominant in the 1980s and 1990s, that used no or almost no dialogue. Also called pop opera.

surrealism A style popular immediately following World War I that rejected everyday logic in favor of a free expression of the subconscious or dream state.

symbolism A style of theatre and drama popular during the 1890s and the early twentieth century that stressed the importance of subjectivity and spirituality and sought its effects through the use of symbol, legend, myth, and mood.

theatre for development Use of theatrical techniques for both community involvement and community instruction.

theatre of cruelty Phrase popularized by Antonin Artaud to describe a kind of theatre that touched the basic precivilized elements of people through disrupting normal "civilized" expectations about appearance, practice, sound, and so forth.

Theatrical Syndicate A syndicate or monopoly that controlled nearly all touring theatres in the United States from 1896 to 1908.

three unities In neoclassical dramatic theory, the unities of time, place, and action.

tiring house The building from which the Elizabethan platform, or thrust, stage extended; a place where the actors attired themselves.

tragedy In popular parlance, any serious play, usually including an unhappy ending. According to Aristotle, "an imitation of a worthy or illustrious and perfect action, possessing magnitude, in pleasing language, using separately the several species of imitation in its parts, by men acting, and not through narration, through pity and fear effecting a catharsis of such passion."

transformation 1. Technique popularized in the 1960s whereby an actor portrayed several characters without any changes in costume, makeup, or mask, relying instead on changing voice and body attitudes in full view of the audience. 2. In medieval and Renaissance theatre, seemingly magical changes of men into beasts, women into salt, and so on. 3. In English pantomime, magical changes made by Harlequin's wand.

trap Unit in stage floor for appearances and disappearances; varies from a simple door to complex machines for raising and lowering while moving forward, backward, and sideways.

trope An interpolation in a liturgical text. Some believe medieval drama to have been derived from medieval troping.

utility player Actor hired to play a variety of small roles as needed.

vaudeville 1. In the United States in the nineteenth and twentieth centuries, vaudeville was popular family entertainment featuring a collection of variety acts, skits, short plays, and song-and-dance routines. 2. In France in the eighteenth and nineteenth centuries, vaudeville referred to comédie-en-vaudeville, short satiric pieces, often topical, that were interspersed with new lyrics set to familiar tunes and sprinkled with rhyming couplets (vaudevilles). The form in France is roughly equivalent to the ballad opera in England.

verisimilitude Central concept in neoclassical theory and criticism. Literal meaning is "truth-seemingness" but used in neoclassicism to refer to the general, typical, categorical truth. Not to be confused with realism.

well-made play A play written by or in the manner of Eugène Scribe and marked by careful preparation, seeming cause-and-effect organization of action, announced entrances and exits, and heavy reliance on external objects or characters to provide apparent connections between diverse lines of action. Now often used as a term of derision.

wings 1. Scenic pieces (flats) placed parallel to the stage front, or nearly so, on each side of the stage; combined with overhead units for "wing-and-border" settings. 2. The offstage area beyond the side units of scenery—"in the wings."

women's theatre A theatre whose repertories and practices are devoted to the advancement of women. Such theatres offer some combination of theatre by women, for women, and about women.

yard Another name for the pit in the Shakespearean theatre, where patrons stood on the ground in front of the stage.

Yoruba A West-African ethnic and language group, largely centered in Nigeria.

zanni In commedia dell'arte, the group of comic servants that includes Arlecchino, Trufaldino, and so on.

Photo Credits

p. 2, © Geraint Lewis/Alamy; p. 5, © Goran Bogicevic/Fotolia; p. 16, courtesy Guthrie Theatre; p. 20, courtesy of Theatre South Carolina; p. 22, Courtesy Guthrie Theatre; p. 49, Kev Harrison/Fotolia; p. 60, © Pavel_A/Fotolia; p. 68, CAMERA PRESS/James Veysey/Redux; p. 78, York Mystery Plays Archive, the National Centre for Early Music, St Margaret's, Off Walmgate, York, Yo1 9TK, UK; p. 83, York Mystery Plays Archive, the National Centre for Early Music, St Margaret's, Off Walmgate, York, Yo1 9TK, UK ;p. 89, York Mystery Plays Archive, the National Centre for Early Music, St Margaret's, Off Walmgate, York, Yo1 9TK, UK; p. 115, from the archives of the Duke of Devonshire; p. 133, photo by Tommy Thompson, John Hurrell in Shakespeare's Henry V, 2011), courtesy of the American Shakespeare Center; p. 138, courtesy Robert Reinecke; p. 144 (from the archives of the Duke of Devonshire); p. 148, *from The Reconstruction of a Spanish Global Playhouse*; p. 206, © Geraint Lewis/Alamy; p. 230, Igor Janicek/Shutterstock; p. 234, © tomalu/Fotolia; p. 284, Joan Marcus; p. 286, photography by Joan Marcus courtesy Mead Center for American Theatre; p. 321, PERRUCCI/Contrasto/Redux; p. 327, *Gem of the Ocean*, 2007 – 8 production in the Fifth Floor Theatre, directed by Benny Sato Ambush, scenery by Sara Walsh, costumes by Jennifer Nweke, Lighting by Zack Brown); p. 334, Clean House, a 2008 – 9 production in the Atlas Theatre, directed by Giovanna Sardelli, scenery by Jason Simms, Costumes by Malgosia Turzanska, lighting by Greg Goff); p. 365, Giorgio Lotti/contrasto/Redux; p. 370, Dorling Kindersley; p. 374, Colin Sinclair © Dorling Kindersley; p. 378, Japanese Society/William Irving; p. 381, Jonathan Smith/Rough Guides Dorling Kindersley; p. 384, Ruby Washington/ New York Times/Redux Pictures; p. 393, A scene from the Utah Shakespeare Festival. (Photo by Karl Hugh. Copyright Utah Shakespeare Festival 2012.); p. 394, Utah Shakespeare Festival; p. 395, Photo courtesy of Andrew Caldwell.

The drawings on the following pages have been colored to enhance detail: 87, 95, 164, 175, 182, 188, 261, 316.